U0595631

爱岗敬业

艰苦奋斗

校之魂

文山州民族职业技术学校文化巡礼

主　编：陆永金
副主编：韦继安　彭群力　王　彪
编　委：张　黎　张贞富　朱庆文　唐升忠　韦祥艳
何　兰　依　援　王恩超　殷进萍　沈绍禄
黄　胜　金荣耀　朱前宾　杨　朴　龚　雯
卜　梅　张文斌　金　涛　钟　明　李　彬
王　葵　马　琨　余利昕　陆应超　张桂芳
张　瑜
顾　问：张呈纬　张国政　王盛武　易家清　王国生
摄　影：沈绍禄　陆振忠　杨　照

校之魂

文山州民族职业技术学校文化巡礼

概述·精神文化·团队文化·制度文化·课程文化·环境文化·室内文化·活动文化·“和谐文化”·感言

图书在版编目(CIP)数据

校之魂:文山州民族职业技术学校文化巡礼/陆永金主编. —昆明:云南大学出版社,2008

ISBN 978-7-81112-687-7

I. 校… II. 陆… III. 文山州民族职业技术学校—概况 IV. G719.287.42

中国版本图书馆 CIP 数据核字(2008)第 140223 号

校之魂:文山州民族职业技术学校文化巡礼

陆永金　主编

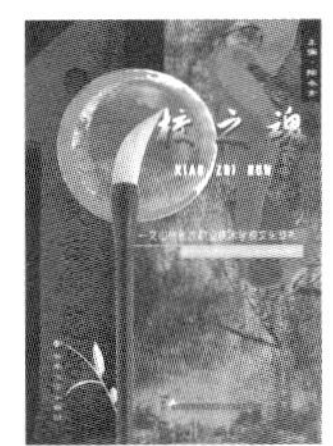

策划编辑:柴　伟
责任编辑:叶枫红　刘　焰
　　　　　严永欢　李　平
装帧设计:周　勇

出版发行:云南大学出版社
印　　装:昆明佳迪兴隆印刷有限公司金河分公司
开　　本:787mm×1092mm　1/16
印　　张:29
字　　数:551 千
版　　次:2008 年 9 月第 1 版
印　　次:2008 年 9 月第 1 次印刷
书　　号:ISBN 978-7-81112-687-7
定　　价:35.00 元

地　　址:云南省昆明市翠湖北路 2 号云南大学英华园内(650091)
电　　话:(0871)5031071/5033244
网　　址:http//www.ynup.com.
E - mail: market@ynup.com

弘扬民师精神
培育时代英才

刘锦超
二〇〇八年九月

华彩校园

● 人才摇篮

● 校园新貌

● 综合办公楼

● 老校园全貌

春色满园

娇艳欲滴

校园绿地

学海园

图书馆

音乐喷泉

● 语言实验室

● 学校藏书室

● 学校钢琴室

为学校建设和发展作出不懈努力的历任党政领导

黄家佑
1973.6—1978.10 任支部书记、校长

周天恒
1973.12—1977.7任副校长

张国政
1978.10—1984.4任支部书记、校长

易家清
1978.10—1984.4任副校长
1984.4—1991.7任支部书记

周德秀
1978.10—1984.4任副校长

赵保忠
1979.10—1984.4任副校长

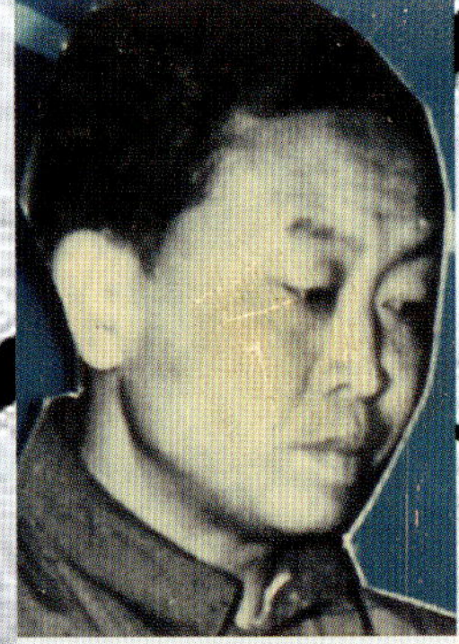
刘天明
1984.4—1985.7任校长

张呈纬
1984.4—1986.12任副校长
1986.12—1990.3任校长

依孝芬
1984.4—1999.6任副校长

王国生

1986.12—1991.7任副校长

（1990.3—1991.7主持工作）

1991.7—1999.6任党委书记

王盛武

1991.7—1997.1任校长

杨绍祥

1991.7—1999.6任副校长

赵忠秋

1993.7—1999.6任副校长

韦继安

1996.12至今任副校长

（1997.1—1999.6主持工作）

彭群力

1996.12至今任副校长

苏建华

1999.7—2003.5任副校长

陆永金

1999.7至今任党委书记、校长

为学校建设和发展作出

突出贡献的全体教职工

● 党委书记、校长陆永金

● 党委副书记、副校长韦继安

● 纪委书记、副校长彭群力

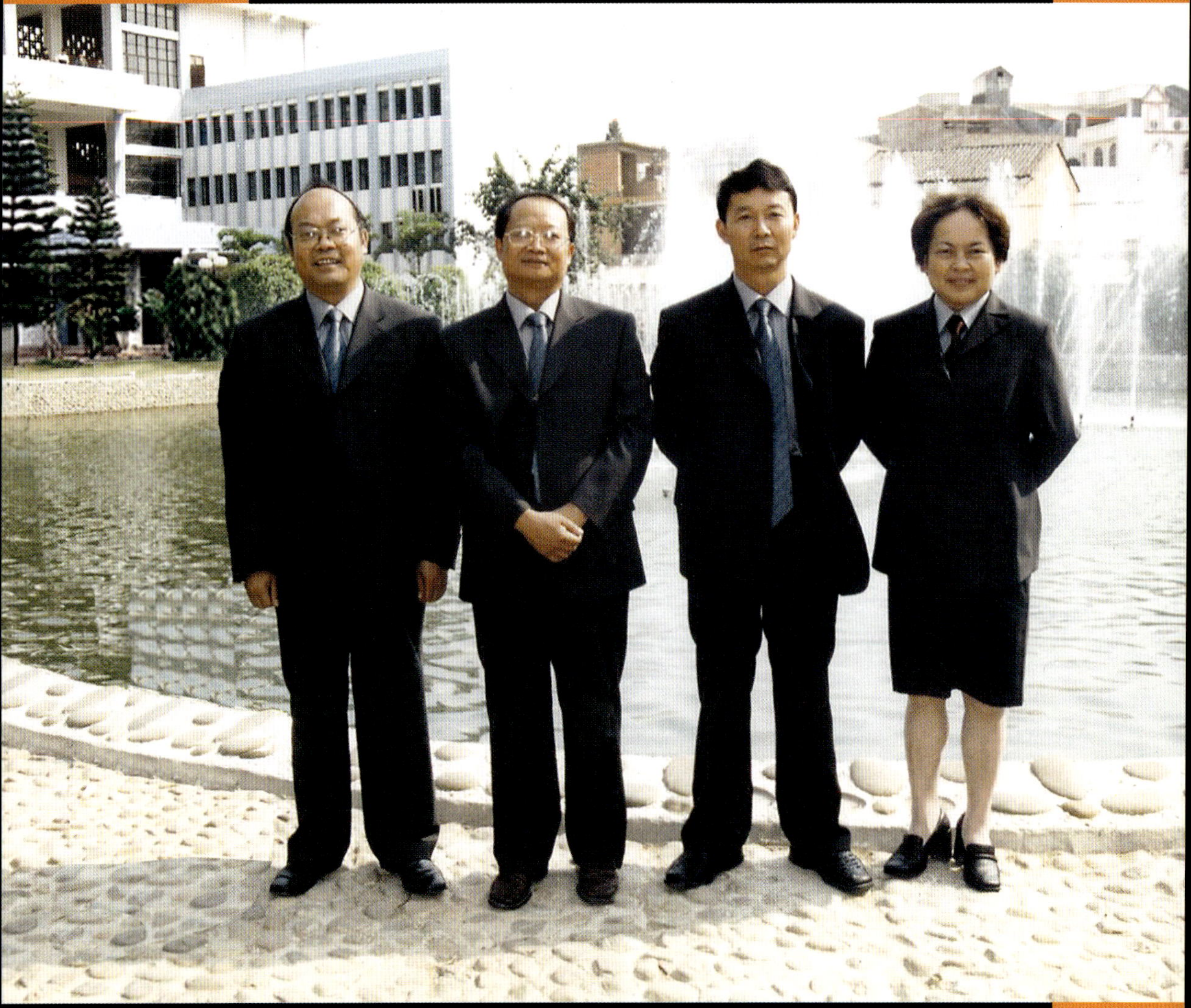

● 党委、行政领导班子（左起：陆永金、韦继安、彭群力、张黎）

● 原国务院副总理，时任中共上海市委书记的黄菊同志（左三）视察学校

● 原云南省省长助理（现任教育部副部长）陈小娅同志（左三）视察学校

● 原中共文山州委书记（现任中共云南省委常委、宣传部长）张田欣同志（前中）、原文山州人民政府副州长（现任文山州人大副主任）孙天竹同志（右一）视察学校

● 中共文山州委书记李培同志（前中）视察学校

● 原中共文山州委副书记、州长宋嘉林同志（左三）视察学校

● 原中共文山州委副书记（现任中共云南省委副秘书长、省党史研究室主任）梁宗华同志（左二）视察学校

● 文山州政协主席王云凌同志（前排右五）出席校企联合办学签字仪式

中共文山州委常委、组织部部长陶晴同志在学校更名暨挂牌仪式上讲话

● 省教育厅副厅长罗嘉福（前左一）视察学校

● 文山州人民政府副州长张秀兰同志（右一）视察学生技能竞赛现场

● 州教育局局长刘锦超（左二）视察学校

● 干部培训

● 新党员入党宣誓

● “解放思想，转变观念”大讨论动员大会

● “解放思想，转变观念”心得交流

● 宣传思想工作会议

● 捐赠仪式

● 教学改革经验交流

● 教育科研工作表彰会

● 招生与就业工作座谈会

● 学生军训

● 说课竞赛

● 技能比赛

● 实验实训

● 温馨小屋

● 祖国花朵

● 稚语童声

● 插花艺术活动展评

● 诗词朗诵比赛

● 保护环境演讲比赛

● 英语演讲(表演)比赛

● 太极扇表演

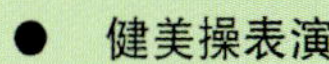

● 健美操表演

● 普通话比赛

● 参加州直教育系统庆祝“七一”建党节演出

● 爱心艺术团赴麻栗坡演出

● 爱心艺术团赴丘北温浏演出

● 毕业庆典晚会

● 爱心艺术团赴马关演出

● 爱心艺术团赴砚山阿舍演出

拓展空间

● 在职研究生班毕业典礼

● 教师转岗业务培训

● 对外经贸大学远程教育开班典礼

● 学校更名暨挂牌仪式会场

● 学校更名暨挂牌仪式

● 省教育厅评估组到学校检查工作

● 砚山分校成立暨开班典礼

● 机械分校挂牌仪式

● 校外实训基地签字授牌仪式

● 校企合作办学签字仪式

交流互动

● 学校领导与美国友人合影

● 越南河江省专业中学考察团到学校考察

● 昆明大学领导到校参观考察

● 学校领导与冶专领导合影

榜样鼓舞

● 陆永金校长受州委表彰

● 校级领导受州教育局党委表彰

全国民族团结进步先进集体
中华人民共和国国家民族事务委员会
一九九〇年十月

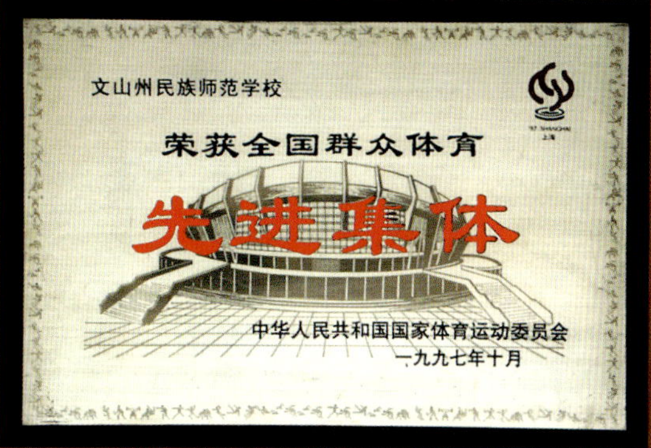
文山州民族师范学校
荣获全国群众体育
先进集体
中华人民共和国国家体育运动委员会
一九九七年十月

巾帼文明健身队
全国亿万妇女健身活动
全国妇联 国家体育总局
二〇〇三年五月

中等职业教育

省级重点学校

云南省人民政府
二00八年二月

云南省

一级中等师范学校

云南省教育委员会

文明单位

（2006-2008年）

中共云南省委
云南省人民政府

授予：

云南省“三八”红旗集体

云南省妇女联合会
二00二年三月

云南省

文明学校

云南省教育委员会

全省社会治安综合治理

先进集体

中共云南省委
云南省人民政府
二00二年三月

教育对口支援

先进集体

云南省教育厅
二00一年十月

序言

中共云南省委常委、省委宣传部部长　张田欣

为了总结建校 35 年来学校开展文化建设的经验，在新的形势下将其进一步发扬光大,《校之魂——文山州民族职业技术学校文化巡礼》编辑成书与读者见面,这是一件很有意义的事情。

广义而言，文化是指人类在社会历史活动中所创造的物质财富和精神财富的总和。英国人类学家泰勒在其所著的《原始文化》一书中则进一步指出:“文化是一个复杂的总体,包括知识、信仰、艺术、道德、法律、风俗,以及人类在社会里所获得的一切能力和习惯”。可见，文化在人类社会的发展中是贯穿始终并涵盖各方面的,文化建设成果如何,决定着民族的兴衰、事业的成败。

如果说文化是一个民族的根,那么,也可

以说文化是一所学校的魂。学校是一种独特的社会组织,存在着与其他社会组织在目标价值、行为方式和意义追求等方面的不同,这种不同应该是既能“脱俗”更能“入世”,执意追求“品味与卓越”并适应社会的需要,其主角是学生和教师。因此,我们倡导的学校文化,应是该校的创立者、建设者为继任者留下的精神基因,是有别于其他学校而独有的“血型”,是该校在长期的历史演变中所积累、所认同的精神准则,是该校师生因历史传统、集体信念和共同的价值观长期沿袭塑造而成的。无数事实表明,学校文化品质的优劣,决定着办学成果的大小,大力培育并发展优秀的学校文化传统,是学校应该长期坚持实施的品牌战略,是“办人民满意的教育”、建设优质学校的重要保证。

文山州民族职业技术学校的前身是文山州民族师范学校。这所始建于1973年10月的学校，当初是为了缓解边疆少数民族地区师资匮乏而组建的。2005年12月,为了适应新形势下人才培养的需要,该校又更名为文山州民族职业技术学校。35年来,无论学校领导如何变换,学校名称如何变更,办学的侧重点如何变化,历届校领导班子都始终重视学校文化建设,从建校时的艰苦创业、埋头实干,到进入新时期的解放思想、锐意进取,优秀的文化传统犹如一条红线,始终贯穿在学校建设的方方面面,并最终提炼出了以“爱岗敬业、艰苦奋斗”为核心内容的文山“民师精神”。在这一精神的鼓舞下,老师以勇担社会重任的博大胸襟精心教书育人，学生以学得真知回报家乡的昂扬态度孜孜不倦地刻苦学习,促使名不见经传的文山民师终于跻身“云南省一级中等师范学校”行列,不仅为社会培养和输送了万余名合格教师及其他各类人才,而且还先后获得了“全国民族团结进步先进集体”、“全国群众

春华秋实
文山州民族师范学校
全国三八红旗集体
中华全国妇女联合会
2004年3月

云南省文山壮族苗族自治州民族师范学校
被评为全国语言文字
工作先进集体
国家语言文字工作委员会
1997 12

1996-2000 年度
全国群众体育先进单位
国家体育总局
二〇〇一年十一月

全国五四红旗团委
共青团中央
二〇〇二年五月

● 党员表彰大会

● 教师节表彰大会

体育先进单位”、“全国‘五四’红旗团委”、“全国‘三八’红旗集体”、“云南省文明单位”、“云南省文明学校”、“云南省德育工作先进单位”、“云南省‘三五’普法先进单位”等一系列荣誉。加强学校文化建设,结出了令人称羡的丰硕果实。

文山州民族职业技术学校(文山州民族师范学校)的文化建设之所以成就卓著,除了学校自身的努力之外,还得力于该校所在的文山壮族苗族自治州是一块先后产生过具有重大影响的“老山精神”、“西畴精神”、“文山精神”的丰厚沃土,得力于历届州委、州政府对包括学校文化建设在内的教育事业的特别重视。

以“苦了我一个,幸福十亿人”、无私奉献为核心内容的“老山精神”,在20世纪80年代,曾经极大地鼓舞了全国人民的爱国建设热情;以“等不是办法,干才有希望”为核心内容的“西畴精神”,曾经极大地鼓舞了贫困地区群众不甘落后、艰苦奋斗的苦干实干热情;以“科学发展,开放和谐,穷则思变,后来居上”为核心内容的“文山精神”,曾经极大地鼓舞了全州各族人民以科学发展观为指导,努力实现追赶式、跨越式发展的科学发展热情。文山州民族职业技术学校(文山州民族师范学校)在加强学校文化建设过程中,除了遵循教育规律,认真总结和发扬本校创造的经验外,还从“老山精神”、“西畴精神”、“文山精神”中汲取了丰富的营养于学校文化建设中,使学校的文化建设显得更加厚重多彩。

由于历史和自然等多方面的原因,文山与先进发达地区相比差距还比较大,尤其是财政困难显得尤其突出。尽管如此,州委、州政府始终把教育事业放在十分突出的位置来抓,不仅在全州喊响了“再穷不能穷教育”的口号,而且还想方设法加大投入,并以勇于创新的无畏气魄、全力推进教育改革,为全省的教育改革创造了可资借鉴的经验。在深化教育改革的进程中,伴随着自治州经济社会快速发展的步伐,各级各类学校的面貌也发生了巨大的变化,就以文山州民族职业技术学校为例,昔日低矮破旧的校园,早已不见踪影,展现在人们眼前的,是一所欣欣向荣的花园式民族职业技术学校。

时下有一种说法,三流的学校靠制度,二流的学校创品牌,一流的学校做文化。令人欣喜的是,曾经被誉为"民族师资摇篮"的文山州民族师范学校,在更名为文山州民族职业技术学校后,校领导班子并没有消极等待、彷徨观望,而是以饱满的政治热情和高度的社会责任感,迅速动员全校师生投身"二次创业"中,并继续坚持将教书育人、管理育人、服务育人、环境育人、活动育人寓于学校文化建设中,努力培养学生满意、家长满意、社会满意的合格人才,为学校的文化建设续写了新篇章。我衷心希望文山州民族职业技术学校的领导,能继续保持这种重视学校文化建设的好传统,结合学校教学调整后的实际,以科学发展观为指导,继续把加强学校文化建设作为一项长期的发展战略,持之以恒地抓下去。果能如此,明天的文山州民族职业技术学校,一定能创造出更加辉煌的业绩!

2008 年 9 月 16 日于昆明

目录

第三章　团队文化建设

第四章　制度文化建设

目录

第八章 活动文化建设

第九章 "和谐文化"建设

第十章 感 言

目录

本部分主要有六大内容：学校发展简史（发展阶段）、光荣的历史、辉煌的成就、基本经验、宏伟蓝图、学校文化的作用。目的是反映《校之魂》产生的历史渊源，学校文化的发祥地域，以及编写这本书的意义。

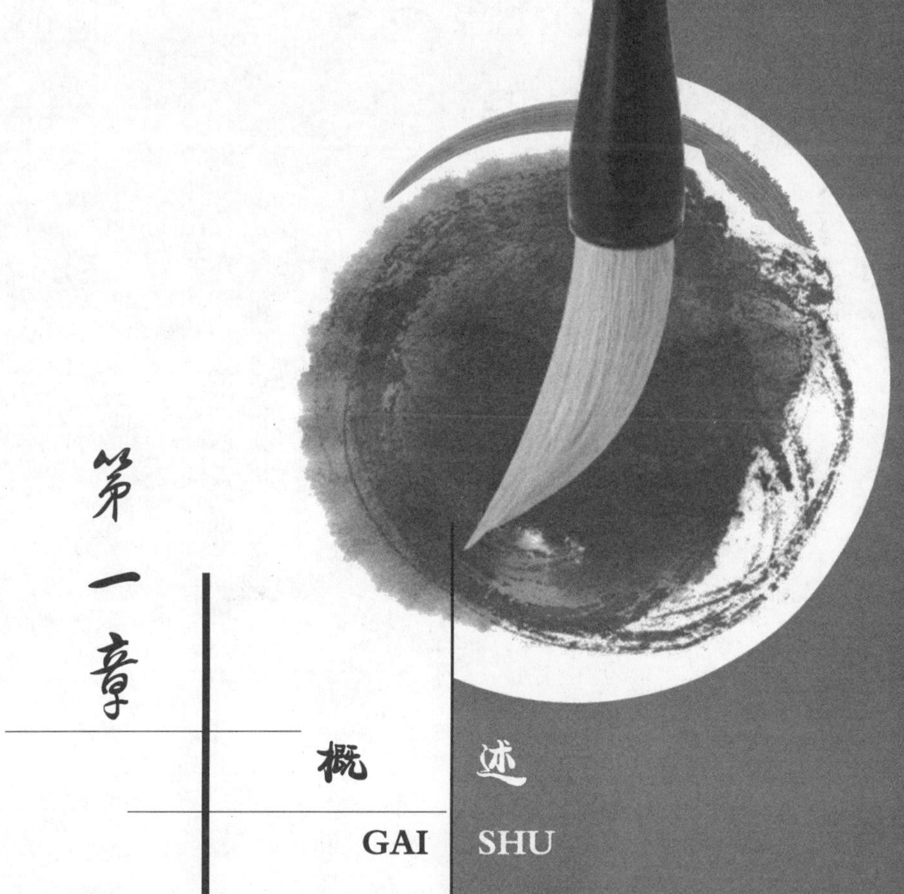

第一章 概述

GAI SHU

第一章 概述

文山州民族职业技术学校概况

陆永金

文山州民族职业技术学校的前身是文山州民族师范学校。它于1973年10月建校,1998年被评为"云南省一级中等师范学校"。2006年1月,经中共文山州委、州人民政府批准,"文山州民族师范学校"更名为"文山州民族职业技术学校",并与"昆明冶金高等专科学校"联合办学,逐步由师范学校转变为理工科学校,为我州实施"工业强州"战略提供了人才保障。

学校办学经历了五个发展阶段:

(1)筹备创办阶段(1973—1975年);

(2)治理整顿阶段(1976—1980年);

(3)改革创新阶段(1981—1989年);

(4)全面发展阶段(1990—2005年);

(5)更名转向阶段(2006年以后)。

一、学校具有光荣的历史

（一）共同创造了以“爱岗敬业、艰苦奋斗”为核心的文山“民师精神”

“爱岗敬业、艰苦奋斗”是我校的“学校精神”，是我校宝贵的精神财富，是我校的优良传统。它不仅过去是、现在是，而且将永远是我们建设学校、发展学校的强大精神动力。“民师精神”的基本内涵是：“爱岗敬业”的“五爱”要求——学校、爱教工、爱学生、爱岗位、爱专业；“艰苦奋斗”的“五勤”要求——勤奋踏实、勤学苦练、勤于奉献、勤俭办学、勤政廉洁。

（二）值得骄傲的“民师人”

凡在我校工作过的同志都有过这样的发自内心的激动：“我骄傲，我自豪，我是‘民师人’。”在我校工作过，后被提拔到重要领导岗位和获得重要奖励的同志很多。以下是部分副处级以上领导干部，获得省级、国家级奖项和评为高级职称和特级教师名单：

杨　跃：教育部考试中心《中国考试》杂志社主编

张呈纬：原文山州教委主任

张李富：原文山州教委副主任

普光明：文山州委宣传部副部长、州文明办主任

王继兴：文山州民政局副局长

郭旭初：文山州委党校副校长

李　文：文山州劳动保障局副局长

李　红：文山州委政府接待处处长

杨绍祥：文山州外事办主任

戴高鹏：文山州体育局副局长

王　勇：文山州残疾人理事会副理事长

汤维亚：文山高等师范学校基建处处长

王国生：文山州技工学校党委书记（高级政工师）

依孝芬：文山州财贸学校党委副书记（高级讲师）

钟子俊:文山州一中校长(中学高级教师)

苏建华:文山州二中校长(高级讲师)

杜一凡:文山州二中副校长(高级讲师)

赵忠秋:文山州二中副校长(高级讲师)

刘永兴:文山州实验小学校长(高级讲师)

赵　彤:开远解放军化肥厂党委工作部部长

杨瑞芬:昆明外国语学校教师(高级讲师,特级教师)

吴佳燕:云南省民族中专学校教师(高级讲师)

张成银:文山州委办信息科

……

(三)各级领导的亲切关怀

州委、州人大、州政府、州政协领导,省教育厅、省委、省政府领导,上海市委、市政府领导,教育部、国务院领导都到我校考察过。

以下是部分到校考察的领导名单:

原中共中央政治局常委、国务院副总理黄菊同志,在担任中共上海市市委书记期间,于 1998 年到我校视察工作;

原国家教委副主任王明达于 1987 年到学校视察工作;

原中共云南省委书记令狐安同志于 1998 年到学校视察工作;

原云南省省长助理、现教育部副部长陈小娅同志于 2002 年到学校视察工作;

原云南省副省长牛绍尧于 1998 年到学校视察工作;

原云南省副省长王广宪、省教委副主任马有良于 1996 年到学校视察工作;

省教育厅副厅长周益群于 2000 年到学校视察工作;

原文山州副州长张丽于 2000 年到学校视察工作;

原省教委主任海淞于 1993 年到学校视察工作;

原省教委师范处处长王强华于 1995 年到学校视察工作;

原省教委师范处处长李兆基于 1993 年到学校视察工作;

原省教委师范处处长高云姝到过学校视察工作;

省教育厅副厅长罗嘉福到过学校视察工作;

原文山州州委书记戴光禄、原文山州州委副书记周亚贤、原文山州政协主席任勇、原文山州人大副主任陶华贵到过学校视察工作;

原文山州州委书记马坚于 1999 年到学校视察工作;

原文山州政府州长陆昌泰到过学校视察工作;

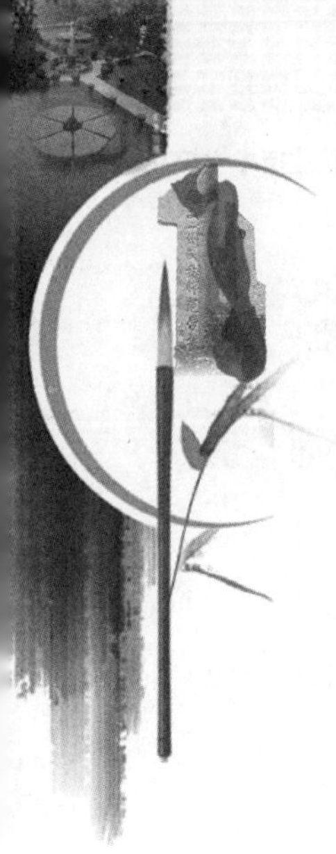

原文山州政府州长王永奎于2002年到学校视察工作；

原文山州州委书记张田欣、副州长孙天竹到过学校视察工作；

文山州州委书记李培到过学校视察工作；

原文山州政府州长宋嘉林到过学校视察工作；

原文山州教育局党委书记、局长包忠才到过学校视察工作；

文山州教育局党委书记、局长刘锦超到过学校视察工作；

……

(四)获得上级和社会的广泛赞誉

学校分别获得过国家级、省级、州级的荣誉称号和奖项。以下是获得国家级、省级表彰的情况：

"全国民族团结进步先进集体"；

"全国推广普通话社会用字规范化先进集体"；

"全国群众体育先进单位"；

"全国'五四'红旗团委"；

"全国'三八'红旗集体"；

"全国巾帼文明健身队"；

"全省社会治安综合管理先进单位"；

"云南省民族传统体育先进集体"；

"云南省推广普通话社会用字规范化先进单位"；

"云南省德育工作先进单位"；

"云南省文明学校"；

"云南省文明单位"；

"云南省一级中等师范学校"；

"云南省'三五'普法先进单位"等。

二、学校取得了辉煌的成就

(一)人才培养成果显著

到目前，学校共培养全日制中专毕业生10 000余人；函授大专、本科毕业生截至2005年7月共毕业909人；研究生毕业109人。举办了各种短期培训班70期共培训6 000余人(次)，教师继续教育培训共28 000余人(次)参加。

以下是我校部分担任领导职务的毕业生名单：

张秀兰(31班校友)：文山州人民政府副州长

普光明(45 班校友):中共文山州州委宣传部副部长、州文明办主任
赵丽荣(40 班校友):文山州人民政府副秘书长
文官红(18 班校友):文山州政协副秘书长、提案法制委主任
陆志国(23 班校友):云南省工商联办公室主任
杜国海(52 班校友):昆明世博学院副院长
张正云(10 班校友):海南省政府档案局处长
沈廷军(11 班校友):文山州司法局副局长
蔡仲兰(11 班校友):文山州档案局局长
陆仕兴(39 班校友):文山州新闻出版局局长、州文化局副局长
潘文光(19 班校友):文山州文化局党委副书记、纪委书记
陆永福(14 班校友):文山州民政局副局长
王继兴(31 班校友):文山州民政局副局长
赵廷江(31 班校友):《文山日报》党委书记、社长
刘良勇(30 班校友):文山州科学技术协会主席、党组书记
侯桂芬(49 班校友):文山州监察局副局长
陆永明(30 班校友):西畴县人大常委会主任
王　俊(34 班校友):西畴县政协主席
冉忠平(12 班校友):麻栗坡县人大常委会主任
黄顺昌(37 班校友):中共马关县县委常委、人民政府副县长
熊廷伟(46 班校友):中共马关县县委常委、宣传部部长
张如黎(32 班校友):中共广南县县委副书记、人民政府县长
宋子宁(43 班校友):中共广南县县委常委、人民政府副县长
娄爱华(64 班校友):广南县人民政府副县长
陈永明(74 班校友):砚山县人民政府副县长
王光斌(34 班校友):文山师范高等专科学校副校长,教授
王国生(1 班校友):中共文山州技工学校党委书记
郭旭初(32 班校友):中共文山州委党校副校长
彭群力(16 班校友):文山州民族职业技术学校副校长
蒙永乐(31 班校友):文山师范高等专科学校政史系主任、副教授
李洪朝(38 班校友):文山师范高等专科学校办公室主任
乐　霞(60 班校友):个旧市妇联副主席
唐升忠(39 班校友):文山州第二届“十大杰出青年”
……

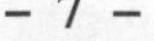

除此以外，还有很多校友在各县局、乡镇、学校担任科级、副科级领导干部职务，在为本地区的社会经济建设服务。

（二）硬件建设超常规发展

由于贫困地区“财困民穷”，加上20世纪90年代后期中师办学处于低潮，国家对学校的资金支持严重不足，办学遇到了种种困难。但是，文山教育需要人才，学校要生存和发展，怎么办？在学校领导班子和全体教职工的努力下，充分发扬了“爱岗敬业、艰苦奋斗”的“民师精神”，实行多渠道融资，学校各项硬件建设实现了超常规发展，仅以“十五”期间同“九五”期间相比：

（1）占地面积：“九五”末为107.9亩，“十五”末为140.2亩，新征32.3亩土地，增长了30%。

（2）建筑面积：“九五”末为20 250平方米，“十五”末为38 388平方米，增长了90%。

（3）资产总值：“九五”末6 600万元，“十五”末为9 959万元，增长了51%。

（4）计算机配置：“九五”末为110台，“十五”末为310台，增长了182%。

（5）校园绿化美化、植树：“九五”末为150多棵，“十五”末为550多棵；绿化面积“九五”末为4 000多平方米，“十五”末为6 800多平方米，增长了70%。

（三）师资力量雄厚

学校现有教职员工共226人，其中：在职在岗177人，离退休49人。现有任课教师126人，其中：受过研究生教育的47人，本科学历教师109人，讲师51人，高级讲师34人，特级教师6人。一支师德优良、业务过硬、专兼结合、专业齐全的教师队伍已经形成。

（四）教研科研成果斐然

“九五”期间，学校教职工发表论文获奖51篇，“十五”期间增加570余篇。其中：发表在国家级刊物上并获奖的112篇，省级260篇，州县级251篇。

（五）办学形式和层次实现新跨越

从建校开始到“九五”期间，我校的办学形式和层次基本上是“一种层次，三个专业”：即中师层次，普师、幼师、体师三个专业。“十五”末发展到“十种类型，十多个专业”：三年制中专、一年制中专、五年制大专、三年制大专、成人脱产大专、函授（网络）大专、函授（网络）本科、研究生课程班、短期培训、幼儿教育；专业有：普师、幼师、体师、英语、计算机、实验、中文、数学、政教、建筑工程技术、地理信息与制图、冶金技术、矿业技术、生物技术等。形成了全日制教育与成人教育共同发展的多形式、多层次、多专业的比较完善的综合型办学体系。

（六）规章制度健全完善

通过参与国家的“三五”、“四五”普法学习，加上学校坚持不懈的法制教育，国家的主要法律法规特别是与教育相关的法律法规在全校师生员工中已经深入人心。学校对以往的规章制度进行了两次大的整理和修订，并印发了《学校规章制度汇编》。从党务工作到行政工作，从德育工作到教学、教研工作，从学生管理到后勤管理，从全日制教育管理到成人教育、幼儿教育管理等，都有详细的、科学的，可操作的规章制度作指导。为实施“依法治校与以德治校相结合的治校方略”提供了有力的制度保障。

（七）学校文化建设硕果累累

第一，全体“民师人”（“民职校人”）共同创造了以“爱岗敬业、艰苦奋斗”为核心的“文山民师精神”，即我校的“学校精神”。也是我校整个学校文化的精髓。

第二，形成了我校独特的办学理念和教育风格。包括：“一个总目标、五个创一流”的发展目标，“两个并存、两个转变”的办学模式，“两条腿，两手抓”的办学思路，“三个一切”的办学理念，“三个学会的技能型人才”培养目标，“五句话”校风，“严、勤、苦 、专”的学风，等等。

第三，打造了“团结、求实、爱岗、敬业”的团队文化。我校作为“民族”师范、“民族”职业学校，师生员工由州内十一种民族组成，是个民族大家庭。所以，不论是领导班子还是教职员工、学生班集体，都十分珍惜“民族缘分”、重视“民族团结”、尊重“民族习俗”、发展“民族文化”、突出“民族特色”，特别强调“团结第一”、“团结压倒一切”。因此我校早在1990年就被评为“全国民族团结进步先进集体”。同时，我们这个团队不论是工作上还是学习上都十分注意求真务实，不摆花架子，“不唯书，不唯上，只为实”；“爱岗敬业、艰苦奋斗”，不斤斤计较，不讨价还价，力求尽最大努力做好本职工作。

第四，制度文化体现以人为本和人文关怀。例如：“党员联系群众制度”、“党员领导干部联系贫困生制度”、“离退休人员和在职人员福利平等制度”、“德育辅导员（即‘党代表’）制度”、“‘五个十’ 教育制度”、“‘九要求十

不准'管理制度”、“教代会制度”、“校务公开制度”等等，处处体现“以人为本”的要求，时时倡导“人文关怀”的理念。各级领导的管理和教育工作，始终贯彻“群众路线”和“民主集中制”原则，“从群众中来，到群众中去”，充分相信群众，依靠群众、尊重人、关心人、理解人，促进人的全面发展。

第五，环境文化生机勃勃。我们按照“科学化、规范化、现代化、多样化、精品化”的总要求，大力实施“校园绿化美化净化系统工程”，学校正在向“绿色学校”、“花园学校”、“园林校园”的目标迈进。丰富绿化美化的文化内涵，提升建筑文化、宣传文化的主题性、时代性、多样性，整个校园一年四季鲜花盛开、绿树成荫，到处充满生机与活力。

第六，独具特色的室内文化建设。一是按照“八有十无六个好”的总要求开展班级文化建设和教室文化建设。二是按照“十个一条线，五个有”的总要求开展宿舍文化建设。三是建好校史陈列室。四是搞好办公室文化建设。五是开展家庭文化建设，争创“五好家庭”。

第七，丰富多彩的活动文化。一是群团活动异彩纷呈。包括工会、共青团、妇委会、学生会等群众工作丰富多彩，规范有序，各具特色。上级有关部门和社会

各界称我校的“工、青、妇”工作是我州工会、共青团、妇女工作的一面旗帜。二是语言文字工作一枝独秀。从20世纪80年代以来，我校师生员工坚持说普通话是全州做得最好的单位之一，全州普通话测试站曾长期设在我校，并承担全州公务员普通话培训和考评任务，被社会誉为“全州推广普通话示范基地”，为全州乃至全省的语言文字工作作了重要贡献。三是文化艺术工作成绩突出。鼓号队和爱心艺术团是我校的两个品牌。学校每年冬季的“体育文化节”办得有声有色，州上的许多大型庆典活动经常抽调我校师生参与，受到社会的好评。我校的“雏燕文学社”曾经在州内外中学、中专学校中产生过良好的影响。其他社会实践活动、业

余党校、业余团校、文明公民学校等都搞得丰富多彩,有效地占领了师生员工的思想文化阵地。

三、学校办学的基本经验

回顾三十多年的办学历史,特别是近十年来的办学过程,我们通过认真总结和提炼,得出以下五个方面的基本经验:

一是要始终坚持和发扬"爱岗敬业、艰苦奋斗"的文山"民师精神",并围绕这一"学校精神",高度重视并全面开展学校文化建设,为学校的改革、建设和发展提供强大的精神动力。

二是要始终坚持"以人为本",促进人的全面发展,构建平安和谐学校,牢固树立"三个一切"(一切为了学生,为了学生的一切,为了一切学生)的办学理念,全心全意为师生员工服务。

三是要始终坚持"两条腿(全日制教育与成人教育共同发展),两手抓(一手抓社会效益,一手抓经济效益)"的办学思路,解放思想、实事求是、与时俱进、开拓创新,走"上挂下联、多形式、多层次、多专业"的办学路子。

四是要始终坚持"教育教学"这一中心工作不动摇,并以此带动和促进学校各项工作全面协调、可持续发展。

五是要始终紧紧抓住"招生与就业"这一主要矛盾不放松,努力做到"出口畅(就业率高)、进口旺(生源好)"。

四、学校未来的宏伟蓝图

学校今后的奋斗目标是:实现"一个总目标,五个一流"。

"一个总目标"是:学校要实现由中师的办学格局逐步过渡提升为以理工科教育为主的多形式、多层次、多功能、多专业的综合类职业技术学院。

计划在"十一五"期间做到"五年实现三级跳,力争三年见成效":即 2006 年更名为"文山州民族职业技术学校",2008 年申报"国家级重点中专学校",力争"十一五"期间与州属有关中专学校联合申办"文山州民族职业技术学院"。

计划 2010 年办学规模达到:全日制在校生达 3 500 人、成人学历在读生达 4 500 人、短期培训学员年均达 8 000 人(次)。

"五个创一流"是:努力创造条件,使学校在全州乃至全省同类学校中力争达到"办学设施一流、校园建设一流、学校管理一流、教育质量一流、办学效益一流"。

学校今后较长一段时期的"办学模式"将是:"两个并存、两个转变"。

“两个并存”：即根据办学条件、社会发展和市场需求，今后较长一段时期的办学将是“师范教育与理工科教育并存，中等教育与高等教育并存”，以满足不同时期、不同行业、不同层次的人才需求。

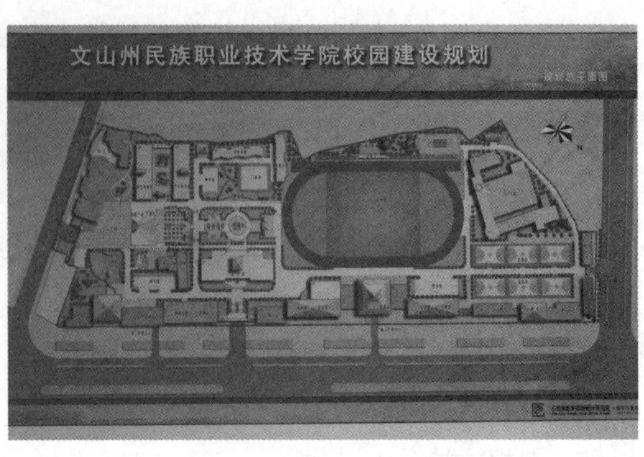

“两个转变”：即根据教育与经济社会的发展趋势，从现在起就要努力创造条件，逐步实现“由师范教育为主向理工科教育为主转变，由中等教育为主向高等教育为主转变”，不断提升学校的办学水平和办学层次，大力增强学校办学的综合实力和竞争能力。

学校文化是学校办学的核心竞争力

陆永金

当今世界的竞争、社会的竞争日趋激烈。一个国家、一个民族、一个地区、一个企业、一个学校要生存和发展就必须参与竞争。适者生存，强者发展。那么，靠什么去竞争？靠实力。实力有两个方面：一是硬实力，二是软实力，二者的有机统一便形成“综合实力”。要在竞争中永远立于不败之地，靠的是综合实力，而不仅仅是哪一方面的实力，学校的办学也是如此。

学校是人才的培养基地。学校办学的综合实力有多强，最终要看这个学校培养出多少合格人才、优秀人才，为国家的建设和社会的发展作出了多大的贡献。反过来，一个学校要培养出更多、更好的人才，靠的也是硬实力和软实力统一而形成的综合办学实力。

硬实力，是由学校的有形资产构成的物质实力。包括校舍、办学设施和办学经费等。硬实力是学校办学的物质基础，是学校生存与发展的前提条件，是软实力得以提升和增强的基本保障。

软实力，是由学校的无形资产形成的文化实力。包括：学校精神、办学特色、学校品牌、办学理念、办学环境、规章制度、师资力量等。软实力即学校文化，它是学校办学的灵魂。学校文化为学校的改革与建设、生存与发展提供强有力的思想基础、政治保障、智力支持和精神动力。没有浓厚的学校文化和强大的精神动力作支撑，再好的物质条件也会垮下来。有了良好的学校文化，就会使"死"的办学设施"活"起来，并同良好的学校文化融合在一起，形成强大的精神动力，使学校的办学永葆勃勃生机，从而培养出更多更好的优秀人才。所以，学校文化即软实力是学校办学的灵魂，是学校的核心竞争力。

那么，什么是文化？什么是先进文化？

文化是人类社会发展过程中所创造的物质财富和精神财富的总和，特指精神财富。

整个文化世界可分为两种形式。一种是物质性的文化，如人们所创造的劳动工具，满足人们物质需要的生活资料、满足人们精神生活需要的文化产品等，俗称"物质文化"。另一种是精神性的文化，如社会意识各领域中的宗教、哲学、艺术、科学思想、价值观念、社会心理、习惯、风俗等，俗称"精神文化"。物质文化和精神文化又是相互渗透的，任何物质文化均渗透着精神文化。同样，任何精神文化最终都要物化为具体的物质形式。但是，文化的主要特征是精神性的，它是包括一切价值观念、思维方式、心理状态等各种精神因素的总和。

文化，按其影响作用又分为落后文化和先进文化两种。"落后文化"是指带有迷信、愚昧、颓废、庸俗等色彩，会腐蚀人们的精神世界，危害社会进步的腐朽文化。"先进文化"指科学的，健康的、符合社会发展方向，体现社会生产力发展要求，代表最广大人民根本利益的文化。衡量先进文化的一般标准是"三个有利于"：一是有利于生产力的解放和发展；二是有利于社会的全面进步；三是有利于人类自身的解放和发展。

在当代，什么是中国先进文化呢？

"中国先进文化"就是中国特色社会主义的文化。是以马克思列宁主义为指导，以培养有理想、有道德、有文化、有纪律的公民为目标，发展面向现代化、面向世界、面向未来的民族的、科学的、大众的文化。

中国先进文化即中国特色社会主义文化的基本特征有"六性"：

第一，科学性。即它能够客观地反映人类对自然界、人类社会或人的思维的真理性认识，正确地揭示自然界、人类社会、人类思维的未来发展方向。

第二，时代性。即它与社会的发展同步，具有与时俱进的时代性。它反映时代

发展的主流与方向，洋溢着时代的气息，体现时代的特征。

第三，民族性。即它是带着鲜明中华民族的民族色彩的文化，是有鲜明中国风格和中国气派的文化。

第四，开放性。即它是敞开胸怀，积极地与其他民族的文化“热烈拥抱”，相互交流、相互借鉴，充分吸收古今中外和全人类的一切优秀文化和文明成果，甚至相互碰撞、相互激荡、相得益彰而共同发展起来的文化。因而它是面向现代化、面向世界、面向未来的文化。

第五，群众性。人民群众是社会主义事业的主人，当然也是文化建设的主人，是一切文化创造的最深厚的基础和不竭源泉。因而，中国先进文化来自于人民又服务于人民，是为广大人民群众喜闻乐见的文化。

第六，创新性。即它随着历史的发展而发展，随着社会的进步而进步。它只有紧跟时代潮流，积极探索、勇于创新，才能永葆先进的本色，才能在浩浩荡荡的文化大军中始终担当时代的先锋。

那么，什么是学校文化？学校文化有什么特点和功能？

学校文化，是学校全体师生员工共同创造的物质财富和精神财富的总和，主要是精神财富。包括学校精神、办学特色、学校品牌、办学理念、教育思想、环境文化、活动文化、课程文化、制度文化等。

学校文化具有以下特点：

第一，独立性和多样性。由于学校具有特定的主体、环境和功能，因而学校文化具有其独特性，并自成体系。但是，由于学校的类型、层次、任务、目标和所处的地理环境不同，因而学校文化又具有多样性的特点。总之，学校文化是独立性和多样性的统一。

第二，思想性和科学性。学校文化是一个学校全体师生员工经过长期的努力，共同创造和积淀下来的文化。包括学校精神、办学理念、教育思想等，蕴涵着丰富的文化资源，因而具有较强的思想性。同时，学校文化又是根据教育的特点和办学的规律提出、实践、提炼和总结出来的，因而具有较强的科学性。所以，学校文化又是思想性和科学性的统一。

第三，主体性和主导性。在学校文化建设中，学生是主体，教职工是主导，领导是倡导。师生员工是学校的主人，因而是学校文化的主要建设者。学校的党政领导班子特别是书记、校长，是学校发展的引导者，是学校建设的组织者和指挥者，对学校文化建设的发展方向和建设质量负有引领和导向责任。因而，学校文化建设要正确处理好主体性和主导性的辩证关系。

第四，适应性和辐射性。学校文化是社会文化系统的一个子系统。主系统要引导好子系统，子系统也要适应主系统。因而，我国各级各类学校的学校文化要在马克思主义指导下，服从和服务于全党全国的中心工作，贴近实际、贴近生活、贴近师生，弘扬主旋律，提倡多样化，适应社会，适应学校。同时，学校文化也应对周边单位，所在社区和社会产生较大的辐射和影响作用。

学校文化具有哪些功能和作用？

“功能”是事物本身所固有的职能。“作用”是事物功能在现实生活中的表现。功能和作用一般来讲应该是一致的，即好的功能发挥好的作用。但有时也不完全一致，甚至会发生相反的作用。这就涉及如何发挥的问题，以及外部条件和人为因素的影响。因而，我们应该充分发挥人的主观能动性，创造一切有利条件，使文化的功能充分发挥其应有的作用。

学校文化具有以下四个功能和作用：

第一，具有强烈的育人功能。学校的根本任务是育人，是培养合格的社会主义公民、建设者和接班人，而浓郁的、健康向上的学校文化可以感召人、感染人、鼓舞人、激励人、改造人，促进人的思想道德、人文素养的提高，使师生员工得到全面发展。因此，要充分发挥学校文化育人、文化造人的强大功能和作用。

第二，具有促进学校和谐发展的功能。文化的核心理念就是追求和谐，而和谐本身就是一种文化，故称“和谐文化”。和谐文化是一种以和谐为思想内容和价值取向，以倡导、研究、传播奉行和谐理念为主要内容的文化形态、文化现象和文化特性。包括思想观念、价值体系、行为规范、文化产品、社会风尚、制度体制等多种存在方式。因而，大力加强学校文化建设能够有效促进学校各项工作全面、协调、可持续发展。

第三，可以为师生提供丰富的精神食粮。人，除了必要的基本物质条件需要以外，还有精神方面的需要。只有物质和精神都得到充分的满足，才能达到高质量的生活水准。学校师生员工大部分时间学习、工作、生活在学校，在不断创造和改善他们的学习条件、工作条件和生活条件的同时，要大力发展学校文化，包括精神文化、环境文化、办公室文化、教室文化、宿舍文化、家庭文化、活动文化等，使师生员工愉快地学习、舒心地工作、幸福地生活。所以，学校文化可以充实师生的生活，提高师生的生活质量。

第四，能够提升学校办学的核心竞争力。一个学校要生存和发展，必须有强大的竞争力。强大的竞争力来自于坚实的综合实力。坚实的综合实力是由硬实力和软实力两个方面有机构成的。先进而又配备齐全的办学设施即物质实力是综合实力的物质基础；先进而丰厚的学校文化、优秀而结构合理的教师队伍是综合实力的精神支柱和人才支撑。先进的办学设施需要高素质的人才去创造、使用和发挥。所以，"有道德、有文化、有理想、有纪律"的高素质教职工队伍和学生队伍，是办好一所学校的决定性因素。因为"科学技术是第一生产力"，"教师队伍是学校的第一生产力"。"深厚的文化素养是教师队伍素质的第一要素。"实践充分证明：没有文化的学校，就是没有灵魂的学校、没有历史的学校、没有品位的学校、没有生命力的学校。所以，发展学校文化能够不断提升学校的核心竞争力。

构建社会主义核心价值体系　增强师生员工核心价值观

陆永全

党的十六届六中全会通过的《中共中央关于构建社会主义和谐社会若干重大问题的决定》，第一次明确提出了"建设社会主义核心价值体系"这个重大命题和战略任务。构建社会主义核心价值体系是建设和谐社会的根本。学校是培养社会主义合格公民、接班人和建设者的重要基地，而学校教育时期对青少年学生而言又是世界观、人生观、价值观形成的重要时期。因此，在学校开展构建社会主义核心价值体系和树立社会主义核心价值观的教育活动具有特殊的重大意义。

一、建设社会主义核心价值体系的重要意义

建设社会主义核心价值体系的重要意义在于：

(一)建设社会主义核心价值体系，是我们党思想上、精神上的旗帜

一个政党、一个国家没有旗帜就会迷失方向，就没有前进的目标和动力。核心价值体系就是一面旗帜，鲜明地亮出这面旗帜，就是昭示人们不论在社会思想观念如何多样多变的情况下，不论在人们价值取向发生了怎样的变化的情况下，我国社会主义意识形态的核心都不能动摇。

(二)建设社会主义核心价值体系，是全党全国人民团结奋斗的共同思想基础

共同的思想基础，是一个政党、一个国家、一个民族赖以生存和发展的根本前提。没有共同的思想基础，党就要瓦解、国家就要分裂、民族就要解体。江泽民同志指出："一个民族、一个国家，如果没有自己的精神支柱，就等于没有灵魂，就会失去凝聚力和生命力。"这说的就是共同思想基础的建设问题。社会主义核心价值体系，就是要揭示我们共同思想基础的基本内涵和基本要求，它将推动全党、全社会更加自觉地维护和遵循我们共同的思想基础。

(三)建设社会主义核心价值体系，是公民思想道德建设的精神纽带

坚持用先进的思想道德来引领全体社会成员在思想道德上不断提升、共同进步。用什么样的思想道德来引领人们在思想道德上不断提升和进步呢?社会主义核心价值体系能够回答这个问题。社会主义核心价值体系，既体现了思想道德建设的先进性要求，又体现了思想道德建设的广泛性要求；既坚持了先进文化的前进方向，又符合不同层次群众的思想状况；既体现了全体社会成员一致的愿望和追求，又涵盖了不同群体和阶层的目标要求。它具有广泛的适用性和包容性，具有强大的整合力和引领力，是联结各民族、各阶层的精神纽带。

(四)建设社会主义核心价值体系，是构建和谐文化的根本

构建社会主义和谐社会必须建设和谐文化。和谐文化是以社会主义核心价值体系为根本和内在规定的。建设和谐文化就是建设社会主义先进文化。社会主义核心价值体系在发展过程中不断汲取中华民族优秀的传统文化，不断吸收世界优秀文明成果，不断在实践中创新发展，这就决定了社会主义核心价值体系具有很强的创造力、感召力和包容性、整合性。在和谐文化建设中，抓住社会主义核心价值体系这个根本，才能形成全社会共同的理想信念，增强全社会的凝聚力；才能树立全社会的和谐理念，培育全社会的和谐精神；才能形成全社会良好的道德风尚，形成全社会和谐的人际关系；才能营造全社会成员的和谐舆论氛围，塑造全社会的和谐心态。

总之，社会主义核心价值体系是社会主义制度的内在精神之魂，是社会主义意识形态大厦的基石，是社会主义文化建设的根本。它不仅是实现文化自身和谐的

关键,也是促进整个社会和谐的中心环节,是社会主义社会发展进步的"生命线"。

二、社会主义核心价值体系的基本内容

社会主义核心价值体系的基本内容及其地位和作用概括起来就是四大部分:(1)马克思主义"指导思想"——社会主义核心价值体系的"灵魂";(2)中国特色社会主义"共同理想"——社会主义核心价值体系的"主题";(3)以爱国主义为核心的"民族精神"和以改革创新为核心的"时代精神"——社会主义核心价值体系的"精髓";(4)社会主义"荣辱观"("八荣八耻")——社会主义核心价值体系的"基础"。

(一)马克思主义指导思想

历史已经充分证明了这一伟大的真理:没有马克思主义就没有中国共产党,没有共产党就没有新中国,只有社会主义才能够救中国。

马克思主义是关于自然界、人类社会和人类思维发展普遍规律的科学,是工人阶级、劳动人民和全人类实现解放的思想武器,是建设社会主义和实现共产主义的行动指南,马克思主义是我们立党立国的根本指导思想,是社会主义意识形态的旗帜和灵魂。在社会主义核心价值体系中,马克思主义提供的是科学的世界观,是认识世界和改造世界的立场、观点和方法,是建设社会主义的理论基础和行动指南,包括把马克思主义基本原理同中国具体实际相结合而形成的"中国化马克思主义"——毛泽东思想、邓小平理论、"三个代表"重要思想和科学发展观。

当然,坚持马克思主义的指导地位,并不排斥社会思想观念的多样性,相反,它主张尊重差异、包容多样、与时俱进、不断创新;坚持"百花齐放,百家争鸣"和"古为今用,洋为中用"的方针。在尊重差异中扩大社会认同,在包容多样中形成思想共识,团结不同社会阶层、不同认识水平的人们共同进步。把握了这一点,就把握了社会主义核心价值体系的灵魂。

(二)中国特色社会主义共同理想

中国共产党人的最高理想是实现共产主义。共产主义社会又分为高级形式和低级形式。要实现共产主义的高级形式——各尽所能,按需分配,还要经历漫长的低级形式——社会主义制度(按劳分配)。而社会主义还要分为初级阶段和高级阶段。目前的中国正处于社会主义初级阶段。这一阶段的特点是,在经济体制上,坚持社会主义市场经济体制;在经济制度上,坚持公有制为主体,多种所有制经济共同发展;在分配制度上,坚持按劳分配为主,多种分配方式并存;在政治体制上,坚持人民民主专政、人民代表大会制度、中国共产党领导的多党合作和

政治协商制度；在意识形态上，坚持马克思主义的指导地位。这就是社会主义初级阶段的“中国特色社会主义”。邓小平同志说：“社会主义初级阶段至少要经历一百年。”

中国特色社会主义的奋斗目标是：基本实现现代化，全面实现小康，构建和谐社会，实现中华民族的伟大复兴，把我国建设成为富强、民主、文明、和谐的社会主义现代化国家。这就是我国现阶段全党、全国人民的共同理想。

为了实现这一共同理想，一切有利于国家富强、社会进步、人民幸福的思想和精神；一切有利于民族团结、祖国统一、人心凝聚的思想和精神；一切有利于用诚实劳动争取美好生活的思想和精神，都应当得到尊重、保护和发扬。紧紧把握这一点，也就把握住了社会主义核心价值体系的主题。

（三）以爱国主义为核心的“民族精神”和以改革创新为核心的“时代精神”

民族精神和时代精神是一个民族赖以生存和发展的精神支柱。“民族精神”是一个民族在长期的共同社会实践中形成的民族意识、民族心理、民族品格、民族气质的总和，是一个民族生生不息、薪火相传的精神血脉，是民族文化最本质、最集中的体现。民族精神的核心是爱国主义。民族精神的基本内涵是：团结统一、爱好和平、勤劳勇敢、自强不息。在改革开放新的历史时期，我国各族人民焕发了巨大的创造活力，形成了以“改革创新”为核心，以“解放思想、求真务实、锐意改革、开拓创新”为基本内涵的“时代精神”。

这一民族精神和时代精神，包括“天下兴亡、匹夫有责”，“富贵不能淫，贫贱不能移，威武不能屈”，“先天下之忧而忧，后天下之乐而乐”等民族优良传统；包括革命战争年代形成的井冈山精神、长征精神、延安精神、西柏坡精神等优良传统；包括社会主义建设时期形成的大庆精神、雷峰精神、“两弹一星”精神等优良传统；包括改革开放新时期形成的抗洪精神、抗“非典”精神、青藏铁路精神和江泽民同志提出的“五种精神”，即：(1)解放思想，实事求是的精神；(2)紧跟时代，勇于创新的精神；(3)知难而进，一往无前的精神；(4)艰苦奋斗，务求实效的精神；(5)淡泊名利，无私奉献的精神。民族精神和时代精神是相互交融的，熔铸在民族的生命力、创造力和凝聚力之中，熔铸在社会主义核心价值体系之中，使中华民族能够以昂扬向上的精神状态屹立于世界民族之林。紧紧把握住这一点，就把握住了社会主义核心价值体系的精髓。

（四）社会主义荣辱观

2006 年 3 月 4 日，胡锦涛总书记在看望出席全国政协十届四次会议的委员时指出，社会风气是社会文明程度的重要标志，是社会价值导向的集中体现。在

我们的社会主义社会里，是非、善恶、美丑的界限绝对不能混淆，坚持什么、反对什么、倡导什么、抵制什么，都必须旗帜鲜明。要教育广大干部群众特别是广大青少年树立社会主义的荣辱观，坚持八荣八耻：

以热爱祖国为荣，以危害祖国为耻。
以服务人民为荣，以背离人民为耻。
以崇尚科学为荣，以愚昧无知为耻。
以辛勤劳动为荣，以好逸恶劳为耻。
以团结互助为荣，以损人利己为耻。
以诚实守信为荣，以见利忘义为耻。
以遵纪守法为荣，以违法乱纪为耻。
以艰苦奋斗为荣，以骄奢淫逸为耻。

同时，认真贯彻执行中共中央关于《公民道德建设实施纲要》的相关要求，大力开展以下几个方面的教育：

(1)“爱国主义”教育——团结统一，爱好和平，勤劳勇敢，自强不息(中华民族精神)。

(2)“三观”教育——科学的世界观，革命的人生观，正确的价值观。

(3)“三义”教育——爱国主义，集体主义，社会主义。

(4)“五爱”教育——爱祖国，爱人民，爱劳动，爱科学，爱社会主义。

(5)基本道德规范——爱国守法，明礼诚信，团结友善，勤俭自强，敬业奉献。

(6)社会公德规范——文明礼貌，助人为乐，爱护公物，保护环境，遵纪守法。

(7)职业道德规范——爱岗敬业，诚实守信，办事公道，服务群众，奉献社会。

(8)家庭道德规范——尊老爱幼，男女平等，夫妻和睦，勤俭持家，邻里团结。

(9)教师职业道德规范——依法执教，爱岗敬业，热爱学生，严谨自学，团结协作，尊重家长，廉洁从教，为人师表。

(10)中学生行为规范——自尊自爱，注重仪表；真诚友爱，礼貌待人；遵规守纪，勤奋学习；勤劳俭朴，孝敬父母；遵守公德，严于律己。

三、学校如何开展教育，树立社会主义核心价值观

(一)突出“五个主”教育重点

1.唱响主旋律

唱响主旋律，即进行马克思列宁主义、毛泽东思想、邓小平理论、“三个代表”重要思想和科学发展观的基本原理、基本理论的教育教学。

2.抓住主线条

抓住主线条，即紧紧围绕“思想道德建设”这一中心和主线来进行。

3.突出主渠道

突出主渠道，即紧紧抓住“课堂教学”这一主渠道不放松。特别要加强政治理论课教学，向“课堂”要效益。

4.巩固主阵地

巩固主阵地，即通过深入持久地开展“校园文化”建设，占领和巩固师生员工的思想文化阵地。

5.壮大主力军

壮大主力军，即充实政治课教师、班主任、德育辅导员这一思想政治工作的主力军队伍，使德育教育提高水平，提升层次，增强效果。同时充分发挥“五育人”功能——教书育人，管理育人，服务育人，活动育人，环境育人。

（二）坚持“三贴近”、“三进入”原则，加强实践活动

（1）贴近实际——进入教材。

（2）贴近职业——进入课堂。

（3）贴近生活——进入头脑。

（三）坚持以人为本，构建和谐校园

重点建设好“六大特色”的校园：

1.建设“人文校园”

坚持以人为本，充满人文关怀；继承和发扬中华传统文化，不断提升学校文化建设水平。

2.建设“书香校园”

让读书成为习惯，读书决定命运；树立“读书学习为荣，不学无术为耻”的思想。

3.建设“平安校园”

看好自己的门，管好自己的人；整治周边环境，消除安全隐患；让师生有安全感和幸福感。

4.建设“创新校园”

有创新才会有特色，有创新才会有生命力；创新是学校的灵魂，创新是师生的希望；树立创新精神，学会创新方法，展示创新成果。

5.建设“温馨校园”

全校师生员工应团结和睦，相互体贴，共同创建一个温暖、快乐、幸福的精神家园。

按照"科学化、规范化、整洁化、多样化、园林化、精品化"的总要求，认真组织实施"校园绿化美化净化系统工程"，建设"生态园林式校园"，充分发挥环境育人的作用。

弘扬中华传统文化 促进学校和谐发展

陆永金

我国传统文化源远流长、博大精深。在几千年的历史进程中，不仅影响着整个中华民族，而且影响着世界；不仅影响着过去、现在，而且还将影响未来。

中国国学家金开诚教授等专家、学者，对中华文化有着精深的研究，提出中华传统文化有四个重要思想：一是阴阳五行（天社合一——自然与社会和谐）；二是天人合一（自然与人和谐）；三是中和中庸（人我合一——人与人和谐）；四是修身克己（身心合一——人与自身和谐）。这些重要思想，对于我们今天建设现代先进文化、学校文化，对公民特别是青少年学生开展思想道德教育和构建社会主义和谐社会具有重要的借鉴意义。我们应该很好地学习、继承和发扬。

一、阴阳五行（天社合一——自然与社会和谐）

阴阳和五行本是两种思想，从战国时代开始才合为一个哲学思想体系。

（一）阴阳思想

"阴阳思想"认为世界上任何事物都包含对立的统一。对立是指两种势力、两种因素、两种趋势、两种地位，等等。它们一正一反相互对立，又统一在一起。同时，对立双方又能各向对方转化。

阴阳对立统一的模式具有丰富而深刻的含义：

一是任何事物的内部都包含两种对立因素的统一。

二是两种对立因素不是固定不变的，而是运动变化的。而且，正是在"阳"的一方发展到最为壮大之际，开始了"阴"的生成；也正是在"阴"的一方发展到最为壮大之际，又开始了"阳"的复生。自然现象中的"日中则仄，月满则亏"、"冬至一阳生，夏至一阴生"等等，都证明了这种辩证的运动规律。

三是事物内部虽然都包含对立因素的统一，但对立不一定就是你死我活的斗争。阴阳之间可以有四种关系："阴阳磨"、"阴阳争"、"阴阳和"、"阴阳合"。原因有三：(1)阴阳对立有种种不同的性质，其相互作用当然会有差别。一般矛盾通过调和是可以求得"和平共处"的。(2)对立统一还要看运动变化的各个阶段，其相互作用的主导方面可能有很大的差别。通过一定的"磨合期"就能互相适应。(3)对立统一相互作用的方式，还往往取决于当事人采用什么方法来处理事情。本来是"非对抗性矛盾"，处理不当也可能激化；本来是"对抗性矛盾"，处理得好也可能缓解。

（二）五行思想

"五行思想"是指世界统一于"金、木、水、火、土"五种物质及其运动中。

五种物质之间相生相克。"生"是指生成、促进、助长、发扬等作用。"克"是指克制、束缚、挫折、摧毁等作用。生的模式是：金生水，水生木，木生火，火生土，土生金。画出来就是一个圆圈。克的模式是：金克木，木克土，土克水，水克火，火克金。画出来成为一个星形。

五行思想不仅指明宇宙统一于以"金、木、水、火、土"为代表的物质运动中，而且通过五行之间的生克作用表明世界上任何事物都是被其他事物所生，也被其他事物所克的；同时，任何事物本身也都生着或克着另外一种事物。而且，一种事物对另一种事物的生或者克，做过头了都会引发反生或反克。

（三）阴阳五行思想给我们的重要启示

第一，任何事物都包含着"阴"和"阳"两种因素的对立统一，而且二者在不断地发生运动变化。这就告诉我们：当人们处于"顺境"的时候要居安思危；当处于"逆境"的时候不要悲观失望。

第二，任何事物的自身以及与他事物的共同生存和发展，都有一个"适应期"、"磨合期"，而且矛盾的东西包括"对抗性"的矛盾，只要处理得当也可以"和谐共处"。这就告诉我们：在处理问题、矛盾和关系时，要有耐心且注意方法，以达到和谐相处。

第三，世界上任何事物都是"相生相克"的，即"你中有我，我中有你；你离不开我，我离不开你"。这就告诉我们：要学会包容，宽以待人，不要计较对方的差异和分歧，以达到共同发展。

第四，世界上任何事物都有个"度"，超过这个"度"，性质就会发生变化、走向反面。这就告诉我们：人们待人处世要掌握好"度"，不要过头，走过了头就会起反作用。

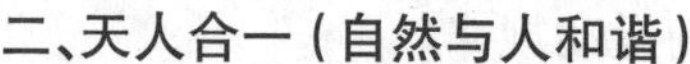

二、天人合一(自然与人和谐)

(一)"天人合一"的概念

"天人合一"又叫"天人相应"、"天人和谐"、"天人统一"等。其认为:人类社会在大自然中生成并发展,是大自然的一部分。故,人与自然相通相应,息息相关,是个统一体。所以,人与自然必须和谐相处。

中华传统文化中的"天"有双重含义:一是有意志、人格化的"天",即上帝天命。这是唯心主义的、宗教的思想。二是无意志、非人格化的天,即大自然。这是唯物主义的。我们提倡的是唯物主义思想。

中国道教认为:"道"创造了宇宙和万物。老子指出:"道生一,一生二,二生三,三生万物。"这里的"道"是指事物运动的规律或有规律的运动。这种运动创造了宇宙本体("道生一");这个本体一分为二,成为阴与阳的对立统一("一生二");两个对立面相互作用产生了新的事物("二生三");这种新的事物是千姿百态、多种多样的("三生万物")。这一切都是事物运动的客观规律和必然结果,是唯物辩证法。

西方人认为大自然和万物都是上帝创造的。因而他们对待大自然经历了三个阶段:即崇拜自然、征服自然、协调自然。

中华传统文化也讲"崇拜自然"(如听天由命、富贵在天等),也讲"征服自然"(如人定胜天等),但更主要的是重视"协调自然",即"顺应天时"。

(二)"天人合一"思想给我们的启示

第一,是在政治上注重"天时、地利、人和"。一个国家、一个地区、一个单位的重大决策和重大社会活动都要重视"天时、地利、人和"才能够成功,否则就会失败。

第二,是在经济上注意遵循"自然规律"。特别在农业上,从根本上讲,目前的农业生产还处于"靠天吃饭"的局面,应根据客观的自然条件,不能盲目地耕作,同时还要注意保护生态环境。要顺应"农时"、"季节",反季节就是反自然,反自然就会被自然惩罚。工业经济的发展也要特别注意尊重自然、保护环境,使之可持续发展。

第三,是在个人方面要"顺应天时"、"和睦共处"。首先,要保持身体健康,一方面,吃、穿、住、行要顺其自然,尊重人体的生物节律,切忌违反自然生理规律;另一方面,要保持心理平衡,大喜大怒、大兴大悲都不利于身体健康。其次,做人处世要"顺应天时",如家庭关系、邻里关系、同事关系,等等,都要特别了解和尊重对方的客观实际、性格特征、心理特点,才能够友好相处、幸福安康。

三、中和中庸(人我合一——人与人和谐)

(一)“中和中庸”的概念

“中和”是中华传统文化所追求的一种理想境界,是指世界上的事物尽管千差万别,矛盾交织,却能实现多样的统一,复杂的平衡;种种不同的事物聚在一起却能协调和谐、共生并存、互相促进;实现“和而不同”、“和实生物”。

如何才能达到和谐境界呢?传统文化认为必须坚持中庸之道。“中庸”要求处理问题不偏不倚、恰如其分、恰到好处。就是要把握好“度”,既不要“越位”,也不要“错位”,更不要“不到位”。当然,这里讲的“中庸”决不是“平均主义”、“折中主义”、“好人主义”,也绝不是“各打五十大板,各赏十块大洋”,中庸要准确把握“度”,虽然很难,但是,“有度”总比“无度”更能促成整体的平衡与和谐。所以,中庸应是人类的明智选择,对解决世界上各种复杂的矛盾冲突具有重大作用。

(二)实现中和中庸,必须具备三个前提

第一,要承认各种物质各不相同、各有特色,这是客观事实,因而世界只能“和而不同”。既要看到事物的“共性”,更要遵从事物的“个性”,让个性得到充分发展。

第二,要有忍让意识,彼此实现“双赢”。“各尽所能,各得其所,共谋发展,互利互惠,共享其成。”反对自私自利的极端个人主义。

第三,要有好的修养和品格。孔子说:“君子和而不同,小人同而不和。”说的是:“君子”要求大家和平共处,团结合作,实现共同利益但又要尊重各自的不同特点和不同个体利益;而“小人”即使具有共同利益,可以实现“双赢”,但他们也要不择手段地争权夺利,造成不和。可见,要做到适度与和谐不仅仅是个人的认识问题,还与人的品格、修养直接相关。所以要建立和谐社会必须致力于国民整体素质的提高。

(三)“中合中庸”给我们的启示

要处理好人与人之间的关系,达到人与人的和谐发展,最根本的是要自觉遵守“中华传统道德十要素”,提高自我思想道德修养。

弘扬中华传统道德的十个方面

中国是文明古国、礼仪之邦,重德行、贵礼仪,在世界上素来享有盛誉。自古以来,中华民族传统美德是中华民族赖以生存和发展的道德根基、思想基础、精神支柱和精神动力。中华传统道德的形成和发展已有几千年的历史,其内容博大精深。但归纳起来，在历史典籍里加以明确的，历朝历代的基本内容主要包括“仁、义、礼、智、信、诚、忠、孝、廉、耻”十个要素。其基本内涵和要求如下：

1.仁

世上爱心的来源。它指的是同情、关心和爱护的心态,即“仁爱之心”。孔子说过:“志士仁人,无求生以害仁,有杀身以成仁。”这里的“仁”已成为人生道德的最高境界,为了维护“仁”,可以“杀身”,即可以牺牲自己的生命来维护这一道德理念。“人人都需要爱,人人都应该奉献爱,让世界充满爱。”

2.义

人间正道的向往。它是指正当、正直和道义的气节,即“正义之气”。孔子提倡“杀身成仁”,孟子推崇“舍生取义”。我们讲中华传统道德往往简化为“仁义道德”,说明“仁”和“义”两德是整个道德最核心、最基本的两大要素。古人云:“仁则荣,不仁则辱”,“由义为荣,背义为辱”。说明中国传统道德的荣辱观是以是否做到“仁”和“义”作为主要标准。现代对“义”的内容扩展为:正道、道义和正义;理想、信念和追求;公利、利他和奉献。

3.礼

人际文明的规范。它是指礼仪、礼貌和礼节的规矩,即“礼仪之规”。孔子说:“克己复礼为仁”,意思是说,每个人都应克制自己不正当的欲望、冲动的情绪和不正确的言行,做到“非礼勿视、非礼勿听、非礼勿言、非礼勿动”,意思是说:无礼的东西不要去看,无礼的话不要去听,无礼的话不要去说,无礼的事不要去做。我国古代政治家、思想家管仲提出:“礼义廉耻,国之四维”的治国理念,不仅把“礼”放在道德规范之首,而且把它升华为治国四大要素之首。

4.智

成就事业的功力。它是指明辨是非、分清善恶和知己识人的能力,即“智谋之力”。孔子说:“君子道有三:仁者不忧,智者不虑,勇者不惧。”《中庸》里云:“智仁勇三者,天下之大德。”《论语》中说:“知之为知之,不知为不知,是知也”,这种实事求是的态度“是知也”,即这才是“智慧、聪明、智者”。这种认识自我,认识社会,认识是非,认识善恶的聪颖、智慧的思想,丰富了“智”的内容,提升了“智”的作用，成为人们思想道德和文明素质方面最基本的要求，是每个人成就事业的功底和能力。

5.信

立身兴业的基础。它是指诚实守信、坚定可靠、相互信赖的品行，即"诚信之品"。"信"不是简单的诚实，"信用"才是"信"最基本的内涵。它不仅要求人们在自己的行为上要诚实和守信，同时也反映出人们对事物、理念的认识上的坚定可靠，反映出人与人之间、人与物之间相互信赖的关系。孔子说："人无忠信，不可立于世"，又说"人而无信，不知其可也"。他还把"言必信，行必果"、"敬事而信"作为规范弟子言行的基本要求，把诚信看做做人立世的基点。孟子则把诚信看做社会的基础和做人的准则。《贞观政要》中唐代名相魏征说："德礼诚信，国之大纲"，把"信"提升为治国之大纲。像这样对"信"的认识、对"信"的提倡，对"信"的崇拜，从古至今像一棵常青树一样存活于中华民族生生不息、世代繁衍的思想文化沃土之中。

6.诚

求真务实的品质。它是指真诚待人、谦虚朴实、实事求是的一种品质。古代诸多名人，无不以"真诚待人"作为做人的根本，力戒虚伪甚至当面一套背后一套的两面派行为。"谦虚朴实"也是做人的基础，"虚心使人进步，骄傲使人落后"确为真理，因而提倡"老老实实做人，踏踏实实做事"。"实事求是"要求我们看问题、做事情要一是一，二是二，不夸张不缩小，尊重事实，遵循规律，力求实效。

7.忠

尽忠报国的责任。它是一种责任，是指对人、对己、对家庭、对事业、对社会、对国家的职责和义务。这一切都集中体现在"爱国"之上。一个不爱国的人，就谈不上对社会、对事业、对家庭、对他人、对自己负责任。但是，爱国又不仅是抽象的概念，必须具体体现于爱家乡、爱单位、爱专业、爱家庭，等等。因而爱国是一种美德。文天祥诗云："人生自古谁无死，留取丹心照汗青。"为了国家和民族的利益，不惜牺牲自己的一切，这才是国家的忠臣，民族的脊梁。

8.孝

生生不息的亲情。它是一种孝敬父母、尊敬老人的爱心，是个人道德的根本，是社会公德的根基。一个不孝敬父母、不尊敬老人的人，将一事无成。不尊敬老人，他的家庭不可能幸福，他的事业不可能成功。所以，做人必须从孝敬父母、尊敬老人开始，从学会报恩、感恩开始。只有先学会感谢父母的养育之恩，才会感谢老师的教育之恩、朋友的帮助之恩、国家和人民的培养之恩。

9.廉

清白正气的根基。它是指一个人不贪、不占、不染的道德风范，是人之威望，政之根本。主要指手中有一定权力的人，特别是领导干部(古代称“官吏”，官有权、吏也有权，只是大小不同而也)，不能以权谋私、贪赃枉法，欺压百姓。以勤俭为基础，勤劳知节俭，简朴生清廉。一身正气，两袖清风。

10.耻

人之为人的底线。它是一种明是非，知善恶，懂美丑的道德心。是非不分、颠倒黑白，玩弄是非是一种耻辱；善恶不分、欺善怕恶，行恶不行善是一种耻辱；美丑颠倒，不以耻为耻，反以耻为荣，更是一种耻辱。“富贵不能淫，贫贱不能移，威武不能屈”，是中华民族的传统美德。

四、修身克己(身心合一 —— 人与自身和谐)

(一)“修身克己”的概念

中华传统文化非常强调修身。《大学》一书一开始就讲“格物、致知、诚意、正心、修身、齐家、治国、平天下”，并强调“一是皆以修身为本”。

现在人们不谈修身，却奢谈“实现自身价值”，但很多人并不真正理解什么是自身价值，更不知道自身价值的可变性。人生下来便是“万物之灵”，有超过其他动物的价值。但这种原生的“自身价值”是很有限的；尤其是把任性快意满足种种物质欲望和虚荣心视为“实现自身价值”，更是一种误解。

做人必须自觉地致力于提高自身价值，孔子要求“成仁”，孟子要求“取义”，这是为了实现更高的自身价值。文天祥说“人生自古谁无死，留取丹心照汗青”；林则徐说“苟利国家生死以，岂因祸福避趋之”，并且他们把这种信念付诸行动，这才是实现了很高的自身价值。

因此，认为升官发财，光宗耀祖，荣华富贵，自己身心满足等等是人生价值，这是完全错误的，这只能是“动物性的价值”。人，不光是要使自己生活富足，更重要的是能使大家都富足，为了实现共同富裕和世界大同而奋斗而奉献，才是真正的人生价值。

提高自身价值要通过修身，修身才能使人超越原生态而进入自觉追求崇高的境界。修身离不开克己。克己并不是叫人一味逆来顺受、忍让退避。一切进德修业的积极行为都免不了要克服自身的弱点。如懦弱、胆怯、自私、惰性，等等。老子说“自胜者强”，“自胜”就是克己(战胜自我)；只有“克己”方能不断超越自己原有的水平，才能“强”起来。

《三字经》说:“人之初,性本善。性相近,习相远。苟不教,性乃迁。”这说明,品性修养要从儿童抓起,青少年时期是思想道德教育的最佳时期,绝不能错过,否则将会贻误终身。而且,人的修身是终身的事,要活到老、学到老、修到老。

(二)“修身克己”给我们的启示

“修身克己”就是要不断地修炼自己、完善自己。

1.修炼自己,要克服八种社会不良心态

(1)牢骚。医治牢骚的药方是“工作”,用“读书”作引。

(2)自大。医治自大的药方是“中庸”,用“至诚”作引。

(3)嫉妒。医治嫉妒的药方是“不比”,用“谦和”作引。

(4)轻慢。医治轻慢的药方是“礼仪”,用“恭敬”作引。

(5)怨忿。医治怨忿的药方是“感恩”,用“知足”作引。

(6)放纵。医治放纵的药方是“谨慎”,用“敬畏”作引。

(7)贪婪。医治贪婪的药方是“知足”,用“智慧”作引。

(8)愤怒。医治愤怒的药方是“拖延”,用“冷却”作引。

2.完善自己,要不断提高“十商”

(1)德商——即一个人的德行水平或道德人格品质。包括体贴、尊重、容忍、宽恕、诚实、平和、忠心、礼貌等。

(2)智商——表示人的智力高低的数量指标,也可以表现为一个人对知识的掌握程度,反映人的观察力、记忆力、思维力、想象力、创造力以及分析问题和解决问题的能力。

(3)情商——就是管理自己的情绪和处理人际关系的能力。控制好情绪,有好的人际关系,就能获得众多的支持者,成功率就高。

(4)逆商——面对逆境承受压力的能力,或承受失败和挫折的能力。逆境不会长久,强者必然胜利。

(5)胆商——指一个人胆量、胆识、胆略,体现了一种冒险精神。在现代社会中,胆商和风险成正比,风险同收益成正比。

(6)财商——是指人的理财能力,特别是投资收益能力。财商高的人不一定就是富豪,但一个富豪一定是个财商高的人。

(7)心商——就是维持心理健康,调节心理压力,保持良好心理状况和活力的能力。心商的高低,直接决定了人生过程的苦乐,主宰人生命运的成败。

(8)志商——就是意志商,是指一个人的意志品质水平,包括坚韧性、目的性、果断性、自制力等方面。墨子说:“志不强者智不达,言不信者行不果。”志商实际上是两个方面：一是有理想、有奋斗目标；二是有实现理想和目标的拼搏精神。

(9)灵商——就是对事物本质的灵感、顿悟能力和直觉思维能力。就是“灵性”、“悟性”。

(10)健商——指个人所具有的健康意识、健康知识和健康能力的反映。“健康是人生最大的财富”，一个人只要有健康的信心、知识和能力，就能获得最大的健康，从而去获得更多的财富。

(三)和谐社会(学校)的六大特征

1.民主法治

民主法治，即社会主义民主得到充分发扬，依法治国基本方略得到切实落实，各方面积极因素得到广泛调动。

2.公平正义

公平正义，即社会各方面的利益关系得到妥善协调，人民内部矛盾及其他社会矛盾得到处理，社会公平和正义得到切实维护和实现。

3.诚信友爱

诚信友爱，即全社会互帮互助、诚实守信，全体人民平等友爱、融洽相处。

4.充满活力

充满活力，即能够使一切有利于社会进步的创造愿望得到尊重，创造活动得到支持，创造才能得到发挥，创造成果得到肯定。

5.安定有序

安定有序，即社会组织机制健全，社会管理完善，社会秩序良好，人民群众安居乐业，社会保持安定团结。

6.人与自然和谐相处

人与自然和谐相处，即生产发展，经济繁荣，生活富裕，环境优化，生态良好。

本部分分为十大内容：学校精神、发展目标、办学模式、办学思路、办学理念、培养目标、校训、校风、学风、校歌。对学校整个办学起到宏观指导作用，为学校改革与发展提供精神动力和方向性指南。

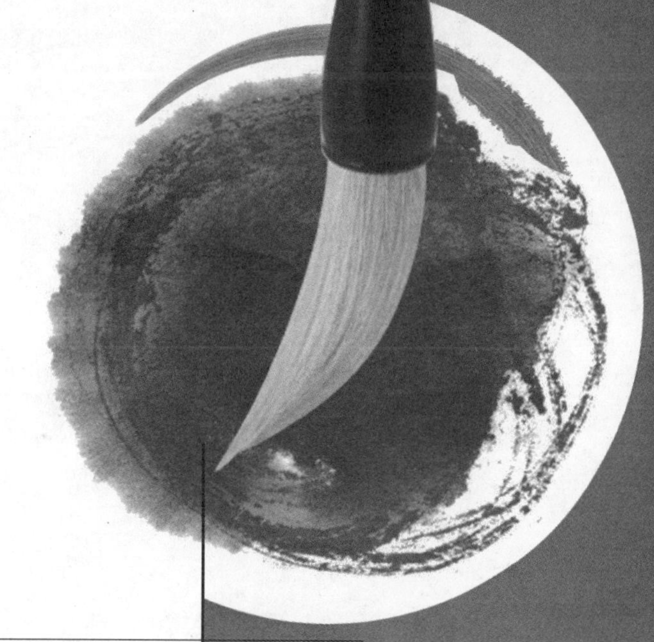

第二章 精神文化建设

JINGSHEN WENHUA JIANSHE

第二章 精神文化建设

文山“民师精神”的历史渊源

朱庆文

校园文化不仅是一所学校以往历史的积淀，更是学校自我发展的主题。学校是传递文化和创造文化的场所，学校自身的发展也是文化的累积过程。文山州民族职业技术学校有着三十多年的办学史，在多年的办学过程中，已经形成了自己的格调和布局。但是时代的发展又不断对学校办学提出新的要求，传统与现代之间如何协调，这常常是具有历史传统的学校在进行校园文化建设中面临的问题。

经过多年的实践证明，我们总结得出，要实现学校办学传统与现代之间的协调，关键要靠对学校精神文化的延续与发扬。虽然学校精神文化应当随历史发展不断吸收时代精神，但它们都有自己的历史渊源，有着凝聚了学校基本精神并为学校成员引以为自豪和刻意弘扬的优良传统。优良传统是维系学校精神的支柱，其本身具有延续性和继承发扬的价值，其实从文化传播的角度说，学校精神文化也只有通过继承的方式，才能产生长久的影响，我校“民师精神”的形成同样也不例外。概括起来，其形成过程大致经历了四个阶段。

一、艰苦奋斗创基业

1972 年 10 月，根据云南省革委《关于迅速建立文山州民族师范学校》的指示，文山州文教局革委会向省计委、省科教局、文山州党委等领导机关上报了《关于建立文山州民族师范学校的报告》，将校址选定在当时的文山县农机厂左侧坡地(旧名陆军墓地南部)；学制为中师二年制；初定学校规模可容纳在校学生六百人左右；全部招收少数民族学生，重点招收边疆少数民族地区和内地高寒山区少数民族学生；计划 1973 年秋季招生。

1973 年 6 月 29 日，中共文山州委党发文件任命黄家佑同志为文山州民族师范学校首任校长。同年 8 月至 9 月间，田应兴、张礼富、覃海跃、方红、杨显林等同志先后调到学校，进行筹建学校、征地、招收首届学生等工作。1973 年 9 月，首届学生两个班共 100 人，在文山师范学校正式上课。(注：由于当时尚无校舍，1973—1974 学年，首届学生的学习、食宿暂时设在文山师范学校。)

1974 年上半年，校内建成面积为 592.3 平方米的办公兼教职工住房两用平房一幢，面积为 1 379.2 平方米的教室兼学生宿舍两用楼房一幢，基本具备办学条件。9 月，6 个班(1 至 6 班)共 303 名新老学生在新建成的文山州民族师范学校内正式上课。

建校初期，学校领导班子带领全校师生员工在学习之余，组织开展了一场全员齐上阵、轰轰烈烈的建校劳动，师生员工硬是靠着肩挑背驮，在昔日的一片乱坟岗上建了一所新的中等师范学校。

1976 年粉碎“四人帮”后，特别是 1978 年党的十一届三中全会以后，经过拨乱反正，党中央把教育的发展放到首要战略地位，尊重知识，尊重人才，落实知识分子政策。学校端正了教育思想，认真贯彻执行党的教育方针，向着建设正规化、标准化的中等师范学校方向发展。这一时期的主要工作是从各方面肃清“极左”思想的影响，端正教育思想，恢复正常的教学秩序，开始建立校纪校规。

1977 年，废除推荐选拔的招生办法，开始实行国家或省统一组织考试，择优录取的招生制度。1978 年 3 月，恢复考试招生后的第一批学生入学上课。

建校初期的整个 20 世纪 70 年代，“艰苦创业”成为这一阶段的主题词。正是由于老一辈“民师人”艰苦创业、无私奉献的精神，为学校以后的发展奠定了坚实的精神基础，学校才得以一步步发展壮大起来。为学校的建设开山搭桥的前辈们，历史将铭记他们的名字。

二、规范发展谋出路

1981 年，我校学制由二年制改为三年制，学生来源从混合招收高中毕业生和初中毕业生改为统一招收初中毕业生。1982 年开始设置幼师专业，同年 9 月，首届幼师专业学生入学上课。

1982 年 10 月，学校明确提出我校的办学方向是：“面向小学、面向农村、面向边疆少数民族地区”；校风是：“热爱教育、谦虚朴实、纪严风正、勤学苦练、全面发展”；学风是：“严、勤、苦、专”。

学校在发展过程中认真贯彻党的民族政策，在全校范围内形成各民族平等、互相尊重的良好风气。坚持将德育工作摆在首位，认真贯彻《中等师范学校学生守则》、《中等师范学校培养目标》，重在培养有理想、有道德、有文化、有纪律的“四有”新人。以教学为中心，突出师范特点，逐步克服办学中存在的普通中学模式倾向。

1982 年，学校提出对中师毕业生的要求是：“能写会算懂教法；一口流利的普通话；一手秀丽的‘三笔字’；能歌善舞会画画；品格端庄为师表；身体健康为四化。”培养学生的十大能力：说普通话的能力；表达能力；书画能力(包括毛笔字、钢笔字、粉笔字、板书及板书设计、绘画等)；组织教学的能力；处理教材的能力；驾驭课堂、合理分配四十五分钟的能力；组织指挥能力；做小学生思想工作的能力;独立思考的能力。

积极进行教学改革,探索中师办学的新路子,尝试性地开设选修课,举办各学科第二课堂活动。

加强学生从教的基本功训练,规定每天下午上课前,学生必须进行十五分钟的“三笔字”练习,晚自习前进行十五分钟的普通话口语训练,长期如此,形成制度。

加强学校管理,各种规章制度陆续出台并逐步完善,如《教师授课十要求》,《课堂纪律》,《考试纪律》,《课堂常规》,《领导班子工作准则》,等等。

引进现代化教学手段。1985 年 8 月, 学校建立电化教学教研组;1986 年 5 月,购入 COMX、P G–l 计算机 10 台;1987 年国庆节,校内建成卫星地面接收站;1988 年 8 月,全校各教室接通闭路电视;1989 年 4 月,全省中师电化教学现场会在我校召开。

整个 20 世纪 80 年代,学校的办学都是紧紧围绕“以规范化谋求发展”来进行的,其中心是端正教学方向,明确教学指导思想,树立良好的校风,办出民族特色和师范特色。值得一提的是 1983 年全州中学生文艺会演和 1984 年推荐毕业生考大学两件大事,文山民师均以全州第一的骄人成绩,开始在州内学校中崭露头角。其间的许多教育教学手段和管理方法,为以后的学校发展提供了宝贵的经验借鉴。

三、改革创新勇争先

20 世纪 80 年代末 90 年代初,国家教委颁发了《三年制中等师范学校教学方案(试行)》和《中等师范学校德育大纲(试行)》;1995 年,学校制定了《文山州民族师范学校五年发展规划(1995 年—2000 年)》。在规划的指导下,学校不断深化改革,各项工作持续发展。

(一)强化德育工作

1993 年 3 月,学校制定《文山州民族师范学校德育工作实施方案》,成立学校、年级、班级三级德育工作领导小组。1995 年,学校大力抓领导班子建设,要求领导工作要有超前意识,工作中基本做到“五勤三班”,即脑勤、眼勤、口勤、手勤、腿勤;提前上班、推后下班、晚上加班。1996 年,学校完善了德育教育网络的“四条主线”:即校长—主管副校长—政教处—年级组长—班主任;校长—主管副校长—教务处—教研组—教师;党委—党支部—党员;党委—团委—团支部。1977 年,学校又制定了《德育工作三年规划》、《民师精神文明建设“九五”规划》,认真采取各种有效措施,加强学校德育工作。

(二)深化教育教学改革,认真贯彻执行《新方案》

1989 年 6 月,国家教委颁发了《三年制中等师范学校教学方案(试行)》(简称

《新方案》)。根据省教委统一部署，我校于 1992 年 9 月全面实施《新方案》。主要工作有：

(1)突出必修课主体地位。①必修课教学中，要求教师必须做到“八认真”。即：认真学习《新方案》；认真学习教学大纲和教材；认真备课写出教案；认真上课；认真做好集体和个别辅导；认真批改作业；认真进行考试考核；认真改进教学方法。必须增强“五个意识”，即：德育意识；训练意识；创造意识；改革意识；引进和渗透职教因素意识。必须抓好“三个环节”，即：课前备课；课堂教学；课后辅导。并且进一步强化“三个基本功”，即：强化课堂授课基本功；强化运用现代化教学手段基本功；强化教研教改基本功。②多年来，学校教师们不断总结教学经验和教学成果，撰写论文，并陆续在国家级、省级、州级、县级的刊物上发表。③提倡中师生“双学历”制，鼓励学生自学专科或本科课程通过自学考试。④1998 年 12 月，我校顺利通过省一级中师的达标验收，跨入省一级中师的先进行列。⑤1999 年，学校成立了“成人教育部”，办公室设立于上海沪文人才培训中心，提出了“两条腿，两手抓”的办学新思路。“两条腿”，即“全日制和成人教育共同发展”的办学路子；“两手抓”，即“一手抓社会效益，一手抓经济效益”的办学方针。

(2)狠抓选修课教学和课外活动。开设了小学古诗赏析、民族民间文学赏析、三七和烤烟栽培、法律常识、民族政策、云南地方史、云南地理等课程，开设了书法、演讲、写作、写字、珠算、微机、教具制作、民乐、合唱、舞蹈、绘画、标本制作、手工、鼓号、篮球、田径、家电等十七个课外活动栏目。要求课外活动做到“六固定”：定时间、定地点、定教师、定学生、定活动计划内容、定检查考核制度。

(3)加强学生基本功训练，选定拼音、演讲、写作、写字、绘画、唱游、领操、舞蹈、教具制作、朗读等作为学生十大基本功进行训练，仍然要求做到“六固定”。

(三)深化校内管理体制改革

(1)1993 年 9 月，《文山州民族师范学校内部管理体制综合改革试行方案》

颁布实施,开始实行校长负责制、教职工聘任制,校内动态结构工资制“三制”改革。

(2)建立教代会,实行民主管理。1994 年 8 月 27 日,文山州民族师范学校首届教代会第一次会议召开。从此,每学期定期召开教代会成为制度。

(四)进行规范化管理,加强制度建设

从 1990 年开始,为使工作更进一步规范化,学校对原有规章制度作了进一步修改,同时出台了一些新制度。如:《三制改革方案》、《德育工作实施方案》、《治安管理公约(暂行)》、《升降国旗制度》、《劳动值周制度》、《学籍管理条例(试行)》等。1995 年 3 月,汇集学校各项规章制度文件的《文山州民族师范学校管理手册》印制成册。为加强管理,到 1999 年 9 月,又出台了六个改革方案,即《公用经费处室包干方案》、《教职工聘任制改革方案》、《结构工资改革方案》、《“教分制”实施方案》、《食堂经营承包管理改革方案》、《学生奖学金评定办法》和五个管理规定,即《教职工继续教育的有关规定》、《带薪离岗人员福利待遇的有关规定》、《车辆管理规定》、《卫生管理条例》、《关于值班、辅导的有关规定》,并进一步修改和完善了《班主任工作改革方案》。

(五)加快办学条件的现代化步伐

1991 年 3 月,学校购进一台微机 SM286,至 1995 年 7 月共购进微机 9 台,到 1999 年已建成第二微机室,共有微机 102 台,为以后的微机教学、培训和全国计算机等级考试创造了良好的条件。并建起了新的语音室。同时,投影仪、收录机、电视机等电教设备也得到较大补充,这些设备都被充分运用于教学管理和教学实践。

(六)加强国内交流并走出国门,进行国际交流

1994 年 6 月 28 日,越南河江省师范学校代表团对我校进行首次参观访问。同年 12 月 10 日,我校王盛武校长率领代表团回访越南河江省师范学校。12 月 16 日,河江省师范学校代表团第二次访问参观我校,同行的有越南国家教育部主管幼师教育的官员。在两次参观访问中,越南客人对我校的教学管理、教学活动、教学成果产生了浓厚兴趣,要求派留学生到我校学习。

1994 年 12 月,杨绍祥副校长率领以我校学生为主组成的“中国文山州苗族民间艺术表演团”，赴美国加州弗雷斯诺对全美苗人协会进行了为期一个月的友好访问。1995 年 2 月 15 日，全美苗协代表团一行七人在会长罗多隆率领下到我校参观访问，同行的还有一名美国加州大学教师。

1997 年 4 月，学校利用休假日，组织教职工外出参观考察，途经两省六城市，特别是考察了百色民师、南宁民师、广西幼儿师范等学校，既交流了教学经验和管理经验，又加深了相互间的交流和友谊。

（七）不断完善硬件设施

（1）1996 年，学校完成“一楼、一馆、一场”的建设和教师集资建房工程，改善了师生的住宿条件；（2）1997 年 9 月，音乐楼建成投入使用；（3）1998 年，“文山上海培训中心”建成投入使用；（4）1998 年 12 月学校临环北路新大门建成。

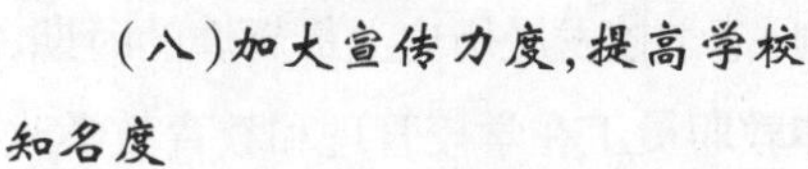

（八）加大宣传力度，提高学校知名度

（1）1999 年，学校创办《文山民师教育简报》，由办公室主办，真实迅速地报道我校德育工作和教学工作实绩，质量高，宣传面广，提高了我校知名度；（2）1995 年 10 月，完成了我校第一部校志；（3）1995 年 11 月，成功举办建校 22 周年庆祝活动，展现了自建校以来的经历和所取得的成果；（4）1985 年 9 月 9 日，云南电视台播出了由省电教馆拍摄制作的关于我校的专题片《园丁新苗》，庆祝我国第一个教师节的来临；1995 年 11 月和 2003 年 10 月，文山电视台又制作播出了展现我校风貌的专题片《沃土耕耘》和《春华秋实》；1998 年我校申报一级中师，又制作播出了汇报宣传专题片《走向新世纪》。

这些工作成果使我校的社会声誉不断提高，一所崭新的、具备标准化办学条件的学校已经展现在人们眼前。这所开始并不引人注目的学校，如今已经形成了一所办学独具特色、教学质量好，在省州内享有一定知名度的中等师范学校。三十多年来，我校已经培养了合格的中师毕业生万余名。这些毕业生遍布文山州乃至全省各地，已经成为我州小学及幼教战线上的骨干力量。

20 世纪 90 年代末，在文山，一种“民师现象”正在引起人们越来越多的关注：

（1）提拔重用多。一些县的县委常委中就有三四名民师毕业生。

(2)表彰奖励多。获州级以上“优秀教师”表彰奖励的教师中，民师毕业生占有较大比例。

(3)比赛获奖多。在各式各样的比赛中，民师如果不获奖，就显得不太正常。全州课赛，从八县挑选出来的参赛选手，半数以上是民师毕业生；普通话演讲比赛，更可以说是民师毕业生的大聚会。

(4)公众人物多。在州电台、电视台，在各县电台、电视台和文化事业单位，很多播音员、节目主持人都是民师毕业生。如：周秋雁、余雪梅、朱雁、黄鹤、蒋天云、张豪、李庆、杨启瑞、欧阳永娟，等等。

这些现象，与民师长期以来逐步形成的学校精神是密切联系的。正是民师艰苦奋斗，爱岗敬业，勇于进取，勇于创新的学校精神，造就了这些社会骨干力量的成长和成熟。“今天我以学校为荣，明天学校以我为荣”，在这样的学校氛围中，研究并提升“民师现象”已经成为历史的必然。

四、春华秋实结硕果

进入21世纪以来的几年里，是文山州民族师范学校发展历史上最辉煌的时期，学校领导班子以“敢为天下先”的气魄，带领全体教职员工在学校管理和教育教学改革上不断推出新举措，使学校工作全面迈上新台阶。在全国、全省中师办学处于低潮的形势下，创造了文山州民族师范学校建校以来发展最为辉煌的时期。

第一，办学规模创历史新高。1999年前，文山民师基本只有全日制班级，在校生规模为1 612人；现在的文山民师不仅有全日制学生，还成立了“成人教育部”，招收了成人教育学历班和短期培训班。全日制在校生和成人教育学历班在读生近4 000人，短期培训每年平均8 000人(次)左右。在校生人数比20世纪90年代末翻了一番。

第二，办学形式和办学层次实现了历史性跨越。1999年前文山民师只有全日制中师教育。自提出了全日制教育和成人教育共同发展的“两条腿走路”的办学新思路，成立了“成人教育部”以来，文山民师先后与云南师范大学、昆明大学、西南师范大学等联合举办大学专科、本科成人函授班，与云南民族大学联办在职研究生班，大力举办各类短期培训班。经过努力，文山民师已初步形成了“一体两翼”(即全日制教育和成人教育共同发展)和“八种形式”(全日制中专、全日制大专、函授大专、函授本科、远程教育大专、远程教育本科、短期培训和附属幼儿园)的比较完善的办学体系，实现了办学格局和办学层次的历史性跨越。

第三，办学专业不断拓展。1999年前，学校只有普师、幼师和体师三个专业；

2000年以后，除了以上三个专业以外，还相继开办了实验师范、计算机网络技术、现代教育技术、英语师范、音乐、美术、越语、地信、建筑、汽修、分检、生化、矿加、机电、机控等十几个专业。成人教育有汉语言文学、政教、小学教育、学前教育、英语、计算机、体育等专业，适应了社会不断发展和教育改革以及“普六”、“普九”、“普实”、“工业强州”的需要。

第四，教师的知识、学历、职称结构极大优化。为了提高教育教学质量，学校非常重视教职工队伍建设，制定了相关政策，鼓励教职工参加自考、函授学习；分期分批组织教师参加各地举办的培训班和学术研讨会，拓宽教师视野；在校内举办素质教育培训、现代教育技术培训，使教师掌握现代化教学手段；通过建立和完善教研机制，积极开展教研科研，组织进行了全校性论文竞赛、办学特色研讨会、教育教学经验交流会、教案展评等活动，形成了良好的教研氛围；通过实施教师《教分制方案》，加大教学工作的检查考核力度，使教学管理逐步走向科学化、规范化、制度化、法制化和现代化的轨道。

1999年前，学校教师队伍中专科学历教师22人，占教师总数的23.2 %；本科学历的68人，占71.6 %；讲师43人，占45.3 %；高讲8人，占8 %。到2007年，共有教师133人，其中本科学历的118人，占88.72 %；受过研究生教育（包括在读生）的48人，占36.09 %；高讲37人，占27.81 %；讲师47人，占35.33%。一支学历合格、能力过硬、结构合理、素质优良的教师队伍已经形成。

第五，教职工待遇大大提高，福利水平比四年前翻了两番。提高教职工的政治待遇和物质生活福利是激发教职工工作积极性和创造性最有效的因素，也是学校贯彻《教师法》和“三个代表”重要思想的重要体现。学校修改完善了《文山民师结构工资制改革方案》，制定了各种教职工奖励制度，在有效杜绝“平均主义、吃大锅饭”现象的同时，大幅度提高了全体教职工的物质生活福利待遇，较大程度上调动了教职工的工作积极性和主动性。

1999年教职工结构工资及其他福利收入每人年平均1 079元，现在每人年平均4 047元。福利水平比四年前翻了两番。

第六，校园环境建设上了一个大的台阶。2000年，学校提出了建成“园林式”学校的校园建设目标，全面规划和实施“校园美化绿化净化系统工程”，先后完成

了教学楼前草坪翻新、新大门环境建设、学生宿舍改造，学海园、生活园绿化美化工程，安装了音乐喷泉，建成了“学海园”、“生活园”、“中心花园”等园中之园，草坪面积达10 000多平方米，构成了环境育人的新景观；从广东、昆明、河口、文山、富宁等地成功移植了大榕树、大王椰、樱花、玉兰花、梅花等，点缀了校园四季的风景。游览校园，处处绿草如茵，鲜花怒放，蝴蝶飞舞；参天庇荫的古榕树下，学子们或认真读书，或畅谈理想……

学校还全方位开展了以校园文化建设(包括环境文化、教室文化和宿舍文化以及班风、学风、校风建设等)为重点内容的精神文明建设。一个优雅、整洁、文明、安宁的校园已经形成。校园成了师生员工理想的学习、工作、生活的优美环境。

第七，学校硬件建设实现超常规发展。重视学校硬件建设，大力改善办学条件成为领导班子的共识。从1999年起，学校先后投资新建了民师第二、第三、第四、第五微机室，改造升级第一微机室，扩建充实了电教室，建起了上海白玉兰远程教育网站，为各科室配备了办公用微机、打印机，为全面实现教学现代化和管理现代化迈出了新的步伐；建起教职工新住宿楼，大大改善了教职工的居住环境。为了促进学校发展提升，实现学校过渡升格，学校以筹备三十周年校庆为契机，完成了讲师楼、教学楼、礼堂、图书馆等外装饰工程，建成了崭新的教学综合大楼和附属幼儿园。至此，学校建筑面积达32 425平方米，大大改善了教育教学设施。此外，学校还新征了三十多亩土地，用于建设400米跑道的标准运动场、室内运动场和艺术楼。在短短的四年多时间里，学校实现了硬件建设超常规发展，为学校进一步的发展提升创造了坚实的条件。

第八，成功举办了建校三十周年庆祝活动，扩大了办学影响，提高了办学声誉。2003年10月1日，学校成功举行了建校三十周年庆祝活动。通过校庆筹备和庆典活动，充分展示了文山民师三十年的办学成果和精神风貌，扩大了民师声誉的宣传，增强了师生员工和校友的凝聚力，促进了学校各项改革、建设和发展。这次校庆，实现了“两个特色，一个一流”的目标，即师范特色、民族特色和全州校庆一流水平;达到了"四个满意"的要求,即上级领导满意、校友来宾满意、师生员工满意、社会满意;弘扬了"一种精神",即以"爱岗敬业,艰苦奋斗"为核心的"民师精神"。

第九,创办了文山州民族师范学校附属幼儿园。文山州民族师范学校是一所以培养小学、幼儿教师为主要办学目标的云南省一级中等师范学校。学校开设幼儿教育专业已有二十多年的历史,为全州培养了1 600余名合格的幼儿教师。长期的实践探索,学校在幼儿教育理论和实践方面积累了丰富的经验。为顺应时代的要求,利用和发挥各种优势资源,服务家长、服务社会,学校决定在校内开办一所附属幼儿园。学校投资约200万元新建了符合国家卫生标准的配置优化的供幼儿学习、生活、活动的用房2 035.5平方米。室内宽敞明亮,设备配置齐全;户外,有环境优美的活动场所1 500多平方米。供幼儿娱乐、游戏活动的大型玩具置于其间。2004年9月,幼儿园正式开班。

第十,开展了"五个十"系列教育活动。在全面推进素质教育和全国实施劳动人事制度改革的今天,结合人才市场的需求进行教学已是教育的大趋势。为寻找适合自己生存与发展的新路子,实现师范教育课程的整合,把学生培养成为具有扎实的专业理论知识和教育教学基本功,具有较强的实践能力和创新能力的"合格+特长"、"学高"而"身正"的德、智、体、美全面发展的适应基础教育改革和发展需要的"综合型"的新型教师,我校从实际出发,在进一步加强学生思想道德建设、大力推进师范教育课程改革的同时,独辟蹊径,开展了极富特色的"五个十"系列教育活动,在学生中广泛开展人文教育和技能培训。"五个十"的内容是:读十部中外名著、学十篇专业论文、背十首好诗词、唱十首好歌曲、练十项专业技能。"五个十"系列教育活动实施一年多来,取得了明显的成效:一是提高了学生的综合素质。通过"五个十"系列教育活动,学生不仅受到了很好的爱国主义教育,而且提高了艺术欣赏水平和人文素养,练就了多项专业技能,综合素质得到了很大提高。二是增强了学生的就业信心。"五个十"系列教育活动涉及文学、音乐、教育理论以及专业技术,通过学习,学生综合素质得到了提升,从而增强了学生的就业信心,提高了就业能力和创新能力。

第十一,组建了爱心艺术团。为了继承和发扬我国优秀传统文化艺术和现代优秀文化艺术,繁荣校园文化,丰富校园文化,推进全校文艺工作的普及和提高,全面提高师生员工的人文素质和学生的就业能力,2004 年 9 月,我校组建了文山州民族师范学校爱心艺术团。艺术团的宗旨是"爱心无限,教育永恒"。艺术团有健全的组织机构,有明确的工作任务,有严格的工作要求,有具体的管理办法。它的工作目标是:精心组织、严格管理、严格要求、严格训练、不断创新、勇于实践,使爱心艺术团办出水平、办出特色、办出精品。

组建爱心艺术团,旨在通过在校内外举行文艺演出活动,大力宣传我校的"学校精神",即"民师精神",充分展示学校三十余年来的办学成果和"民师人"的精神风貌,扩大民师的社会影响,争取上级各部门和社会各界对学校的理解、关心和支持,以增强学校的办学实力、竞争能力,促进学校全面发展和全面提升。从成立至今,艺术团已到丘北温浏乡、砚山阿舍乡,富宁、广南、马关、麻栗坡、西畴等八县县城和乡镇进行了十多场专场演出,投入资金十多万元,资助了当地的一批贫困学生,配合各县乡筹措助学资金二十余万元,促进了地区教育事业的发展。

2004 年,在总结三十多年办学经验的基础上,学校以文民师发文件的形式提出,在全校范围内开展"发扬民师精神,投身第二次创业"主题教育活动,第一次明确提出了文山"民师精神"的形成过程、时代背景、科学内涵、精神实质和现实意义,促进了全体师生员工思想道德水平的不断提升,增强了全体"民师人"的凝聚力,使民师拥有了良好的人性化的思想工作氛围,为学校的建设、改革和发展,以及学校新一轮的腾飞提供了强大的精神动力。

文山“民师精神”的核心、基本内涵和要求

陆永金

文山“民师精神”，即我校的“学校精神”，它的核心是：“爱岗敬业、艰苦奋斗。”它的基本内涵和要求是：“爱岗敬业”的“五爱”要求——爱学校、爱教工、爱学生、爱岗位、爱专业；“艰苦奋斗”的“五勤”要求——勤奋踏实、勤学苦练、勤于奉献、勤俭办学、勤政廉洁。

“学校精神”是学校全体师生员工在长期的教育实践中积累和形成的共同价值观、共同理想和精神支柱。学校精神是学校文化的核心，是学校办学的灵魂，是学校建设和发展的强大精神动力。

我校的学校精神——文山“民师精神”，是几代“民师人”经过三十多年的实践而总结和提炼出来的，它已经成为全校师生员工认可的共同价值观、共同理想和精神支柱。它的核心内容是：“爱岗敬业、艰苦奋斗。”

不论是在我校工作过的教职员工，还是从我校毕业的学生，“爱岗敬业，艰苦奋斗”的精神和表现都得到了社会的认可和上级的表彰。在这一精神的鼓舞下，我校历届党政领导班子，无论遇到多大困难，都始终能够团结奋斗、改革创新，带领师生员工不断开创工作新局面。我们的教职员工始终忠诚党的教育事业，力争在平凡的岗位上做出不平凡的业绩，为文山州培养了万余名中小学幼儿园教师，为文山的教育事业作了重大贡献。一批批教职工获得了各级奖励或被提拔到重要领导岗位。从我校毕业的学生，大多数已经成为全州教育战线的业务骨干，一大批毕业生还走上了各级领导岗位。为此，社会认为，文山州民族师范学校不仅是民族师资的摇篮，而且还是民族干部的摇篮。这一切都充分说明“爱岗敬业，艰苦奋斗”的“民师精神”无愧为我校的“学校精神”。它不仅过去是、现在是，而且将永远是我们建设学校、发展学校的宝贵财富和强大精神动力。

“爱岗敬业”的“五爱”要求——爱学校、爱教工、爱学生、爱岗位、爱专业。

“爱学校”就是要求全体师生员工热爱学校，勤奋工作、努力学习，为学校增光添彩。要爱学校的一草一木、一砖一瓦，努力维护学校的形象和权益，同一切损害学校良好形象和合法权益的现象作坚决的斗争。

“爱教工”就是要求学校全体领导干部要尊重教职工的劳动、创造、知识和成

果，尊重教职工的人格和尊严，关心他们的工作、学习和生活，不断改善他们的工作条件，不断提高他们的福利水平和生活质量，促进他们的全面发展。要求全体学生要热爱教职工、尊重教职工的劳动，遵守纪律，服从管理，自觉维护正常的教学秩序、工作秩序和生活秩序。

“爱学生”就是要求全校领导干部和教职工要热爱学生、关心学生、尊重学生，认真搞好教育教学及其管理工作，努力培养合格人才。每个教职员工都要树立良好的师德形象，“像爱自己的子女一样爱学生，像爱自己的弟弟妹妹一样爱学生”。要牢固树立“三个一切”的办学理念——一切为了学生，为了学生的一切，为了一切学生。努力做到“三个满意”——学生满意、家长满意、社会满意。

“爱岗位”就是要求全体领导干部和教职员工服从组织安排，干一行爱一行，钻一行成一行，“在平凡的岗位上做出不平凡的业绩”。要求全体学生在自己的学习岗位上努力学习，担任班干部、学生会干部、团的干部以及其他社会工作的学生要热爱自己的工作岗位，踏实工作，出色完成学校和老师交给的各项工作任务。

“爱专业”就是要求全体师生员工全面了解和认识自己所学的专业和所从事的专业，安心本专业，学好本专业，搞好本专业，真正成为本专业的行家里手。

“艰苦奋斗”的“五勤”要求——勤奋踏实、勤学苦练、勤于奉献、勤俭办学、勤政廉洁。

“勤奋踏实”要求全体师生员工，不论是学习还是工作，都要兢兢业业，勤勤恳恳，任劳任怨。

“勤学苦练”要求全体师生员工，不论是学习还是工作，都要勤奋学习，刻苦训练，精益求精。

“勤于奉献”要求全体师生员工，在工作中不要斤斤计较，要乐于奉献，勇于牺牲自己的利益，为学校和社会多作贡献。

“勤俭办学”要求全体师生员工，无论在什么时候、什么情况下都要发扬“勤奋节俭”的优良传统，为学校的建设节约一分钱、节约一度电、节约一滴水，管好、用好学校的资金和财产，使其发挥最大效用。

“勤政廉洁”要求全校师生员工，特别是领导干部，何时何地都要勤奋从政、廉洁从教，不贪不占，两袖清风。

历史在发展，时代在前进。我们深信，学校精神——“民师精神”的内涵必将随着学校的发展而不断地丰富和发展。

发展目标——"一个总目标,五个创一流"

陆永金

学校发展目标就是学校领导班子和全体师生员工的奋斗目标。是制定学校中、长期发展规划和办学行为以及各项建设的方向和依据。

确定学校发展目标应坚持以下原则:(1)一般是中、长期奋斗目标(5~10年及其以上);(2)符合国内、国际的经济社会发展趋势和党的教育方针以及国家的教育法规要求;(3)符合本地区、本系统、本校的实际;(4)得到上级政府和社会以及师生员工的认可;(5)通过努力是可以实现的。

根据以上原则,我们确立了我校今后的发展目标(奋斗目标)是:"一个总目标、五个创一流。"其基本内涵和要求是:

一、"一个总目标"

由中师的办学格局,逐步过渡提升为以理工科教育为主的多形式、多层次、多功能、多专业的"综合型"职业技术院校。

为实现以上奋斗目标,我们实施"转向"、"转型"、"提升"的"三步走"战略。

第一步:转向——由"文山州民族师范学校"更名为"文山州民族职业技术学校",实现办学方向的重大转向。实现这一更名转向要解决的重点和难点问题有三个:一是管理;二是师资;三是实训。

第二步:转型——由单一的中等师范教育向融师范、工科、理科、文科、中专、大专、短期培训以及全日制教育和成人教育、幼儿教育为一体的"综合型"职业学校,申报"国家级重点中等职业学校"。

第三步:提升——通过州属中专学校资源整合,与有关学校联合申办"文山州民族职业技术学院"。

二、"五个创一流"

就是努力创造条件,使学校办学在全州乃至全省同类学校中达到"办学设施一流、校园建设一流、学校管理一流、教育质量一流、办学效益一流"。

(1)办学设施一流。包括校舍、教学设施、实训设施、占地面积等硬件设施。要求数量充足、质量优良、技术先进、结构合理、管理规范。

(2)校园建设一流。包括硬件建设和软件建设。"硬件建设"要求办学设施布

局科学、合理、规范、美观，制定并实施“校园绿化美化净化系统工程”，建设“绿色学校”、“花园式学校”、“园林生态型学校”。“软件建设”要求：深入持久地开展丰富多彩、健康向上、催人奋进的学校文化建设。包括精神文化、环境文化、室内文化、活动文化、制度文化、和谐文化等方面。并不断提升学校文化的层次、丰富学校文化的内涵，增强学校文化的育人功能。努力创建“人文校园、书香校园、平安校园、创新校园、温馨校园、美丽校园”，不断巩固和发展“省级文明单位”和“省级文明学校”的成果。

(3)学校管理一流。包括党的建设和行政管理工作共同提高，互相促进、全面发展。重点抓好：干部人事管理、教学教研管理、学生教育管理、后勤服务管理。主要通过人事、分配制度改革，充分调动干部、职工的工作积极性、主动性和创造性；通过建立健全“教分制”、“学分制”、“结构工资制”等制度不断规范教学管理，深化教学改革，提高教学质量；通过采取“软硬并举、教育与管理并重”的方法，充分发挥“制度管人”和“文化育人”的功能和作用，提高学生教育管理的效果；通过推进“后勤服务社会化、企业化”管理改革，不断增强服务意识，改善服务态度，改进服务方式，提高服务质量。总之，坚持和完善“依法治校和以德治校相结合”的治校方略，确保学校“政令畅通、政通人和、和谐发展”。

(4)教育质量一流。紧紧围绕学校“三个学会，一个中心”(学会做人、学会做事、学会健体的“技能型”人才)的培养目标开展教育教学及其管理工作，并努力创造条件，采取有力措施,确保这一目标的实现。牢固树立"三个一切"(一切为了学生,为了学生的一切,为了一切学生)的办学理念,确保百分之百的毕业生能够就业,并力争做到"三个落实"(就业单位落实、工资待遇落实、用人合同落实)和"三个满意"(学生满意、家长满意、用人单位满意)。

(5)办学效益一流。坚持和完善"两条腿"(全日制教育和成人教育共同发展的两条腿走路的办学路子),"两手抓"(一手抓社会效益,一手抓经济效益的办学方针)的办学思路。要把"社会效益"放在首位,并通过提高社会效益促进经济效益的提高,增强"三个服务意识"即为学生服务、为家长服务、为社会服务,加强管理,提高质量,确保就业,促进发展。"经济效益"是职业学校生存与发展的物质基础,是增强学校自我完善、自我发展能力的前提条件。所以,学校办学必须算成本、讲效益,要通过不断扩大办学规模,提高办学质量,增加办学收入,降低办学成本来不断提高办学的经济效益。只有获得社会效益和经济效益的双丰收,才是最好的办学效益。

办学模式——"两个并存,两个转变"

韦继安

为加快文山州职业教育发展,适应经济社会发展对高素质劳动者和技能型人才的迫切需要,州委、州政府根据国务院、省人民政府的文件和意见,审时度势地于 2006 年 2 月 17 日提出了《关于大力推进职业教育改革与发展的实施意见》,把加快职业教育发展视为落实科学发展观的具体体现,视为落实"科教兴州"和"人才强州"战略,并清醒地看到:文山的职业教育与其他各类教育发展不相协调,在整个教育体系中处于最薄弱的环节,严重地制约着教育事业健康、协调的发展。要求各级党委政府务必高度重视,把加快职业教育特别是加快中等职业教育发展与繁荣经济、促进就业和巩固提高"两基"成果紧密结合起来,采取有力措施,切实加快职业教育改革与发展步伐。

我校根据《国务院关于大力发展职业教育的决定》、《教育部等七部门关于进一步加强职业教育工作的若干意见》以及省、州职业教育文件和会议精神,报经州委、州人民政府批准，于2006年元月由“文山州民族师范学校”正式更名为“文山州民族职业技术学校”。学校制定了一个总目标，即由中师的办学格局过渡提升为以理工科教育为主的多形式、多层次、多功能、多专业的“综合型”职业技术学校。

并且根据我校办学条件、社会发展和市场需求，确定办学模式为：“两个并存、两个转变”。

“两个并存”，即师范教育与理工科教育并存，中等教育与高等教育并存。

“两个转变”，即逐步由师范教育为主向理工科教育为主转变，由中专教育为主向大专教育为主转变。

从2006年9月开始，在“两个并存，两个转变”的办学模式下，我校形成以下多形式、多层次的办学格局，即在类别上，分为师范类、理工类、综合类；在学历上，有中专、大专文凭；在生源起点上有初中起点、高中起点；在学制上，有一年制、三年制、五年制；在生源质量上，有严格划线统招、有凭证入学等等格局。

为适应新形势下的各种变化，教学管理也作了相应调整。在学生编班、班级编号、一日常规(包括作息时间)、课程、课时安排、教学内容、教学考核、学籍管理等方面都作了调整和修改(具体内容可见《“两个并存，两个转变”模式下部分教学制度、教学管理修改方案》)。

办学思路——“两条腿，两手抓”

陆永金

对一个学校的发展来说：“思路决定出路。”有好的思路就会有好的出路，就能为实现又好又快发展指明方向。“发展思路”要求正确科学、符合实际、清晰明了,可操作,经过实践证明是富有成效的。

我校确定“两条腿,两手抓”(全日制教育与成人教育共同发展的两条腿走路的办学路子;一手抓社会效益,一手抓经济效益的两手抓的办学方针)的办学思路,经过多年来的实践证明是正确的、成功的,所以,要继续坚持和发扬,坚定不移地走下去。

“两条腿,两手抓”的办学思路的基本内涵和要求如下:

一、“两条腿”是指全日制教育和成人教育共同发展的两条腿走路的办学路子

“全日制教育”一般是指职前教育和职后教育“脱产班”。包括初中起点的三年制中专班、五年制大专班,高中起点的一年制中专班、三年制大专班、成人脱产三年制大专班。“全日制教育”是一个职业学校办学的主体和支柱,对整个学校的生存和发展起支撑作用,是学校办学的着力点和核心。

“成人教育”一般是指职后教育,它包括两大块:一是成人学历教育(简称“长班”);二是各种短期培训教育(简称“短班”)。具体有:函授大专班、本科班、网络教育专科班、本科班,在职研究生主要课程班;各种短期培训、辅导班等。成人教育的特点是:涉及面广、政策性强、灵活性大、竞争激烈、经济效益明显。所以,成人教育要坚持“长短并举,以短养长,以长促短,共同发展”的思路,加强管理、扩大规模、提高规模、提高质量、搞好服务,不断“做强、做大、做精”。

“全日制教育”和成人教育各有优势和劣势,应趋利避害,优势互补,相互促进,共同提高,全面发展。

不论是成人教育还是全日制教育都要走“开门办学、联合办学”的路子,“上挂下联、横向辐射”,充分利用“两个市场”(本地市场、外地市场)和“两种资源”(校内资源和校外资源),扩大办学影响,提高办学实力,增强办学竞争力,从而使学校的办学永远充满生机与活力。

二、“两手抓”是指“一手抓社会效益,一手抓经济效益”的办学方针

“社会效益”是指学校教育对社会的贡献率。衡量职业学校办学的“社会效益”优劣的指标有:(1)是否全面贯彻执行党的教育方针和国家的教育法规;(2)学校软件建设即文化建设的程度高低及学校的办学综合实力的强弱;(3)学生的培养质量的好坏,包括思想政治及品德素质和专业水平及能力;(4)毕业生的就业率的高低以及对社会的贡献的大小。

“经济效益”是指学校办学的经济收益。衡量职业学校办学的“经济效益”好

坏的指标有:(1)学校的硬件建设即办学设施的优劣;(2)学校的办学规模和办学活力如何;(3)学校办学的收入、成本和收益是否处于最佳状态;(4)学校师生员工的总体生活福利水平的高低和生活质量的好坏。

任何学校都应该把办学的社会效益放在首位,始终坚持社会主义的办学方向。学校的根本任务是"育人","如何育人,育什么样的人"是检验一个学校办学质量好坏的重要标志。而且,作为职业学校,良好的社会效益可以带来巨大的经济效益。

任何学校的办学都要讲成本,都应算经济账。作为非义务教育的职业学校的办学更应该讲成本,求收益,才能不断增强学校的自我完善、自我发展的能力。而且,良好的经济效益可以促进社会效益的提高,为学校综合能力的增强提供坚实的物质基础。

办学理念——"三个一切"

张贞富

文山州民族职业技术学校经过长期的实践和总结,形成了自己的办学理念体系,其中"一切为了学生,为了学生的一切,为了一切学生"是我们长期坚持的办学理念精髓。

一、一切为了学生,突显学校"管理育人、教书育人、服务育人、活动育人、环境育人"的功能

(一)突出管理和育人的"双重效益",实现"管理育人"目标

一是根据学生教育的特点建立健全各级学校德育工作的管理职能部门和机构。学校一把手亲自挂帅,领导学校各部门协调配合,形成了在"德育工作领导

小组”组织领导下,学校各部门齐抓共管的德育工作管理网络的“四条主线”;二是建立和完善各种规章制度,规范德育工作,为良好校风、学风、教风的形成提供有效的制度保障。三是抓实“一日常规”各环节的管理质量,注重过程管理,突出管理的效益。在具体操作中实行“六级值班制”,即每天都有校级领导、科室领导、辅导老师、年级组长、班主任、保卫门卫(水电医务人员)和学生干部同时值班,从而有效地保证了学校教学秩序、工作秩序和生活秩序的正常开展。四是重视对德育工作的考核评价,将考核结果与教师的履职晋级和评优挂钩,作为学生综合素质考核的一项重要指标,以此促进师德建设,带动青少年的思想道德建设。五是学校坚持把思想素质好、业务水平高、奉献精神强的优秀教师吸收到德育工作队伍中来,通过培训和实践锻炼提高班主任的综合素质和实践能力,组成一支能吃苦、能奉献的德育工作队伍,为管理育人打下了坚实的基础。

(二)以教学为中心,实现“教书育人”

学校重视确立教师的育人意识,把课程教学作为育人的主渠道,通过提高教学质量实现课程教学的育人功能。特别是近年来学校又紧紧抓住“深入贯彻新课程改革理念,全面实现课程目标,突出教学的育人功能”这一指导思想,全面实现课程功能,培养人格健全的师范生。比如陆永金老师在“科学发展观”的课题教学中,结合基本理论的教学,组织学生到所在社区开展研究型学习,使学生们深深感受到只有注重联系实际,依靠科学,才能促进经济社会的协调发展。有不少学生深有感触地说:“看看人家建立在科学技术基础上的生产和经营, 联想到家乡陈旧的传统耕作,封闭自守、不信科学、迷信盛行的现实,我们感到了羞愧和责任,我们更加理解党中央倡导‘科学发展观’的重大意义。”通过课程改革实验,老师们更加坚信,全面推进课程改革,是新时期推动“教书育人”的最基本途径。

(三)以人为本,实现“服务育人”

“校兴我荣,校衰我耻”早已成为教职员工的共识。岗位创新,勤政廉洁,服务师生,是历届领导干部的工作指针;热爱教育事业,热爱学生,服务学生,是教师们自觉遵守的基本道德要求。尤其在现阶段,学校要求广大教职员工认真实践“三个代表”重要思想,树立全心全意为人民服务的信念,“一切为了学生,为了学生的一切,为了一切学生”已成为指导教职工服务工作的信条,促使他们努力提高服务质量,全面服务于学生,服务于社会,实现“服务育人”的职能。

(四)创设有利于青少年成长的环境文化,发挥“环境育人”的功能

一是注重环境文化建设,制定并实施“校园绿化美化净化系统工程”,以建设“园林式校园”为目标,以“规范化、科学化、现代化、多样化、精品化”为总要求,

全方位开展校园绿化美化建设。现在，我校整个校园大树参天、繁花似锦、绿草如茵，一个园林式的校园景致，一个“优雅、美丽、整洁、文明、安宁”的校园环境已经形成，充分发挥了“环境育人”的重要功能。二是积极组织开展“教室文化”建设。要达到的总要求是：“八有”、“十无”，最终实现“六个好”。三是开展“宿舍文化”建设。要达到的总要求是：主题明确、科学规范、丰富多彩、富有创新、形成特色，最后达到“十个一条线”。四是抓理论阵地建设。利用业余学校、业余团校、文明公民学校，对师生进行马列主义理论、党的知识教育以及爱国主义、集体主义、社会主义、公民意识、法制意识、文明礼仪的教育，提升人的内在知识文化；开展丰富多彩的文艺、体育活动，充实校园文化。五是利用广播、电视、板报、刊物等宣传工具，宣传党的政策、方针，用正确的舆论引导健康的文化。学校的最终目的是使任何学生在任何时候、任何地点都能受到健康文化的熏陶，走进学校，无论在校园、教室还是宿舍，都能给人感受到浓郁的文化氛围。

校之魂

（五）开展丰富多彩的活动，实现“活动育人”

除了常规的形势教育活动、团支部活动、每星期例行一次的主题班会活动之外，学校还结合当前的教育形势和学生实际开展专项教育活动。比如：根据当前文化市场泛滥，较多的垃圾文化充斥社会的现状，我们在学生中广泛开展“五个十”系列教育活动——组织学生“读十部优秀中外名著、唱十首好歌曲、背十首好诗词、学十篇优秀教育论文、练十项专业技能。”并建立完善的考核制度，使之与学生的学业成绩挂钩，目的就是用优秀的文化引领学生的成长，提高学生的人文素养，促进学校青少年学生的思想道德建设。针对学生纪律和行为养成的问题，学校组织开展了“九要求”、“十不准”的教育活动，辅之以“校园文明监督岗”的监督检查，使学生养成良好的文明行为习惯。开展常规教育活动，抓好“三操”、课堂纪律、卫生、晚自习、宿舍纪律等常规教育活动的开展，尤其注重抓好早操和升旗仪式，学校明确提出：“一日常规要从早操抓起，一周常规要从升旗仪式抓起”，建立了一系列规范常规活动的制度。

学校团委在2002年5月荣获“全国五四红旗团委”之后，进一步深化“五四红旗团支部”创建活动，长期围绕文明、诚信主题，开展“我们的文明”、“支部人人讲诚信”、“做文明人”、“争做志愿者，建设新农村”等活动，进一步动员青年讲文明、讲诚信，推动文明和信用体系的建立。每一个学期考试前，各班以“诚信考试”为主题开展班会讨论，学校举行“自尊自律，拒绝作弊，诚信考试”动员大会和签名仪式，倡导广大同学争做诚信之人。

此外，还充分利用现代化教育管理手段，把《今日说法》、《焦点访谈》等一些警示教育片摘录刻成VCD光盘，在政治学习时间播放给学生观看，使说教式的政治学习活动变成寓教于乐的思想教育活动，使德育内化成学生的自觉行动。

二、为了学生的一切，突出以人为本，促进学生全面发展

进入21世纪，我校在总结过去经验，继承优良传统的基础上，确立了以人为本的教育理念，把促进学生身心健康、全面、和谐和持续发展作为学校工作的中心，学校的教学、德育工作、体育卫生工作、后勤服务工作必须紧紧围绕这个中心，为学生的一切着想。

(一)注重学校教育的社会功能和人本功能和谐一致

在中等师范学校萎缩的情况下，学校积极主动地制定改革与调整方案，向州委、州人民政府申请更名转向，由师范办学的单一模式向综合型职业教育模式转变，同时深入工矿企业、服务行业进行了大量调查研究，按社会需求开办了相应专业，使学校能更好地服务社会，适应社会发展。同时，考虑到学生个人发展的需要，让学生自主选择自己喜爱的专业；开办丰富多彩的第二课堂，丰富学生的课余生活，张扬学生的个性特长；通过课程的综合改革，充分显示课程教学的人本功能，实现知识与技能、过程与方法、情感态度和价值观三位一体的课程目标；通过加强德育、体育、美育和心理健康教育，满足学生和谐发展的需要，促使学校教育的社会功能和人本功能和谐一致，学生的发展和社会的需求和谐一致，身体和心理发展和谐一致。

(二)“服务学生的未来”

促进学生自身发展的和谐、自身发展与社会需要的和谐，实际上就是促使学生的可持续发展，服务于学生的未来。此外，为了更好地体现“为了学生的一切”的办学理念，学校还成立了“招生与就业办公室”，专门为学生的升学与就业服务。学校认为：招生与就业已经成为我校继续生存和发展的主要矛盾。因此，学校确立了“以市场需求为导向，以就业培养为中心，以技能培训为重点”的办学思想，坚持“以市场为导向，转变就业观念，拓宽就业渠道，形成就业网络，立足文

山，面向全国”的就业工作的指导原则，认真分析就业形势，提高了做好就业工作的认识。

学校向学生及其家长郑重承诺：百分之百推荐就业。为此，学校调整教学计划，强化就业前的考试面试培训，三年级学生实习回校后集中进行公务员、事业单位人员及企业单位人员应聘考试、考核、面试、答辩等多种形式的培训，确保大多数学生能够一次性应聘成功；积极联系银行、电信及其他国有企业、三资企业、私营企业，推荐毕业生到文山州、昆明及省外就业。我校2003届毕业生总就业率达97.38%，2004届为90%，2005和2006届毕业生就业率均在97%以上。毕业生中，除了多数在文山州各行各业就业以外，还有不少到北京、上海、南京、浙江、广东、昆明等地工作。

三、为了一切学生，实现面向全体学生，让每一个学生都成人、成才

实现面向全体学生，让每一个学生都成人成才应做好以下几点：

1.转变教育者的观念，克服“英才教育”的观念，树立“大众教育”、“素质教育”的观念

职业教育不是选拔性的“英才教育”，而是培养合格劳动者的大众教育、素质教育，必须摒弃应试教育、英才教育的弊端，培养出有理想、有道德、有文化、有纪律的技能型人才。学校确立了“培养会做人、会做事、会健体的技能型初中级人才”的目标，引导教师树立“大众教育”、素质教育的观念，面向全体学生因材施教，促进他们全面发展，使他们成为合格的劳动者。

2.尊重学生，公平地对待每个学生，坚持师生之间的民主、平等

学校领导长期坚持并严格要求教职工要尊重学生的兴趣、爱好、情绪、情感、个性和隐私，不能以自己的情绪牵制学生，当学生遇到困难时，能用热情的话语鼓励他们；要给予全体学生同样的关心和指导，同样的鼓舞和期望，满足他们求发展、求进步的需要，使学生从教师的行为中看到希望、受到鼓舞，获得进步。对于违背师德，不尊重学生和家长的教师，学校给予批评教育直至免职待岗。

3.建立贫困生救助制度，不让学生因贫困而辍学

学校长期坚持通过“爱心捐助”、向社会争取专项救助金、联系“手拉手”结对救助等形式帮扶贫困学生完成学业。为了适应贫困救助的需要，2004年学校作出了《关于党员、领导干部帮扶贫困学生的决定》，在我校党员、领导干部中开展对贫困学生的帮扶助学活动，要求党员和领导干部要从帮扶对象的思想、学习、生活等方面切实做好关心、帮助工作，保证帮扶对象能顺利完成学业。

4. 建立和完善学生管理数据库及教育信息网，及时发现问题并教育学生

2005年以来德育处完善学生教育管理信息采集制度，及时收集来自教学管理、宿舍管理、卫生管理、班主任管理以及其他教育活动管理方面的信息，并通过计算机系统建立了学生管理数据库及教育信息网，方便教育者、管理者及时查询到每一个学生的信息，及时发现教育过程中存在的问题和学生出现的问题，使教育者能及时调整教育策略，问题学生能得到及时的教育帮助。

5.建立党员干部结对帮扶问题学生制度，让搁浅的小船扬帆起航

为了调动力量支持学生教育工作，分担班主任、德育辅导员工作压力，提高教育力度和成效，学校领导还把中层以上干部分配到教育转化学生的第一线，每一个干部分别挂钩2～4名问题学生，开展教育和转化工作。领导干部威信高、能力和责任心强，帮扶问题学生效果明显。所有在思想上、学习上存在明显问题的学生都得到了帮教，思想和学习都有了明显进步。

总之，“三个一切”的办学理念，不仅过去是、现在是，而且将来也必将是我校办学理念的核心和精髓。坚持这一办学理念，我们就能得到社会、家长和学生的认可，学校的声誉就会不断提高，办学能力就会不断进步，学校的办学也就会越来越红火。

培养目标——“三个学会的技能型人才”

陆永金　彭群力

学校的培养目标为：“三个学会的技能型人才”。即培养具有良好的思想道德素质，学会做人；具有必需的专业理论知识和熟练的专业技能，学会做事；具有良好的身心素质，学会健体，德、智、体全面发展的“技能型”初、中级专业技术人才。

（一）学会做人

学会做人就是要学会处理各方面的人际关系和利益关系。包括家庭关系、亲戚（朋友）关系、同学（同事）关系、师生（上下级）关系以及国家、集体和个人的利益关系。要正确处理好这些关系需要以下几个方面的素质：（1）具有良好的政治

素质。关心国内外大事,具有良好的法律意识和组织纪律观念,具有正确的理想和健康的追求等。(2)具有良好的思想道德素质。主要是职业道德、伦理道德和社会公德等。(3)具有良好的心理素质。身心健康、心态平和、心理自控能力和调节能力较强等。(4)具有良好的辩证思维方法和人际交往能力。只有具备以上基本素质,才能够很好的"做人",为"做事"打下良好的思想基础。具体要求为:培养学生的"三种意识"和"两种习惯":即培养爱国主义意识、公民意识、道德意识,形成良好的行为习惯和良好的劳动习惯。做到"五个坚持":坚持把德育放在首位、坚持"五爱"教育、坚持行为规范养成教育、坚持法纪教育、坚持榜样教育。特别要以社会主义荣辱观教育为切入点,帮助学生树立正确的世界观、人生观和价值观。

(二)学会做事

学会做事就是具有谋生的手段和本领。一是要具有必需的文化知识和专业理论基础知识;二是要有熟练的业务操作能力;三是要有一定的特长。如吹拉弹唱、能说会道、能写会画等。

具体要求为:以教学为中心,培养学生具有基本的专业理论知识和熟练的专业技能。学会做事的要领是掌握知识、训练技能、讲求效率、学会合作。

1.掌握知识,是做事的前提和基础

有了知识,提高了认识,才能按规则办事,从专业发展的角度来讲,必须掌握基本的专业理论知识,才能顺利进入专业领域,成为专业人才。要加大课程综合改革力度,精选课程内容,突出基础性和专业性,让学生学习有用的知识;必须坚持教学的实践性,强调理论与实践并重,让学生学习活的知识;注重教学方法的改革,突出学生学习的自主性,交给学生学习的方法,培养学习能力,使学生具有可持续学习和主动发展的本领。

2.训练技能,包括心智技能和专业操作技能,是做事的关键

一个人头脑好、会思考,动手能力强,心灵手巧,才能很好地做事。培养技

能型人才,即注重课程结构的调整,以培养学生专业技能为核心,重视多种技能的综合训练。关键要有一支综合素质较高、实践能力较强的教师队伍。认真搞好教师全员培训,以“新知识、新技术、新工艺、新方法”为主要内容,重点培养教师的实训指导能力,采取多种形式提高教师的教学水平,加快培养一批理论与实践紧密结合的优秀学科专业带头人。重点是创新技能型人才培养模式: 办学思想上,“变学科应试体系为技能应用体系”;教育过程上,“变单纯认知过程为综合实践过程”;考评标准上,“变学过什么课程为能做什么事情”;专业设置和课程改革上,结合学生学习的实际能力和企业对人才的需要设定不同的专业培养目标,对传统的教学模式进行改革,校企联办、工学交替,产教结合,建设实训基地,提高办学效益;开办适应社会需求的培训班。

3.讲求效率,是衡量做事的重要指标

成功的事业离不开周密的设计与有效的奋斗。做事有条理,不仅是做事有效率的保证,而且会使人养成审美的习惯。要帮助学生养成计划周密、有条理的习惯,做到人生有规划,生活有规律,时间有安排,学习有计划,自我管理有条理等等,突出做事的效率。

4.善于合作,是学会做事的保障

人类进入了一个合作的时代,是否善于合作已经成了一个现代人的标志。教育学生善于合作,要求学生做到乐于助人、虚心请教、团结友善、平等待人、尊重异议等,提高学生之间的合作意识和合作技巧。

(三)学会健体

学会健体就是学会保护自己、身心健康。一是要有一定的体育、心理学知识;二是要掌握一定的体育锻炼技能和心理调适能力; 三是养成良好的体育锻炼习惯和生活习惯。

毛泽东同志早年在《体育之研究》一文中就讲道:体者,载知识之车,而寓道德之舍也。健康是支撑人生的最重要元素,健壮的体魄是提高生命质量的保证。要积极引导学生上好“三操一课”,办好一年一度的体育文化节,组织丰富多彩的常规文体活动,完善卫生保障制度,促进学生身体健康。要把心理辅导纳入课程计划,教给学生基本的心理调适知识和方法,增加心理健康教育投入,建立心理辅导的长效机制,开展心理健康咨询活动,促进学生心理健康。

以上“三个学会”从思想,技能,身心三个方面统一构成一个完整的培养目标。其中:学会做人是基础,学会做事是核心,学会健体是保证。

校训——做人为先，技能为本，健康至上

陆永金　王　彪

1996 年，由法国人雅克·德洛尔任主席的国际 21 世纪教育委员会向联合国教科文组织提交了名为《教育——财富蕴藏其中》的报告。该报告第二部分第四章提到了“教育的四大支柱”，即学会认知(learning to know)——目的是使学生学会如何学习，即掌握认知的手段，而不在于知识本身；学会做事(learning to do)——使学生具有在一定的环境中工作的能力，这种能力是包括如何对待困难、解决冲突、组织管理和承担风险等多方面的综合能力；学会共同生活 (learning to live together)——使学生学会设身处地去理解他人，从而消除彼此间的隔阂、偏见与敌对情绪，和周围人群友好相处，并且从小就要培养学生具有为实现共同的目标与计划而团结合作的精神；学会生存(learning to be)——为适应社会的迅速变革与发展，应使学生学会掌握自己命运所需的基本能力，即思考、判断、想象、表达、情绪控制和社会交往等方面的能力。这些能力既是个人为完善自身的个性所需要的，也是作为社会成员发挥自主性和首创精神进行革新与创造的保证。这四种能力并非平行并列的，其中有一种是作为基础来强调的能力，这就是“学会共同生活”，其余三种能力则是学会共同生活所不可缺少的基本因素。

长期以来，我们坚持认为，成绩不合格可能是次品，身体不合格可能是废品，思想不合格可能是危险品。人最主要是作为“社会的人”存在，因此，他不能脱离环境，超然物外，不能不与他人发生这样那样的联系，不能不生存。今天的努力，蕴涵着明天的成功。

“做人为先，技能为本，健康至上”，应该是对教育目的和意义的最通俗的表达。

校风——热爱专业，谦虚朴实，纪严风正，勤学苦练，全面发展

韦继安　王彪

热爱专业：爱因斯坦说，兴趣是最好的老师。没有角色定位，没有目标固然不行，但对目标缺乏热情，也不可能充分发掘出自身的潜能，达成学习绩效的最大化。因此，培养专业热情，是激发事业心与成就感所必需的。

谦虚朴实：人和人没有本质上的区别，就像一句谚语中说的那样："光滑的瓷器来自泥土，一旦破碎就归于泥土。"再高的学历也只代表过去，而只有学习能力才能代表将来。尊重有经验的人，才能少走弯路。老子曾经告诫世人："不自见，故明；不自是，故彰；不自伐，故有功；不自矜，故长。"这句话是说，一个人不自我表现，反而显得与众不同；一个不自以为是的人，会超出众人；一个不自夸的人会赢得成功；一个不自负的人会不断进步。相反，老子告诫世人："企者不立，跨者不行，自见者不明，自是者不彰，自伐者无功，自夸者不长。"

谦虚可以永远把自己置于学习的地位，并有助于发现他人的优点。但是，谦虚决不是通常意义的客套与虚伪，也不是遇到工作时的退缩与推诿，更不是所谓的韬光养晦，深藏不露。如果需要发挥自己的能力，并且自己也有这样的能力，就必须知难而进，当仁不让，决不能把谦虚作为推卸责任的借口。

纪严风正：纪律是贯彻执行党的教育方针的保证，也是教育教学活动中必须强化的重点。没有纪律约束，就很难形成一个好的集体，工作就无法保证正常开展。因此，纪律一定要严明。所谓"严"，就是做事高标准，严格要求，严格训练，严格管理，严格考核。风，指风气，包括教风、学风、会风、考风、作风等。校风不正，学校就不可能培养出适应社会发展的合格人才。学校无小事，事事是教育；教师无小节，处处做楷模。教师必须身正、心正、理正，才能教育学生，感化学生，培养学生，造就人才，才能真正完成教书育人的崇高使命。

勤学苦练：唐宋八大家之一的韩愈在其《劝学解》中说："业精于勤荒于嬉，行成于思毁于随"；中国数学家华罗庚说："勤能补拙是良训，一分辛劳一分才"；农谚说："人勤地生宝，人懒地生草"。关于"勤"，中国有许许多多动人的故事，关于"勤学"，古今中外有无数感人的楷模：孙敬"头悬梁"、苏秦"锥刺股"、匡衡"凿壁"、车胤"囊萤"、孙康"映月"、江泌"随月"、李密"牛角挂书"……在我们这样一

个崇尚读书的泱泱大国，这些令人动容的勤学故事不知为多少教师所津津乐道，也不知成为感召几多学子发奋读书的精神动力！“学”与“练”，是知与行的统一，是手段与目的的统一。“宝剑锋从磨砺出，梅花香自苦寒来”是“苦”；“十年磨一剑，未敢试锋芒；再磨十年剑，泰山不敢当”是“苦”。没有“苦练”，就没有高超的技艺，没有高超的技艺，就不能成就不朽的事业。

全面发展：党的教育方针要求，“坚持教育为社会主义现代化建设服务，为人民服务，与生产劳动和实践相结合，培养德、智、体、美全面发展的社会主义建设者和接班人”，这是我们办学的宗旨，也是每一个教育工作者肩负的重托，是我们必须牢记在心的神圣使命！

学风——“严、勤、苦、专”

韦祥艳

一、学风的表现

学风，是一定群体在学习过程中所显现出来的在行为、态度、人格等方面的整体一致性状态。学风包括三个要素，分别是学习纪律、学习氛围和学习作风。第一，从整体而言，学风体现于校风上。校风在很大程度上是学校这个大环境体现出来的学习风气，这是与学校的统筹管理密切相关的。学校管理得好，必将带动整个学校的风气，从而影响每个学生的精神状态。第二，学风体现在校园秩序上。同学之间能建立和谐的人际关系，形成互助友爱的风尚，消除不文明行为，健康积极的理念成为主流，必将营造出一种浓厚的学习氛围。第三，学风还体现在课堂纪律上。学生中普遍存在着逃课现象，尤其对自己不喜爱的课程，便无视学校的规章制度，或者是明目张胆地在课堂上睡觉、聊天，毫不顾及老师的感受。分析其中的原因，就是缺乏对知识重要性的认识。第四，学风还体现在教室、宿舍等校园的每一个角落。在班级、宿舍、食堂里，每个成员的一言一行在无形中都会影响到他人的情绪和思想，你给别人带去的或许是勇气和信念，或是消沉和颓废，但生活在同一屋檐下，我们每个人都应保持积极乐观的心态，给校园生活增添朝气。

二、我校的学风建设

在学校“三个一切”的办学理念指引下，我校建立了优良的校风和学风，校风是：热爱专业，谦虚朴实，纪严风正，勤学苦练，全面发展。用“严、勤、苦、专”四个字概括出来的校风，反映着这样的内容：“严”即严格管理，严格要求、严格训练；“勤”即勤于治学，勤于积累，勤于思考；“苦”即苦学苦练，苦读苦攻，苦练基础；“专”即专心致志，专于学业，专于技能。在优良的校风和学风指引下，学校形成了一套比较完善的管理体系，营造了一种积极向上的校园文化氛围，形成了一种较好的校园育人环境。目前，学校学生在世界观、人生观和价值观的形成方面，在为谁学习和怎样学习方面，在今后为谁服务和怎样服务方面，都进入了一个良性的可持续发展阶段。

(一)加强学生政治思想教育和纪律教育

1. 以激励教育为主，引导学生自觉遵守校纪校规

我校重视对学生进行校规和法纪教育。每年新生入学，为每个新生发放《学校学生规章制度汇编》，由班主任、德育辅导员组织学习。学校结合入学教育和军事训练，安排系列化的思想教育活动，邀请离退休老同志、有成就的校友代表、年轻有为的企业家，向学生进行纪律教育、专业教育、学习教育、事业教育，引导新生秉承学校的优良传统，成人成才。学校每年组织统一的校园文明建设活动、校规校纪教育活动、法制安全教育活动、考风考纪教育活动；平时，学校注意结合学生的实际表现，由德育辅导员、班主任和相关的专(兼)职学生管理人员，开展深入细致的教育工作，培养学生自觉遵纪守法的行为习惯。

2. 以制度约束为辅，帮助学生自觉遵守校纪校规

为使学生管理工作科学化、规范化，根据新时期学生工作的特点和要求，学校在表彰奖励、违纪处分、学习管理、生活管理、日常行为规范等方面，建立了比较完善的规章制度。

为了充分保障学生的合法权益，学校于 2003 年全面修订了《文山州民族师

范学校学生违纪处分条例》、《文山州民族师范学校学生学籍管理规定》等学生管理规章制度。这些制度已经汇编成《文山州民族师范学校制度汇编》,学生人手一册。更名为"文山州民族职业技术学校"后,学校教务处和德育处再度对学生管理的相关制度进行了修订,更进一步适应职业学校学生的实际。

为了严肃考风考纪,学校制订了《文山州民族职业技术学校考试管理规定》、《学校考场纪律》、《学校监考守则》、《文山州民族职业技术学校考生守则》等规章制度;每次期末考试前,开展考风考纪教育活动。考试过程中,校领导、部门领导、教学督导员参加巡考,对发现的违纪现象,按有关制度,履行告知、取证、处分、申辩、申诉程序,较好地协调了"严格要求、严肃处理"与保障学生权益的关系,有力地维护了考试纪律的严肃性,促进了良好考风、学风的形成。

3. 以提高主体意识为本,教育学生主动维护校纪校规

学校十分重视学生自我教育、自我管理、自我服务在学生遵守校规校纪方面的作用,在发挥团支部、学生会、班级作用的基础上,组建了学生精神文明岗等自律组织。这些学生组织带领广大同学自觉遵守校规校纪,主动配合学校维护良好的教学、学习和生活秩序。

(二)激活育人机制,充分调动学生学习积极性

1. 建设良好环境,营造学习氛围

2000年以来,学校新建了学海园、实训大楼等基础设施,完善了校园网、阅览室等学习条件,改善和美化了学生住宿环境,进一步提升了校园环境的文化品位,为师生读书思考、探索真知提供了良好的物质文化环境。邀请校内外专家、教授为学生举办学术报告、科普讲座500多场,经常性地组织学生参加各类科技、文化、体育、文艺学习经验交流活动,增强了校园的学术涵养和文化气息,营造了良好的学习氛围,学生的学习热情和主动性明显增强。

2. 健全激励机制,激发学习动力

学校制订并实施了《文山州民族职业学校学生奖学金实施办法》、《文山州民族职业学校学生德育量化评比条例》、《文山州民族职业学校"三好学生"评比条

例》、《文山州民族职业学校优秀毕业生评比条例》等激励制度，设有“优秀学生综合奖学金”、“优秀毕业生奖学金”。每年开展“三好学生”、“优秀学生干部”、“优秀毕业生”、“优秀社团”、“先进班级”、“文明宿舍”等各类评比、表彰、奖励活动，在学生中营造浓厚的争先创优氛围。

3. 强化正面引导，促进学风建设

2003年以来，学校先后组织了邓小平理论、“三个代表”重要思想系列学习活动，科学发展观和“十一五”规划系列学习活动，社会主义荣辱观（“八荣八耻”）学习活动，“立志、修身、博学、报国”学习活动，培养学生的爱国主义、集体主义、社会主义情操；组织了社会调查、暑期“三下乡”、青年志愿者等实践活动，加深学生对“三个代表”重要思想精神实质的领会和把握；在庆祝建党、国庆、建团及“五四”运动、抗战胜利日等节日、纪念日时，进行出版宣传专刊，举办文娱晚会、征文比赛、知识竞赛、报告讲座等活动，增强学生爱国、爱党、爱校情感。这些主题鲜明、形式多样的活动，从思想深处促进了学风建设。

4. 完善爱心体系，提供学习保障

学校制定了《文山州民族职业学校特别困难学生资助基金管理条例》，建立了奖、贷、勤、补、减的多元化资助经济困难学生的政策体系，切实解决了贫困生经济负担问题。此外，学校还积极开展教师党员与贫困生手拉手结对扶贫活动，经常性、有效地关心、支持贫困生的思想和学习的进步，解决贫困生切实存在的生活问题，党员利用帮贫困生介绍课余工作、假期服务工作等方式让贫困生在能力锻炼中自食其力。

学校关心学生的身心健康，设立了学生心理健康教育与咨询中心，建立了教心组——团委——班级三级心理辅导队伍，建立了特殊学生档案，将思想政治教育与解决学生的实际问题有效结合起来，及时掌握学生的思想动态、心理动态，帮助学生解决思想困扰、心理障碍。有效地保障了学生的正常学习，以顺利完成学业。

（三）开展课外社团文化活动，丰富学生课余生活

几年来，学校不断探索培养学生创新精神和提高学生实践能力的育人之路，不断结合课内学习，搭建有利于学生成才的课外素质拓展平台。

1. 建立激励机制，鼓励课外活动

学校制订《文山州民族职业学校学生社团活动管理办法》，对学生参加社团活动给予政策、财力支持，广泛调动学生参加各类课外社团文化活动的积极性。

2. 开展丰富多彩的主题社团活动，打造第二课堂

学校委托校团委具体管理学校社团工作，制订具体的活动计划，确定社团辅

导教师，每学期以竞赛活动为载体，举办创业设计大赛、教师技能大赛、服装设计大赛和体育艺术节等活动，培养和提高学生的专业素养和学术研究能力；以就业创业技能训练为载体，开展职业生涯规划、职业技能培训等活动，提高学生的就业竞争力和社会适应力；以社团活动为载体，举办社团艺术节，引导学生开展内容丰富的校园文化活动；以社会实践为载体，组织学生参加寒暑假社会调查、志愿服务、公益活动、科技创新和社区服务等实践活动。这些主题活动，激发了学生的创新意识、服务社会意识，在提高学生综合素质，引导学生学以致用，培养创业创新精神方面，起到了巨大的推动作用。

3. 参加社会实践，提高综合素质

学校鼓励学生利用课余时间和节假日，以多种形式自由组队开展社区服务、扶孤助残、为未成年人服务、法律援助、义务导学、专业实践、就业实践等一系列社会实践活动，学校团委连续几年荣获“先进团委”称号。

4. 拓展素质教育，纳入培养计划

为切实培养学生的实践、创新能力，学校加强了综合性设计性的实验教学，规定各专业独立设置的实践教学环节不低于25学分，把第二课堂的实践与创新学分纳入了人才培养计划，激发学生提高实践能力和创新意识的主动性和积极性。近三年来，我校学生在省市级报纸刊物上发表学术、文艺作品近200篇；在课外科技文化活动中，45人次获得国家、省市级表彰。

（四）开展学校文化创建活动

第一，开展班主任、德育辅导员、班长、团支部书记、寝室舍长标示挂牌活动，以便责任到人，认真落实好校园、教室、宿舍文化建设。第二，开展文化建设检查评比活动。每学期学校定期或不定期地对校园、教室和宿舍文化建设情况进行检查，检查结果纳入班级发展量化考核，以此为学生创设良好的学习环境和文化氛围。

（五）开展“五个十”系列教育活动

学校开展“五个十”系列教育活动的目的，就是要在学生中广泛深入开展人文教育和技能训练，进一步提高学生的人文素养和职业能力，把他们培养成为具有扎实的专业理论知识和学业基本功，具有较强的实践能力和创新能力的“合格+特长”、“学高”而“身正”的德、智、体、美、劳全面发展的“综合型”人才，从而具备全面的就业能力和终身学习的兴趣和学习能力。“五个十”的具体内容是读十部中外名著，学十篇专业论文，背十首好诗词，唱十首好歌曲，练十项专业技能。通过以上活动的开展和制度、措施的落实，使学风从理论构建到实践中生根、发芽，提高了人才培养质量。

校　歌

杨云文

作者简介：梁宇明，民族音乐家、作曲家。祖籍广东台山，1945 年 4 月生于云南昆明。中国音乐家协会、中国社会音乐研究会等国家级学术机构会员。曾任云南省文山州文化局副局长、云南省音乐家协会常务理事。现任文山州音乐家协会主席、文山州武术协会主席。创作歌曲、戏曲等各种音乐作品 500 余件，其中 90 余件分获州级、省级、国家级奖项；撰写文艺论文 40 余篇；15 次受地州以上表彰，被授予“云南省群众文化工作先进工作者”、“文山州有突出贡献的专业技术人才”等荣誉称号。

歌曲简介：这是一首充满朝气的中等职业学校校歌。歌曲构思于 2006 年 1 月我校的更名转向初期，由陆永金校长为歌词定下创作基调，要求歌词“突出学校的更名转向，突出民师精神，突出学校校风、校训”。经梁宇明老师创作，于 2006 年 10 月正式定稿并在学校师生中传唱，现已作为学校“爱心艺术团”的保留节目。

歌曲曲调富有朝气，明快向上，强弱相间的四二节拍仿佛象征着师生坚定地走在职业教育探索的大道上；具有对比的长短音型又使旋律动感十足，充满不断向前的冲动。

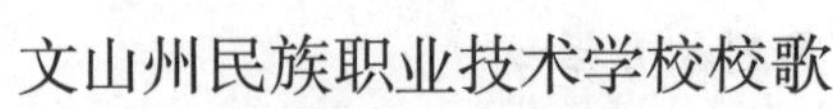

文山州民族职业技术学校校歌

1 = ♭E $\frac{2}{4}$

♩=116 自豪地

作词:梁宇明

作曲:梁宇明

(61 53 | 6· 5 | 11 53 | 6 – | 63 56 | 15 61 | 2·2 22 | 2 – | 2·153 |

6 0) | 6 – | 3· 5 | 6·1 65 | 65 2 | 3 – | 3 – | 6 – | 2·3 | 5·6 53 |

闯 一 条 新 路在 壮乡 苗 岭, 树 一 面 旗 帜在

21 6 | 2 – | 2 – | 1 6 | 2· 3 | 6 3 | 1·1 15 | 65 3 | 2 2 3 | 6 – |

万里 蓝 天。 为 家 乡 的 富 民 添 上一把 火。 我 们 是

1 1 | 56 3 | 1·653 | 6 0 | 2· 2 | 2 6 | 2·3 21 | 2 – | 3· 3 | 3 1 |

文 山 民职 校 光 荣的一 员。 爱 岗 敬 业, 艰 苦 奋 斗, 谦 虚 朴 实,

严 格 管 理, 专 于 技 能, 勤 于 治 学,

5·521 | 3 – | 6 65 | 35 21 | 66 3 | 2 – | 22 35 | 6· 5 | 1·153 | 6 0 |

全 面发 展。 优 良的 育人 传统 代代 相 传, 职业 名 校 我 们创 建。

苦 学苦 练。 二 次 创业 精神 牢记 心 间, 建功 立 业 勇 往直 前。

6 – | 6· 1 | 6·1 65 | 1 5 | 3 – | 3 – | 2 – | 2· 6 | 3·5 21 | 5 2 |

啦 啦 啦 啦啦 啦 啦 啦 啦 啦 啦啦啦 啦 啦

啦 啦 啦 啦啦 啦 啦 啦 啦 啦 啦啦啦 啦 啦

3 – | 3 – | 6 – | 6· 1 | 6·1 65 | 6 56 | 2 – | 2 – | 2·2 21 |

啦 啦 啦 啦 啦啦 啦 啦啦 啦 职 业 名 校

啦 啦 啦 啦 啦啦 啦 啦啦 啦 建 功 立 业

53 1 | [1.] 6 – | 6 – :‖ [2.] 6 – | 6 – | 0 0 ‖

我们 创 造。 前 前

勇往 直

本部分分为三大内容：干部队伍建设、教师队伍建设、员工队伍建设。这是学校教育生产力的第一要素，是学校文化产品和人才产品的创造者、生产者。是生产力中最活跃、最关键、对学校发展起决定性作用的因素。

第三章 团队文化建设

TUANDUI WENHUA JIANSHE

第三章 团队文化建设

干部队伍建设

陆永金

一个学校要生存得好，发展得快，必须形成一个奋发向上的“团队精神”，也就是“集体主义精神”。而要达到这一精神境界，这个团队的全体成员必须对这个团队有认同感、荣誉感和自豪

感。为此,必须深入持久地大力加强“团队文化建设”。

加强团队建设实际上就是加强队伍建设，加强团队文化建设实际上就是加强队伍文化建设。

学校的队伍建设主要包括四支队伍:干部队伍、教师队伍、员工队伍、学生队伍。

这里主要讲“干部队伍建设”问题。

俗话说:“火车跑得快,全靠车头带。”要实现学校又好又快发展,关键靠领导班子和领导干部。

这里讲的“干部队伍”主要是指学校中层以上(副科级以上)领导干部。领导干部的目标要求是:德才兼备身体好。

“德”就是要有良好的思想政治素质和道德品质。具体是:①具有基本的马克思主义政治理论素养;②具有必备的相关法律法规知识和政策水平;③具有良好的职业道德、社会公德和家庭美德;④具有良好的合作精神和大局意识。

“才”就是具有从事领导岗位工作的知识水平和能力。具体是:①具有系统的教育教学理论知识;②具有扎实的专业理论知识;③具有较系统的管理知识;④具有较丰富的教育、教学及管理经验。

“体”是指具备从事领导岗位工作的身心素质。具体是:①生理健康,能承担繁重的工作任务;②心理健康,心态好、自控能力强,能有效调节自己的心理活动。

只有“德、才、体”全面发展、素质优良的干部,才是最好的领导干部。

干部队伍建设主要抓好以下三个环节:

(一)发现与培养

“发现”,要注意发现两种人,从两个方面来考察。“两种人”就是性格外向的人容易被发现;性格内向的人不容易发现,但往往又是人才。从“两个方面”来考察,一是现象,二是本质。现象要看,形式要看,“印象”也很重要,也是必备条件,如仪表、身高、气质、学历、职称、经历等。当然,最关键的是要透过现象看本质。要防止“假象”,就是防止那些没有本事、没有能力的人,只靠学历、资历、跑官、要官、请客送礼、耍心计、做表面文章等来达到目的。所以,要善于发现那些“靠得住、有本事”的领导干部。

干部的德才不是从天上掉下来的。一方面靠本人的学习和实践;另一方面靠组织的培养和教育。一是组织上要指点干部怎样去学习、怎样去实践;二是创造一定的机会让他们去培训学习、去锻炼提高;三是“交任务、压担子”,促使他们尽快成长,如安排一定的职务,到下面、到基层挂职锻炼。

(二)使用与管理

“使用”就是当发现、考察、培养基本成熟以后,就要委以重任。任用之前,要坚持“民主集中制”原则,多听群众意见,严格按组织程序办理。坚持“用好的作风用人,用作风好的人”。坚决反对拉山头,搞宗派、用“自己的人”或根据领导“好恶”用人。一个单位要做到心齐气顺、和谐发展,必须坚决反对用人问题上的不正之风。坚持“公开、公平、公正”的原则,用工作实绩突出的人,用水平高、能力强的人,用群众信得过的人,用组织省心、领导放心的人。

领导干部任用以后,要真正使其能够担当重任,为党和人民办实事,办好事,并加强管理和再教育。领导干部的管理主要靠制度和机制, 特别要建立长效机制,既要有有效的激励机制,又要有严格的约束机制。做出成绩及时表扬奖励,发现问题时严肃批评纠正。只有这样,才有利于领导干部的健康成长。同时,还要不断地加强思想理论教育,经常开展“批评与自我批评”,不断改造世界观。全面进行自我教育,实践教育,组织教育。

(三)考核与监督

一个干部是不是好干部,不能凭个人或一部分人说了算,而应该建立一整套全面、科学、系统的考核办法。考核的内容包括“德、能、勤、绩、廉”,考核的部门应包括上级、单位和群众,最终从各个方面作出综合评价。

“缺乏监督的权力最容易产生腐败”。干部监督主要是组织监督、群众监督、舆论监督。组织监督主要靠纪检部门的法规监督,群众监督主要靠教代会的民主决策和民主管理,舆论监督主要靠各种媒体的宣传曝光。

只有加强考核,才能对干部的评价、奖惩、升降有科学依据;只有加强监督,才能保证干部的健康成长和有效履职。

加强团队文化建设,增强干部的团队意识。

第一,把“团结稳定”放在第一位。努力做到:不利于团结的话不说,不利于团结的事不做;有利于团结的话多说,有利于团结的事多做。不断增强领导班子和领导干部的凝聚力和战斗力。

第二,开展和谐文化建设,促进学校和谐发展。一是树立社会主义的核心价值观;二是继承和发扬中华优秀传统文化;三是开拓创新,努力发展学校现代先进文化;四是正确处理好“十大关系”。

第三,利用“批评与自我批评”作为武器,一方面不断进行“自省、自警、自律”,自我反省、自我防范、自我完善;另一方面,要敢于和善于与各种不良言行作坚决的斗争,不断增强大局意识、团队意识。

第四,以提高“执政能力”建设为核心,不断提高干部队伍的整体素质。一是领导干部带头,形成经常学习、自觉学习、终身学习的良好氛围,建设“学习型学校”;二是利用各种机会“请进来”培训、“走出去”学习;三是在实践中学习锻炼提高。

第五,建立“能上能下,能进能出,能高能低,优胜劣汰”的激励机制,使干部队伍永远充满生机与活力。

教师队伍建设

韦继安

教育是立国之本。振兴民族的希望在教育,振兴教育的希望在教师。教师肩负着培养社会主义事业建设者和接班人的历史重任;教师是提高民族素质的关键;教师是提高教育教学质量的保证。一个学校教育质量的高低,在很大程度上取决于师资队伍的优劣。

党和政府历来十分重视教师队伍建设。新中国成立以来,先后召开过五次师范教育工作会议和多次中小学师资工作会议,颁布了《中华人民共和国教师法》、《中华人民共和国教育法》等一系列法律法规,各级党委和政府都在为教师做好事、办实事,使教师的社会地位和经济地位不断得到提高。

我校的教师队伍建设如何呢?我校现有在岗教职工 176 人。其中,专兼职教师 145 人,具有本科学历的教师 86 人,占教师总数的 85%;受过研究生教育(包括在读生)的 48 人;特级教师 6 人;高级讲师 34 人;讲师 39 人。学校共设有十二个教研组,其中政治组 7 人,史地组 4 人,理化生组 19 人,语言组 14 人,语文组 15 人,数学组 9 人,音乐组 11 人,体育组 6 人,美术组 8 人,教心组 12 人,微机组 10 人,电教组 3 人。

从目前师资情况看,一方面,计算机、外语(特别是越南语)、体育、理工教师出现结构与数量上的短缺;另一方面,大多数教师能够胜任师范教育工作,但在教育思想、教学技术技巧等方面还存在很大差距。而有的教师在现代计算机知识、工具性外语知识、教育科研能力、培优转差能力上都存在一定的不足,特别是部分年轻教师在担任班主任工作上缺乏方法,更谈不上有什么经验,在做学生思想政治工作时显得简单、枯燥、乏味和无奈。有的教师虽然在学历水平上达标,但教学水平并不达标。不少教师,包括中青年教师在教学基本功方面还

有不小的欠缺，尤其是“三字一话”（即钢笔字、粉笔字、毛笔字和普通话）方面，在一定程度上影响了教育教学工作的全面发展。

学历合格不等于质量合格、永远合格。师资培训是学校工作的重要组成部分，是加强师资队伍建设，不断提高教师队伍素质的必由之路。特别是我校从2006年1月由文山州民族师范学校更名挂牌为文山州民族职业技术学校以来，更加注重教师培训工作。我们坚持多渠道、多层次、多形式和业余、自学、短训为主的原则，依托昆明冶金专科学校，分期分批到该校轮训，包括送教师到北京、上海、昆明等高校学习，把教师培训工作的重心逐步从学历补偿教育转向继续教育，并进一步加强建设、转换职能、探索新的培训模式，力图在五年内（“十一五”期间）逐步建立起一支数量适当、质量合格、结构合理、相对稳定的教师队伍。

员工队伍建设

彭群力

在校的每一个教职工都是教育工作者，都在用自己的言行影响学生，只有将教职工队伍建设好，学校才能全面实现教书育人、管理育人、服务育人、活动育人、环境育人的功能。我校在加强教师队伍建设的同时，也注意加强员工队伍建设，建立了一支有文化、守纪律、有学历、工作扎实、为人师表的员工队伍。

（一）加强学习，提高综合素养

1.建立员工政治学习制度，提高员工政治素质

员工与教师的政治学习，全校一致。每个星期二下午，都要召开大会，由学校领导组织学习文件、政治理论、法律法规。各处室还根据自己的工作实际，组织本部门员工开展学习活动。学校还编制了《教职工公民道德和职业道德教育》校本学习资料，组织员工学习道德、教育法规和职业道德，有效提高了员工队伍的政治素质、思想道德和法律素养。近年来，学校还组织员工学习、讨论和实践“三个代表”重要思想，学习和实践“八荣八耻”社会主义荣辱观，开展了“弘扬爱岗敬业、艰苦奋斗的学校精神，投身学校第二次创业”的活动和“解放思想，转变观念大讨论”活动，有效促进了员工队伍思想素质的提高。

2. 激励员工参加学历培训，提高学历层次

学校制定了员工学历培训激励办法，给参与学历培训的员工一定的经济补助，提高了员工参与各级各类学历培训的积极性，提高了员工学历层次，使各级学历的员工人数占员工总数的比例逐年提高，还有部分员工接受了研究生课程培训。

3.开展员工专业技能培训，提高服务水平

学校积极组织和激励员工参与各级各类专业技能培训，接受职业技能鉴定，获取职业技能鉴定证书。现在，不少员工已经获得了计算机、应用电工、钳工、电焊工等职业鉴定证书，有的还获得了职业技能考评员证书，取得了考评员资格。部分员工还被学校确定为实训指导教师，有效地调动了员工参与技能培训的积极性。

（二）完善制度，明确岗位职责

学校建立了教职工代表大会制度，实行校务公开、民主管理，充分发挥了员工的参政议政、改革创新的积极主动性，调动了员工工作的主动性，促进了学校各项工作的有序开展。同时，学校进行了分配制度改革，实行了结构工资制度和岗位职责制度，用制度管人，严格工作纪律，提高了员工的工作效率。

（三）注重考评，建立激励机制

各部门制定了员工考评办法，每月进行一次考评，每学期进行一次总评，并完善学校“推优评先”制度，每个月评选一次“优秀员工”，获评者奖励一等结构工资；每学年开展一次“优秀教育工作者”、“优秀工会会员”、“岗位能手”评选活动，以学校文件的形式发文进行表彰，有效调动了员工的积极性。

（四）以人为本，建立职工之家

注重人本管理和制度管理并重，学校领导提高服务意识，热忱服务于员工，帮助员工解决实际困难，逢年过节给予慰问和关怀；在工作中注意沟通情感和认识，尊重员工，发挥员工自主性和创造性。学校还建立了“职工之家”为职工提供休闲娱乐、锻炼身体的场所，促进员工身心健康。

（五）开展活动，增强团队凝聚力

在重大节日、重要纪念日和节假日，工会、妇委会还根据学校的意见组织员工参与文娱活动、体育活动、联谊活动或参观考察活动，学校给予经费补助。丰富多彩的活动陶冶了员工的情操，丰富了员工业余生活，有益于身心健康，增强了团队凝聚力，为员工做好本职工作奠定了良好的基础。

（六）鼓励员工立足于本职岗位，开展研究和文学创作

科研和文学创作，能促进工作创新，提高员工文化品位和综合素质。学校注重激励员工从事科研和进行文学创作，不少员工在后勤管理、图书管理、教务管理、财务管理、学生教育引导等方面开展了研究，并取得了可喜的成绩，仅2000年以来，就有员工在各级刊物上发表论文和文学作品375篇，获得各级奖励440篇，部分员工还被学校评为“教育科研先进个人”。

紧紧围绕党风廉政建设创新党建思路

陆永金

党风廉政建设关系到党的生死存亡和国家的兴衰成败。党和国家的四代核心领导人历来十分重视党风廉政建设。新中国成立前夕，毛泽东同志就告诫全党：夺取全国胜利，只是万里长征走完了第一步，革命以后的路程更长，工作更伟大、更艰苦，“务必使同志们继续地保持谦虚谨慎、不骄不躁的作风，务必使同志们继续地保持艰苦奋斗的作风”。邓小平同志也说过：“端正党风，是端正社会风气的关键。”江泽民同志曾指出：“政风廉洁，从来是赢得民心、实现政治清明、社会安定繁荣的重要一环”。这是对兴亡规律的一个重要经验总结。胡锦涛同志在中纪委第七次全会上指出：“党的作风体现着党的宗旨，关系党的形象，关系人心向背，关系党和国家的生死存亡。”因此，党风廉政建设是党的建设的一个重点、难点和核心。

如何搞好党风廉政建设，也是目前全党全社会所关注的一个热点问题。我认为，一方面要认真学习，深刻领会，贯彻落实中央及地方各级党委有关党风廉政建设的规章制度。如近期出台的中共中央关于《建立健全教育、制度、监督并重的

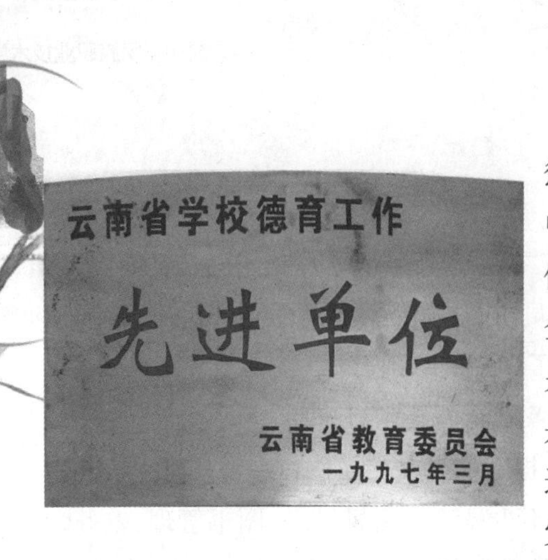

惩治和预防腐败体系实施纲要》、《中共中央纪委关于严格禁止利用职务上的便利谋取不正当利益的若干规定》和在全国开展的"行风评议"活动等。但是，另一方面，也是更重要、更有效的方面，是"结合实际、创新思路、形成特色"。在这方面，我们文山州民族职业技术学校党委紧密结合我校实际，紧紧围绕党风廉政建设这个中心，大胆探索，开拓创新，全面推进党的建设，从而使我校党组织充分发挥了政治核心作用和战斗堡垒作用，每个党员都很好地发挥了先锋模范作用。多年来，我校副科级以上领导干部和全体党员没有发生过重大违法违纪行为，没有受过任何处分，学校在办学过程中，也没有出现过违法违规的行为。近几年来，学校先后被评为"全国'五四'红旗团委"，"全国'三八'红旗集体"、"云南省德育工作先进单位"、"云南省社会治安综合治理先进集体"、"云南省模范职工之家"、"云南省文明学校"、"云南省文明单位"、"州直教育系统先进党组织"、"文山州党的建设先进基层党组织"、"文山州党风廉政建设先进集体"等光荣称号。

我们的体会和做法是：抓住三大重点，结合实际、创新思路、形成特色。这三大重点是：思想教育、制度建设、监督检查。以下是我们的具体做法：

一、思想教育

我们党历来把思想建设摆在党的建设的首位，这是我们党提高自身凝聚力、战斗力和拒腐防变能力的一条十分重要的经验。思想教育是基础、是前提、是关键。再好的法律和制度只管得了人但管不了思想；再好的监督检查不可能 24 小时都管得到，对坏人来说，总有制度的空子可钻。相反，只有思想问题解决了，再加上好的制度、好的监督，才能从根本上有效地预防腐败。

思想教育，从两个方面来抓：一是理论学习；二是实践锻炼。

（一）理论学习

关于对马列主义的系统学习和深刻领会，只有脱产学习才容易做到，日常的学习教育不可能做到或者很难做到。而且过于深奥、抽象、系统的理论学习、往往收效甚微。所以，除了近几年来我们先后派 8 位中层以上领导干部到各级党校脱产培训和函授进行系统学习以外，日常的学习教育，我们本着"抓重点、管用"的原则，着重从提高思想道德素质和如何从政、如何做人方面有针对性地进行学习，以增强其实效性。

1.从学《党章》开始。学习《党章》的重点是正确理解和履行党员的权利和义务

为了便于党员理解、记忆和执行，我们把党员的八项权利和八项义务分别概括和提炼如下：

党员的八项义务：(1)努力学习，提高本领；(2)执行政策，模范带头；(3)克己奉公，多作贡献；(4)遵纪守法，服从组织；(5)维护团结，反对分裂；(6)敢于斗争，消除腐败；(7)联系群众，服务人民；(8)伸张正义，勇于献身。

党员的八项权利：(1)参加会议，接受培训；(2)反映民意，参政议政；(3)关心大事，建言献策；(4)维护组织，监督干部；(5)参与选举，行使权力；(6)维护权益，明辨是非；(7)执行决议，坚持真理；(8)对上申辩，对下负责。我们把这八项义务和权力形成学习决定发文，每个党员人手一份，不论是业余党校的培训，还是支部会议，经常学习、领会，并落实在行动中。

2.深入开展学校文化建设，充分发挥文化育人、环境育人的作用

我提出一个观点：通过改造环境来改造人的思想。这里的“环境”包括校园的自然环境和校园文化环境。当然，校园自然环境也属于学校文化环境的范围，它具有强烈的育人功能。通过健康向上的文化和优良的环境来感染人，感召人，感化人，促进人的思想境界的提升。

学校党委认为，学校文化建设不仅是对师生的一种教育手段，而且也是体现学校综合办学实力和核心竞争力的重要标志。所以，我们认为：没有文化的学校，就是没有历史的学校、没有灵魂的学校、没有品位的学校。为此，学校党委决定：认真回顾和总结我校办学三十四年来全体师生所创造和积淀的学校文化，并编写成一本书，叫《校之魂》。把它作为学校的校本教材，使其为学校的改革与发展提供强大的精神动力。

学校文化的核心是“学校精神”。我们提出我校的学校精神是：以“爱岗敬业、艰苦奋斗”为核心的文山“民师精神”。它的基本内涵和要求是：“爱岗敬业”的“五爱”要求，即爱学校、爱教工、爱学生、爱岗位、爱专业；“艰苦奋斗”的“五勤”要求，即勤奋踏实、勤学苦练、勤于奉献、勤俭办学、勤政廉洁。

在此过程中，我们注重打造文化精品。如我校创办的“雏燕文学社”、鼓号队、礼仪队、业余党校、业余团校、文明公民学校等团体组织都是我校的文化精品项目，特别是爱心艺术团。我校的爱心艺术团自 2004 年 9 月成立以来，已到全州八县巡回演出 10 余场，观众达 4 万多人次。2006 年还承担州第七届民族运动会开幕式的演出任务。艺术团以“爱心无限，教育永恒”为主题，以对社会、对教育、对

师生奉献“爱心”为宗旨，通过文艺演出的形式，在全州各县传播优秀文化精神食粮。同时，在演出过程中，使师生得到了教育、锻炼和提高。同时，我们还深入开展环境文化、室内文化、活动文化、制度文化、家庭文化、和谐文化等建设，为师生提供了一个良好的工作、学习和生活环境。

3.采取“启发式”自学

实践证明，人们大量的知识和教育，主要通过自学来实现的。但是，自学要有高度的自觉性，有压力和动力。“启发式”自学是一个有效手段。几年来，我在自学的过程中，遇到好书、好文章，特别是比较经典、实用的文章，我就向教职工推荐，甚至整理复印发给大家学习。我还在文章篇头上签注意见，提醒大家引起重视。近五六年来，我共印发给中层以上领导干部、党员、教职工，包括离退休教职工学习的好文章共 30 多篇。如《不可不读的百句良言》、《办学要讲“成本”》、《健心比健身更重要》、《世界观是人生观的总开关》、《成功需要“十商”》、《如何搞好协调工作》、《中层干部的生命力体现在哪里？》、《怕得罪人就别“当官”》、《领导干部要“五慎”》、《自律三题》、《现代领导素质》、《如何成为一名优秀的领导者》、《常修为政之德》、《说实话，办实事，求实效》等。这些文章短小精悍，内涵丰富，启发性强。不仅教职工、党员干部认真阅读，而且还拿回家给家属、小孩传阅。实践证明，这种学习形式比发文件、定制度、集中学习的效果要好得多。

4.深入开展“解放思想，转变观念”大讨论活动

我校于 2006 年 1 月经州委、州政府批准由“文山州民族师范学校”更名为“文山州民族职业技术学校”。这就意味着学校的办学方向、办学模式、管理方法等都要实现根本性的、全方位的转向。但首要的问题是“思想观念”的转变。为此，学校党委决定从 2006 年初开始用一年左右的时间在全校师生中开展以“解放思想，转变观念”为主题的“转向教育”大讨论活动。大讨论要求实现“五个目标”、搞好“六个结合”、突出“六个重点”、采取“三个步骤”。其中最主要的目标内容是：“五学”、“五爱”。“五学”就是“学经济、学管理、学工业、学技术、学工人”；“五爱”

就是“爱家乡、爱学校、爱专业、爱技术,爱工人”。通过近一年的学习、讨论、调研、见习、实习、交流、考试考核,基本达到了五个预期目标:一是领导干部管理水平有了明显提高;二是任课教师教学效果有了明显增强;三是服务员工质量有了明显改善;四是全校学生学习风气有了明显好转;五是学校各项工作有了明显进步。

(二)实践锻炼

党员领导干部综合素质的提高,除了理论学习以外,实践锻炼是一个重要途径和重要方法。“在干中学,在学中干”才能真正学到真才实学,也才能真正锤炼自己的党性修养。所以,党委十分重视“岗位培养”。

近几年来,学校先后选派了李红、唐升忠、金涛、钟明、陈全荣、陆忠云、姚美群等中层领导干部参加州委组织的农村工作队。他们基本上都被评为“先进工作队员”,回来后大多数同志的工作能力和思想水平都得到了较大提高。后我们又派依援、王恩超、陈典裕、程鹤斌、黄胜、龚雯、韦祥艳、王彪、朱前宾、唐升忠、李彬等几位中层干部到昆明冶金高等专科学校挂职锻炼。并先后派王恩超、唐升忠、沈绍禄、程鹤斌、张斌等同志到州教育局顶班锻炼。特别从全体党员中选派优秀者到班级担任德育辅导员,联系贫困生、后进生和非党群众。通过多岗位、多形式实践锻炼和岗位学习,使党员干部素质得到很大提高,为学校改革、建设和发展提供了组织保障和人才保障。特别是我们选派党员到班级任德育辅导员(学生称为“党代表”)的工作方法,经实践证明是成功的。既锻炼了党员,又教育了学生,被州教育局作为经验在全州学校中推广。党委明确规定,“党代表”的主要职责有六项:(1)宣传党的理论、路线、方针、政策,做好入党积极分子的培养工作;(2) 指导班级团支部工作, 参加团支部重大活动;(3)协助班主任搞好班级教育管理,参加班级重大活动;(4)做好“贫困生”救助工作;(5)做好“后进生”转化工作;(6)担任临时班主任。大多数领导干部和党员,担任一届到两届德育辅导员以后,思想境界得到了提升,党性原则得到了锻炼,工作能力得到了提高,能真正起到示范作用和先进性作用。

二、制度建设

邓小平同志说过:“制度更带有根本性、全局性、稳定性和长期性”。而且,制度本身也具有思想教育的力量,长期在健全而严格的制度下活动,有助于培养形成健康的思想意识和行为习惯,养成良好的作风。

几年来,我们紧密结合学校的实际,不断地建立健全各项规章制度。我们所制定的党风廉政建设方面的制度主要有:党委、行政议事规则,领导干部“十不准”,领导干部工作纪律“十要十不要”,学校公用经费科室包干制,学校经费管理“十不准”,学校建设项目招投标管理办法,党员“十要求、十不准”,党委班子和中层领导干部民主生活会制度等。今年上半年,我们还在全校开展“树立良好‘四风’,严格遵守‘十要十不要’”整顿教育活动。

这些规章制度,起到规范党员领导干部行为的作用,只要能够严格执行,特别是领导班子及其一把手带头执行,就可以从根本上预防和杜绝腐败现象的发生,从而保证各项事业健康和谐地发展。

三、检查监督

好的思想,好的制度,还要有好的落实,才会有好的党风。思想是基础、制度是保证、落实是关键。监督检查是抓好落实的重要手段。我们主要从以下五个方面抓落实。

一是充分发挥学校纪委的保证监督作用。主要抓检查指导、跟踪问责、及时纠偏、问题查处等工作。特别是发现错误苗头时,要及时提醒,把错误消灭在萌芽状态。

二是充分发挥教职工代表大会的参政议政、民主监督作用。凡涉及学校改革、建设与发展的重大问题以及教职工切身利益的问题必须经教代会讨论通过后加以实施。把党政领导班子的意图变为教职工的自觉行动。实行科学决策,民主决策,财务公开,校务公开,做到心齐气顺,政通人和。

三是严格考核评议。通过考核总结经验,发现问题,作出评价、监督落实。包括党委班子的考核评议,中层领导干部的考核评议和竞争上岗、党员目标量化考核、教师教分制、教职工年度履职考核等。考核的过程也是学习提高的过程,促进工作的过程、监督检查的过程。因而要做到科学、规范、公平、公正、公开、严格。

四是建立长效机制。主要是约束机制和奖励机制。使党风廉政建设不会随着领导干部的变动和领导者的注意力的转移而变动。如每年“七一”建党节都要评选表彰先进党支部、优秀党员、优秀党务工作者、优秀德育辅导员。每年教师节都要评选表彰优秀教师、优秀班主任、优秀教育工作者、先进科室等。每一个学年度都要召开学校教育科研大会,大力表彰在教育改革科研上取得成果的教职工。凡在岗位上参加学历进修取得文凭的,大专、本科可报50%的学费,研究生报70%的学费。这些奖励表彰举措,一方面奖励先进,鼓励进步;另一方面也是对后进者的促进和对歪风邪气的警示,起到双重的作用。当然,对确实违反规章制度的也要严肃查处,以维护制度的权威性和严肃性。

五是召开中层领导干部民主生活会。我们把州委要求每年开展的县处级以上领导干部民主生活会的方法推广到我校中层领导干部之中,参照县处级领导班子民主生活会的要求、方法和步骤,以党支部为单位,以在该党支部的支部委员和中层领导干部(包括非党员领导干部)作为参加民主生活会的对象,一般党员参与活动,党委成员分头指导。中层领导干部民主生活会与时俱进。例如,2007年我校中层领导干部民主生活会就紧紧围绕学校党委提出的"树立良好'四风',严格遵守'十要十不要'"的要求进行。"四风"就是:会风、学风、教风、作风(包括工作作风和生活作风)。整个程序是:(1)根据党委决定组织动员会;(2)学习有关文件资料(自学与集中学习相结合);(3)开展交心谈心;(4)征求群众意见;(5)查摆问题写出发言提纲;(6)召开民主生活会开展批评与自我批评;(7)拟订个人整改方案。

通过召开该层次的民主生活会,我们的体会是:(1)这是一种检查监督的好形式,效果不亚于县处级以上领导干部民主生活会;(2)这是一次自我学习,自我批评,自查自纠的好机会;(3)这是一个互相批评,互相帮助,互相促进的好办法。

综上所述,我们紧紧围绕党风廉政建设,全面推进党的建设,在"结合实际、创新思路、形成特色"方面做了一些探索,取得了一定的成效。但距离党的要求、人民的要求还很远。我们将继续努力,再创佳绩,不辜负党和人民的重托。

如何成为一名优秀的领导者

陆永全

首先应该明确领导者与普通老百姓之异同。

相同之处有四点：一是人格平等。只要是一个正常的人，都有自己的人格和尊严，并要求得到别人的尊重。因而领导者和老百姓在人格上是平等的，要互相尊重。二是生活规律相同。吃穿住行谁也少不了，生老病死谁也逃不脱，人心都是肉长的，喜怒哀乐谁都会有。所谓"特殊材料制成的人"实际上是不存在的。因而老百姓和领导者都不能要求对方违背生活和生理规律。三是处世的准则相同。无论是领导者还是老百姓，一生中都要学会做人和做事，做人是基础，做事是手段，而且都要求"老老实实做人，脚踏实地做事"，以诚待人，以人为善。四是归宿相同。每个人都会老、都会退休，最后去世，并且都希望给后人留个好名声，留下一定的遗产，对得起家人，对得起社会。

不同之处主要有两点：一是责任不同。组织的信任，人民的重托，领导者肩上所挑的担子不同：一头挑着家庭，一头挑着群众。所以，领导者除了要为家庭尽义务，还要担负着为群众谋利益。二是权利不同。领导者无论级别高低，职务大小，都拥有一定的权力，包括人事权、财权等。但是，你的职位不论是组织任命的，还是群众选举的，或是竞争上岗的，从根本上说，领导者的权利都是党和人民赋予的。因而要为人民掌好权、用好权，只能用于工作，不得用于谋取私利、用于整人、用于耍威风。

我们之所以要了解领导者与群众之异同，在于相同的地方，相同的需求，组织上应该尽量满足，要求不能过分、苛刻和求全责备。不同的责任，领导者也要努力做到，要比普通老百姓付出更多的时间、精力和代价去履行好自己的权利和义务，争取做一名优秀的领导者。

那么，怎样才能成为一名优秀的领导者呢？

我认为主要应做好"五个字"——德、能、勤、绩、廉，并在这五个字上不断完善、不断升华。

一、德——品德高尚，树好形象

"德"包括社会公德、职业道德和家庭美德。

首先,要遵守"基本道德规范"——爱国守法,明礼诚信,团结友善,勤俭自强,敬业奉献。

其次,要遵守"社会公德规范"——文明礼貌,助人为乐,爱护公物,保护环境,遵纪守法。

再次,要遵守"职业道德规范"——爱岗敬业,诚实守信,办事公道,服务群众,奉献社会。作为教师,还要遵守八项教师职业道德——依法执教,爱岗敬业,热爱学生,严谨治学,团结协作,尊重家长,廉洁从教,为人师表。作为领导干部的职业道德即"官德"还有特殊的要求——理想远大,政治坚定,顾全大局,公道正派,求真务实,勤政廉洁。

最后,要遵守"家庭道德规范"——尊老爱幼,男女平等,夫妻和睦,勤俭持家,邻里团结。

领导干部的道德品质,关系到领导者的威信和人格魅力,也是担任领导干部的首要条件,更是领导干部获得事业成功的重要因素。所以,要经常修炼,不断提高。

二、能——能力强劲,运筹帷幄

"能"指主要具备"五种能力",并不断提高。

1.学习能力

学习能力包括学习书本知识的能力和学习他人经验的能力,这是领导者不断进步、获得成功的前提和基础。不学无术的领导是不称职的领导,学而无获的领导是愚蠢的领导。

2.研究能力

研究能力包括实践能力、调研能力和思维能力、总结能力、推广能力。不善于实践,不善于总结,不善于推广,思维混乱的领导绝对不是好领导。

3.写作能力

写作能力特别是公文写作和论文写作能力。只会做,不会写,写得不好,实际上是个"文盲干部",至少可以算"半文盲"。

4.演讲能力

演讲能力的基础是学习、实践、思维、写作等,没有演讲能力就无法宣传群众、发动群众,也就无法贯彻执行党的路线、方针、政策和上级的指示、决定、决议。群众积极性发动不起来,单打独斗是没有希望的。所以,领导干部必须掌握演讲技巧,提高演讲效果,增强宣传效应。

5.工作能力

如果说以上四种能力是务虚的，当然也是必要的，那么“工作能力”则是务实的，是关键、是核心。工作能力又包括“五种能力”：(1)“业务能力”：本行专业技术和领导者的组织管理能力，这是体现一个领导干部是不是内行干部的标志。外行领导很难成就事业，更谈不上优秀者；(2)“决策能力”：体现一个领导干部有没有魄力，有没有胆略。优柔寡断、怕承担责任、怕承担风险的领导不是好领导。当然不是乱决策，盲目决策，要注意科学决策，民主决策，尊重客观规律，抓住机遇，乘势而上；(3)“筹划能力”：就是制定办好某件事的实施方案。包括目标、任务、措施、手段、保障等，要求具体周到，切实可行；(4)“协调能力”：也是构建和谐环境和氛围的能力。包括本单位、本部门和外部的上下左右的关系都要协调好、处理好。目的就是要形成一个具有凝聚力、战斗力的团队，发挥各方面的积极性，争取各方面的支持，这样的集体就会无往不胜；(5)“创新能力”。“创新”是一个国家，一个民族，一个地区，一个单位的灵魂。没有创新就没有活力，就没有发展。作为一个领导干部，在任何时候、任何地方都要为人民的利益大胆想、大胆试、大胆闯、大胆干，不要怕承担风险，要勇于承担责任，错了就改，改了就好。

党的十六届四中全会通过的《关于加强党的执政能力建设的决定》中提出的“五种能力”：(1)驾驭社会主义市场经济的能力；(2)发展社会主义民主政治的能力；(3)建设社会主义先进文化的能力；(4)构建社会主义和谐社会的能力；(5)应对国际局势和处理国际事务的能力。这是针对全党来说的，每一位党员及领导干部都应该努力做到。

三、勤——“鞠躬尽瘁、死而后已”

“勤”应做到“五勤”：

1.脑勤

经常学习，经常研究，经常思考。树立终身学习的思想，不断学习当代科技知识、管理知识和现代教育理论；研究新情况，解决新问题，不断提高驾驭全局的能力；经常思考自己的过去、现在和未来，思考自己的过错和不足，并不断改进和完善，思考如何更好地搞好工作，更好地为人民服务，更多地为社会作贡献。

2.手勤

经常写文章，经常做事情，经常注意把握好方向。“多读心中有本，多写笔下生花”，只有多写才能不断提高水平，才能多出成果；要用勤劳的双手为人民多做事，做实事，做好事；要用强有力的双手紧紧把握好前进的方向，分清什么该做，什么不该做。

3.腿勤

就是要多走动，多跑上面，争取支持，多跑下边，调查研究，体察民情，反映民意，争取民心。总之，既要走好上层路线，更要走好群众路线，从群众中来，到群众中去，“以民为根，一切相信群众；以民为本，一切依靠群众；以民为天，一切为了群众。”

4.眼勤

即多观察国内国际形势，掌握其现状，明确其发展趋势，抓住机遇，乘势而上；多观察人民群众在想什么、干什么、需要什么，以便使我们的工作顺民心、合民意；多看看我们所做的工作效果如何，还存在哪些不足，以便不断改进，不断提高、不断前进。

5.耳勤

就是要多听听各方面的意见，特别是反对的意见、批评的意见、建设性的意见，切忌只听喜不听忧，只听少数不听多数，只听一方面不听多方面。“兼听则明”，“虚心使人进步，骄傲使人落后”。

俗话说“天道酬勤”，外国有句俗语：“上帝会保佑那些习惯早上七点起床的人”，有一分付出必有一分收获。领导干部只有“勤政”才会有威信，才会使人民信服，才会出成果，也才谈得上“为人民服务”。

四、绩——政绩突出，奉献社会

这是领导干部应该追求的远大目标和最高理想。也是一个领导干部的价值观。不想干出成绩的干部不是好干部，更不能称为优秀领导者。成绩和一个干部的优良程度成正比，贡献越大越优秀。江泽民同志曾经说过：每一个共产党员都要想一想，我们入党为什么，现在应该做什么，将来身后应该留点什么？也就是说，每个领导干部通过努力和奋斗，应该给社会、给单位留下一定的“财富”——精神财富和物质财富。

作为学校的领导干部，我认为应该给学校留下十个方面的财富：①好的办学思想；②好的办学理念；③好的办学思路；④好的建设规划；⑤好的师资队伍；⑥好的规章制度；⑦好的办学设施；⑧好的校园环境；⑨好的办学效益；⑩好的品牌效应。

如果能够做到以上“十个好”,理所当然应该是教育战线的优秀领导干部。

五、廉——清正廉洁,浩然正气

公生明,廉生威。廉洁是每个领导干部都必须做到的。更是优秀领导干部的必备条件。要搞好廉政建设,主要是筑好“三道防线”:道德防线,制度防线,法律防线。从个人来讲,要做到“五个管好”:

1.管好自己的脑,不该想的不要去想

领导干部的脑子应多想国家大事,想人民群众的冷暖,想如何搞好工作、单位如何发展,而不应该过多地去想自己的利益,自己的小家,自己的亲朋好友。总之,要多琢磨事,少琢磨人,多琢磨正事,不要琢磨坏事。

2.管好自己的嘴,不该吃的不要吃,不该说的不要说

“鸿门宴”不能吃。也就是吃了以后说不清的饭不能吃,吃了以后办不到的饭不能吃,吃了以后让你放弃原则的饭不能吃。说话体现一个领导干部的修养和水平,所以,胡话不能说、粗话不能说、脏话不能说、污辱人格的话不能说、讽刺打击的话不能说。总之,不利于团结的话不能说。

3.管好自己的手,不该拿的不要拿,不该做的事不要做

现金、有价证券、贵重物品等礼品以及不属于你的东西不能拿。违法乱纪的事不能做,不利于团结的事不能做。

4.管好自己的腿,不该去的地方不要去

可能有“陷阱”的地方不能去,花钱多的地方不能去,有损于自己形象的地方不能去,搞违法违纪活动的场所不能去。

5 管好自己的家人,不该管的事不要管

自己的家人,还包括自己的亲朋好友,自己身边的工作人员都应该管住管好。不要乱问、乱听、乱传、乱吃、乱拿、乱贪、乱占等。

人们常说,做事难,做人更难,当官难,当个好官更难。作为共产党的领导干部,应该在合格、称职的基础上争取做到优秀。德、能、勤、绩、廉五个方面都做好了就是“五好干部”,就是优秀的领导者。这五个方面是一个有机的整体,相互联系,相互补充,相互促进。其中:“德”是前提,“能”是核心,“勤”是关键,“绩”是标志,“廉”是保证。是不是好干部,一是自我感觉是否良好,但更重要的是群众的评价,还有需要历史的检验。“千好万好不如群众说的好,金杯银杯不如群众的口碑”。

对领导干部的九要求

陆永金

一、加强学习，提高素质

提倡“终身学习”，建设“学习型社会”是现代社会的要求。一是要结合自己的岗位工作要求学习，带着问题学习研究，尽快由外行变为内行，由不熟悉变为本职工作的专家。二是要结合自己的优势和不足来学习，使优的方面更优，不足的方面也优起来。也就是缺什么补什么，差什么学什么，使自己的综合素质得到不断完善和提高。三是要多渠道学习，向书本学习，向实践学习，向他人学习。向书本学习是基础，向实践学习是关键，向他人学习是补充。还要把学习、实践和总结结合起来，不能光学不干、光干不写、光写不说、光说不做。学用结合，才能不断提高。四是把时间的“命运”掌握在自己的手里，不要做时间的奴隶，要处理好工作、学习、休息、娱乐、交友等各方面的关系，见缝插针、充分利用一切有效的时间和机会学习，不要过多地浪费宝贵的时间。名人言：浪费时间就等于自杀，浪费时间就是谋财害命。要提高时间质量，提高生活质量，提高学习质量，提高工作质量，最终提高生命的质量。

二、树立正确的“六观”——即世界观、人生观、价值观、权力观、地位观、利益观

要知道，组织安排你在这个位子，是党和人民的选择，是历史的选择。担任领导干部就意味着要比普通老百姓多承担一份责任和义务。你搞得好是对国家和社会的贡献，搞得不好是国家和社会的损失。当不好老师是误人子弟，当不好领导是误党误国误民。所以，要增强事业心和责任感，对师生负责，对学校负责，对历史负责，也是对自己负责。作为党的干部，不要把物质、金钱、名利、地位看得过重，而应该把精神、价值、贡献当成自己的最高境界来追求。各级领导干部，不论职位高低都有一定的权力，不要用手中的权力去搞交易、谋私利、拉关系、搞不正之风。要廉洁奉公，一身正气。不要“雁过拔毛”，不要办每一件事情都想捞一把。领导交办一件事情，尤其涉及钱物时，不仅要把它办好，还要负廉政责任，让领导放心，让群众信任。

三、正确认识自己，发挥优势，弥补不足

普遍的规律是：认识别人容易，认识自己难；认识自己的优点容易，认识自己的缺点难;发挥自己的优势容易,弥补自己的不足难;养成坏习惯容易,养成好习惯难;犯错误容易,改正错误难;战胜对手容易,战胜自己难。所以,有人说:人生道路上最大的敌人是自己。只要正确认识自己,战胜自己的缺点,克服自己的弱点,就能无敌于天下。其实,自己的弱点和缺点,自己是清楚的,关键是你敢不敢承认;自己犯的错误自己也是知道的,关键是你愿不愿意改正;自己的缺点是可以弥补的,关键是你有没有这个勇气。

每一个人都有自己的优势和劣势、优点和缺点、长处和不足。有的人工作出色,就是善于扬长避短;有的人工作平平,往往就是"扬短避长",该做的不做,不该做的又想去露一手,去争好处,抢"镜头"。

四、保持上下一致,政令畅通,形成合力

全国要与党中央保持高度一致。一个单位也应该如此。作为一个学校,各科室、各部门、全校师生员工的学习、管理,各项工作和自己的言行都要与学校党政领导班子的总体要求保持高度一致。一是全校教育、教学都要认真贯彻落实党的教育方针和国家法律法规; 二是全校师生都要自觉地贯彻落实学校提出的办学理念、办学思路、学校精神、校风校纪;三是各科室各部门的学期、学年工作计划,要与学校学期、学年的党政工作计划保持一致,并认真贯彻实施,力求学校总体目标的顺利实现;四是在总体上、大的原则上要在与学校保持一致的基础上不断创新,创自己的工作特色,有创造性地贯彻学校的各项计划、决策、决定、决议。我们所说的"创新"是指如何创造性地贯彻落实党和国家的大政方针以及学校的工作计划,并取得实效,而不是另搞一套,固执己见,标新立异。只有上下一致,形成合力,政令畅通,政通人和,学校才能又好又快地和谐发展。

五、正确处理正职与副职的关系,职责明确,通力合作

一个部门的正职(即"一把手")对这个部门负总责、负全责。但不是事事都要管、事事都要做,一竿子插到底,实际上你也管不了管不好,做不了做不好。"一把手"的主要任务有三项:制订计划、检查落实、总结工作。副职的主要任务也是三项:当好正职的参谋和助手、努力做好分管工作,维护正职和集体的权威。坚持"团结第一,工作第二"的原则,有意见要当面说、会上说,不要背后乱说,甚至当面一套背后一套,要"大事讲原则,小事讲风格",正职要多讲一点民主,副职要多讲一点集中。正副职在工作上应该是好搭档、生活上应该是好朋友、好兄弟、好姐妹,要团结友善,诚实守信,充满人文关怀。

六 增强办学的效益观念，为学校当好家、理好财

学校办学必须讲效益，包括社会效益和经济效益，并把社会效益放在首位。要通过提高社会效益带动经济效益，通过提高经济效益扩大社会效益。

“社会效益”就是通过教育、教学、管理、服务、人才培养质量和提高就业率等反映学校的品牌、办学特色，从而提高学校的知名度和办学信誉。

“经济效益”就是通过扩大办学规模，增加办学收入，降低办学成本来增加学校的积累，从而不断加大学校硬件设施建设，增强办学实力，不断提高师生员工的生活福利水平。

全校教职员工特别是中层以上领导干部要牢固树立办学的效益观念。自觉维护个人和学校的形象，抓生源、抓收入、抓就业，用好每一分钱，管好学校资产，节约一度电、一滴水。任何时候都不要大手大脚、铺张浪费。“收入大家抓、支出大家管”，个个是理财能手、算账能手。不断增强学校的自我完善和自我发展能力。

七、善于培训下属，不断提高本部门团队的整体素质

毛泽东说过：政治路线确定以后，干部就是决定因素。俗话说：“强将手下无弱兵”。只有差师没有差生，因为差生是差师带出来的。同样，只有不行的领导，没有不行的员工，员工差就意味着领导弱。作为领导没有理由一味埋怨和责备自己下属的素质低，你管不好、教不好只能怪你没本事、没能力。

所以，领导干部还有一个重要任务就是“用人”。要用好人必须善于发现人才、培养人才，包括思想教育和业务指导培训。只有手下的员工整体素质都提高了，领导才更超脱一些，思大事、做大事、成大业。还要特别注意的是，对自己的下属员工，既要严格要求、又要关心他们；既要坚持原则性，又要有一定的灵活性。善于用制度管事，用文化管人，用机制来激励人、约束人，形成共同的文化价值观。从生活上多关心员工，从心灵上多与员工沟通，减少矛盾，化解矛盾，构建和谐团队。从这个意义上说，适当和员工在一起“吃喝玩乐”是必要的。但不要浪费、不要太频繁、不要形成风气、不要搞小恩小惠。

八、注意工作方法，提高工作效率

中层领导干部更多的是执行而不是决策，更多的是动手而不是动口。所以，作为中层领导干部，首先要提高执行力。要提高执行力就要提高理解力。充分理解领导的批示、决定、决议、意图。在此基础上迅速准确地贯彻执行。其次要提高动手能力。不能什么都推给下属去做。重大的事情领导要亲自写、亲自做、亲自处

理，或者采用现场指导办公、现场解决，不要当“甩手官”。要给下属做示范、做榜样、做表率。

工作方法上要善于抓主要矛盾、抓重点、抓薄弱环节。分清“轻、重、缓、急”。急事要急办，一分钟都不能拖；特事要特办，不要照搬照套；重点工作要花大力气重点办，不能应付了事；次要的事也要办好，不能顾此失彼，因为次要的事情在一定条件下有可能转化为重点问题；能缓办的应缓办，但不能不办。有些事可以“冷处理”，但要防止由“冷”变“热”，最后“烫手”甩不掉。管理是一门艺术，只有熟练掌握这门艺术，才能提高工作效率。

九、既要“跑上面”，更要“跑下面”；既要搞好外交，更要扎扎实实搞好本职工作

多向上级部门、上级领导请示、汇报、沟通，争取上面的理解和支持，是非常必要的，也是必不可少的。多跑外面，加强横向联系，充分利用“两个市场，两种资源”，以发展自己，也是非常必要的，是必不可少的。但是，我们有些同志热衷于“跑上面”，总想马上从天上掉下一个大馅饼；热衷于“跑外面”，总想一分钟挖到一个金娃娃。有些事要靠跑上面、跑外面才能办成，而有些事靠跑上面、跑外面也没有用。比如招生问题，你找县委书记、县长有用吗？找校长都不一定管用。要找班主任、找学生、找家长才行。又比如学生就业，你找州委书记、州长能解决问题吗？必须要找厂长、经理才管用。

所以，作为学校领导干部，我们更多的是提倡“跑下面”：深入乡镇、深入中学、深入教职工、深入教室、宿舍、学生中，扎扎实实地做好本职工作，以出色的工作成绩来感动“上帝”，吸引社会各界人士的目光，从而赢得上级和社会的理解、关心和支持，加上必要的公关、宣传和外交，既创造一个优良的内部办学环境，又创造一个和谐的外部办学氛围，我们的建设、改革和发展就会无往而不胜。

本部分内容主要包括党务、行政、教学、科研、后勤、德育、招生七大部分的管理制度文化。这部分更多的是体现为硬的、刚性的行为规范，对学校的正常运转起保障作用，但也要充分体现出灵活性、柔性、文化氛围和人文关怀。

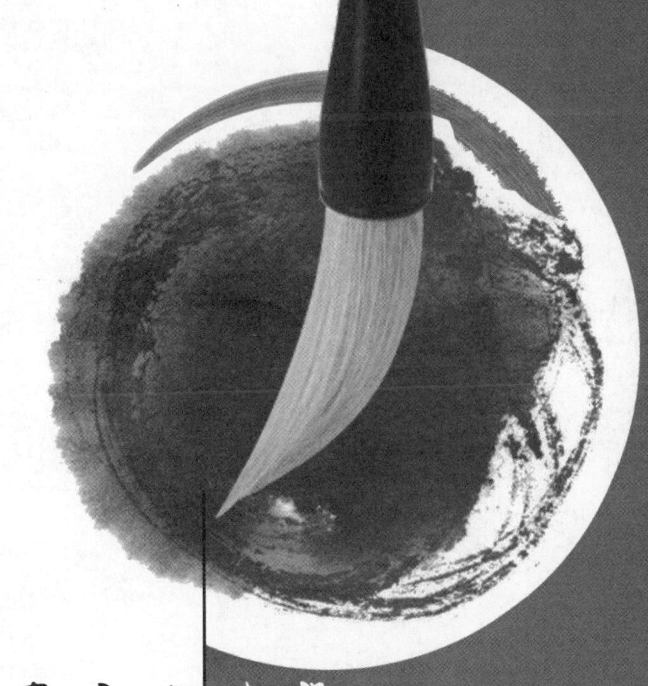

第四章 制度文化建设

ZHIDU WENHUA JIANSHE

第四章 制度文化建设

制度文化的内涵和特点

张贞富

什么是制度?《牛津英语大词典》中的定义为“在调节基础上建立起来的秩序”。老制度主义的代表人物康芒斯认为,制度的实质就是“集体行动控制个体行动”。由德国和澳大利亚的两位德裔学者柯武刚和史漫飞合著的《新制度经济学:社会秩序与公共政策》一书中认为:制度是由人制定的规则,它们抑制着人际交往中可能出现的任意行为和机会主义行为。制度为一个共同体所共有,并总是依靠某种惩罚而得以贯彻。没有惩罚的制度是无效的。只有运用惩罚,才能使个人的行为变得较可预见。带有惩罚的规则创立起一定程度的秩序,将人类的行为导入可合理预期的轨道。马尔科姆·卢瑟福在综合新老制度主义的观点后认为:“制度是行为的规律性或规则,它一般为社会群体的成员所接受,它详细规定具体环境中的行为,它要么自我实施,要么由外部权威来实施”。

《辞海》对制度的释义是：制度是要求成员共同遵守的、按一定程序办事的规程。国内和一些专家和学者还从不同的角度对制度做了各有侧重的具体解释。有的人认为，"制度是具有约束力的规范"，"是将各项工作及对各类人员的要求加以系统化、条理化，规定为必须遵守的具体条文"，"是组织正常运转的重要保障"，"组织秩序的一种表现形式"，有的还认为，"制度是党政机关、人民团体、企事业单位为加强对部门工作的管理和严格组织纪律而制定的要求有关人员共同遵守的规范性公文"。

制定规章制度应遵循的原则

王 彪

制度建设中，需要把握以下一些原则：

一、合法性原则

虽然学校的规章制度仅仅是一种内部规范和制约的力量，与"法"有着本质的区别，但在制定过程中，必须将其看做是"法"的补充和延伸，而不能背离国家的法律法规，自行其是。

二、合理性原则

合理原则是指学校所制定的制度，其内容要符合学校的实际，并且做到公正、公平。首先，要符合学校实际，即符合校情。每个学校都处在特定的地域、特定的时期，有着特定的历史传统、思想文化基础，甚至特定的民族习俗，等等。因此，在制度建设时，不能简单地照抄、照搬、照转，要注重结合学校实际，倾听师生员工的反映和意见，使制度能为绝大多数人所理解、支持和遵守。其次，要做到公正、公平。学校制度建设过程中，尤其要重视弱势群体和基层群众的利益。制度建设的具体操作者往往是部门的领导干部，在制度建设的过程中，不能有意无意地把利益偏向于自身所处群体，而造成干群、师生之间利益的不平衡与不均等。同时，在制度建设过程中要特别注重关心维护学生群体的切身利益，尊重他们的受教育权、申诉权和其他合法权益，反对简单粗暴地对待学生。

三、民主原则

学校任何一项制度的设计和构造，都应当以维护全校师生员工的根本利益为宗旨，“民主”应当是制度建设最基本、最普遍的价值目标，因此，制度建设的过程应当是一个充分发挥民主的过程。制度建设的作用应该体现在两方面：一是规范，二是激励。规范是浅层次的制度作用，激励是深层次的制度作用。要使制度充分发挥出激励的作用，在制度建设的过程中就一定要走群众路线，充分发扬民主，以对个体价值的肯定为基础，以个体才能的充分发挥和潜能挖掘为前提，积极吸引全体师生员工广泛参与，集思广益，群策群力，共同参与，真正做到制度建设的民主化，这样才能做到真正的民主治校。

四、适度性原则

有人说，第三流的学校做制度，第二流的学校做品牌，第一流的学校做文化。制度是必需的，但制度必须管用。制度的最高目的是通过学校指导、引领，师生自动遵守制度，因此，制度不是“紧箍咒”，它应该是宙斯王座上方的“达莫克利斯”宝剑。

五、成文性原则

所谓“先交接，后买卖”，所有制度都必须以学校文件形式予以公布，做到“有章可循”、“有据可查”，这样，才可能实现制度制衡，避免随意性。

六、程序性原则

程序原则是指学校在制度建设过程中一定要按程序办事，并且要注重制度设计的程序性。一方面，在制定制度时应当按照一定的程序进行。一般而言，制度建设应当包括部门或有关人员提出制度立项建议、校办公室编制立项计划或规划、起草并形成征求意见稿、协调审查并形成送审稿、提交校长办公会议或党委会议审议通过、发布及实施。其中涉及教职工利益的，还应当提交教职工代表大会审议通过，涉及学生切身权益的应当广泛征求学生的意见。另一方面，在制度设计时，应当重视程序的设计。比如，在制定学生违纪处分条例实施细则时，对学生的违纪行为做出处分决定，应当明确书面告之程序、学生的陈述、抗辩、听证、申诉程序等，切实保障学生的合法权益，真正体现法治精神和民主精神。目前，我校制度文化建设，正在不断向着这样的目标迈进。

党务管理制度

韦继安

学校于1973年底，即建校时期建立了中共文山州民师临时党支部，1974年12月20日经州文教局委员会批复，正式成立文山州民师支部委员会。到了1993年7月，中共文山州委党组决定，成立中共文山州民师委员会，10月，成立了行政党支部和教师党支部；1995年4月，党员人数逐渐增多，根据工作需要又重新组建了行政、后勤、教师第一、二、三党支部等五个基层党支部。

党组织是学校一切工作的政治领导核心，在学校任何时期都必须充分发挥战斗堡垒作用，保证贯彻执行好党的各项方针政策。为使党务工作规范化、制度化，按照党章要求，首先制定了“三会一课”活动制度，即每月一次支部大会、一次支委会，每半年一次民主生活会，每学期不少于一次党课。

（一）规范“三会一课”制度

支部大会。其主要任务是：传达学习党的路线、方针、政策和上级组织的决议，制定本支部贯彻落实计划、措施；定期听取、讨论接收支部委员会的工作报告；讨论接收新党员和预备党员转正；讨论决定对党员的表彰和处分；选举支部委员会和出席上级党代会的代表；讨论其他重大问题等。支部大会必须有详细记录，而且记录的会议情况要真实、准确，不得随意增删或更改。会议结束时应写明是“休会”或“散会”。记录本要由专人保管，不得交给非党员传阅。有的内容也无须传达，只作资料存档。

支委会。其任务是：研究贯彻上级党组织和支部大会、决议的意见；制订支部日常工作计划，检查和总结支部工作等。会议必须详细记录开会时间、地点、出席人数及原因、会议主持人、记录人、会议议程、会议学习的内容或研究讨论的问题、会议决定等。必须真实、详细记录各委员的发言，不得随意增删或更改。

民主评议党员会议记录。应详细记录开会的时间、地点、参加人员、列席人员、缺席人员及原因、主持人、记录人及会前学习的文件、文号、标题，尽量详细记录与会人员的发言情况，不得擅自增删发言内容。

党课。党课必须详细记录授课时间、地点、缺课党员及事由和参加党课的非党员积极分子名单、授课人、记录人及党课标题、党课中心要点和思考题等。党课材料（讲稿）支部应集中保存备查。

（二）学校党组织的职责和主要任务

职责是：

（1）宣传贯彻党的路线、方针、政策和国家法律法规，坚持社会主义办学方向，领导本校的思想政治工作，保证上级党组织和教育行政部门的决定、指示在本校的贯彻执行，依靠全体师生员工深化教育改革，推进教育发展，认真实施素质教育。

（2）参与学校的发展规划、年度工作计划、重大改革措施、基本建设、经费管理以及涉及师生员工切身利益等重大问题的决策，支持校长在其职责范围内独立负责地开展工作，保证学校教育教学任务的顺利完成。

（3）坚持党管干部原则，按照干部管理权限和相关规定，与校长共同做好本校干部的教育、培养、选拔、考核和监督工作，搞好领导班子建设和教师队伍建设。

（4）加强学校党组织的自身建设，做好党员教育、管理、发展、监督工作，充分发挥党员的先锋模范作用。

（5）领导本校工会、共青团、妇委会、学生会和教职工代表大会，支持他们依据国家的法律和各自的章程，独立自主地开展工作。

（6）做好统一战线工作，对学校民主党派的基层组织实行政治领导，支持他们按照各自的章程开展活动，发挥老同志的积极作用。

主要任务是：

（1）领导教职工思想政治工作和学校精神文明建设；组织教职工学习党的理论、方针、政策，加强师德建设，使教师自觉遵守《职业道德规范》，做到依法执教、爱岗敬业、热爱学生、严谨治学、团结协作、尊重家长、廉洁从教、为人师表。教育党员和教职工以身作则，坚持教书育人、管理育人、服务育人、环境育人、活动育人。关心教职工生活，为大家办实事、办好事，调动学校各方面力量，为教育教学工作服务。

（2）加强领导班子的思想作风建设和干部队伍建设：学校领导班子要带头认真学习，提高思想政治素质，勤政廉洁；严格贯彻党的民主集中制原则，增强团结；大力弘扬求真务实、言行一致的优良作风，增强“班子”自身的能力；有计划地抓好中青年后备干部的培养和选拔。选拔任用干部必须坚持民主推荐、组织考察、集体讨论、择优录用，按干部管理权限任命或聘任。支持和保证校长正确行使用人权。

（3）积极参与学校重大问题决策，发挥保证监督作用：学校党组织必须参与

决策学校章程、发展规划、年度工作计划、重大改革方案、机构设置与调整、中层干部任免、师资队伍建设、经费预决算、大额经费支出、重大基建项目和校产发展计划、教职工收益分配等重大问题,决策前,书记、校长要充分酝酿、达成共识。凡涉及方向性、全局性、长期性的重大问题,党委会或党员大会要认真讨论并向校长提出建议,按规定程序议事决策。决策后要发挥党组织的优势,保证决策顺利实施。实施过程中发现决策失当的,应及时采取补救措施;发现偏离党的路线、方针、政策,违反国家法律、法规情况的,要坚决制止,并及时向上级报告。

(4)加强基层党组织和党员队伍建设:学校党组织要按照党要管党的原则,从严治党。党组织的书记要把加强党建工作作为自己的重要职责抓紧抓好。重点做到五个“认真抓好”:认真抓好思想建设;认真抓好党员队伍建设;认真抓好作风建设;认真抓好制度建设;认真抓好目标责任制。

(三)加强对党支部日常工作的指导,切实提高党务管理水平

1.发展党员的工作程序

学校在组织建设中发展党员是一项重要工作,具体程序要按照《中国共产党发展党员工作细则》(试行)规定执行。培养发展学生党员的程序是:本人提出入党申请,或团组织将优秀团员推荐给党支部作为入党积极分子;党支部确定入党积极分子,并指定两名正式党员作为培养联系人;填写入党积极分子考察表;通过参加学校业余党校学习并获得结业证书等方式,培养、教育、考察一年以上,经多方征求意见后,确定为发展对象;召开教师和学生座谈会,征求教师和学生对发展对象的意见,进行政治审查;支委召开会议审定;进行发展前公示;填写入党志愿书;召开支部大会讨论并表决;指派正式党员与发展对象进行谈话;报校党委或上级党委审批;入党宣誓;填写预备党员考察登记表;预备党员接受一年考察;预备党员提出转正申请;召开支部大会,就其转为中共正式党员问题进行讨论并表决;报校党委或上级党委审批;在支部大会上宣布。

2.学生党员必须具备的材料

入党申请书;入党积极分子考察登记表,思想汇报(每季度一份,一年考察内不得少于四份);本人简历;政治审查材料;学校业余党校学习结业证书;团组织的推优材料;党内外群众意见材料;志愿书;入党誓词。

3.建立健全党务工作档案

做到科学、规范管理。档案的归档范围与内容如下:

上级文件和通知等;党员个人档案资料;入党积极分子个人档案资料;会议及活动记录;规章制度;各种计划、总结等。

行政管理制度

彭群力

学校行政是学校教育工作的基础，优质的学校办学，需要优质的学校行政领导机构、优质的学校行政人员和优质的工作创新机制，而行政管理制度是学校行政工作的根本保障。只有加强行政制度建设，严格执行规章制度，用制度管人、管事，才能有效保障校务公开，促进学校民主、法制建设，规范行政权力运行机制，促使行政管理工作科学、协调、高效，预防和制约腐败，保证学校的安定团结，促使学校健康、和谐发展。制度兴，行政畅，人力足，质量高，学校就红火；制度废，行政阻，人力差，质量低，学校就衰败。

学校行政管理制度建设，是学校文化建设的重要组成部分，学校制度文化建设的目标是，在现代先进管理理念指导下，构建激励教职工终身学习，热爱学校，工作充分体现研究性、创新性、高质量的运行机制，实现人文关怀，规范操作，形成学校特有的改革、发展、民主、科学、创新、包容的制度文化。

我校长期以来注重在行政制度建设上下功夫，着力健全学校规章制度，突出制度文化建设，如今已硕果累累。在人、财、物管理、基建、招投标、物资采购、招生、收费等方面已建立了比较完善的制度，并不断进行修改，以适应形势发展的需要。特别是2003年以来，学校的制度建设步入了一个史无前例的改革与创新阶段。建立了以聘用制为核心的用人制度、岗位职责制度、中层干部竞争上岗制度、教师考评制度（教分制）、行政后勤人员量化考评制度、结构工资制度、学校领导值班制度、教职工代表大会制度等一系列行政制度。学校各行政部门根据工作实际制定了具体的管理制度，如教学管理制度、德育工作制度、班主任考评制度、教育科研管理制度、安全工作制度、财务管理制度、处室经费包干制度、后勤服务管理制度，等等。这些制度包括规范性制度、程序性制度、评价性制度和奖惩性制度。这些制度的实施，有力地促进了学校的行政工作，营造了良好的校园文化氛围，为转变教职工思想观念，推动学校进一步改革打下了良好的基础。

（一）提高行政管理人员素质

行政制度的建立、完善和执行，有效促进了学校行政管理人员的素质。对行政制度的学习与理解，促使行政管理人员对行政工作有了明确认识，明确了工作职责和任务，哪些事情该做、怎样做，哪些事情不该做、怎样克服，提高了行政意识；行政管理人员对学校岗位工作制度的认识和理解，明确了岗位职责、纪律、要求，提高了岗位工作的自觉性，人不离岗，岗不离人，杜绝了随意离岗、工作推诿扯皮、人在岗心不在岗的现象发生，有效提高了行政管理人员的岗位意识；认识制度和执行制度，使每一个行政工作人员对本人在学校、处室中的地位、作用、职责有了明确的认识，不越级办事和相互推诿，并通过完成岗位工作任务认识到自己的特长与缺点，提高了角色意识；以制度维护学校和集体利益，要求个人服务组织，下级服从上级，少数服从多数，局部服从全局，办事要以大局为重，先集体后个人，突出学校发展的大局和教学质量这个中心，提高了行政管理人员的大局意识；行政管理的最高宗旨就是服务，管理的实质就是服务，行政管理者就是服务工作者，学校以行政制度促进管理人员要树立大服务观念，要服务于学校的发展，服务于师生员工，特别要服务于学生的学习和成长，有效提高了行政管理人员的服务意识；行政管理制度使学校行政管理人员明确了岗位职责和任务，提高了岗位意识、角色意识，有效促进了其责任意识；学校各项制度紧紧围绕办学目标，以促进教育教学为根本目标，以质量作为衡量和考评的重要指标，有效提高了学校行政管理人员的质量意识；制度的制定和完善需要创新，制度的实施和执行过程同样需要创新，学校还同时注重通过制度激励创新，极大地提高了行政管理人员的创新意识。学校的行政制度，提升了学校的文化品位，增强了学校行政管理人员的素质。我校的行政管理人员素质得到上级领导和社会各界的认可，涌现出一大批优秀人才，不少同志被提拔或通过竞争上岗到其他单位和部门担任领导职务。

（二）形成了有效的体制和激励机制

学校完善了校长负责制，由校长总负责，统筹安排，分工协作，集体领导，建立以聘用制为核心的用人制度和以结构工资改革为核心的分配制度。

1.建立了中层领导干部竞争上岗制

中层领导干部的任用，根据岗位要求和任聘条件，按照公开、平等、竞争、择优的原则，实行公开竞争，择优聘用。

2.实行教职工全员聘任制

引入竞争机制，把聘用制作为一项基本的用人制度，所有职工都要按照国家有关法律、法规，在平等自愿、协商一致的基础上，签订聘用合同，确定单位和个人的人事关系，明确双方的权利和义务。聘用合同须经州人事局鉴证。通过签订合同，促进学校自主用人，保证职工自主择业，维护了学校和职工双方的合法权益。

3.推行结构工资制

为激活分配制度，调动全体教职员工的工作积极性和主动性，学校实行结构工资制。结构工资制把工作业绩与待遇直接挂钩，坚持绩效优先、兼顾公平的原则，使受聘人员的待遇与其实际工作量、工作质量、工作职责、贡献大小和工作纪律紧密挂钩。“结构工资”经费由学校自筹资金解决。月个人“结构工资”由岗位工资（教师为课时工资）、辅导（含早晚自习辅导、两操组织、领导值班）费、班主任津贴、年级组长津贴、教研组长津贴、兼职津贴六项组成。“结构工资”由科室根据个人工作情况定档，上报学校审批、发放。

4.实施岗位责任制

学校科学合理设置岗位，明确不同岗位职责、权利和任职条件，对不同岗位实施不同的管理方法和管理制度，建立符合各类人员特点的用人制度。通过聘用制度转换学校的用人制度，实现学校人事管理由身份管理向岗位管理转变。

5.采用专业技术职务聘任制

根据学校情况，按照结构比例管理和最高职务设置的原则，对学校岗位的系列、数量、级别、职责进行合理配置，在人事部门核定的结构比例限额内，科学设置岗位。专业技术职务聘任制贯彻“竞争上岗、双向选择、择优聘用”的原则，学校与受聘专业技术人员签订聘约、明确聘期、任期目标和双方的权利、义务等，聘期和考核实行“一年一聘、一年一考核”。学校对专业技术人员的考核，主要以聘约规定的内容为依据。从聘约签订之日起计算任职年限，兑现有关待遇。

6.实行工人技术等级制度

对学校的技术工人，根据工作任务合理确定岗位，以岗定人，择优录用，优化工人队伍。

7.建立科学合理的考核制度

进一步完善《教师“教分制”实施办法》和《学校行政后勤人员考核办法》，坚持公正、公平、客观和注重实绩的原则，认真进行平时考核、年度考核和任期考核。通过严格考核，确定学校各类人员的续聘、低聘、解聘、晋级、晋职、增资和奖励。

经过多年的实践和完善，我校现已建立一套符合我校特点，可管理、工勤各自岗位的管理制度，形成人员能进能出、职务能上能下、待遇能升能降、充满生机与活力的用人机制，实现我校人事制度管理的科学化、法制化、规范化。

（三）抓检查落实，确保制度的落实

1.抓好行政制度落实与考评工作

为确保学校行政管理制度的有效实施，促使行政管理人员和教职工认真履行岗位职责，学校制定了《学校中层干部考核办法》、《教分制实施方案》、《行政后勤人员年度量化考核办法》、《年级组长、班主任结构工资及教分发放办法》等一系列程序性管理制度，以促进各项管理制度的具体落实。

2.严格履职晋级考核

为进一步科学评价行政、工勤人员的德才表现和履行岗位职责情况，真正做到服务于学校教育教学和管理，逐步建立以考核为重要环节的竞争激励机制，促进学校各项工作的制度化、规范化、科学化，学校制定了具体可行的考核办法。本着客观公正、民主公开、注重实效、依法实施的原则，坚持领导考核与群众考核相结合，定性考核与定量考核相结合，平时考核与年度考核相结合的原则开展考核工作。考核的基本内容包括德、能、勤、绩四个方面，即对每个行政、工勤人员的职业道德、工作态度、专业技术水平和能力以及工作业绩等进行全面考核，并以其履行岗位职责，完成实际工作情况为考核的主要内容，重点考核工作实绩。严格执行履职考核，有效地促进了学校行政制度的贯彻实施。

3.实行"六级值班制度"

学校管理工作的核心在于抓制度的落实，在于抓"一日常规"各环节的管理，在具体操作中实行"六级值班制"，即每天都有校级领导、科室领导、辅导老师、年级组长、班主任、保安门卫（水电医务人员）和学生干部同时值班，对校园进行认真细致的检查，及时发现问题，及时进行处理，认真做好记录，写成《值班通报》发给各科室、各部门和每一位领导班子成员，并督促整改。已经处理和整改的问题要通报，没有整改的更要通报，相关部门因客观原因不能整改的，必须作出说明，并提出整改措施限期整改。这一制度有效促进了学校安全工作的及时性、常规性和有效性，从而有效地保证了学校教学秩序、工作秩序和生活秩序的正常开展。

（四）人本管理与制度管理并重

现代学校行政管理倡导人本管理与制度管理并重，人本管理是时代的呼唤，是新课程改革的需求。但学校同样需要刚性的制度化管理，人本化管理，讲感情，能从感情上调动员工积极性，但过度强调情感并无限度地宽容，心理需求就会膨胀，索取欲望就会变强烈，事业心和责任心会减弱，工作也会随之失去干劲，学校管理秩序就会出现混乱。我校管理历来注重体现人本管理思想，增强岗位职责意识，学校领导树立开放的教学管理思想，充分信任教师，依靠集体的力量和智慧，降低管理重心，增强教师对制度管理与执行的自主意识，给予教师宽松、自主的空间，给予教师充分的人文关怀来增强执行制度的自主意识，从而激发教师的教学热情和潜能。同时，结合我校实际，建立起一整套以岗位责任制，教学常规制度为主体的管理制度体系，令行禁止，保证学校运作朝着既定目标迈进，有条不紊地健康发展。

（五）发挥教职工主动性，推进行政管理制度的民主性

民主政治建设和法制建设是我国改革开放和现代化建设的有力保证和必要措施。校务公开、民主管理是贯彻党的十六大精神，加强基层民主政治建设和法制建设的重大举措；是落实党的全心全意依靠工人阶级的根本指导方针；是坚持党的基本路线、扩大基层民主、保证教职工主人翁地位、维护教职工合法权益、依法行使民主权利、参与学校管理的重要途径；是推行廉政建设、增加学校管理透明度、实行民主监督的有效形式；有利于密切党群关系、干群关系，有利于更好地贯彻党和国家的教育方针，促进学校的文明建设。

为了认真贯彻落实党中央提出的加强和扩大基层民主政治建设的目标，推动社会主义民主建设进程，充分发挥全校教职工的工作积极性、主动性和创造性，加强民主管理和民主监督力度，加强勤政廉政建设，结合学校实际，特制定了《校务公开、民主管理实施办法》、《学校行政议事规则》，对校务公开的目的、基本内容、主要形式作了明确规定，提出了明确的校长办公会议议事规则和学校行政会议议事规则，以推进学校行政管理民主制度。

1.坚持和完善教职工代表大会制度，定期召开教代会

学校重大问题必须经过教代会审议通过，学校行政专题研究和落实教职工提案。

2.学校成立了“推行校务公开领导小组”和“推行校务公开民主监督领导小组”

学校万元以上的投资或建设项目原则上实行公开招投标，领导小组制定了招投标实施办法，增加了透明度，增强了可信度，从源头上防止了腐败现象的产生。实行校务公开，确保教师的知情权。从学校的重大决策到每周的工作安排，不论是大事还是小事，都告知全体教师，使校内工作都建立在起点公正、程序公正上，并让越来越多的人感到结果公正。

3.经费管理改革实行科室包干

学校根据“科学管理民主理财，收入大家抓，支出大家管”的指导思想，按照“总额包干、自主管理、统一核算、超支自理、结余留用、自求平衡”的原则，实行学校公用经费科室包干。

4.建立教职工民主评议学校行政领导制度

学校每年召开民主生活会，不仅干部内部开展自评和互评，还发动教职工参与民主评议干部，倾听教职工的心声，建立起有学校自己特色的民主评议制度。

学校行政民主制度的建立，有效地调动了教职工参与学校管理、制定和完善

行政规章制度、审议学校工作的积极性,推动了学校民主制度的建设,防止了歪风邪气和腐败的滋生,促进了学校的健康发展。

(六)努力推进行政管理的现代化

在科技高度发展、知识与信息日新月异的今天,学校行政管理面临着新的挑战,一是必须与快速进步的经济社会发展保持高度一致,具有一定预测意识;二是行政管理制度必须与党和国家的政策保持高度一致,保证其政策性和合法性;三是必须与教育本身的发展保持高度一致,适应教育改革发展的新要求;四是必须适应学校改革与发展的需要和学生教育管理的需要。为此,学校积极推进行政管理的现代化,逐步形成现代化管理的制度体系。

学校注重树立行政管理人员现代化、信息化意识,通过培训,使管理人员掌握现代化管理设备,尤其是计算机操作技能。学校实现了各行政部门办公设备的现代化,校长、副校长和各科室办公室都配备了计算机和其他设备。计算机辅助行政管理工作已经普及,主要用于帮助行政管理员进行学校行政管理、教职工人事管理、学生教育管理、学校财务及设备、科研管理等;学校建立了校园网,学校行政管理人员可以通过计算机互联网及时进行学习和快速获取信息;校园内部各科室之间、学校与学校之间、学校与上级教育主管部门之间通过校园网实现信息资源的共享。学校行政管理现代化制度伴随着行政管理工作现代化而产生,使学校管理制度文化建设具有更加丰富的内涵。

教学管理制度

韦祥艳

教学工作是学校的中心工作,是实现学校培养目标的基本途径。要提高办学质量,必须加强教学管理,健全管理制度。教学管理是指管理者通过一定的管理手段,使教学活动达到学校既定的人才培养目标的过程,是正常教学秩序的保证。教学管理包括教学计划管理、教学运行管理、教学质量管理与评价,以及学科、专业、课程、教材、实验室、实践教学基地、学风、教师队伍、教学管理制度等教学基本建设管理,还包括教学研究与教学改革管理。教学管理全过程的实施需要一支既有一定专业知识又懂教育理论的高素质管理队伍,也需要科学、完善的管理制度保驾护航。

文山州民族职业技术学校是一所由纯师范性质转型为师范教育与理工科教育并举的综合性质的中等职业技术学校。自1973年建校以来,学校不断总结经验,调整办学措施,在邓小平同志提出的"三个面向"的教育思想指导下,提出了"三个面向"的办学方向,即面向小学、面向农村、面向边疆少数民族地区。制定了科学的培养目标:培养学生具有扎实的专业基础理论和教育教学基本功,具有较强的实践能力和创新能力,"合格+特长"、"学高而身正"的德、智、体、美、劳全面发展的适应基础教育改革和发展需要的"综合型"小学教师。在"三个一切"办学理念(为了一切学生,为了学生的一切,一切为了学生)的指导下,为文山教育事业的振兴培养了数以千计的合格的中小学教育工作者。随着中等师范学校的转型和提升,我校顺应教育改革和当地经济建设与发展需要,凭借雄厚的办学实力赢得了文山州委、州人民政府的充分信任和大力支持,于2006年1月顺利地实现了更名转型,由原来的文山州民族师范学校转为文山州民族职业技术学校。在全体教职员工的共同努力下,学校领导班子抓住机遇,审时度势,英明决策,确定了"一个目标,四个一流"的发展目标:"一个目标",即由中师的办学格局过渡提升为以理工科教育为主的多形式、多层次、多专业的"综合型"职业技术院校;"四个一流",即努力创造条件,使学校在全州乃至全省的同类学校中达到"学校管理一流、教育质量一流、办学效益一流、校园建设一流"。创建了"两个并存、两个转变"的办学模式:"两个并存",即师范教育与非师范教育并存,中等教育与高等教育并存;"两个转变",即逐步实现由中等教育为主向高等教育为主转变,由以师范教育为主向理工科教育为主转变。学校坚持"两条腿,两手抓"的办学思路:"两条腿",即坚持全日制教育与成人教育共同发展的"两条腿走路"的办学路子;"两手抓",即坚持"一手抓社会效益,一手抓经济效益"的办学方针。为学校的建设与发展翻开既符合文山州情又很有发展潜力的一页。通过三十多年的艰苦实践和探索,学校创建了一套科学、合理而又富有时代气息的教学管理制度,为提高办学质量,培养合格的初、中级技术人才提供了有力保障。

一、教学管理制度的建立和完善

学校建校后,制定了有关的教学规章制度,使教学和教学管理工作步入科学和规范的轨道。

1982年10月,学校提出了教师授课十条要求,同时对各学科的教学检查、基础训练和学生学业成绩的考核提出了一些具体的要求，如定期检查教案和听课笔记，并加强以下检查：(1)通过各班学习委员检查各班的各科作业次数和质量，教师批改情况，从侧面了解教师的教学情况；(2)学校领导通过和科任教师谈心，了解班上的学习情况，即学生掌握所学知识的程度；(3)制表发到各班，由学习委员在班上收集对各科教学的意见和建议，了解教师的教学能力；(4)领导亲自到班上听教师授课，检查教师的课堂教学能力，组织公开课教学；(5)召开教研组长会议，听取各组长对本组教师授课直接而公开的评价。语文学科，每学期大、小作文各八篇，大作文必须讲评，学年考试和毕业考试必须考作文(占40%)，每届学生毕业前必须选编一本“优秀作文选”。每学期作业十八次，背书十篇，必须坚持普通话“三用语”(课堂、会议、学校)，普通话不合格不予毕业。学生每学期阅读长篇小说两部，中篇小说三篇，短篇小说和散文九篇，并写五千字以上的读书笔记。

1983年3月，学校就课堂纪律、课堂常规、听课、教学检查及考核、试题积累及管理作了相应的规定。进入20世纪90年代，学校实施新方案后，学校管理得到不断强化，对教师提出教学工作“八认真”，增强“课堂教学五个意识”，突出“教学过程三个环节”，强化课堂教学管理，并抓住教研组活动，鼓励青年教师大胆创新，发挥中老年教师的经验优势，形成“传帮带”的良性关系。

1994年3月，学校制定了《文山州民族师范学校关于在职教职工参加继续教育的有关规》，为教师参与继续教育和终身学习，不断给自己“充电”提供了制度保障。

在1999年学校出台《文山州民族师范学校教职工聘任制改革方案(草案)》后，为加强教学管理，学校制定了相应的制度：《文山州民族师范学校教务处所属人员教辅人员岗位量化考核实施细则》(2000年4月)、《关于全面启动教师继续教育工程的实施办法》(2000年6月)、《文山州民族师范学校培训“十五”规划》(2001年3月)、《文山州民族师范学校关于利用常规教学时间进行非教学活动师生的审批》(2001年5月)。随着教学改革力度的加大，学校对教学管理常规制度也进行了一定的修改，制定了新的制度：《文山州民族师范学校教师教学常规》、《文山州民族师范学校教师课堂常规》等，进一步规范了教师的教学行为，为提高教学质量提供了保障。

2000年5月，我校认真贯彻《中共中央国务院关于深化教育改革全面推进素质教育的决定》及有关纲领性文件的要求，制定了《文山州民族师范学校素质教育实施方案》，改革教学模式和方法，努力实现应试教育向素质教育的转变。与此同时，学校充分利用我校的办学优势和办学潜力，制定了《文山州民族师范学校高教自考助学试点班试行方案》，方案从培养目标、入学注册、学习方式、专业课程设置、教学时间安排、教师选派、成绩考核、奖励办法等多方面作了具体规定，并相应出台了《文山州民族师范学校必修课程免修、免考规定》，标志着我校弹性学制的开始。

2000 年 9 月，为使我校教学管理走向法制化、规范化、制度化的轨道，体现教学管理机制的科学性和激励性，特根据《中华人民共和国教育法》和《中华人民共和国教师法》等的有关规定，结合我校实际，学校制定了《文山州民族师范学校教师“教分制”实施办法》，它是从教师政治表现、职业道德、专业素质、终身学习与教学能力、教学工作、工作实绩等方面对教师进行全面量化考核与管理的一种制度。“教分制”实施后，由学校教务处为每一个在职教师建立“教学业务档案”和“教分制”档案，每月量化一次，以学期为单位得出综合结论，每学年进行一次总评，总评结果作为教师履职考核、教师聘任、评选先进和职称评定的重要依据。该办法从 2001 年到 2005 年，连续五年进行了五次修改，日趋完善。

为了加强学科建设，深化教育教学改革，学校于 2003 年 3 月制定了《文山州民族师范学校优秀教研组评选条件及办法》，系统、全面地评估教研组的工作，并给予优秀教研组表彰奖励。于 2004 年制定了《文山州民族师范学校教育科研管理办法》和《文山州民族师范学校教科研奖励办法》。通过这些制度的实施，充分调动了教研组参与教学管理和教改教研工作的积极性，调动了教师工作的积极性。以上是我校关于教师教学管理方面的有关制度的改革与建立，在学生的学习管理方面，学校也制定了许多制度。

1980 年以前，由于人员配备不足，各种机构不健全，管理不够完善。1982 年以后，得到了很大的改进：(1)制作学籍簿，对学生每学期学习成绩、班主任评语进行登记；(2)做好三好生、三好干部、奖学金档案的管理；(3)做好学生在各种知识竞赛中获奖情况的登记；(4)管理好学生实习鉴定档案；(5)建立起普通话合格证书成绩档案管理制度；(6)学生入学成绩及各种表格档案得到了很好的收存管理。

为使我校学生在具备热爱教育事业的专业思想和较扎实的基础知识的同时，具备从事教育工作的技能技巧，具备适应并参与更广泛的社会生活实践的基本能力，获得可持续发展的素质，我校从 1992 年起，在全校范围内开设了十大基本功训练和课外活动教学栏目，为配合活动的实施，制定了《文山州民族师范学校学生基本功系统工程实施方案》、《文山州民族师范学校学生基本功、课外活动考核制度》。这两项教学活动在多年的实践过程中逐渐充实、完善，取得了较好的成效。

为全面贯彻党的教育方针，实现中师培养目标，提高教学质量，加强对学生的思想政治教育和管理，使学校管理科学化、制度化，1993年1月，学校制定了《学籍管理条例》。《条例》共为七章：第一章入学与注册；第二章成绩考核；第三章升级和留级；第四章纪律和考勤；第五章休学和退学；第六章奖励与处分；第七章毕业、修业与分配。

为深化考试制度和考试方法的改革，保证教学评价的规范性和科学性，学校于2000年3月制定了《文山州民族师范学校学生课程考试工作规定》，2001年9月，制定了《文山州民族师范学校学生成绩考核制度方案》，使考核工作有了制度保障，使教学评价有章可循，提高了评价效果。

为提高师范生的人文素养，使他们具有扎实的专业理论知识和教育教学基本功，较强的实践能力和创新能力，成为“合格+特长”、“学高”而“身正”的德、智、体、美、劳全面发展的适应基础教育改革和发展需要的“综合型”的基础教育教师，学校经反复研究，于2003年12月制定和出台了《文山州民族师范学校“五个十”系列教育活动实施方案》，并将其作为校本课程列入教学计划加以实施。“五个十”的内容是：读十部中外名著；学十篇专业论文；背十首好诗词；唱十首好歌曲；练十项专业技能。

2006年1月，学校顺利实现了更名转型，由原来的文山州民族师范学校转为文山州民族职业技术学校，专业、办学形式和层次呈现了多样化、复杂化的局面。教学管理制度随之进行了改革和完善。为了认真执行《云南省中等职业学校学生学籍管理暂行规定》，使之落到实处，我校配合《学籍管理条例》的实施，于2006年10月制定了《文山州民族职业技术学校学生学籍预警制度》。这项制度的实施，为学习基础较差，学习态度不端正的学生敲响了学习“警钟”，加强了教育的预见性，也加强了教学管理的科学性、系统性和实效性。2006年12月28日，学校在“教分制”的基础上制定了《文山州民族职业技术学校教学过失、教学事故认定和处理办法》，加

强了对教师教学行为的约束,更加强了教学管理的制度化和规范化。

上述教学管理制度以及2003年以前的制度、规定都编入了《文山州民族师范学校规章制度汇编》。

二、教学管理制度的实施及效果

几年来,我校在加强教学管理,稳步提高教学质量方面,留下了一道道实实在在的轨迹。我们深深感到:办好一所学校,关键靠管理,优化教育教学过程管理,健全和完善管理制度,科学、系统而又富有创造性地实施管理,是全面提高教育质量的关键。

(一)重视教学常规管理,以常规促发展

在教学实践和探索中,我校逐渐形成了以教学思想领导为前提,教学目标管理为抓手,教学计划管理为基础,教学质量管理为核心,教学过程管理为重点,教学指导与检查管理为途径的六大教学常规管理。

1.抓教学思想领导

学校领导和全体教职员工不断转变观念,端正办学思路,树立正确的教育观、学生观、质量观。评定教师、班级的教育质量,着眼于进步、发展,着眼于合格率、优秀率,着眼于学生思想品德的提高、身心健康的培养、个性特长的发展和就业素质的培养。坚持贯彻"三个一切"的办学理念,面向全体学生,让学生积极、主动地发展,努力培养"三个学会"的技能型人才,即学会学习,学会做人,学会健体。

2.抓教学目标管理

学校有明确的教学目标,就是培养"三个学会"的技能型人才。为了有效实现学校的培养目标,学校针对不同的教学岗位制定了一系列的岗位职责条例,如教研组长工作职责,教师工作职责,并采用教学工作分学科及分阶段目标管理来实施。

3.抓教学计划管理

学校认真贯彻教育部制定的有关中等职业教育的各项方针政策,紧密结合学校的办学实际和人才市场的需求制订各专业人才培养方案,认真修订原有专业课程计划,组织专业骨干教师编写学科教学大纲并交专家评审委员会审定通过后再具体实施。在实施过程中,不墨守成规,而是在教学实践探索中不断改进和完善。

4.抓教学质量管理

学校教学有明确的质量目标,有严格的质量考核体系,有认真的质量分析方案。学校专门成立了教学质量监控领导小组,采取定期与不定期相结合的方式对各专业的教学进行监督检查,认真进行分析、评价(包括过程性评价和中介性评

价)和反馈,科学改进和调控教学,不断提高教学质量。

5.抓教学过程管理

学校对教师的备课、上课、作业布置与批改、复习、考核、课外活动(含社团活动)等各个环节均有明确的要求。为使教学过程不断跨上新台阶,学校重视每一环节的质量,并经常加以检查、指导。

6.抓教学指导与检查管理

学校领导深入教学第一线,上课、听课和评课,聚精会神地抓教学,及时掌握教学动态,指导教学工作,科学分析教学质量。参加教研活动,和教师一道找问题、析原因、落实对策措施。指导教师的教学,帮助年轻教师成长。

我校优化教学常规的做法主要有:

一是以信任教师为前提。学校管理从实质上说是人的管理。管理要管人,管人要管心,管心要关心,关心要贴心。我校行政班子充分信任教师,相信每位教师都有事业心,都有实现个人价值的愿望。我们尽量寻找教师的闪光点,捕捉动情点,抓住转折点,使教师扬其长,避其短。我们始终认为:老师们都想教好,都能教好,都会教好。我们实施"软着陆",让他们觉得自己不是失败,只是尚待改进和提高。

二是以提高水平为目的。学校的生命力在于教学质量上,教学质量的提高无疑是以常规管理为保证的。因此,我们以提高教师水平、学生水平、管理水平为目的,在实施管理中做到:

(1)"教"与"学"处理好四个关系:①预设与生成的关系;②教法与学法的关系;③快与慢的关系;④课内与课外的关系。

(2)重结果,更重过程:根据我校管理细则,及时发现问题,及时与教师沟通,转变、改进其方式方法,积极做好教师业务培训工作,使教师走专业化成长的道路。

(3)尊重个性,实现人文管理:常规细则教师参与编制,常规检查教师自主选择项目,常规评价个体参与,充分尊重教师主体的劳动果实。

(4)常抓不懈,形成规范:管理中坚持一个"恒"字,一抓到底,向常规要习惯,使常规工作时时干,人人干,并且能干好。因此,我们在努力实践,不断完善管理方式方法,使我们的管理更科学化、艺术化、个性化、规范化。

三是以和谐优化为动力。我们的社会倡导和谐,和谐的管理能充分调动每个教师的主动性、积极性、自觉性、创造性,从而优化我们的管理水平。和谐既是我们的出发点,又是我们的归宿点。以和谐优化为动力,我们做到了:

(1)以自评、互评为主,以他评、校评为辅。在评价者和被评价者的关系上,我们重视平等、理解、互动。教师个人撰写教学反思,撰写自评报告,采用等级加分数的办法，占量化考核的百分之五十；不同年级间、不同学科间，行政人员与教师间展开互评，不再是“唯领导论”，个人说了算，而是大家一起当堂打分，作出自己的评价；我们还发动大家上网建“博客”，学校也建立了自己的QQ群组，各教师自由、开放地交流教学经验，评议公开课，探讨教学得失，充分实现对话、沟通与合作交流。

(2)以定性分析为主，以定量分析为辅。在评价方法上，注重评价方法多样化，定性评价与定量评价相结合，以定性为主。我们有一套精细、完整、有效的量化考核办法，但我们更强调的是实践与反思，强调的是教师的自我认识、自我分析、自我改进、自我教育和完善的过程。我们不以好与坏，不以分数来评判，而是以反思寻求更好的教育教学效果作为评价标准。我们说得最多的就是“这堂课你达到了什么目标，你收获到什么，你有什么困惑，我们一起研究研究。”

(3)以个性化优化为主，以统一化要求为辅。从客观上说，课程改革强调教师主体的课程实施者、开发者双重角色，强调教师“应创造性地理解和使用教材”。从主观上说，教师个体是鲜活的，有自己的强项、弱项。因此，课程改革中，我们特别愿意看到教师们尝试自己的想法、做法，他们可以拥有自己的教学思路、自己的教学风格、自己的管理办法并自主选择评价方案等。对年纪大点的教师不反对他使用讲授法，但要注意讲精、讲活；情感丰富的教师鼓励其在朗读体悟上下功夫钻研；才气型的教师鼓励其作课堂与生活的粘连。教师也可依据自身素养，依据班级学生实际情况，在常规检查上可以申请“免检”，从而把主要精力用于钻研教材教法上。当然我们不会放纵全体教师如此，而是通过横比、纵比来把关。我们还制定了不同年龄段的教师自主选择编写教案的规定，对年轻教师从严要求，对年老教师适当要求。

(4)以群众评价为主，以行政评价为辅。本着客观、公正的原则，群众评价在不同年级间、不同学科间进行，使常识技能科与语数科、普通教师与行政教师之间找到一个平衡点和支点。评价主要是关于工作量情况、教学质量、效果评价等方面。既让大家见识不同的教学风范,促进提高,又能营造民主评议的公平环境。

(5)以常规带动研究为主,以研究促进常规为辅。我们坚持"校本研究"的理念,倡导"案例就是课题"的思想,让教师从常规的备课、上课、作业、测试和辅导中发现问题、研究问题和解决问题,从教育随笔、教学札记和教学反思中总结经验与得失,从而推动新课程的实施,改善我们的教与学。依据不同年级的教学实际,我们鼓励教师在年级中每发现一个问题,就同年级教师共同研究这个问题,作出讨论稿,在集体教研活动中交流有关思想,从而提高教研的实效性。

(6)以交流指导为主,以检查定性为辅。我们通过"导师"式的指导教师制度(一对一,跟班指导或办公桌前指导、互相听课指导)、多形式的听课制度(指导教师听课、挂点行政听课、预约听课、邀请听课、年级组听课、跨年级听课等)、丰富的集体备课方式(大小组备课、师徒备课、中心人备课、网络—博客备课等)、行政人员与教师结对子制度(缺乏经验的教师或新调入的教师不仅有同年级指导教师,还有固定的行政教师,从各方面进行帮助、监督,促使其水平更上一层楼)、异年段评价制度以及主题讲座制度,让教师实践与反思、倾听与表达、疏理与提升,在互动中谋求共同成长。

(7)以求实为主,以求美为辅。我们从细处着手,从小处着眼,实施常规管理。我们的课堂是扎实的,把主动权还给孩子;我们的研究是务实的,以解决实际的、当前的问题为目标;我们的评价是真实的,发挥反馈矫正功能,促使教师进步。

(二)加强教研组建设,为稳步提高教学质量提供师资保证

1.提高认识,明确教研组工作的重要性

教研组是学校基层的管理实体,是教学研究的组织形式,在学校教学工作中起着重要的作用。一所学校的课堂教学质量,与教研组工作有着密切的关系;广大教师是稳步提高教学质量最直接的实施者,教研组是开展教学工作的重要阵地。因此,抓好教研组建设也是教学管理的重要环节,是提升教师业务素质、提高教学质量的关键。

2.落实行动,提高教研活动质量

(1)深化改革,科学管理。为满足转型的教学管理需要,教务处在充分研究专业和学科特点的基础上,对教研组工作进行了改革,设综合文科和综合理工两个大组,分别分管6个教研组。明确职责,分类管理,为相同或相近专业开展教育教学研究创造了有利条件。

(2)采取切实措施,提升教研活动质量。一是实行教研组长负责制:教务处制定《教研组长工作职责》和《优秀教研组评选办法》,报请校长办公会审议通过;教研组长根据工作职责制定任期工作目标和实施方案，在规定时间内实施；教学质量监控领导小组按任期目标进行检查评估，作为优秀教研组评选的重要依据。二是“四有”、“四定”制：即每次教研活动都定时间、定地点、定主题、定中心发言人，每次教研活动都有计划、有落实、有记录、有小结。

(三)培养青年教师，使之成为学校建设与发展的生力军

1.举办年轻教师业务培训班

根据新教师的状况以及教育教学的特点，在每学年开学初举办“年轻教师业务培训班”，把当年新招聘的教师和部分业务生疏的年轻教师召集起来开展业务培训，由教务处具体负责培训工作。

2.实施青年教师“传帮带”工程

新老教师结对子，开展师徒带教活动是我校长期的一项工作，也是比较成功的一项工作。根据青年教师的专业特点，挑选一名相同专业的经验丰富的教师与青年教师结对子，指导青年教师的教学、管理等工作，对青年教师和指导教师都提出明确的工作职责和要求：①青年教师要向指导教师汇报业务（上课、听课和学习）情况和思想状况（每学期不少于两次），每学期至少分析 2 个教学案例；②每月指导教师听青年教师至少 1 节课，并作分析指导；③每学期指导教师对青年教师的成长（包括业务和师德）作出总体评价，收入青年教师成长档案；④每学年青年教师在指导教师的指导下研究一个教育问题（或科研问题），并撰写一篇论文。通过“传帮带”工程的实施，有效促进了青年教师的成长。

(四)全面安排教学工作，努力提高学生素质

教学是学校的中心工作，也是实施素质教育的主要途径。由此，我们主张占领课堂教学阵地，改进传统教学方式，挖掘学生潜能，培养学生的创造性能力和发展性能力。

1.结合各学科特点，因材施教，上好专业理论课

强化各专业理论课程的教学，注重学生能力的发展，已成为我校教师的共识。教师们认识到：教育的任务，既要注重学生的全面发展，又要注重学生的个性发展；既要注重学生基础知识的掌握，又要注重学生学习方法的培养，真正体现“学生发展为本”的思想。各学科都把这样的认识注入课堂，注重对各个层面学生的因材施教和能力培养，有利于发展学生的智力和整体素质的提高。

2.勇于实践，开拓实践课以及校本课程

在重视各专业理论课教学的同时，我校积极开设实践课（尤其是理工专业的实践课），开发校本课程，拓宽学生视野，挖掘学生潜能，培养学生动手能力，以提

升他们的人文素养，促进他们的个性发展，增强他们的社会适应性，从而满足就业需要。在校本课程的开发方面，我校形成了系统的“五个十”系列教育活动，该活动有系统的实施方案，从实施到考核的全过程都有周密系统的部署和安排，而且融进了各专业课的课堂，构建了科学完善的课程体系。

3.争创特色，促使各类兴趣小组健康发展，使学生个性特长充分发挥

针对当今就业形势、学生专业特点和兴趣爱好，我校成立了教学技能、计算机辅助设计、普通话、健康教育、鼓号队、插花艺术、美术鉴赏、就业技能、文学、书法、简笔画、武术、舞蹈、球类和棋艺等20多个社团。利用课余时间开展活动，精心挑选教师指导，各社团活动都做到活动前有计划，活动中有乐趣，活动时有记录，活动后有提高。这既丰富了学生课余生活，又发展了学生个性特长，是课堂教学的有效补充。学校还专门成立了“爱心艺术团”，奔赴全州八县演出，鼓号队也经常应邀参加州、县级的许多欢迎活动，既锻炼了学生的能力，又宣传了学校的办学成果。

（五）优化教育教学管理

（1）大力推进新课程改革，积极推动信息技术在课堂教学中的普遍应用和深入研究，促进教师教育思想观念的转变，教师教学方式、学生学习方式的变革，以及师生良好关系的实现。

（2）开展集体备课，从“求实效、共发展”出发，摒弃教师备课“唯书、唯教参”现象，教学设计与上课实际、学生实际相脱节的怪状，以及教案与教学两层皮的现象，深入研讨教材典型或难教的课例，积极推进说、评、讲、研，充分利用教师的差异资源，让理念、经验、智慧共享，促进教师备课改革。

（3）有计划、有重点地开展教学比武活动，如优质课竞赛、说课竞赛等。加强教师之间相互观摩学习、切磋研讨，取长补短，双向交流，以达到共同进步的目的。

（4）积极开展竞赛活动，推动全体学生形成良好的学习习惯和积极学习的态度。

（5）完善数字化教学环境，积极探索学校教育资源共享模式，保证校园网络

通畅,网站对外开放,以加强学校与社会、家庭的交流和沟通。

(6)发扬教学民主,调动全员参与教学管理。在学校设立专门的教学意见箱,为师生创造自由发表意见的机会和条件,每天晚上10:00由值班领导开启意见箱收集整理意见,于次日上午8:00~9:00反馈到教务处,由教务处负责处理和协调。确定教务主任接待日(每周五),听取师生对教学及其管理的意见和建议,为调控和改进教学、优化管理寻找科学依据。

总之,高质量的教学需要科学的管理,科学的管理需要健全的制度支撑,优化的教学需要完善的管理制度保驾护航。

教育科研管理制度

王 彪

一、教育科研的历史回溯

文山州民族师范学校建校于1973年,属于十年浩劫("文化大革命")中后期。按照学校校史的说法,建校以来,学校经历了四个发展阶段:筹备创建阶段(1973—1975年)、治理整顿阶段(1976—1980年)、改革创新阶段(1981—1989年)和全面发展阶段(1990年至今)。在前两个阶段,由于学校初创,加之受"极左"路线干扰,教育科研基本没有,更遑论管理制度。粉碎"四人帮"后,经过拨乱反正,从第三阶段开始,学校由制度建设入手,抓制度化、规范化建设,师范特色开始显现出来。事实上,民师后来的发展,正是这一阶段奠定的基础。例如,学制上,改两年制为三年制;生源上,从初、高中毕业生混合招收变为统一招收初中毕业生。1982年10月,学校明确提出"面向小学、面向农村、面向少数民族地区"的办学方向,而"热爱教育、谦虚朴实、纪严风正、勤学苦练、全面发展"成为学校的"二十字校风","严、勤、苦、专"成为学校的学风。为突出师范特点,在1982年还提出了中师毕业生要求:"能写会算懂教法,一口流利的普通话,一手秀丽的'三笔字',能歌善舞会画画,品格端庄为师表,身体健康为'四化'。"支持这个目标的,就是"学生十大能力"训练,即说普通话的能力、表达能力、书画能力(包括毛笔字、钢笔字、粉笔字、板书及板书设计、绘画等)、组织教学的能力、处理教材的能力、驾驭课堂合理分配45分钟的能力、组织指挥能力、做小学生思想工作的能力、独立思考的能力等。随着各种规章制度、措施办法的不断创新,学校在规范化建设方面步子不断加快,声誉不断鹊起。

即使在这样的情况下,教育教学工作成绩的取得也主要依靠教务处和各学科教研组来保证。教育科研,还没有真正得到重视。

90年代后,在相关的计划中逐渐提到教育科研工作,并引起了学校的重视,在1994年8月增设了教育科研室。

从设立教育科研室至今,先后在教研室担任过主任的有卢春和、殷进萍、杨瑞芬、张贞富、唐升忠老师;担任过副主任的有殷进萍、蒲华、张贞富、王彪老师;担任过教研员的有戴明、张桂芳、张瑜老师。

随着教育教学改革的不断深化,学校教研工作也不断得到重视和加强。2003年全校教育科研工作会议,为教研工作打开了新的局面,由此,学校教育科研工作开始进入快车道。

二、教育科研工作的几个阶段

教育科研是教育改革与发展的生命力,是实施创新教育和教育创新的重要前提,是开展教育科研,提高教育教学质量、教师素质,发展和完善教育科学理论的需要。教育科学研究水平的高低也是衡量学校办学质量的一个重要标志。我校教育科研工作的目标是:以邓小平理论和"三个代表"重要思想为指导,深入学习和贯彻党的"十六大"精神,在学校党政的领导下,以"团结干事"为动力,以教育教学为中心开展教育科研,全面实现"科研兴教,科研兴校",不断推动学校教育教学改革和发展。

从1994年8月建成伊始,教育科研室的基本工作经历了以下几个阶段:

1.初建阶段(1994年至1999年)

初建阶段主要从事下列活动:

(1)组织学校教育工作者开展中师教研工作,指导教研和课题组进行科研活动;

(2)组织教师和课题组参加小学教改实验或专题研究,主持校内教研的交流工作,协助教务处对教育教学进行质量评估;

(3)负责校刊编辑工作;

(4)开展师训业务,负责联系安排有关培训工作;

(5)有计划地组织全校性的教育和教学观摩活动,交流教学经验。

2.发展阶段(2000 年至 2005 年)

本阶段又可以区分为两个时期。

第一,规范化时期(2000 年至 2002 年),主要是在研究范畴、研究思路上进行拓展,并加强教育科研阵地建设、队伍建设。这一时期的工作是:

加强教育科研队伍建设,建立一支高素质、富有战斗力的教育科研中坚力量,使教研工作多出成果,上档次、出精品;坚持"以教研促进教改,以教改促进教学"的基本工作思路,进一步解放思想,更新观念,抓住机遇,深化改革,加强对教育科研工作的领导,为教育教学改革提供理论依据;坚持以人为本,改革创新,建立和完善学校教育科研工作制度,奖惩分明,全面调动教职员工从事科研工作的积极性和创新精神,促进科研成果的大面积、高质量丰收。

围绕这个目标,教育科研工作进一步细化:

(1)教研室日常工作的组织管理;

(2)档案的建立管理;

(3)教育信息的收集、传播与交流;

(4)教育科研的宣传工作;

(5)对外联络与交流;

(6)对教研组科研工作的组织领导;

(7)对各处室科研工作的组织领导;

(8)教育调查研究工作。教育调查分校内、校外调查研究。

校内调查主要是:

①教育教学改革与实施方案研究;

②对各教研组教学资源现状及其开发潜能的调查;

③对学生素质发展水平的调查研究;

④教师队伍思想素质及业务水平的调查;

⑤课程、教材研究;

⑥学校文化及亚文化研究;

⑦新形势下中等师范学校发展方向探究。

校外调查主要是:

①小学、幼儿园教育教学现状与方向研究;

②小学、幼儿园课程与教材研究;

③农村教育调研;

④民族教育调研;

⑤农村教师状况调研;

⑥毕业生适应社会状况的追踪研究;

⑦家庭(尤其是农村家庭)教育研究;

⑧社会教育研究;

⑨小学课外活动调研。

第二，快速成长期(2003 年至 2005 年)。随着学校改革的不断推进，学校对教育科研作用的认识越来越深刻。

2003 年，学校召开了“教育科研工作会议”。会上，党委书记、校长陆永金同志作了《提高认识，转变观念，积极投入，大力推进“科研兴教，科研兴校”的进程》的专题报告，再次提升教育科研的地位。同时，教研室“五大中心”工程建设全面启动。这一阶段的教育科研工作，主要目标指向是:

坚持“科研兴校”的基本工作方针，完善制度，加强培训，激励从事教育科研的积极性，提高科研素质和科研水平;立足于校本教研，重建我校教研文化，要充分发挥教师个人、教师集体和其他专业人员的作用，推进教育教学改革和管理工作;放眼社会，加强与有关科研单位部门的联系，争取支持，加强对小学幼儿园的研究，尤其是当前基础教育课程改革的研究，促进师范教育与基础发展的紧密衔接，加强地区民族教育研究，突出教育的地方特色。

这一期间，学校教育科研成果大幅度增加，教职员工参与科研活动的积极性空前高涨。

3.转型阶段(2006 年开始)

2006 年初，经州委、州人民政府批准，学校正式更名为文山州民族职业技术学校。从师范院校向理工类学校转变，并要在短期内提升学校办学格局、层次，为适应这种变化，学校教育科研工作又开始了新的探索。下基层，到厂矿企业，研究劳动力市场，为学校专业设置、专业转换提供信息和决策依据，成为教研室重要的工作目标。

三、教育科研室的制度建设

学校办学步入正轨以来，尤其是职称评聘制实施以来，从现象上认识，多数教职员工的教育科研工作都属于自发性的,目标指向也很单纯,基本是为评职称进行科研,撰写并发表论文。为逐步扭转这种功利主义倾向,让教职员工立足岗位,认真抓好校本教研,在学校领导的关怀下,教研室从制度建设入手,引入竞争机制、激励机制,用制度保证教育教学科研活动常态化。

首先,教研室完善了自身工作制度的规范建设,制定了《教研室工作人员职责》,规定了主任、副主任、文科教研员、理科教研员的任务。制定了《教研室工作制度》,从工作目标和任务、工作领域及其分类、教育科研的组织和实施(包括课题来源、研究经费、研究人员的组织、教育研究的实施、教育科研成果的考评等)进行制度化管理。在此基础上,出台了《教育科研管理办法》、《教育科研信息的收集、管理、传播制度》、《科研档案管理暂行办法》等。

其次,在充分酝酿和缜密思考的前提下,制定学校教育科研工作的中长期战略规划,即《教育科研三年规划》(2003年—2006年)、《教育科研2010年远景目标》,这在某种意义上说,避免了教育科研的短视行为。例如,在《教育科研三年规划》中,针对教研室人员自身的工作任务特点,要求教研员"为教学改革、为学生发展、为教师发展、为学校发展提供思想、信息、技术、资源等方面的支持和帮助,做学习的先行者、理念的传播者、积极的探索者、不倦的思考者、资源的开发者";在全校范围内,进一步调动教职员工从事教育科学研究的热情,形成开放的、全员的科研氛围;立足学校,加强校本教研,努力扭转"注重教研成果的外送评奖和发表,不注重内部的自评认定,注重'经院型研究',不注重教育实践"的不良学术气氛。在《教育科研2010年远景目标》"课题规划"中,确定了"职业教育发展趋势和办学模式研究"、"职业教育课程和教学改革研究"、"民办职业教育发展的研究"、"成人教育研究"等,这对学校更名转向后的教育科研工作,具有重要的指导意义。

再次,制定了《教育科研成果认定和奖励办法》,对科研成果进行了分类,规定了教职员工个人科研成果的量化评估办法,并在全体教职员工中作了广泛宣传。为保证教职员工科研成果认定的公平、公正、公开,学校成立了"学术委员会",聘请在各专业方面有学术造诣的特级教师、高级讲师担任委员;为保证成果的真实性,还特别注意了解国家新闻出版局公布的非法刊物和非法刊号,同时在教职员工中倡导学术自由与学术道德的统一。

四、教育科研工作的具体实施和成效

我校教育科研工作的具体实施和成效,主要表现在以下几个方面:

第一，进行课程研究，制定校本课程方案，并编制校本教材。在2000年年初，我校把“立足校本，改革创新”确定为新时期教研与科研的立足点后，便组织相关人员对校本课程进行了研究，制定了校本课程方案。

（1）校本课程的总体目标是：

①学会学习：掌握学习方法和技能，能创造性地学习，满足终身学习的需要；

②学会交往：建立起正常、和谐的人际关系，养成善于合作的习惯；

③学会自信：养成自我认同感和坚毅的品质；

④学会探究：至少学会一门综合或探索性的课题。

（2）校本课程结构特点。课程设置突出师范性、多学科有机结合、相互渗透。注重学生知识视野的拓宽和能力、意识的培养，充分发掘学生的个性潜力，注意充实和完善学科课程，达到优势互补。

（3）已经编制的校本教材：

①《民族教育的理论研究与实践》；

②《少先队辅导员培训教程》；

③《中外文萃诵读选编》；

④《小学古诗赏析》；

⑤《小学语文应用板书设计》；

⑥《实验化学》；

⑦《实验物理》；

⑧《壮乡苗岭的师资摇篮》。

第二，精心组织校内科研成果交流活动，营造良好科研氛围。

每一个学年结束，学校都要组织召开年度科研成果活动。活动的目的在于为我校教师的教育科研成果提供一个交流平台，教育科研成果获国家级、省级、州级和校级奖励的部分教师作了教育科研经验介绍、课件展示。他们精彩的经验交流为我校教职工提高教研水平起到了良好的促进作用，展示了我校教师科研的特色和风采，并在一定程度上反映了我校教育研究的实力和水平，也为其他教师提供了学习和借鉴的机会。

第三，组织开展课题研究工作，并取得较好成绩。我校从 1999 年开始就积极参加州、省、国家级的课题研究工作，走在最前面的当数苏建华副校长和安德荣老师，在 2000 年，两位教师参加了全国教育科学“九五”重点课题研究。①苏建华：参加全国教育科学“九五”青年重点课题《沿边互往民族爱国主义教育的理论与实践研究》子课题研究，发表《沿边互往民族主权意识与国家观念》、《中越边境少数民族教育比较》等论文。②安德荣：参加全国教育科学“九五”课题规划教委重点课题《云南少数民族地区中、小学艺术教育研究》，发表《云南少数民族地区美术教育乡土教材建设探析》、《贫困山区少数民族儿童艺术素质培养的可行性》等论文。

2001 - 2002 学年度，苏建华、殷进萍、杨瑞芬、张贞富等完成省级课题《学校、社会、家庭道德教育实施》，并撰写课题的终结性报告，收集整理课题研究资料，完成《学校、家庭、社会道德教育——孩子最需要的教育方式》一书的编撰录入修订工作。

2003 - 2004 学年度与州教科所联系，积极宣传国家和省的“十五”课题规划，鼓励各教研组、各处室、各教职工积极申报课题，从事课题研究，共申报了 1 个省级课题、2 个州级课题和 6 个校级课题。

1999 年—2006 年教育科研情况统计

表 1：全校科研论文获奖总体情况统计表（单位：篇）

获奖级别 / 年度	国际优秀作品	国家级				省级			州级			县校级			合计	备注
		特等奖	一等奖	二等奖	三等奖	一等奖	二等奖	三等奖	一等奖	二等奖	三等奖	一等奖	二等奖	三等奖		
1999–2000			1				1					6	15	22	45	
2000–2001						3	5	5							13	
2001–2002	1	1	4	2	3	2	8	8		1					30	
2002–2003	2		6	5	3	6	5	16	2	3	2	10	21	34	115	
2003–2004	1		8	5	2	7	4	4	5	1	1				38	
2004–2005	5		11	2	1	11	27	42	5	3	6				113	
2005–2006			4			6	6	2	2			4	6	22	52	
2006–2007			3	2	2	3	5	12	1	4	2				34	
合计	9	65				188			38			140			440	

表2:全校论文发表总体情况统计表(单位:篇)

刊物 级别 / 年度	国家级	省级	州级	县校级	合计	备注
1999-2000	5	6	9		20	
2000-2001	3	12	57		72	
2001-2002	15	13	22	12	62	
2002-2003	23	14	10	20	67	
2003-2004	12	19	7		38	
2004-2005	13	45	7	8	73	
2005-2006	3	16	8	2	29	
2006-2007	2	9	3		14	
合　计	76	134	123	42	375	

在教育科研以外,我校每年积极组织教师参与各种教研活动,如教学竞赛、课件制作比赛、教学技能比赛,以及优秀教案、试卷等比赛活动,仅在1999-2003年的四年间,先后获得多项国家级、省级、州级奖励(如下表)。

1999年—2003年各类成果获奖统计表

刊物 级别 / 类型	国家级	省级	州级	县(校)级	合计
报道		1	9	14	24
简讯		6	1	5	12
诗歌			1		1
艺术作品	4		3	5	12
图片			48	4	52
合计	4	7	62	28	101

此外,我校教职工都在各级刊物上积极发表报道、通讯、图片、各类艺术作品等成果。

1999 年—2003 年各类成果发表统计表

级别／等级／类型	国家级			省级			州级			县(校)级			合计
	一等奖	二等奖	三等奖	一等奖	二等奖	三等奖	一等奖	二等奖	三等奖	一等奖	二等奖	三等奖	
教学竞赛					1	3				1	3	4	12
CAI课件制作		4	2	6	2	7							21
技能比赛					1	3	1						5
教案		1	7	2			2	3		8	12	15	50
指导学生做课题研究	1	3		3	5	1							13
合计	1	8	9	11	9	14	3	3		9	15	19	101
	18			34			6			43			

第四，围绕教研室“五大中心”建设。“五大中心”包括：

（1）教育科学研究的组织管理中心。教研室通过构建教育科研制度体系、制定学校中、长期的科研规划和近期工作的计划、学期工作总结，采用各种方法和手段调动教职工从事科学研究的积极主动性，建立一支强有力的科研工作队伍，组织各种课题申报审批、科研经费调拨、科研人员的安排，以及组织实施具体的研究活动、成果的推荐、评选和发表等方面的工作，努力发挥“教育科学研究的组织管理中心”作用。

（2）教育教学改革的实施与推广中心。一切教改都源于教育科研，或者说教育科研促进了教改。教研室通过组织各种教育科研活动，获取和传播大量的教改信息，宣传改革的基本思想和传播先进的教改理论，逐步向“教育教学改革的实施与推广中心”迈进。

（3）先进教育理论和科研信息的收集、存储与传播中心。建立资料信息库，占有大量信息空间，为学校教育教学尽可能地提供最新、最权威资料，是教研室工作的一个重点。建立信息中心工作后，迄今，已下载“班主任工作”、“创新教育”、“合作学习”、“课程改革”、“信息技术教育”等方面材料 1 000 余篇；有关教育专家教改讲座、课堂教学音像资料 234 部；电子图书 72 部；收集并了解常用的教育资源有效网站 100 余个。这些材料，可以从某种程度上弥补学校图书资料的不足，更重要的是，作为前沿性的研究成果，它们对我校的教育科研工作、教育实践都具有积极的指导意义。

(4)教育科研档案管理中心。学校教职工的教育科研历程和成果，是学校宝贵的精神财富，是教职工履职考证的重要依据。教研室把教育科研档案管理纳入重要的工作日程。主要包括课题研究过程中所产生的一系列资料、科研成果的保存、成果获奖或发表情况登记、课题资料管理等，并充分利用计算机进行教育科研档案管理。教研室随机登录、复印存档的机制，保证了学校每一位教职工的成果都能及时得到保留。

(5)学校管理与决策的参谋中心。科学的管理与决策来源于科学的研究，教研室利用自身的学术、信息优势，组织科研骨干教师，一方面对学校的管理现状、存在问题及改革方略进行及时研究和把握，完成部分课题研究工作，并向学校领导提供教育教学管理与决策方面的信息；另一方面，根据学校管理和决策的意图来开展调查研究，提供有关数据资料和意见，以便于管理和决策更加科学合理、切合实际。切实可行的管理制度为教育科研工作提供了发展方向。

五、教研室与教务处的合作

在教育教学改革进程中，教研室与教务处密切配合，开展了大量工作。

1.教育教学质量提升

根据教育教学工作的新要求，由教务处牵头，教研室协助，共同开展了大量教育教学研究工作，借以提升教育教学质量。

(1)学习贯彻新课程理念背景下的青年教师教学大赛。2004年6月4日至5日，19位青年教师参加了以“学习掌握并把新课程理念运用于实践，推动青年教师尽快成长，成为教学骨干和学科带头人”为目的的教学大赛。这次比赛，实现了“八个转变”，即教学目标从“单一化”向“多元化”转变、课堂教学从“封闭式”向“开放式”转变、教学方法从“注入式”向“启发式”转变、教师对待教材从“教教材”向“用教材”转变、教学中心从“教为中心”向“学为中心”转变、课程资源从“单调性”向“综合性”转变、教学评价主体从“单一化”向“多元化”转变、教学手段从“传统型”向“现代化”转变，同时，青年教师的诸多缺陷也暴露出来。针对这些问题，教研室进行了专题总结，使这次课赛成为青年教师奋发向上的新起点、新动力。

(2)教师“说课”大赛。为了推广“说课”这种新型的教研形式，促进教师教育理论与教育实践的整合，提高教师的职业专业化水平，促进我校教学改革不断深入，推动各学科教研组的教研活动质量取得突破性提高，2004—2005学年度上学期，教研室在全校教师中开展了“说课”的有关理论培训，并配合教务处组织了学校第一次“说课”竞赛活动。

本次竞赛，开创了我校教研活动的新领域，促进了教学改革的进一步深入。通过“说课”竞赛，我校各学科教研组和各学科教师基本掌握了“说课”的相关理论和实践技能，对“说课”这种新型教研活动的重要意义有了明确的认识；通过各学科的初赛和学校的决赛，大多数教师都有了亲身实践的体验；在参赛教师中，有不同的年龄层次和不同的职称资历，都同台展示、交流和切磋，形成了良好的教研氛围和机制；参赛教师积极将新课程理念与自己的教学实践活动有机地结合起来，在教学改革中焕发出了勃勃的生机与活力。通过“说课”竞赛，我们引进了一种全新的教研活动理论和实践方式，并为它的进一步推广打下了坚实的基础。

(3)35 岁以下青年教师的课堂教学比赛。这次教学竞赛活动分两个阶段进行，第一阶段是初赛阶段(2007 年 5 月 14 日至 25 日)，以教研组为单位举行，要求 35 岁(含 35 岁)以下的青年教师人人参赛，35 岁以上的教师自愿报名参赛，取 50%的名额参加决赛；第二阶段是决赛阶段(2007 年 6 月 8 日至 9 日)，要求全体教师参加听课。从初赛到决赛，学校领导、教师积极参与，教研组长认真组织听课和评课，增进了同行间、学科间和不同年龄教师之间的沟通交流，为教师互相学习提高搭建了良好平台。

本次教学竞赛，特点鲜明，针对性强。教师们认真准备，认真制作课件，使用现代化教学手段，积极进行课程教学改革，学生的主体地位得到进一步强化，收到了很好的效果。

2.学生教育教学见习、实习

每年的学生教育教学见习、实习，教研室都深入到班级、教学小组中去，听课、评课、提出具体的意见和建议，帮助学生从“知识与能力、过程与方法、情感态度与价值观”这三个维度来制定教学目标，而且能将制定的目标一一落实到教学过程中去，促进教学质量的提高。同时，引导实习生帮助小学生改进学习方法，在自主、合作、探究中获得积极主动的发展；自己动手，自己观察，自己思考，自己表述，自己得出结论。

教研室全体人员还深入小学，对实习生教学情况进行跟踪调研，并通过与小学领导、教师的座谈，了解小学教改的最新动态，以及其对教师素质的要求，对我校教育教学成果(毕业生)的看法和要求，对我校办学的意见和建议等。

这些活动，既达成了指导、帮助学生快速成长的目的，又丰富了教研室工作的内涵。

六、学校改制后教育科研室的发展方向

没有文化内涵的学校不是成功的学校，同样，没有教育科研的学校也不是成功的学校。对师范教育背景下的教育科研工作，对传统的科研方法，我们应该说是驾轻就熟的。但是，随着学校逐步推进的“由师范教育为主向理工科教育为主转变，由中专教育为主向大专教育为主转变”，教育科研改革势在必行。

其一，必须确立明晰的市场意识。招生和就业是学校发展的前提与保证。其中，就业前景、就业空间、就业几率又是吸引生源的关键。教研室应主动关注人才市场动态，为学校专业设置、课程建设提供准确的信息，确保学校教育培训与市场接轨。

其二，在进行市场调研的基础上，协助教务部门确立骨干专业，将生存能力强、社会适应性好的专业做大、做精、做强，并做好经常性的专业动态评估工作。

其三，加强与科技信息部门、人才管理部门的联系，根据地区经济发展的特点和趋势，预测专业前景，寻找专业更新的理论依据。

其四，强化国际视野意识，加大交流与培训力度，对高新技术向人力资源成本相对较低地区转移的趋势予以足够的关注。

其五，强化品牌战略意识，立足学校，宣传学校，将学校的优势昭之于世。

后勤管理制度

张文斌

学校后勤制度文化作为一种新兴的管理理论和管理方式，是从文化层面上关注学校后勤制度的历史、现状和未来。学校后勤制度文化一般包括三个层面上的内容，即观念文化层、行为制度文化层和形象文化层。在市场经济中，最终决定学校后勤制度兴衰成败的不一定是表面的实力或外在的组织形式，而是学校后勤制度的文化能否适应不断变化的市场，能否为学校的不断创新提供文化支撑。同时，学校后勤制度是学校为了实现自身目标而对学校员工的行为给予规范和制约的文化。这种共性的文化对学校员工的行为规范提出了严格的要求，它是保障学校正常经营、协调各方面关系，保证团结协作、调动各方面积极性和创造性，

制约各种消极因素和越轨行为的必要手段。

我们认为，随着国家教育政策的调整，学校后勤工作逐步走向市场化，社会、学生、家长对学校后勤工作的要求不断提高，决定了学校后勤需要尽快加强制度文化建设，以保障学校的持续、健康发展。

一、加强学校后勤制度文化建设的必要性

其一，学校后勤制度文化是学校文化的构成部分，学校后勤制度文化本身能体现学校文化。学校后勤制度文化不仅是学校文化的一种外在表现形式，而且体现着学校的内在精神。加强学校后勤制度文化建设，就是要加强学校整体以及教职员工个体遵循的行为规范建设，从中反映出学校教育的价值理念，反映出学校办学方向与风格。通过学校后勤制度文化建设，我们能更加清晰、准确和全面地表达自己的学校文化，从而有利于推动学校文化的发展。

其二，学校后勤制度文化是学校运行机制的一种具体表现。加强学校后勤制度文化建设，目的在于建立一个使后勤管理者意愿得以贯彻的有力支撑，并且在得到员工认可的前提下，使管理中不可避免的人与人之间的矛盾弱化，可以更好地约束和规范他们的行为，减少对立或降低对立的尖锐程度。

其三，要建立符合教育规律和市场经济要求的行为规范，就要正确认识理解后勤制度文化建设在学校文化建设中的重要地位，懂得运用制度文化来保证和促进学校后勤的发展。加强学校后勤制度文化建设，就是要通过建章立制，完善管理，把后勤服务理念和行为准则制度化、规范化，从而达到促进后勤服务水平提高的目的。不难看出，要加强学校后勤制度文化建设，就是要从更高的层次上做好后勤经营服务工作。

其四，要适应市场经济特点，就必须建立和完善后勤管理制度和规范，加强后勤全方位的管理。加强学校后勤制度文化建设，就是要把后勤制度文化建设贯穿于后勤管理的全过程，保证后勤经营管理活动有序开展。

综上所述，我们认为，一个完善、合理的学校后勤制度文化，能规范员工行为，使学校后勤各项工作有章可循，提高管理效率与质量，形成一个良好的学校

后勤文化。通过加强学校后勤文化建设，能够从根本上解决学校后勤经营、管理中的不协调、不统一的问题，能够有效地提升学校后勤的管理水平，提高学校后勤的经营效益和效率。

二、学校后勤制度文化建设之现状

我们应该看到，目前学校后勤在制度建设上已初显成效，通过推进五项集中管理，极大地降低了运营成本；通过大力实施学校后勤成本管理，强调了学校后勤的科学决策、管理服务效率，提升了学校后勤职工的整体素质；通过竞争上岗、薪酬改革、绩效考核、员工职业生涯发展和教育培训五项机制创新，激发了学校后勤的活力和员工的主观能动性。但同时，我们也应清醒地看到，学校后勤还缺乏对内在的制度文化自律与软性的制度文化引导；缺乏强调心理认同、人的自主意识和主动性；缺乏启发员工的自觉意识达到自控和自律；支撑制度的文化尚未全面形成，学校后勤的制度执行成本较高。具体表现在以下一些方面：

一是对制度文化建设的动因认识不到位。一些制度的产生并不是完全立足于需要之上的，认为制度是越多越好，为严格而严格。

二是对制度文化建设的内涵认识不到位。将制度文化建设仅仅局限于制度这一表现形式，甚至迷信于制度建设，而忘记其他部分。

三是对制度文化建设的主体认识不到位。将制度看成是管理者的文化，或者是只反映管理规律和管理规范，对员工只注重外在的约束，而不探讨制度内涵是否被员工心理认同和接受，并自觉遵守，使制度没有成为一种共有的文化。

四是对制度文化建设的执行认识不到位。有的学校后勤在执行制度时，自上而下强制推行，虽然这些制度往往能迅速实施，很快就在学校后勤整体和员工个人的行为中体现出来，但是，这些仅仅是表象，其后缺少与员工的沟通，不能让员工充分理解和认同制度的内涵，不重视制度执行中的信息反馈，制度的有效性并不长。

三、加强学校后勤制度文化的几点思考

西方学者做过一个比喻：制度管理就像一座漂浮在大海里的冰山，露出水面的部分，占 1/3，大体相当于规范、标准等有形管理；隐在水中的部分，占 2/3，大体相当于组织成员对制度的接受度、认同感、认知率等无形管理。这个比喻形象、深刻。其中，制度是有形管理部分，制度文化是无形管理部分。制度是载体，多强调理性化，重视科学标准和规范的作用；制度文化强调的则是非理性化，重视内在

精神价值的开发、集体感受和各种非正式规则、群体氛围的作用。制度可以造就一个结构框架合理、运转程序规范、执行严格的标准化集体；而制度文化管理可以赋予这个集体以生命活力，为之提供精神源泉和价值动力，引导发展方向，并创造经营个性和管理特色。学校后勤制度文化建设的过程，是一个信仰、道德、理念、规则和行为不断强化的过程，不是一朝一夕所能实现的，它是一种历史的积累和沉淀所凝聚的力量。所以，我们认为，把握学校后勤制度文化的"无形"、"柔性"，加强学校后勤制度文化建设可以从以下五个方面入手：

一是从审视制度是否以学校后勤的根本性需求出发入手，抓住学校后勤制度文化建设的基本点。俗话说：没有规矩，不成方圆。制度建设是制度文化的骨架部分，任何一个学校离开了制度就会成为一盘散沙。同时，制度又反映一个学校的基本观念，以及学校对社会、对人的基本态度，因而制度又不是随心所欲的。制度必须从学校的根本性需求出发，并对其加以维护。如事关学校生存的各种问题，包括管理能力、服务质量、对外协作关系等，毫无疑问是必须以制度加以明确规范的。

二是从审视制度的内容是否以"以人为本"入手，抓住学校制度文化建设的活力点。制度是靠人去执行的，再好的制度如果没有高素质的人去执行也不会产生好的效率、好的效果。加强对员工的培养和教育，应是制度建设中的重要内容。首先，应加强对后勤员工诚实守信的教育。因为没有诚信，就会出现弄虚作假、欺上瞒下、投机取巧的现象，就会直接影响学校的形象和信誉。其次，要关注员工自身价值的建设，注重其创新能力的培养和提高。应当对不同的工作岗位每年提出不同的知识更新要求，通过培训、考试、考核和业绩评估等形式提升后勤员工的能力水平。同时，管理者还应创造适宜的工作环境、工作条件以满足员工的尊重需求和自我实现的需要，采用适当的激励手段调动员工工作的积极性和创造性。

三是从审视制度是否使各直接参与者的利益得到平衡入手，抓住学校制度文化建设的支撑点。制度作为公正的体现不但要求其形式是公正的，更要求其内容是公正的，要使制度约束下各直接参与者的利益得到平衡，体现权利与义务的对称，才能得到员工的认可。

四是从审视制度的执行是否真正严格平等入手，抓住学校制度文化建设的折射点。制度执行的最好效果就是在无歧视原则下产生的普遍的认同心理，这也正是制度执行中的难点问题。每个人在学校中所处的地位不同，制度的监督执行部门在学校中所处的地位不同，在执行制度时是很难做到完全公正和无歧视性的。因此，往往会影响制度执行的效果，危及制度的最终目标。

五是从审视制度的责任是否明确落实入手，抓住学校制度文化建设的落脚点。制定严格的责任追究制度和惩罚规定是制度得以贯彻执行的根本保证，如果没有严格的责任追究制，就会使各项合理的规章制度形同虚设，这个集体也就没有什么凝聚力和战斗力可言。惩罚规定是责任追究制度的补充，它既是治理违法违规、偷懒、弄虚作假的直接手段，又是树立正风，打击歪风邪气的有力武器，这种制度规定是必须的，也是有效的。在制度面前人人平等，全体员工都应是制度的执行者和维护者，在学校内部不应有特殊员工，尤其是对违法违规的处理上，必须坚持公平、公正性原则，要一视同仁，一碗水端平。这样的制度才是有效的，并具有权威性。

四、文山州民族职业学校后勤制度文化概要

如前所述，制度与文化两者之间是一个相互作用与反作用的关系，特别是处于重要战略转型期的学校，文化的反作用力更为明显。因此，文化理念的落实最终要靠制度去推进，形成固化模式，否则文化就没有土壤，制度也没有持久生命力。在学校转型中，制度的再造与文化的再造是相辅相成的。为此，今年以来，我校总务处在后勤制度建设方面先进行了一些探索：

一是明确了制度建设的目的。以执行层的精细化为途径，以管理层的精确化为目标，逐步固化各种事务处理模式，为学校后勤运行建立一套完整的、系统的，描述清晰的操作和管理规范。

二是确定了制度建设的理念。即制度建设不是大刀阔斧的改革而是在现有机制下的改良；制度建设要做好"针线工夫"，一针一线地"缝"出学校服务管理品牌；制度建设要为精确化决策提供保障，淡化个人色彩，实行职业化管理，效率与规范相结合。

三是把握好制度建设要解决的问题。主要有：制度的描述不够清晰、细致，缺乏可操作性，留有一定的个人意志空间；部门职责的制定只解决了分工问题，没有解决执行质量问题，一些职责仍缺乏与之配套的工作标准和行为规范；各种制度仍缺乏相应文化理念、价值观的贯穿和支撑。

四是勾画了我校后勤制度的框架。规定了员工的基本权利与义务，规范了学校与员工、员工与员工的关系，明确了员工守则。制度的框架分为三大块，即业务管理制度、行政管理制度和内控管理制度；主要内容包括行政管理、人力资源、财务审计、运行维护、服务监督、信息化等。同时，将沟通反馈制度、监察检查制度和文化监督制度贯穿各个部门。

五是制订了制度建设的实施计划。后勤制度建设工作分实施准备、分析梳理、制度编制、审核发布、组织实施、优化反馈六个阶段。一个制度，可以约束和命令员工每天干满8小时，但永远做不到让员工在8小时之内都尽心尽力、高效率地工作，只有制度文化能做到这一点。就学校后勤管理现状而言，制度文化建设的作用日益凸显出来，通过加强制度文化建设来进一步激励、教化、引导员工，是一个明显的趋势。因此，在强化制度、强化规范、推进科学管理的基础上，不失时机地加强制度文化建设，提升管理的层次和品位，做到实则泻之，虚则补之，保障血脉相通，才能在较短时间内全方位地提高学校后勤管理的水平，尽快实现从传统管理到现代管理，从经验管理到科学管理的制度型的升华。

招生就业管理制度

何 兰　杨云文

招生管理制度

为全面贯彻落实学校“十一五”发展规划，认真实施好学校招生与就业系统工程，建立健全学校招生工作奖惩长效机制，加快学校教育改革与发展步伐，制定了相关制度。

一、招生的范围和对象

学校的招生工作，主要包括全日制教育招生和成人教育招生，而成人教育招生又包括函授、远程学历教育招生。全日制教育招生主要是根据学校当年申报的招生专业和计划，面向全州初中毕业生和高中毕业生招生；成人教育招生主要是根据学校与联办高校当年商定的学历教育招生专业和计划，面向全州各级党政机关、社会团体、企事业单位和中小学校招生。

二、招生的机构和形式

为确保学校招生计划顺利完成，学校成立了八个招生工作组，由学校招生就

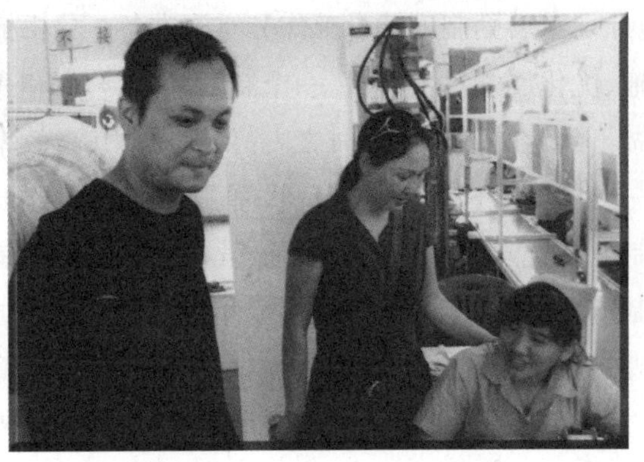

业办公室和成教部牵头，组织实施学校招生工作。

其一，以县为单位成立招生工作组。组长、副组长由学校确定，组员由组长会同招生就业办公室和成教部商定，从学校教职工中抽调组成。

其二，学校的招生工作坚持“学校宏观指导，责任部门各负其责，教职工全员参与”的原则，实行“分县包干，组长负责制”办法。学校的招生工作由学校领导分片指导，实行招生工作组、教职工个人、在读学员多渠道招生的方式。招生宣传主要通过新闻媒体、学校爱心艺术团巡回演出、招生工作组宣传和教职工个人宣传等多种方式进行。

其三，全日制教育招生实行春季招生和秋季招生。成人教育招生重点抓好三个环节，即成人高考报名前招生、成人高考报名期间招生和开班期间招生。

三、招生的职责和任务

涉及学校招生的部门、招生工作组和教职工个人，必须履行下列工作职责，认真贯彻落实学校关于招生工作的目标和任务，按时、按质、按量完成学校招生工作计划。工作职责如下：

1.招生就业办公室

(1)负责做好专业设置和人才需求调研并写出报告，根据社会需要，提出全日制教育招生专业和计划，报学校审定，并逐级向州省教育主管部门报批学校招生计划。

(2)根据学校领导决议、决定，负责起草、送审、印发全日制教育招生简章和招生宣传相关资料。

(3)加强与各县教育局及学校的沟通联系，及时、广泛收集有关全日制教育招生信息，积极研究、探索招生工作实施的有效策略，为学校招生工作提供指导。

(4)督促检查有关招生工作的进展情况，收集和反馈招生工作中出现的困难和问题，做好上情下达、下情上报工作，积极做好全日制教育招生的综合协调工作。

(5)组织实施好全日制教育的招生工作。

2.成人教育部

(1)认真做好市场调研,提出成人教育招生专业和计划,报学校审定。

(2)负责与联办大学商定专业设置和计划,配合高校做好招生计划的报批工作。

(3)加强与各县教育局及学校的沟通联系,及时、广泛收集有关成人教育招生信息,积极研究、探索招生工作实施的有效策略,为学校招生工作提供指导。

(4)根据学校与联办高校签订的协议,起草、送审、印发成人教育招生简章和招生宣传相关资料。

(5)负责与各县招生组商定成人高考报名指导教师的安排、培训和综合协调工作,配合联办高校做好成人高考考生的录取工作。

(6)组织实施好成人教育的招生工作。

3.招生工作组

(1)认真学习、掌握有关招生政策,以及学校招生专业和计划。

(2)根据学校下达的招生工作计划,积极做好本县的招生宣传工作,根据需要深入到各乡镇及有关单位进行宣传。

(3)会同成教部安排教师到县招办做好成人高考报名指导工作,配合成教部组织实施好成人高考报名期间的招生工作。

(4)结合本县实际,认真分析研究招生工作中存在的困难和问题,不断总结招生工作经验,积极采取有效措施,确保招生计划顺利完成。

4.教职工个人

(1)认真学习、掌握有关招生政策,以及学校招生专业和计划。

(2)根据学校下达的招生任务,积极做好招生宣传工作,主动抓生源。

四、招生考核的原则和办法

(一)考核的原则

坚持客观公正、全面准确、公开透明、注重实绩的原则;坚持定性考核与定量考核相结合的原则;坚持精神鼓励和物质奖励相结合的原则;坚持奖励与惩戒相结合的原则,做到奖惩分明。

(二)考核办法

(1)学校招生就业办公室负责对全日制教育招生的考核,成人教育部负责对成人教育招生的考核。

(2)主要考核职责任务的完成情况,重点考核工作实绩,包括招生宣传工作

的开展情况、招生措施的制定和实施情况，以及招生任务的完成情况等。

(3)招生工作组招生任务的确定。全日制教育招生，根据当年各县春秋两季招生实际到校报到注册三个月以后的在读人数相加统计；成人教育招生，根据当年各县招生实际到校报到注册的在读人数相加统计，包括正式录取的新生和新招的跟班生，原在读生不纳入统计范围。

(4)教职工招生任务的确定。全日制教育招生，根据当年春秋两季招生实际到校报到注册三个月以后的在读人数相加统计(已交清学费的除外)。要求教职工必须在新生入学报到注册前将学生信息报招生就业办和该生所在县属的招生组确认，新生入学报到时三天以内提供的学生名单一律无效。成人教育招生，根据当年招生实际到校报到注册的在读人数相加统计，包括正式录取的新生和新招的跟班生，原在读生不纳入统计范围。

(5)将招生工作任务的完成情况纳入对个人的年度考核内容，考核结果分为优秀、合格、不合格三个等级，考核结果将作为年度评优的重要依据。

五、加强领导，宣传到位，确保学校招生计划顺利完成

学校各级领导和全体教职员工必须树立“招生工作、人人有责”的思想，充分认识招生工作对于学校教育改革与发展的重要性和紧迫性，增强工作的责任感、使命感和危机感，积极采取措施，加强组织领导，宣传到位，开创性地开展招生工作。

招生就业办、成人教育部要切实加强对招生工作的领导，组织实施好学校的招生工作，确保学校招生计划顺利完成。

毕业生就业工作方案

毕业生的就业状况是学校生存和发展的基础。为使我校毕业生就业工作更加规范化、制度化，更好地开展毕业生的就业服务工作，根据《普通中等职业技术学校毕业生就业工作暂行规定》和我州的有关毕业生就业政策，结合我校实际，制定本方案。

一、指导思想

坚持“三个一切”的办学理念，按照我校毕业生就业工作的指导原则：“以市场为主导，转变就业观念，拓宽就业渠道，形成就业网络，立足文山，面向全国”，做到"三个落实"(即落实工作岗位、落实工资待遇、落实用工合同),实现"三个满意"(即学生满意、家长满意、用人单位满意),保证百分之百推荐学生就业。

二、就业工作措施

(1)构建"全员化"的毕业生就业服务机制,逐步建立和完善学校领导、就业办和其他部门负责人齐抓共管,各科室以及专业教师、辅导员、班主任参与的"全员化"就业工作指导与服务机制。

(2)分阶段对学生进行适应性就业指导,加强学生的世界观、人生观、价值观教育及就业观教育,引导他们树立正确的就业观和职业理想,帮助他们根据个性特点确定职业发展方向。

(3)采取措施,拓宽就业渠道,为毕业生搜集和发布大量准确的就业信息,在举办人才市场招聘会、签约、办理离校手续等诸多工作环节上,为毕业生提供全面而周到的服务。

三、就业方针与原则

(1)毕业生就业工作的开展必须遵守国家有关法律、执行国家有关毕业生就业的方针、政策和规定;顺应社会用人制度等方面的改革,转变观念,强化服务意识,为毕业生创造良好的就业环境。

(2)毕业生在就业过程中要有法制观念,要诚实守信。毕业生既有享受学校提供推荐就业的权利,同时也有维护学校名誉和宣传学校的义务。

四、就业政策与管理办法

(1)毕业生可在学校推荐就业的前提下进行自主择业,已落实工作单位的毕业生手续齐全的,由学校办理相关手续。

(2)学生毕业后,没有具体就业单位的毕业生,学校将其档案派回生源所在地。

(3)有下列情形之一的毕业生,学校有权利不再推荐其就业,也不再为其办理相关手续:

①在校期间多次违反学校

校规、校纪，经教育拒不改正，毕业未撤销处分的；

②经学校推荐就业单位，面试后被用人单位录用，无正当理由不去就业单位报到的；

③报到后，拒不服从安排或无理取闹被用人单位开除并反馈给学校的；

④学校多次推荐就业单位，无正当理由拒不接受的。

五、就业工作的组织领导和职责分工

为切实开展好我校就业指导工作，成立我校就业工作领导小组及其办公室。领导小组组长、副组长分别负责指导所联系科室，领导小组成员负责组织和落实检查本部门工作。领导小组下设办公室于招生就业办公室。

（一）招生就业办公室工作职责

（1）贯彻执行教育部和云南省教育厅制定的有关就业的政策和法规，负责拟定毕业生就业工作实施细则，安排毕业生就业工作日程。

（2）严格按照学校"三个一切"的办学理念，就业工作做到"三个落实"，实现"三个满意"，负责本校毕业生的推荐工作，保证百分之百推荐学生就业。及时向文山州教育局报送毕业生生源情况、就业方案和就业统计数据。

（3）开展就业指导，为毕业生就业工作提供就业政策、就业信息、就业技巧的指导和咨询等。

（4）负责发放和指导毕业生填写自荐资料，大力宣传学校及择优推荐学校优秀毕业生。

（5）不断完善招生就业办公室就业信箱，充分开发就业网络服务功能。

（6）大力拓宽毕业生就业渠道，采用各种方法广泛收集用人单位需求信息，并及时向毕业生发布。采取积极、主动、务实的方法和措施，建立稳定的用人基地。

（7）负责接待和处理用人单位的来访和来函，组织举办校内各种类型的招聘会，接受用人单位的委托，做好向用人单位的推荐工作，根据用人单位的要求负责通知毕业生初试、面试、录用等事宜。

（8）监督、管理毕业生就业协议，编报毕业生就业方案，办理就业报到证。

（9）协调学校有关部门，办理毕业生离校手续。

（10）负责处理毕业生二次推荐就业及遗留问题。

（11）做好当年毕业生就业工作总结，适时开展毕业生就业跟踪调查工作。

（二）教务处工作职责

（1）协助招生就业办完成《学生就业能力培养方案》的制定。

(2)负责《学生就业能力培养方案》的具体实施。确定教学课时和安排指导教师,宣传、贯彻国家有关就业政策和法规,按照学校提出的工作意见和实施细则,采取切实有效的措施,有针对性地做好学生的就业指导工作。

(3)负责学校毕业生的就业指导及面试培训工作。

(三)实训处工作职责

(1)协助招生就业办联系落实毕业生实习、预就业岗位。

(2)负责组织学生的职业技能考试及相关办证手续。

(四)德育处工作职责

(1)根据学校提出的《学生就业能力培养方案》,组织年级组长、班主任、德育辅导员负责具体完成学生的就业指导工作。

(2)年级组长、班主任、德育辅导员负责积极开拓就业市场,利用教学及其他与用人单位联系的渠道,收集用人信息,推荐毕业生就业,协助招生就业办,保证百分之百推荐学生就业。

(3)接待用人单位的来访,积极做好推荐工作。根据用人单位的录用要求,如实向用人单位介绍毕业生在校表现情况,配合用人单位做好选录工作。

(4)认真核对当年毕业生生源名单;负责学校毕业生基本数据的采集;组织毕业生填写《毕业生自荐书》,认真审核推荐表内容,填写推荐意见,按时完成推荐表收发工作。

(5)组织毕业生填写《毕业生登记表》,并上交学校招生就业办。负责协助教务处学籍档案室整理学生学籍档案。组织毕业生办理离校手续,开展毕业生教育和欢送毕业生的活动。

(6)协助招生就业办处理毕业生就业过程中的各类特殊情况及遗留问题。

(7)班主任负责适时开展毕业生跟踪调查工作,并将调查情况上交学校招生就业办。

六、就业工作奖惩的原则和办法

(一)奖惩的原则

坚持客观公正、全面准确、公开透明、注重实绩的原则;坚持以奖励为主的原则。鼓励全校教职工主动地关心和参与毕业生的就业工作,开拓就业市场,收集用人信息,积极向招生就业办提供就业岗位。

(二)考核办法

(1)班主任、德育辅导员必须按要求及时提供毕业生信息;协助招生就业办

至少推荐本班60%以上的学生进入就业岗位。

(2)学校招生就业办公室负责记录并跟踪落实老师提供的就业岗位及相应岗位的学生就业情况,以学生在岗至少三个月为期,进行登记。

(3)将就业岗位的推荐情况纳入对个人的年度考核内容,考核结果分优秀、合格、不合格三个等级,考核结果将作为年度评优的重要依据。

(4)教师提供1~9个岗位为合格,提供10个以上岗位为优秀,一个岗位都不提供为不合格。

(5)招生就业办公室人员以完成学生就业的总数计算:学生80%以上就业率为优秀,60%~79%为合格,60%以下为不合格。(此项工作的检查,由招生就业办提供所有毕业生名单,由学校就业工作领导小组负责抽查。)

(三)奖励办法

若所提供的岗位学生被录用,三个月后经招生就业办核实学生仍在其岗,五名加计教分6分,每增加五名再加计教分3分,以此类推。

(四)惩罚办法

若因工作不负责等自身因素影响就业工作或完不成就业工作任务者,视其情节轻重给予"一般教学事故"、"严重教学事故"的处分。

德育管理制度

张贞富

学校坚持以德育为首,必将带来巨大的办学效益和良好的社会信誉。长期以来我校坚持把德育放在首位,工作中大力弘扬"爱岗敬业、艰苦奋斗"的学校精神,发挥"教书育人、管理育人、服务育人、环境育人、活动育人"的功能,提高了德育工作的实效,促进了学校办学质量的全面提升,提升了办学效益和社会信誉,形成了一整套宝贵的德育工作经验体系。

(一)德育指导思想

学校德育工作以邓小平教育理论和"三个代表"重要思想为指导方针,坚持科学发展观,认真落实中共中央国务院《关于加强未成年人思想道德建设的若干意见》和《关于进一步加强和改进学校德育工作的若干意见》，全面贯彻党的教育方针，遵循教育规律，认真执行《中等职业学校德育大纲》和《中国普通高等学校德育大纲》，认真落实学校德育工作计划和要求，切实加强思想道德教育，培养有理想、有道德、有文化、有纪律的一代新人，造就德、智、体、美全面发展的合格技能型人才。

（二）工作目标

（1）尽力推动学校德育工作综合改革，建立适应学校改革与发展、适应学生思想道德现状要求的德育工作人事体制、分配机制、方法体系和内容体系。

（2）致力于促进学校构建"三全育人"的工作体系。

（3）加强德育工作队伍建设，建立一支素质全面的德育工作队伍，提高他们解决当前学生思想道德建设主要问题的能力。

（4）巩固省级"文明学校"成果，创建省级、国家级"文明单位"。

（5）加强校园文化建设，全面提升校园文化的品质和品位。

（三）德育工作的基本思路

（1）以落实德育工作政策为指针，认真贯彻执行《中共中央国务院关于加强未成年人思想道德建设的若干意见》、《公民道德建设实施纲要》、《爱国主义教育实施纲要》、《中等职业学校德育大纲》、《中国普通高等学校德育大纲》以及《中小学教师职业道德规范》、《教育法》、《教师法》的精神，深入理解和执行教育方针，把握德育工作政策，明确德育工作目标。

（2）以加强队伍建设为关键，切实加强德育工作干部队伍、班主任队伍、治安保卫队伍、宿舍管理员队伍和学生干部队伍的建设。

（3）以建立切合实际的德育内容体系为支撑，把思想政治教育、品德教育、纪律教育、法制教育、心理健康教育、职业理想与职业道德教育作为德育工作的重要内容，抓实、抓好。

（4）以德育工作体制改革为重要突破口，结合我校"十一五"发展规划和教育综合改革的实际要求，完善德育工作管理体制，构建全面的德育工作制度体系。

（5）以科研为先导，结合时代精神、学生思想实际和学校德育工作的需要，与时俱进，加大德育工作研究力度，指导德育工作来获得新的更大、更强的发展。

（6）以开展丰富多彩的教育实践活动为载体，深化认识与实践的统一，陶冶性情，磨炼意志，养成道德行为习惯。

（7）以抓好日常行为习惯的养成教育为切入点，结合贯彻《中学生日常行为规范》、《中小学生守则》，从小事入手，从一点一滴做起，培养良好的行为习惯，注

重个性化、人格化的教育。

(8)以校园文化建设为依托，建立新型的环境文化、组织文化、制度文化、管理文化、课程文化、学生文化和教师文化，充分发挥校园文化的导向功能、品牌功能、激励功能和凝聚功能，促进学校德育工作向纵深发展。

(9)以整合全校德育工作力量为制高点，致力于推进学校"三全"育人体系的建立。全校各级党政领导、全体教职员工都要在思想上确立"全面发展育人目标、全方位全过程展开的德育格局和全员参与的育人意识"这个育人思路。要把培养德智体美全面发展的社会主义建设者和接班人作为学校各项工作的出发点和归宿；学校的教学工作、后勤服务、行政管理、班级管理、生活管理都要以育人为宗旨，从而形成"全员育人、全方位育人、全过程育人"的局面。

(10)以加强家庭、社会联系为补充，构建"三位一体"的德育工作网络体系，努力提高德育工作的实效性。

(11)以加大德育评价力度为手段，完善德育工作考核评定制度，定期对学校德育工作进行自评，对各所属部门、各班级和各教师的德育工作进行考评，对学生的品德进行评定，把评价结果纳入部门、班级和教师考评，作为评选文明部门、文明班级、德育工作先进个人、优秀学生和优秀学生干部的依据，提高德育工作队伍和学生的积极主动性，进一步促进学校德育工作。

(四)构建与时俱进的德育内容体系

1.德育工作内容构建的基本思想和基本体系

学校认真贯彻中共中央、国务院《关于进一步加强和改进未成年人思想道德建设的若干意见》、《公民道德建设实施纲要》、《爱国主义教育实施纲要》的精神，执行教育部颁发的《中等职业学校德育大纲》、《高等学校学生行为准则》，开展以"三个代表"为核心的政治思想教育和科学人生观、正确价值观的教育；以为人民服务为核心，以集体主义为原则，以爱祖国、爱人民、爱劳动、爱科学、爱社会主义为基本要求，以社会公德、职业道德、家庭美德为着力点，加强学校道德建设；结合《中学生日常行为规范》、《中小学生守则》的贯彻，开展养成教育，训练学生养成良好的日常行为习惯，具有文明的仪表风范，注重礼仪、讲求礼貌。

2.开展以"八荣八耻"为内容的社会主义荣辱观学习教育活动

"两会"以后，根据胡锦涛同志讲话的精神，我校思想道德教育以帮助学生树立社会主义的荣辱观为道德教育的一个有效切入点，引导学生分清是非、善恶、美丑，养成良好的行为，切实加强学校思想道德建设。

(1)教师"学习在前，宣传在前，实践在前"。为教职工征订了《社会主义荣辱观教育读本》，组织、开展学习活动，把学习和实践的情况纳入教师思想政治考核，促进教师树立社会主义荣辱观，成为学生的楷模。

(2)引导学生明辨荣辱，激发学生的道德情感。认识是观念形成的基础，情感是形成理想信念的动力。教师从提高学生认识和激发学生情感着手，帮助学生树立社会主义荣辱观，形成坚定不移的信念。为了深化学生的认识和情感，学校一方面利用广播、板报、电视、主题班会、宣誓仪式等形式，展开强大的宣传教育攻势，让“八荣八耻”深入人心；另一方面为学生征订了《社会主义荣辱观学习教育读本》，纳入思想政治课教学，使学生对“八荣八耻”的学习更加系统化、科学化、规范化，并深入持久地开展下去。

(3)创造情景磨炼学生意志，在实践中训练学生行为。注重结合《爱国主义教育实施纲要》、《公民道德建设实施纲要》、《学生日常行为规范》、《学生礼仪常规》等的贯彻实施，在日常学习、劳动、交往、社会实践、公益劳动等活动中磨炼学生意志，训练行为，把社会主义荣辱观付诸实践，使之更加牢不可摧。

3.深入学习，落实内容

学校精神文明办公室编印了《教育法规和思想道德建设文件资料汇编》，提供给教职工学习，内容包括《教育法》、《义务教育法》、《教师法》、《未成年人保护法》、《预防未成年人犯罪法》、《职业教育法》等法律方面的内容和《公民道德建设实施纲要》、《中小学教师职业道德规范》、《文山州中小学教师执教承诺书》等道德教育方面的内容，以及《中共中央、国务院关于进一步加强和改进未成年人思想道德建设的若干意见》、《中共文山州委、文山州人民政府关于进一步加强和改进学生思想道德建设的意见》等关于学生思想道德建设的内容，并制定相应的学习、培训和考试制度。通过学习和培训，教职工掌握了教育法律的基本知识，提高了思想道德修养，促进了学校思想道德建设。

(五)构建立体多元的思想道德教育体系

1.发挥党组织在学校思想道德建设中的战斗堡垒作用

学校长期坚持“党员联系班级”制度、德育辅导员工作制度，业余党校制度、培养入党积极分子制度，学校党组织已经成为了学校精神文明建设和学生思想道德教育的一面旗帜。

2.充分发挥群团组织的教育力量

在学校党委领导下，各部门、团体和组织都把青少年思想道德建设放在工作首位。多年来，我校一直保持共青团员人数多、团青比例高、团干部和学生会干部人数众多的特点，团员、团干部和学生会干部的思想道德建设在学校青少年思想道德建设中起着至关重要作用。校团委和学生会通过协助党组织开办业余党校、推荐优秀团员加入党组织、开办业余团校、组织丰富多彩的社团活动、创建校园文明监督岗、开展社会实践活动等途径，使共青团和学生会成为我校青少年思想道德建设的一支重要力量。

3.用教育研究引领学校德育工作

重视用科学教育理论引领和深化德育工作，在德育工作领域中提出“以德育科研促进德育工作”的战略思路。仅 2005 年度，我校教职工共有 107 篇科研论文获得各级奖励。其中，获得国家级论文奖励 12 篇，省级论文奖励 76 篇，州级论文奖励 19 篇；全年在各级刊物上（或出版社出版）发表科研论文共 71 篇，其中在国家级刊物上发表的有 14 篇，省级刊物上发表 41 篇，州级刊物上发表 16 篇。教育科研的发展，有力地促进了师生思想道德建设。

4.通过教学主渠道，发挥教师专业优势，服务于德育和心理健康教育

学校认真抓好德育、法律等课程教学质量，注重在各学科教学中渗透德育因素，有效地服务于学校德育。同时，学校发挥教育心理学教师的专业优势，对全校学生开展多样化的心理健康教育与咨询服务活动。采用集体讲座和个别辅导相结合，倾听学生的心声，了解学生的困惑，帮助学生合理释放内心焦虑或清除心理障碍，引导学生走出不良心态的困扰。学校先后投入了近 10 万元的资金购买心理健康教育的相关设备，建成了心理实验室和心理辅导室，为有效开展心理健康教育提供了良好的条件。

5.致力于构建学校、家庭、社会三位一体的思想道德教育网络

学校定期或不定期召开家长座谈会，请家长参观学校，指导工作；建立学生家庭档案，与家长保持联系，签订教育协议，每个学期向家长寄送学生的评语、学习成绩和有关要求，做到信息互通，共同教育；注重加强与学校所在社区的联系，充分利用社区教育资源教育在校学生，每学年都定期聘请有关专家到学校举行法律知识讲座、政治思想教育讲座、科技讲座、健康与卫生知识讲座，等等。充分利用寒（暑）假期，组织学生面向社会开展综合实践活动，包括从事社会调查、生

产劳动、教育实践活动、青年志愿者服务活动等等，使学生获得真切体验，升华自己的情感，改造自己的人生观、价值观，引导学生服务社会、奉献社会。

6.抓德育网络“四条主线”

①校长——政教处——年级组——班主任——学生教育；

②校长——教务处（教研室）——教研组——教师——学生教育；

③党委——党支部（支部建在年级上）——班级德育辅导员（“党代表”）——学生教育；

④党委——群团（工会、妇委会、团委、学生会）——团总支、年级学生分会——团支部、学生会各分部—学生教育。

德育工作四条主线，充分发挥“齐抓共管”、“全员育人”的作用，从而使德育工作形成系统性、针对性、实效性和整体性的特点。

7.抓好新生政训和军训

新生政训、军训是对新生开展道德教育、纪律教育、法制教育和国防教育的重要途径，是磨炼学生意志、养成学生良好习惯的重要手段。学校历来重视新生的政训、军训，每年制订切实可行的政训、军训工作计划和课程大纲，建立健全工作机构，积极联系武警部队、当地驻军部队，做好一切准备工作。在政训、军训过程中，积极配合军训教官，严格纪律，严格训练，耐心细致地做好学生的思想工作，认认真真服务于教师、教官和学生。同时，德育处主要领导、班主任、年级组长组成了教师军训中队，严格接受军训，与学生同甘苦，为学生树立了良好的榜样，为顺利完成一年级军训任务奠定了良好的基础，创设了良好的氛围。由于管理严格、服务工作到位、教育耐心细致、示范带头作用好，学校的新生政训、军训工作每年都获得了圆满成功，受到上级教育主管部门和部队首长的高度赞扬。

班主任管理考核制度

龚 雯

班主任是对学生进行道德教育的基层工作者，是学校思想政治教育工作的重要组成部分，是学生管理工作的责任人，是帮助学生德、智、体、美全面发展的指导教师。班主任工作是做好学校育人工作的重要环节。为使班主任工作规范化、制度化、科学化，加强对学生的思想政治工作和管理工作，帮助指导学生树立良好的道德行为规范，特制定班主任的管理制度。

一、班主任的主要职责

(1)认真贯彻党的路线、方针和政策，坚持四项基本原则，坚持改革开放，不断提高自己的思想觉悟；围绕学院党委中心工作，针对学生思想实际，开展各种适合学生特点的思想教育活动，参加并指导学生的劳动、实习和课外活动，耐心细致地做好学生的思想工作，引导学生严格遵守纪律和道德规范，逐步树立科学的世界观和人生观。

(2)以身作则，为人师表，密切联系学生，做学生的良师益友。深入课堂、宿舍、食堂检查，了解学生生活情况和纪律执行情况，了解学生的特点，分析个别学生情况、思想动态和不良倾向，做好个别学生的教育工作。每周至少到男女学生宿舍各一次，发现问题及时解决或向有关部门反映。对学生的思想状况要做到心中有数，工作做在平时，尽量杜绝各种事故的发生。

(3)协助党组织做好入党积极分子的选拔培养和考察工作，指导班委会、团支部开展工作，帮助班委会、团支部确立班级的奋斗目标。不断选拔和培养学生积极分子，提高学生干部的管理能力，注意培养学生的自我教育、自我管理、自我服务、自我完善的能力，引导学生创建良好的班风。坚持每月至少一次的班会讲评制度，表扬先进、鞭策落后、总结班级工作，制定适合本班实际的各种规章制度、卫生制度、考勤制度等。培养班级的集体主义精神和勤奋学习、遵纪守法、团结友爱、勤俭节约的优良作风。

(4)积极协助学校实施教学计划，重视班级良好学风的形成，加强与各科教师的沟通交流，认真负责地把学生的学习情况和对教学的意见要求及时反映给有关部门,从而促进任课教师改进教学方法,更好的实现教书育人。同时了解课堂纪律及考勤情况,组织学生交流学习经验,改进学习方法,掌握本班学生的学习和考核情况,帮助学生明确学习目的,端正学习态度。

(5) 班主任必须在每学期开学后一周内,制订明确的学期工作计划,学期放假后一周内写出工作总结,交年级组长办公室存档。学生毕业,班主任工作任职结束后,须写一篇有关学生管理、教育等方面的文章进行交流。在开展较大的活动时应有详细的计划安排,并在工作结束后及时总结汇报,努力探索和研究新时期学生思想工作的基本规律和方法,掌握学生的生理和心理发展规律,不断提高工作能力和工作实效。

(6)对学生进行诚信教育,做好学生的诚信记录,负责学费及相关费用的催缴工作。

二、班主任的设置及管理

(1)班主任队伍的组成。班主任可从任课教师或教辅人员中选拔具有较高的政治觉悟,较强的责任感和事业心,道德品质好,关心学生,认真执行党的教育方针,具有一定的组织能力和认真负责的工作态度,并能身体力行做学生表率的同志担任。拒聘班主任工作者,其他工作将不再聘任。

(2)各年级组要做好班主任的推荐、选拔、聘任、培训工作。班主任聘任的方式有:本人自愿报名担任和直接聘任两种方式。拟聘任班主任的人员名单,经学校德育处审核通过,任期三年。班主任在聘任期间,如有特殊情况需离开班级达一月以上者,应提前向年级组领导汇报,由本人推荐或德育处指派他人代理履行班主任职责。

(3)班主任工作是教师基层锻炼的一种重要途径,根据其在班主任工作岗位锻炼的情况,纳入学校教师专业技术评聘的管理范畴。

(4)年级组以班级为单位设置班主任。各专业、各学历层次的学生均以 30~50 人组成一个班,设一名班主任。

(5)班主任在学校德育处统一领导下开展工作,负责全面管理协调工作,各年级组负责日常管理和考核工作。

三、班主任的考核

(1)班主任工作每月考核一次,两学期的考核结果作为一学年的评优依据,

由各年级组具体负责实施考核并将结果报德育处备案。

(2)班主任每月未完成的工作按规定减分，扣减后的分数为当月考核所得分。学生评议分按20%记入每月考核分，其余分数根据考核加分项目计算(班主任考核内容见附页各类考核表)。每学年按十个月计算，每月考核分合计为本年度的班主任工作量化分数。

(3)班主任工作职责考评指标和办法：

班主任工作职责考评表

指标项目	指标要求及扣分办法
1.工作手册	每月按要求填写并按时上交，迟交扣3分，缺交扣10分。在要求填写的内容中缺一次班会记录扣2分，缺月总结扣4分。
2.主题班会	每周按时召开班会，学校有主题布置必须按学校要求进行，如果学校没有统一的要求各班根据实际情况自行组织，做到主题明确，有相应的意境设计。缺一次扣5分(包括请假在内)，不按要求扣2～5分。
3.班主任会议	每月每次班主任会议，迟到一次扣5分，缺席一次扣10分(5分钟以内作迟到，5分钟以后作缺席处理)，请假一次扣5分。
4.执行决议、完成任务	以学校为大局，服从安排，按时按质完成任务。消极应付扣1～7分，不执行或不完成扣10分。
5.上交材料	按时上交各种材料，迟交每次扣2分，缺交每次扣5～10分(根据材料重要性而定)。
6.问题学生转化	充分了解并掌握问题学生的情况，有针对性地进行教育。出现突发事件不积极采取措施解决，对严重问题学生的情况不及时上报，造成违纪现象越来越严重，每人次扣20～50分(按照违纪级别而定)。做好稳定工作，流失一名学生扣 4～20分。
7.家长工作	没有及时与家长联系，将学生的情况通知家长，引起不良后果，造成家长有意见，每生次扣10～50分。
8.贫困生救助	客观、公正、公平地做好贫困生救助的申报、评定、发放工作，确保此项工作落实到位，若出现弄虚作假，每人次扣10–30分。
9.团支部工作指导	该项由团委评定，每个月末把扣分结果提供给德育处，总扣分限制在20分以内。
10.班主任值班	按相关制度执行。

学生评议班主任工作评分表

序号	评分内容	分值	得分
1	对学生进行思想政治教育，深入了解学生的思想、学习、兴趣、爱好和家庭情况，掌握少数民族学生的心理特点，关心学生的生活和健康，贯彻落实《中师生日常行为规范》。要始终坚持正面教育，提倡灌输和养成教育，严格要求，耐心疏导，以理服人，以情动人，严禁体罚学生。	10	

续 表

2	尊重学生人格，以平等态度对待学生，加强对后进生的转化工作。对后进生不要冷淡，不要厌弃，不得讽刺打击，要满腔热情地关心、爱护和帮助，努力促进他们发扬优点，克服缺点，向好的方面转化。	10	
3	组建班委会，抓好班委会建设，选拔培养好班干，协助学校团委组建班团支部，组织、指导开展好班级活动，形成良好的学风、班风、会风，要引导学生进行自我教育。	10	
4	组建班委会，抓好班委会建设，选拔培养好班干，协助学校团委组建班团支部，组织、指导开展好班级活动，形成良好的学风、班风、会风，要引导学生进行自我教育。	10	
5	积极组织学生参加学校组织的一切活动，创造性地围绕学校中心工作开展班级活动。	10	
6	关心学生的身心健康，配合体育教师组织学生做好三操一课活动；搞好本班的清洁卫生工作，配合校医搞好疾病防治工作；配合保卫科做好本班的安全保卫工作，对学生进行安全和法制教育。	10	
7	负责评定学生操行和综合考评，实习鉴定、毕业鉴定、对学生的奖惩提出书面意见逐级上报主管部门。推荐优秀生，做好班级工作记录，做到心中有数，有理有据。	10	
8	全面了解学生，及时向德育处、教务处、总务处和学校反映学生的思想、学习、生活情况，以便及时帮助学生解决思想、学习、生活中的问题。	10	
9	每周星期天晚上必须亲自或组织学生召开主题班会。每月召开一次班委会，针对本班实际，认真组织好主题班会活动。	10	
10	以身作则，言传身教，讲求班级工作的科学性、针对性、实效性，在思想、道德、文明行为等方面努力成为学生的表率。	10	

(4)优秀班主任的评选：

优秀班主任每学年评选一次，根据班主任年度考核分数为重要依据占80%、民主评议占20%，评选比例不超过学校班主任总数的30%。

评选程序：学校下达指标至各年级组，各年级组将评选结果报德育处，德育处审查后，报学校审批，在每年的教师节给予表彰。

(5)担任班主任工作的实绩作为评聘教师专业技术职称、评选先进、深造等的重要依据。

班主任班级管理的策略

陈全荣

随着新世纪的到来，世界发生着深刻的变革，教育也面临着严峻的挑战。文山州民族师范学校也面临着“第二次创业”。班主任工作是教育工作中重要的内容,班级管理是一项纷繁复杂的工作,面对新形势,必须更新观念,树立以人为本的教育思想,提高班主任的思想和业务素质。十年树木,百年树人,班级管理的成功与否直接影响学生的一生,也直接影响着学校的地位、声誉和未来。作为文山州民族师范学校的班主任更要转变观念,加强责任感。所以,班主任工作在学校建设与发展中,肩负着举足轻重的神圣使命,这一使命要求班主任只能成功,决不能失败。要做好这点,在班主任的班级管理中必须要有点管理策略与技巧。

一、方与圆

班主任是学校对学生进行教育的最基层的工作者。在实际工作中,班主任既要执行学校的规章制度,又要让学生接受学校的管理,此时就应该讲一点儿“方”与“圆”的艺术。

所谓“方”,即指班主任工作准则、原则;所谓“圆”,即指班主任工作策略、情感。如果班主任在工作中过于求“方”,一味地按照学校的规章制度行事,虽然公正无私,威严正统,但有悖于“感人心者,莫先乎情”的道理,其结果可能是学生对班主任敬而远之;如果班主任在工作中过于求“圆”,一味的迎合学生的愿望,虽然能赢得学生的好感,皆大欢喜,但有损于学校原则的坚持和制度的执行,不能真正把学生培养成合格的有用人才,这样的班主任也不能算是一名称职的班主任;所以,在实际工作中,班主任应面面俱到,灵活处理“方”与“圆”的关系,力争做到“方”中求“圆”,“圆”中求“方”,有“方”有“圆”,“方”、“圆”统一。当然,这需要班主任有较丰富的教学实践和较娴熟的教育技巧。一般说来,在“点”、“面”结合的教育工作中,“面”上的工作宜侧重于“方”的要求,“点”上的工作宜侧重于“圆”的教导;对待那些性格执拗、脾气倔强的学生,或者那些偶尔犯了一点错误,但未造成严重影响的学生,在教育时,可以以“圆”的思想为主导,以“方”的原则为辅助,使学生在悔过自新的同时,既能体会到班主任母亲般的慈爱,又能体会到班主任父亲般的严肃。只有这样,班主任在实际工作中,才能真正处理好自身与学校、学生之间的关系,既能顺利地开展班级工作,又能出色地落实学校的教育任务;既能得到学校的充分肯定,又能得到学生的一致认可。

二、实与虚

班主任工作是多方面的。它既要求班主任立足现实,努力搞好实际工作,又要求班主任着眼长远,加强学习、研究与探索,所以,班主任要做到既务实又务虚。

所谓“务实”，就是指班主任必须从实际出发，从当前做起，从具体的事物做起，心怀学生，心系班级，让学生既感受到班主任的情与爱，又认识到班主任对班级工作的指导与参与，使班主任在班级管理中既能成为学生的兄长朋友，又能成为学生的导师助手。具体说来，学生生病了，班主任应该关怀备至；学生生日了，班主任应该关心祝福；学生情绪有了波动，班主任应该娓娓谈心；学生参加比赛，班主任应该加油助威……只有如此，班主任才能树立威信，产生强烈的感召力和凝聚力，从而使班级管理工作取得实效。

所谓“务虚”，就是指班级工作需要理论的指导，需要班主任不断地总结经验吸取教训，以不断地提高管理水平。所以，班主任在“务实”的同时，还要善于从繁杂、琐碎的管理工作中解脱出来，树立班级管理的整体观、发展观、理论指导观。这就需要班主任加强学习，积极参与教育管理理论的研究、探讨与实践，努力提高自身的文化修养与理论品位，以适应班级管理高层次的需求。

三、管与放

班级管理的对象是有主观能动性的、自我意识正趋成熟的活生生的人。在实际工作中，班主任要管的方面很多，小到学生的坐立行走、穿着打扮，大到学生的思想情感、前途命运。班主任要有耐心和责任心并适时地去处理这些纷繁复杂的事情。但是，如果班主任在班级管理中事无巨细，事必躬亲，管得过严、过细、过全，就容易造成学生的责任心弱、依赖性强、创造性差的后果，不但妨碍了学生自我教育、自我管理能力的形成，也容易使班主任陷于杂务中而不能解脱，于自身发展与班级建设都不利。

我认为：管是为了不管，但是提醒我们在班级管理中，要讲究一点“管”与“放”的艺术。“管”是手段，“不管”才是目的，但“不管”绝不意味着班主任放任班级发展，听之任之；相反，班主任的“不管”是以培养全体学生的“共管”为前提的，是以追求班级管理的“大治”和学生能力的全面提升为目的的。因此，要想真正做到“管”与“不管”的最佳配合，必然渗透着班主任的心血与智慧。一般来说，在以学期为单位的过程管理中，“管两头、放中间”更符合教育实际；在以学年为单位的层次管理中，低年级要严管，高年级要宽放，这是大势所趋；在常规与特色管理中，常规管理宜从严要求，做到整齐划一，特色管理宜百花齐放，独具匠心。

四、冷与热

所谓“冷”，就是“冷处理”，所谓“热”，就是“热加工”。我们知道铁匠在铸造过程中，有时在铸件烧得通红之后，马上锤打。有时则相反，在烧得通红之时，不但不锤打，反而把铸件放在冷水或冷油中“蘸”一下，冷却降温，然后再锤打。这是两种截然相反的方法，却各有其妙处，“热加工”能使铸件欲直则直，欲曲则曲，很容易得到所要的形状，而“冷处理”则能够提高铸件的硬度和强度，增强铸件的耐磨性。

铁匠的这种加工技巧与我们的班级管理不无相通之处。在一个班集体中，经常发生这样那样的事情，我们班主任应该像铁匠那样灵活地采取“热加工”与“冷处理”的方法，对某些事情，趁热打铁，及时解决；而对某些事情，则应延缓时间，冷却降温，再不失时机地予以处理，也许这样做效果会更理想一些。

当然，“热加工”与“冷处理”是一种直觉性很强的工作技巧，在什么时候为什么事情采用哪一种方法，需要有班主任的一点儿“灵性”在里面。如果对应该“冷处理”的事情而“热加工”，表面上看，似乎是干净彻底地把问题解决了，实际上，学生内心不服，这样就有可能导致学生对立情绪的产生，不但降低了班主任的威信，而且也对班主任以后的工作留下隐患，设置了障碍；如果对应该“热加工”的事情而“冷处理”，久拖不决，学生在期待中就会逐渐失去对班主任的信任，导致人心涣散、班级凝聚力下降等后果。所以，在实际工作中，班主任应该带着智慧、带着爱心、带着责任心来选择这两种工作方法，进而提高运用这两种方法的技巧。

五、严与宽

在教育过程中，班主任必须对学生从严要求。“严师出高徒”也许就是千百年来教师从严要求的理论基础。但这种“严”是有标准、有尺度的。如果管得过严，要求过高，期望学生一步登天，虽然愿望是好的，但在事实上学生又真的做不到，那么，就有可能事与愿违，导致学生个性不能张扬、自卑感加重、无所适从、胆小怕事以及逆反心理加重等不良后果，这既不利于学生身心健康发展，也不利于班级工作的进一步开展。

因此，在班级管理中要宽严适度，“严”要严得有理，“宽”要宽得有据，其间应融合学校、学生以及班主任等方方面面的综合因素。一般来说，从严治班，至少应包括以下几个方面：一是指导思想上要有严格的要求；二是学生行为上要有严谨的纪律；三是违纪面前要有严肃的态度；四是处理班级事务时要有严谨的步骤。当然，“严”的同时还必须伴有“宽”的成分在里面，尤其是对违反了校规校纪的学生，在对其表现出“严”的同时，还要给其留有悔过自新的空间与余地。此时，班主任应有宽宏的度量,能宽恕学生的错误,对学生宽大处理,让学生认清错误后在宽畅的心境中改过自新。

六、"堵"与"导"

在实际管理工作中，由于受多种因素的影响，班主任需要在某些方面采取"堵"的方式来制止学生的某些不良行为。如,不准学生谈恋爱,不准学生喝酒,不准学生在教室打牌下棋,不准学生在非生活区吃零食,等等。采取这些"堵"的方式，防患于未然或防患于已然，在一定程度上能迅速规范学生的言行,对于防止学生越雷池或重蹈覆辙来说,具有立竿见影的功效。

但是,仅仅靠"堵"是不够的，我们知道鲧禹治水的故事：洪水流向哪儿，鲧就在哪儿堵，结果堵了多年也没有把洪水治好。后来禹用了"导"的方法,开通河道，把洪水引向了大海,使其不再危害人民。可见,"堵"不是最好的治理方法,当然,在某一时期,"堵"可能有比较明显的成效,但,这只是治标不治本的表面现象,"导"才是标本兼治的真正法宝。因此,班主任管理班级,应像禹治水那样以"导"为主,或者"导"、"堵"结合,不要使自己的工作仅仅停留在"盯、吓、压、罚"上,要开启自己的聪明才智,在"导、教、引、奖"上做文章,从而让学生不但知道什么不能做,还知道为什么不能做,最终使学生增强明辨是非的能力与自觉抵制不良行为的能力,真正实现班主任的教育目的。

班主任工作正如孙子所言:"数中有术,术中有数。阴阳燮理,机在其中,机不可失,设则不中。"在充满玄机与奥妙的班主任工作中,只有审时度势、因势利导、顺势而为,巧施策略,才能运筹帷幄,决胜千里。这样,文山州民族师范学校的明天会更加美好、辉煌。

德育辅导员("党代表")制度

张 黎

文山州民族师范学校党委自1993年正式成立以来,始终坚持以邓小平理论、"三个代表"为指导,坚持解放思想、实事求是,与时俱进的思想路线,不断加强党的组织建设、制度建设、思想建设,大力推进党员目标管理,在学校教育教学改革和发展建设中,充分发挥党组织的政治核心作用和战斗堡垒作用以及党员的先锋模范作用。学校党组织是学校文明建设和学生思想道德教育的一面旗帜。校党委长期坚持"党员联系班级"制度,党员直接分派到班级担任德育辅导员,协助班主任抓班级管理。在全州首创了"教师党员到班级担任德育辅导员"的做法,德育辅导员协助党组织做好学生入党积极分子的教育考察、指导团支部工作、培养学生干部;对贫困生、学困生、后进生进行帮助、指导和转化等。德育辅导员的工作贴近学生,感染力强,成效显著,被学生亲切地称为"党代表"。校党委还建立共产党员、领导干部对口帮扶贫困生的制度。每一位党员、领导干部对口帮扶1~2名贫困生,力争不让一个贫困学生因贫困而退学。

一、德育辅导员制度产生与发展的背景

学校德育辅导员制度的产生、发展和巩固,是基于学校的教育理念、教育的基本思想,基于德育工作改革与发展的基本经验,基于学校党组织保持先进性、发挥战斗堡垒作用和模范带头作用的一贯做法。

(1)学校一贯坚持的教育理念:一切为了学生,为了一切学生,为了学生的一切。

(2)学校一贯坚持的教育思想:全面落实教育方针,全面提高教育和管理质量。

(3)学校在办学实践中构建的德育工作网络体系:形成了在"德育工作领导

小组”组织领导下，学校各部门齐抓共管的德育工作管理网络——“四条主线”：

①校长——政教处——年级组——班主任——学生；

②校长——教务处(教研室)——教研组——教师——学生；

③党委——党支部(支部建在年级上)——班级德育辅导员(“党代表”)——学生；

④党委——团委(工会、妇委会、学生会)——团总支——团支部——团员。

(4)对学校党组织保持先进性的基本理念：共产党员要站在教育教学工作的前沿，党组织在推动学校教育教学改革、学生教育管理工作中必须起模范带头作用。

二、德育辅导员制度的实施和发展概况

从 1993 年 9 月起，校党委从政治态度、党内生活、遵纪守法、本职工作、模范作用五方面开始对党员进行量化考核，实行党员目标化管理。教师三个支部党建工作，针对不同年级、班级的阶段性工作，把支部建在年级上，把党员分配到班上担任德育辅导员，协助班主任参与班级管理，切实抓好年级、班级的思想政治工作，抓好教书育人、管理育人、环境育人、活动育人。随着形势的发展，学校党委对党支部进行了调整，但教师党员下班辅导的优良传统却一直保持到现在，并不断得到充实和发展。

学校党委为了进一步完善和加强德育辅导员工作制度，2004 年 3 月 29 日发出《党员联系群众、班级德育辅导员制度》，以文件的形式规范和完善了德育辅导员工作制度。

(1)班级德育辅导员制度是我校成功的德育工作经验和优良的思想政治工作传统，由校党委选派优秀党员到班级协助班主任做好青年学生的思想教育工作，加大了学校思想政治工作的力度。

(2)班级德育辅导员由各党支部推荐，经校党委批准后，结合各班级、班主任和学生的特点，有针对性地选派到各班进行工作。

(3)作为班级德育辅导员的党员，要求具有坚强的党性和优良工作作风，有较强的工作能力和敬业精神，经验丰富的中国共产党正式党员。

(4)班级德育辅导员的任务是协助班主任做好全体学生的思想政治工作。

(5)班级德育辅导员工作内容、方式：

①主动联系班主任、接触学生，对全班级问题突出学生的情况全面掌握，及时介入思想教育工作。

②结合学校规章制度及《党章》、《团章》，对青年学生作经常性教育，引导他

们追求上进,发现和培养学生入党、入团积极分子,配合团委搞好新团员发展工作,配合党支部做好新党员发展工作。

③与班主任共同商量制订班、团会议及活动计划,提高会议和活动育人质量。

④注重对学生和纪律后进生的思想教育工作,多关心、多谈心,真正帮助这部分学生进步。

⑤注意对家庭贫困学生的关心和照顾,在力所能及的范围内给予他们帮助。

⑥协调班主任与学生及科任教师之间的双向促进关系。

⑦协助班主任做好学年的一日常规、一周常规工作。

⑧班级德育辅导员的工作采用下班工作制,方式为参加会议、活动及个别谈话等。原则上要求每两个星期要下班工作一次。

⑨班主任有事请假或外出时,班级管理工作由德育辅导员负责。

(6)班级德育辅导员工作实行记录制度。每次下班工作均要认真填写下班工作记录表,并要有班主任签名。

(7)班级德育辅导员工作纳入党员目标管理考核。

三、德育辅导员工作的几个明显特征

1.分口管理,职责明确

从1993年9月起,校党委从政治态度、党内生活、遵纪守法、本职工作、模范作用五个方面开始对党员进行量化考核,实行党员目标化管理。教师三个支部党建工作,针对不同年级、班级的阶段性工作,把支部建在年级上,把党员分配到班上担任德育辅导员,协助班主任参与班级管理,切实抓好年级、班级的思想政治工作,抓好教书育人、管理育人、环境育人、活动育人。随着形势的发展,学校党委对党支部进行了调整,但教师党员下班辅导的优良传统却一直保持到现在。

2004年,学校明确提出:班级德育辅导员(即"党代表")工作,着重落实六项职责:①主动联系班主任、接触学生,对全班突出的问题、学生情况全面掌握,及时介入思想教育工作。②结合学校规章制度及《党章》、《团章》,对青年学生作经常性教育,引导他们追求上进,发现和培养学生入党、入团积极分子,配合团委搞好新团员发展工作,配合党支部做好新党员发展工作。③与班主任共同商量制订班会、团会及班级活动计划,提高会议和活动育人质量。④注重对学困生和后进生的思想教育工作,多关心,多谈心,真正帮助这部分学生进步。⑤注意对家庭贫困学生的关心和照顾,在力所能及的范围内给予他们帮助。⑥协调班主任与学生及科任教师之间的双向促进关系,协助班主任做好学年的一日常规、一周常规工作。

目前全校教师党员共有55人，他们分别承担着校内各班级的具体课程教学，为抓好学校管理，促进学校教育教学改革和发展，校党委把教师党员按1∶1分别分配到39个教学班担任班级德育辅导员，协助班主任做好学生的思想政治教育工作，关心贫困生和学困生，做“后进生”的转化工作，发现骨干并加以培养教育。在十多年深入班级的辛勤工作中，党员同志们积极配合班主任的工作，了解学生思想动态，耐心细致做学生思想政治工作，以身作则，言传身教，以实际行动教育学生，以高尚的人格力量感染学生，为学生树立了“身正为师，德高为范”的教师典范。

2.工作得力，效果显著

作为学校德育工作的带头人，下班的党员同志积极和班主任配合，及时了解班级状态，经常深入班级，深入学生宿舍，检查“三操”，深入到学生中间去了解他们的生活及学习情况，用他们的实际行动言传身教，带动了年轻班主任的工作热情，为学校培养了一批责任心强、极富奉献精神的骨干班主任，又增进了师生之间的感情。在班级的日常管理中，党员通过班会、座谈会、班委会、个别谈话、举办讲座等形式，了解学生的思想动态，做学生的思想政治工作，帮助学生解决思想问题，鼓励他们树立信心，丢掉思想包袱，以积极健康的身心投入到学校的各项活动中去。并在班会上积极贯彻、传达学校的各项决定和宣传党的方针政策，使学生们能够以党员同志高尚的党性党风对自己严格要求。如党的十六大召开后，德育辅导员纷纷到班上，宣讲十六大精神和“三个代表”重要思想的重大意义，使学生对其加深了认识；当有的同学对就业政策调整后自己的前途感到迷惑时，德育辅导员及时到班上，讲解就业形势，鼓励同学们树立自信，努力打好基础，迎接时代的挑战；又如伊拉克战事爆发后，许多同学非常关注，但对局势的发展十分模糊，德育辅导员们多方查找

信息，收集资料，在班上召开“聚焦伊拉克”、“关注海湾”等主题班会，讲述国际形势，分析在当前形势下作为学生应该怎样学好知识，做新型人才。在他们的努力下，大部分班级的后进生和差生都有了很大的进步。正是在班主任和党员同志协作管理的基础上，学校的管理形成制度化，一年更比一年好，受到来访领导的一

致好评。当学生面临困难时，党员同志更是率先捐款捐物，有的同志常年坚持，从不间断。在2005年10月举行的“文山民师贫困生救助捐赠活动”里，党员同志们带头捐赠，和全校教职工一起为贫困生捐赠了人民币38 205.4元，衣服113件，裤子87条。各党支部还竞相开展交纳特别党费活动，以实际行动为艰难求学的贫困生提供了继续求学、完成学业的帮助，切切实实把工作落到实处，帮助学校解决了教育经费紧缺难于大面积救助的问题，为学校的发展减轻了负担。在教书育人的过程中，党员同志以高尚的“师德”、优良的“教风”、正直的“人格”吸引了部分学生积极向党组织靠拢。在他们的鼓舞、教导下，为党组织培养了一批又一批新生力量，为学校的发展和教育事业作出了贡献。每学年都有三百多名学生向党组织递交入党申请书，有四千多名学生参加过学校举办的业余党校的培训。到2006年7月，学校已发展237名学生加入党组织。这些学生党员走上工作岗位以后，普遍受到社会的好评，大部分已经成为教育战线的业务骨干，一部分已经走上各级领导岗位。

教师各党支部把开展对贫困学生的帮扶助学活动作为支部工作的一项重要内容长期坚持。组织支部党员每月交特殊党费，帮助因经济困难面临失学而又想学习的学生。部分贫困生在党支部的“特殊党费”帮助下，继续坚持完成学业。这一行动，不仅仅是在经济上给予贫困学生经济帮助，更重要的是使他们感到党组织的关怀，感受到一种推动他们进步的力量，使这些学生刻苦学习，从每学期向党支部汇报的材料中都看到他们的进步，直到以优异的成绩毕业。现在，这一行动已经由校党委展开。

3.贴近学生，影响深远

从上课任教到走入班级，学生们的生活中又多了一位思想上的贴心人，这就是下班的德育辅导员。当学生生病时，端着香喷喷的饭菜守在病床旁的有党员教师；当学生生活无着落时，伸出援助之手的是党员教师；当班级开展文体活动时，在其中引吭高歌或呐喊助威的少不了党员教师；当中秋节学生想家时，陪伴他们赏月联欢的除了班主任，就是党员教师；当学生思想上出现困惑时，如慈父慈母般耐心解惑的还是党员教师……学生中随时都会闪现着教师党员的身影。他们同学生一起学习，一起劳动，一起娱乐，一起品味失败，一起共享成功。他们走进学生，贴近学生，帮助学生。学生把他们看做父母，当做朋友，把他们亲切地称为“我们的党代表”。

韦继安同志放弃“双休日”的时间，对业余党校学员进行辅导，宣传党的理论、方针和政策，使师生加深了对党的认识和理解，坚定了共产主义信念，树立了正确的世界观、人生观和价值观。在行政工作、党务工作繁忙的情况下，仍然抽出时间完成党员下班，积极协助班主任做好学生的思想政治工作。特别是对学生的纳新工作，做到“早发现”、“早培养”、“早纳新”，为党组织选拔和培养人才尽心尽力。他深入学生实际，了解学生思想动态，经常参加班上的班会、文体活动，并结合国际国内形势、省情、州情、校情，用深入浅出的语言，生动形象地做学生思想工作，正确地引导学生，帮助学生进步。学生生病或是有困难时，他都能及时伸出关爱之手，学生思想有困惑时，他又耐心去找他们谈心，给予热情帮助，得到了学生的爱戴。韦继安同志就这样用实际行动努力实践了一个共产党员全心全意为人民服务的宗旨。

1993 年以来，张黎老师担任了四届德育辅导员，她经常到教室，到学生宿舍，到学生中间了解情况，及时参与班级管理。“关怀、理解、期望、帮助”是张老师做学生思想工作的八字方针。无论是课堂内外，张老师总是心系学生，家住在学校“学海”旁的她，以一腔爱心和女性特有的敏感，总能从徘徊于“学海”旁的学生中发现问题，及时来到他们身边，了解学生所急、所难、所想、所行，陪伴、关爱、引导他们……为生病的学生煎药，疏导学生的心理障碍，资助生活有困难的学生，有的放矢地解决学生在学习、生活、思想、情感等各方面的问题，使学生把张老师当成了知心朋友。作为 2002 级 188 班的德育辅导员，她结合“云岭先锋工程”和学生假期社会实践活动，向学生介绍党的知识，在学校团委组织的“优秀假期社会调查报告和论文”评选工作中，188 团支部的调查报告和论文就有好几篇是以县、乡、村“云岭先锋工程”开展情况为内容；引导学生开展“成人与成材”、“交通与安全”、“学习经验交流”等学习讨论；参加“教师技能演示”、“中秋节”等班级重大活动；指导团支部开展“文山共青团与‘云岭先锋’同行”、“团员先进意识教育”、“向党组织推荐优秀共青团员” 等活动，188 班共有 24 人递交了入党申请书，毕业前夕有三名优秀共青团员光荣地加入了中国共产党。在学校举办的“我身边共产党员的风采”演讲比赛中，张黎老师成了演讲者心目中优秀共产党员的形象。“党代表们”类似的例子数不胜数，他们用真情、亲情、热情，教育和感染了一批又一批学生。

4.典型激励，坚持标准

每年举办一次“德育辅导员”工作研究与经验交流会，评选一次“优秀德育辅导员”，优秀德育辅导员评选主要坚持五条标准：

（1）立场坚定讲政治。有坚定的共产主义理想和信念，坚持四项基本原则，带头贯彻执行党的路线、方针和政策，在政治上、思想上、行动上与党中央保持一致;能顾全大局,在思想和行动上与学校保持统一步调。

(2)工作细致讲方法。遵循班级德育辅导员制度,认真履行班级德育辅导员工作职责,以讲座、谈话等形式广泛开展对学生的思想道德教育,工作有记录,效果明显,与班主任配合好。

(3)贴近学生动真情。热爱学生,诲人不倦,深入学生生活,成为学生思想上的导师、生活上的关爱者、情感上的贴心人,深得广大学生欢迎。

(4)开拓创新有成效。有丰富的德育工作理论知识和实践经验,协助班主任开展好所在班级的班风学风建设,形成勤学、团结、拼搏、奋进的良好班级氛围。

(5)扎实开展帮扶贫困生活动,有具体的帮扶事例和金额。

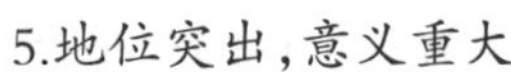

5.地位突出,意义重大

学校把党员下班作为学校加强德育工作的一项重要举措来实施,既全面提高了教学质量,也体现了党组织的核心作用,从而促进了我校党员目标管理进程。

一是教师党员下班,担任德育辅导员,是学校实践"三个一切"教育理念、践行"三个代表"重要思想的具体体现。大部分下班的党员,想为学生所想,谋为学生所谋,为广大学生的利益所为,为学生指明了前进的方向,是学校德育工作,特别是大中专学校班级管理工作中一项可行的措施。

二是弥补了班主任单个管理班级,力量单薄的不足。德育辅导员和班主任相互配合,使学生思想工作形成多层次、全方位的良好态势。从一个侧面体现出学校德育工作齐抓共管,形成网络的特色。

三是用实际行动加深学生对党组织的认识。德育辅导员下班,他们的言传身教,使学生真正认识到党员的光荣与伟大,体会到党组织的政治核心作用和战斗堡垒作用,促进学生追求上进,完善自我。

四是用真情实现情感沟通,协调班级人际关系。从管理的层面上讲,班主任在班级管理和执行管理制度上,往往会与学生之间形成心理沟壑,而德育辅导员偏重于情感交流与沟通,与学生的关系比较融洽,可以利用这种情感关系做好学生与班主任直接的心理协调工作,融洽师生关系,建立和谐的班级人际关系氛围。

党组织的实际行动让全校师生受到了很大的教育，让贫困学生感受到了党的关怀和集体的温暖，充分发挥了在青少年思想道德建设中的政治核心作用、战斗堡垒作用和党员的先锋模范作用。这一举措得到了州委宣传部、州委精神文明建设办公室、州教育局党委的高度评价和充分肯定，并作为典型经验在全州推广。文山州教育局以文教德字[2004]第5号文件在全州教育系统推广了这一经验；《德育报》于2004年7月8日，以“云南省文山州民族师范学校优秀党员担任德育辅导员”为题报道了这一经验；云南省文明办“云南未成年人思想道德建设工作简报”第23期，以“文山州中学系统全面推行党员教师担任班级德育辅导员”为题介绍了这一做法，同时，州委宣传部长李国安同志还专门作了批示。并且，校党委专题材料《每一个教师党员都是学生“德育辅导员”》入选了由云南省文明委编印的《云南省加强和改进未成年人思想道德建设工作现场会材料汇编》。2006年1月，我校选送的创新案例《“党代表”——学生心中的明灯》，在云南省未成年人思想道德建设创新案例评选中荣获二等奖。

四、对我校德育辅导员工作的展望

(1)坚持“支部建在年级上，党员下到班上”的做法不动摇。

(2)进一步完善德育辅导员制度，包括责任制度、工作制度、考评制度和激励制度等，使之系统化、规范化。

(3)加强德育辅导员工作研究，以丰富经验，形成理论。

(4)加强辅导员素质培养，加强党的基本知识、入党基本知识和共青团工作基本知识的学习与培训，尤其是提高辅导员的教育能力。

(5)注重在年轻教师中培养和发展党员，充实辅导员队伍。

五、党员领导干部联系“贫困生”制度

我校坚持以邓小平理论和“三个代表”重要思想为指导，深入学习贯彻《中国共产党章程》，认真学习《江泽民文选》，用科学发展观统领学校改革建设与发展的全局，解放思想，实事求是，与时俱进，开拓创新，紧紧围绕学校“过渡升格”的发展目标，充分体现“一切为了学生，为了一切学生，为了学生的一切”的教育理念，于2004年9月28日经学校党委研究决定并发文(文民师党发[2004]14号文件)，在我校党员中开展对贫困学生的帮扶助学活动。以帮扶对象的思想、学习、生活等方面切实做好关心帮助工作，保证帮扶对象能顺利完成学业。具体实施办法如下：

(1)以相应部门每位党员所教班级为主,并作适当协调,每位党员至少联系一名贫困生。

(2)联系内容:了解帮扶对象的思想状况、学习情况和生活情况,帮助学生加强政治理论学习,提高思想觉悟,树立正确的世界观、人生观、价值观,对学生在思想上、学习上、生活上存在的问题和困难,协助学校及相应部门尽自己所能给予解决。

(3)每位党员帮扶贫困生的情况定期向所在支部作书面汇报,每学期由党支部进行检查,并向党委汇报。

(4)每位党员帮扶贫困生的情况与党员的目标责任考评、评优挂钩。

因我校的学生绝大部分来自经济落后的边疆地区,贫困面非常大,很多学生连基本的生活都难以维持,为确保贫困学生不因贫困而失学,我校教师自发对学生进行贫困救助工作,捐献衣物、现金,并帮助学生找一些他们力所能及的事情给他们做,如家教、后勤服务等,这样既解决了学生的生活困难,又锻炼了学生的能力。我校对贫困生的救助工作长期以来都在进行,为了确保此项工作的系统性、规范性、实效性,专门成立贫困救助办公室,划出专项贫困救助基金。据初步统计,2004—2005 学年党员 63 人,救助贫困学生 104 人,2005—2006 学年党员 59 人,救助贫困学生 88 人,合计金额为 11 460 元。这期间涌现出许多优秀的人物和感人的事迹。例如,92 级的学生田昌荣同学因为脑出血突然在教室里昏倒了,当师生将他送到医院时,已是人事不知。为了维持其生命,每时每刻都必须对他进行人工呼吸。可那是 20 世纪 90 年代初,医疗设备不如今天这么先进、齐全,要进行人工呼吸,只能用手压式人工呼吸机。当时,班主任可芳老师、德育辅导员唐升忠老师和全班同学昼夜轮流值守,不断重复的就是一捏一放的简单动作,指头捏起了水泡,却从来没有过半声抱怨。五天,是那么短暂,对于一条生命;五天,又是那样漫长,对于要挽留住这条生命的师生!医院里,是同学、老师没日没夜的守候,校园里,是师生员工救助生命的筹款场面。这一切努力,虽然最终没能挽留住他的生命,但我想,他一定能感受到这一曲爱的旋律!

2006 年,在丹桂飘香的九月,第 21 个教师节庆祝大会上,全体师生为我校已毕业的龙婵同学募捐手术费。龙婵同学是我校英语专业学生,她家境贫困,并患有先天性心脏病:高兴时不能像其他人一样欢呼,悲伤时甚至不敢哭泣。她的痛苦,成为老师、同学的牵挂。班主任王丽华老师担心她病情突发,每天派人陪伴着她,随时关注她的反应。为了给她补身体,德育辅导员韦祥艳老师给她熬过鸡汤……毕业后,她参加了麻栗坡县事业单位的招聘考试,并以优异的成绩进入拟聘用人员名册，但她还没来得及细细体验成功的喜悦，却被告之因患先天性心脏病而不能从事教师工作！无情的现实，几乎击倒了一直坚强的她。经多次求助，麻栗坡县人事局同意为她保留一年的分配权，前提是一年内必须把病治好。可治疗需要 3 万元手术费，对于一贫如洗的家庭，这简直就是一个天文数字。难道，幸福与希望、梦想与快乐就这样擦肩而过?绝望的龙婵，想起了亲爱的母校，拨通了求助电话。学校利用教师节这个光荣的节日，举行了捐款仪式；党委书记、校长陆永金和其他领导同志亲自到州医院与院领导协商，为她减免了部分手术费用。正是这一份博大的爱使龙婵同学如愿走进了教师行列。

升国旗和“两操”制度

张贞富

中华人民共和国国旗是中华人民共和国的象征和标志。每个公民和组织，都应当尊重和爱护国旗。学校组织升降国旗仪式，是对学生进行爱国主义、集体主义教育的重要形式。

我校历来都十分重视升旗仪式规范，于 1992 年 3 月依据《国旗法》制定了《文山州民族师范学校升降国旗制度》。《制度》规定：除寒、暑假和星期六、星期日外，学校每日升降国旗，当日傍晚降下的国旗由值周班保管，次日晨由值周班升起；每星期一的早晨 7 时 30 分举行升旗仪式，全校师生员工参加；校内举行重大纪念活动、庆祝活动、大型文体活动等，要举行升旗仪式。同时还明确规定：凡升降国旗过程中，旗区内所有人员应主动肃立，向国旗行注目礼；升旗仪式主持人由校、处领导和年级组长轮流担任。星期二至星期六的升降国旗可由值周班的班主任担任主持人，也可由班主任指定学生担任主持人，但班主任必须在场；升旗仪式的旗手(1人)、护旗手(2人)由值周班从本班学生中挑选各方面最优秀者,并于值周前一星期的星期二把名单报政教处,同时附上旗手、护旗手的简要情况介绍;星期二至星期六的升降国旗的旗手、护旗手由班主任指定各方面较优秀的学生担任;对新生教育要做到"五个第一",即新生教育的第一次大会讲升旗要求,第一次晨会抓升旗训练,第一节政治课介绍国旗知识,第一堂音乐课教国歌,第一节绘画课教学生学会准确规范地画国旗。同时,还依法规定了升降旗仪式的程序、纪律和礼仪要求。

1992年8月24日,国家教委发出《关于施行〈中华人民共和国国旗法〉严格中小学升降国旗制度的通知》。学校依据通知精神,对《文山州民族师范学校升降国旗制度》作了进一步的修订,坚持执行,使一批批学生受到了良好的爱国主义熏陶。总结我校抓升旗仪式的经验,主要是:提高认识,端正态度;严格执法,规范程序;注重教育,加强考评。

提高认识,端正态度:一是对升降国旗仪式的重要意义有充分的认识:①升降国旗仪式是对师生进行爱国主义教育的重要形式, 能有效培养师生的爱国主义情感,进行爱国主义教育。②升降国旗仪式是学校实施德育的重要途径,《国旗下讲话》是引导学生学会爱国、学会做人、学会做事、学会立志、学会成才的重要讲坛。③程序规范、内容科学、形式生动的升旗仪式,是对学生进行集体主义教育、法制教育、行为规范教育、纪律教育的重要课堂。④对升降国旗活动的研究和组织,涉及广泛的内容,包括:升旗前准备过程的研究、升旗仪式过程的研究(如:仪式程序的安排,国旗下讲话的内容如何选择,可以采取哪些教育形式,怎样使活动具有针对性,学生的纪律和秩序怎样组织等)、升旗仪式后的拓展教育研究等。通过这些研究和组织活动，能促进组织者教育能力的提高，反映出学校的管理水平。二是定期利用校会和班会，组织师生学习《国旗法》和有关升降国旗的规定，进行爱国主义教育和升降旗礼仪规范的教育，提高认识，端正态度。

严格执法，规范程序：严格执行《中华人民共和国国旗法》和原国家教委《关于施行〈中华人民共和国国旗法〉严格中小学升降国旗制度的通知》，精心规范升降旗仪式的程序，并在仪式的准备、国旗的保管、在场人员的礼仪等方面，依法作了明确的规定，并严格执行。

注重教育，加强考评：学校十分重视升降旗仪式的教育作用，校长直接参与检查和督促，并承担重大节庆日和开学第一次"国旗下讲话"。学校办公室负责对教职工进行纪律、仪表和对行为规范进行检查、考评，结果纳入教师月度量化考评；德育处负责对学生进行检查和考评，结果纳入班级和班主任考评。

2006 年 2 月，为了进一步深入贯彻执行《中华人民共和国国旗法》的有关规定，学校召开行政会议，制定并下发了《关于进一步加强和规范升旗仪式的意见》（文民职发[2006]1 号文件），具体意见如下：

①各级各部门必须高度重视升旗仪式的重要教育意义，把升旗的过程作为对师生进行爱国主义、集体主义教育的过程，作为规范行为、严肃学校纪律的过程。学校办公室、德育处必须按照学校《升降国旗制度》，依法严肃认真地组织好升旗仪式。

②学校将师生员工升旗仪式的规范情况纳入对年级、部门、教研组、班级和个人考评，具体由办公室和德育处组织实施，办公室负责对部门、教研组和教职工个人的考评，德育处负责对年级、班级和学生个人的考评。

③升旗前要严格清理场地，各班必须按时完成卫生清扫任务，清除场地障碍物；安全保卫人员应排除闲散人员，保卫升旗仪式。

④主持人、班主任、旗手、护旗手要做到语言简洁、准确、洪亮，服装整洁大方，行为举止端庄，动作整齐、规范。

⑤全体师生员工要做到服装整洁，统一校服、年级服或班服；要遵守升旗仪式纪律，不缺席、迟到或随意请假，不左顾右盼或交头接耳；要保持队列整齐、站立姿势端庄、举止高雅、激情高昂；要专注国旗、认真聆听国旗下的讲话。

⑥国旗下讲话要紧扣爱国主义教育主题，结合学校和师生教育实际组织演讲内容，要做到语言准确、生动，富有教育性、激励性。

⑦不携带任何与升旗无关的物品列队、进入升旗场地，教职工一律不许吸烟。

⑧退场有序、快速、安全，各班由班主任或班长统一带队进入教室。

学校各部门、教研组、年级组、班级，要重视纪律教育，积极动员，认真组织，及时开展教育帮助活动，共同抓好升旗仪式规范、落实。根据学校《关于进一步加强和规范升旗仪式的意见》精神，制定我校升旗仪式规范及实施细则，由德育处组织本处室干部职工、年级组长、学生会干部对各班级实施情况状况进行考评，由办公室对教职工进行考评。学校进一步制定了《升旗仪式规范及实施细则（试行）》，进一步细化了升旗仪式的规范要求，并提出了详细可行的考评标准和办法：

1.升旗步骤及规范要求

（1）升旗准备、清理场地和人员着装的规范：

①各部门、教研组、年级和班级，要通过各种形式加强对师生员工爱国主义、集体主义的教育，为组织庄严、规范、隆重的升旗仪式做好充分准备。德育处指导学生会，对升旗班级的旗手、护旗手进行训练，训练活动由班主任组织。负责升旗的班级要对旗手、护旗手进行严格的训练，要仔细检查国旗、旗杆、扣带和拉绳，确保升旗动作的规范。德育处在学期开始前必须编排好升旗班级及讲话领导的计划安排表，至少提前三天通知升旗班级做好升旗工作的准备；提前一个星期通知要进行讲话的领导做好准备。

②升旗前要严格清理场地，各班要在7时20分完成晨扫任务，负责升旗场地卫生的班级必须按时搞好卫生并清除障碍物；学校保卫科要在7时20分组织安全保卫人员着装整队进入场地进行清场，杜绝闲散人员进入升旗场地，为整个升旗仪式做好安全保卫工作，直到仪式结束。

③师生员工不准携带任何与升旗无关的物品进入升旗场地。

④教职工统一穿校服、扎领带（没有校服的要尽量穿颜色相近的服装），保卫人员统一穿制服（包括戴帽子），学生一律穿年级服或班服，佩戴学生“出入证”，旗手、护旗手服装统一、得体、大方。

（2）整理队伍和立队规范：

整理队伍提前5分钟进行，由主持人统一发出口令，各班班主任通过动作或手势协助主持人整理本班队伍。

①主持人于7时25分发出准备整理队伍的口令：“升旗仪式即将开始，请师生员工立即进入升旗场地。”（两遍）7时26分发出整理队伍的口令：“请大家注意，现在开始整理队伍。”（此时场外师生员工未进入场地的，视为迟到，凡迟到人员一律由保卫人员组织进入“迟到席”列队参加升旗仪式。）

②主持人整理队伍的口令及顺序：“立正—向中看齐—”（全校以队伍中间的一个班为基准，横排一条线，班与班之间左右间隔为一个人的位置，由班主任站

位确定，本班同学之间左右间隔为一拳的距离）；“向前看——”（各班纵队对齐成一条线，前后同学之间间隔为一臂距离）。如果队伍仍然未整理好，可以重复一遍口令。

③各班女生在前，男生在后，按由矮到高的顺序排列，站立姿势端正，精神风貌好，保持安静，不左顾右盼或做其他不该做的动作。

④教职工以部门或教研组为单位按四路纵队站立，与学生对齐，做学生表率。顺序如下：教务处—德育处—总务处—医务室—教研室—成教部—现教科—招就办—语文组—数学组—理化生组—语言组—美术组—音乐组—微机组—教心组—政史地组—体育组—办公室。

以上列队规范必须贯穿于升旗仪式的全过程，师生员工必须注意保持。

(3)介绍旗手、护旗手的规范：

①主持人整理好队伍，发出仪式开始和介绍旗手、护旗手的指令：“升旗仪式现在开始，请××班班主任××介绍旗手、护旗手。”

②班主任直接介绍：“旗手……（姓名、职务、主要事迹）……旗手、护旗手介绍完毕”。介绍要实事求是，尊重学生心理，言简意赅，普通话准确，声音洪亮。不使用“温柔美丽的她、其貌不扬的他、人小志不小”等等不恰当的语句，不使用夸张性言辞，慎用可能导致起哄的言辞。班主任的介绍时间长度不能超过3分钟。

③被介绍的旗手、护旗手出列亮相，动作准确、大方，充满自豪与自信。

(4)出旗规范：

①主持人发出口令：“出旗”。

②旗手、护旗手出旗步伐整齐、动作协调规范。

③师生员工目送国旗进入升旗位置。

(5)升旗规范：

①主持人发出口令：“全体肃立，奏国歌，升国旗。”（播放或演奏国歌《义勇军进行曲》。）

②旗手将国旗冉冉升起，动作规范，时间把握好。

③全体师生员工行注目礼，心怀对伟大祖国、对国旗的敬仰之情。

④旗手将国旗升至旗杆顶端稳妥固定后，发出“礼毕，稍息”口令。

(6)“国旗下讲话”规范：

①主持人：“下面请学校……（职务、姓名）同志（或老师）讲话。”

②“国旗下讲话”是学校赋予领导干部的一项光荣而神圣的任务，要紧扣爱国主义教育主题，结合当前形势、重大事件、学校实际或师生教育热点问题来组

织演讲内容，要做到语言准确、生动，富有教育性、激励性。国旗下讲话时间长度不能超过 10 分钟。

（7）重要事情通知规范：

学校有重要事情需要在升旗仪式结束时作通知，一律在 7 时 20 分之前将通知文本交付主持人。通知文本必须字迹清楚，语句通顺，言简意赅。主持人事先要熟悉通知的内容，在升旗仪式结束时宣读。讲话领导禁止宣读通知。

（8）退场规范：

①主持人发出“立正——”口令，并宣布“升旗仪式结束，请各班班主任带领本班同学按顺序退场，回到教室。”

②教职工先退场，要求保持安静，快速离开，不堵塞道路影响学生退场，并在途中协助搞好学生退场安全。

③各班按顺序快速退场，队列整齐、遵守纪律、保持安静。班主任（或指定班长）把本班学生带到上课教室。

2.考评实施细则

（1）各班未能按照女生在前、男生在后，由矮到高的顺序排列，扣班级分 5 分。

（2）学生站立姿势不端正、精神风貌不好，或不按要求着装、不规范佩戴“出入证”，迟到、请假，每人次扣班级分 1 分，个人德育量化分 5 分，缺席每人次扣班级分 2 分，个人分 10 分。

（3）学生讲话、做其他无关动作或携带与升旗仪式无关物品列队，每人次扣班级分 1 分，个人德育量化分 5 分。

（4）各班队伍前后、左右未按要求排列整齐，或退场时秩序混乱，扣班级分 5 分。

（5）教职工达不到上述规范要求，迟到、请假或缺席，按“教分制”和“结构工资制”相关规定进行处罚，违反其他规范，第一次进行通报批评，第二次按缺席论处。

（6）升旗仪式过程中，主持人必须遵守规范，不准使用规定语句以外的语句，对于语言、行为举止不规范的主持人，由办公室批评指正，并进行整改。整改不力的取消主持人资格；领导违反国旗下讲话规范的，由办公室提出批评指正，并记录备案，累计有两次以上明显失误的，今后将不再安排该领导承担国旗下讲话的任务。

（7）班主任违反介绍旗手、护旗手的规范，或旗手、护旗手违反出旗、升旗规范，由德育处提出批评，并记录备案，可以酌情扣除班级分5~10分。

(8)教职工违反规范要求，学校要对其所在部门、教研组的主要负责人提出批评，并责令加强本部门、本教研组所属人员的教育。对于态度恶劣，造成不良影响的，按学校有关规定处理。

(9)学生不遵守规范，除扣除德育量化分外，第一次由班主任在全班通报批评；第二次在全校通报批评，第三次给予警告处分，以此类推逐级加重处罚。

(10)保卫科必须严格组织保卫人员保证升旗仪式的安全，分工把守主要路口，防止意外事件，杜绝闲杂人员经过。若出现失职或失误，影响升旗仪式，按旷工一天处理；导致严重后果的追究其他责任。

各班每月核定班级升旗仪式得分为100分，在此基础上进行扣分。升旗仪式考评的相关记录表格，由办公室、德育处制定，并做好记录、及时处理、保存档案的工作。

由于认识到位，措施有力，一个规范、有序、富有教育意义的升旗仪式在我校已经基本形成。

安全教育管理制度

金 涛

学校文化是学校长期办学过程中发展、积累起来的精神财富和物质财富的总和，它是学校发展的内在动力和基础。学校制度是学校文化的一个非常关键的组成部分。抓好学校制度的创新，就能够带动学校文化的其他方面，全面推进学校文化的健康发展，是实现学校办学目标的一个有效途径。

学校文化建设是一项系统而复杂的综合工程，其内容涵盖学校的各个方面。主要包括学校物质文化、精神文化、制度文化、课程文化、行为文化等基本内容。安全教育管理制度是学校日常工作中形成的重要规章，是学校制度建设、文化建设的重要组成部分。我校多年来一直紧抓安全管理工作不放松，并把它列为德育工作的重心。我校根据《教育法》、《义务教育法》、《中小学幼儿园安全管理办法》、《学生伤害事故处理办法》等法律、法规和省州教育行政主管部门的有关规定，树立“安全第一，预防为主”的安全教育方针，增强“隐患险于明火，防范胜于救灾，责任重于泰山”的防范意识。结合我校实际，根据教职工和学生的不同特点与身心发展规律，学校制定了“积极预防、依法管理、社会参与、各负其责”的安全管理模式，有重点、分层次地确定安全教育的目标和内容，定期开展多种形式的教育、培训工作。

一、学校安全工作格局

学校成立安全工作领导小组，聘请州司法局领导到校担任法制副校长，制定“安全目标责任制”，建立安全管理的长效机制，健全和巩固安全教育网络，分工明确，责任到人。

学校安全工作是关系到师生员工安全，关系到学校的稳定、发展，是学校各项工作的前提和保证。长期以来，党中央、国务院对学校师生的安全、健康十分重视，全社会也给予了高度关注，从制定层面加强学校安全工作。

我校党政领导高度重视安全工作，成立学校安全工作领导小组，校长任组长，分管副校长任副组长，各自确定主要领导、年级组长为成员，安全工作领导小组设在德育处。每学年，学校与各处室签订安全责任书，德育处与年级组长、班主任、各学生宿舍舍长签订安全责任书和消防安全责任书，德育处定期检查达标情况。学校安全工作形成层层有人抓、事事有人管的工作格局。

二、严格按照责任目标所列的各项内容建章立制，强化学校安全制度建设

(1)为使学校安全工作有章可循，我校严格按照责任目标所列的各项内容，先后依法制定了《学校安全管理联席会议制度》、《门卫制度》、《外来人员、车辆登记制度》、《危房报告制度》、《安全隐患排查制度》《消防安全制度》、《实验室安全管理制度》、《安全信息通报制度》、《校车管理制度》、《食堂卫生制度》、《用水用电安全管理制度》、《学校治安管理公约》、《应对突发事件的应急方案》、《师生外出活动申报制度》、《学生家长会议制度》等，涵盖了学校工作的方方面面。特别是我校根据本校实际情况，制订完善了各项安全工作应急预案，同时，加强对预案的动态管理，不断加强预案的针对性和实效性，着力提高我校应对突发事件的能力。

为加强对安全事故的处理，学校建立了首遇责任制，即谁发现、谁教育、谁处理、谁汇报。

(2)为加强安全工作的执行力度，我校还把安全工作具体要求纳入干部职工

履职晋级考评，并实施安全综治工作一票否决制。德育处、团委、年级组将学校综治工作纳入班级状态量化考评、学生奖学金评定以及优秀团干部、优秀学生会干部、三好学生、先进班集体等的评定指标体系，同样实行安全事故一票否决制。

(3)我校严格制定了安全工作的考核实施办法，做到年初有计划，中间抓检查，年终有总结。

(4)建立定期分析和隐患排查制度。安全工作重在防范，我校十分重视前期的排查、分析工作，防患于未然。建立每月定期分析安全工作和安全检查制度，建立隐患档案，并有针对性地采取措施，及时予以排除。学校按常规每月组织安全大检查一次，并由安全领导小组办公室及时汇总和反映检查情况，提出整改意见报学校行政及时处理。

我校学生安全工作的核心在于抓实"一日常规"各环节，在具体操作中实行"六级值班制"，即每天都有校级领导、科室领导、辅导老师、年级组长、班主任、保安、门卫(水电、医务人员)和学生干部同时值班，从而有效地保证了学校教学秩序、工作秩序和生活秩序的正常开展，从而保证校园安全。

学校领导轮流每天全面值班，对校园进行认真细致的检查，及时发现问题，及时进行处理，认真做好记录，写成《值班通报》发给各科室、各部门和学校领导。已经处理和整改的安全问题要通报，没有整改的更要通报，相关部门因客观原因不能整改的，必须作出说明，并提出整改措施限期整改。

我校始终加强与上级部门和社区的联系与协作，按时向州教育局、州司法局上报各种安全检查情况汇报材料及月度安全报表，及时宣传我校依法治校取得的成果，调动全体师生员工的力量开展群防群治，依靠社会力量清理整治校园周边环境。

三、创新教育形式，多渠道、多层次开展安全教育、培训、检查工作

主要是教职工关心爱护学生，认真履行保护学生安全的职责，落实学生安全管理制度，使他们牢固树立"安全第一"的思想和依法施教的观念，熟悉并自觉遵守涉及安全的法规、规定，熟练掌握各类活动对学生进行安全教育的方法，具备准确分析安全与危险的判断能力和在遇到危险情况时组织学生避险的应急能力；使学生树立"安全第一"、"遵纪守法"的思想，知道在校内、外的活动中可能发生的常见事故，掌握在危险情况下的避险方法，具备分析安全与避险的判断能力。

(1)通过教职工政治学习、党员大会、普法学习、普法考试、安全通报等对教职工进行安全教育。

(2)通过升旗仪式、学生大会、年级会、班会、黑板报、广播、电视、橱窗以及观看法制宣传教育片，上街做法制宣传，开展法律知识竞赛、演讲比赛、法制讲座等形式对学生进行安全、法制教育。

(3)利用开学第一次全体学生大会、放假前的散学典礼大会强调交通、防火、防水、防毒、防自然灾害等方面的知识，提高学生的自我防范意识和自救能力。

(4)狠抓德育网络"四条主线"：①校长—德育处—年级组—班主任；②校长—教务处—教研组—教师；③党委—党支部—班级德育辅导员；④党委—团委(工会、妇委会、学生会、团支部)的建设，充分发挥各部门、各年级、班级"齐抓共管"和"五育人"的功能，搞好安全教育。

(5)利用政治学习时间，组织学生学习《学生伤害事故处理办法》、《云南省见义勇为基金关于对见义勇为的确认和认定》等内容。继续抓学生日常管理工作，纪律检查工作、安全保卫工作，定期开展学生安全大检查。通过这些教育活动既增强学生的法制观念，提高学生的法律意识，又使学生能够正确使用法律武器来维护自己的合法权益。

(6)在学校重点部门安排护校队员驻守，保安、门卫、宿管员实行 24 小时值班制，加大校园检查力度，严格控制外来人员进入学校，保证学校各项工作有效运转。同时加强对学生宿舍的检查，特别是加强对管制刀具等危禁物品的检查，有效遏制特重大事件的发生。

四、增强安全意识和法制意识

通过深入细致、扎实有效的法制和安全教育活动，学校师生的法制意识得到增强，能做到识法、守法、懂法、用法。同时，安全意识也得到了加强，主要表现在：

(1)校园秩序井然，党和国家的政策、学校的各项规章制度得以落实，师生中没有参与邪教组织和群众上访的事件发生。

(2)教职工家庭和睦、邻里和睦，多年来未出现因教职员工矛盾、纠纷影响学校的工作和教学的情况。

(3)师生关系融洽,没有出现过体罚和变向体罚的教学事故,也没有出现过学生上访事件。

(4)由于措施到位、责任到人,学校多年来未发生重大治安事件和刑事案件。

(5)学校周边没有发生过重大、特大治安刑事案件,与友邻单位共同做好群防群治工作。

“文明监督岗”的设置

朱前宾

一、学生自我管理概述

思想政治教育要充分调动学生的积极性和主动性,引导他们自我教育、自我管理和自我服务。

前苏联教育家苏霍姆林斯基有一个著名的论断:“真正的教育是自我教育的教育。”

我国著名教育家陶行知大力提倡实行学生自治,即提倡学生学会:

(1)学习的方向。计划是为了实现目标预先进行的行动安排。

(2)自我知识管理。包含基本常识学习,系统科学知识学习,专业知识学习,趋势知识学习,行业知识学习,外语学习,计算机学习等。大学阶段是增长知识、培养技能、积蓄能量的重要时期。

(3)自我人际管理。包含口头表达,文面交流,人际能力,公关能力,而良好的交流能力和人际关系是事业成功的必要条件。

(4)自我人品管理。包含人生观、世界观、价值观,道德观念,法纪观念,集体观念,尊重意识,诚信意识,责任意识,合作意识,忧患意识,竞争意识,效率意识,服务意识,形象意识等等。观念意识决定一个人的人品形象,而人品形象素质制约我们的知识和能力在学习、工作等活动中的效果。

(5)自我创新管理。包含对信息的收集、整理、分析、综合,创新精神,思维能力,科研能力。创新是现代人才必不可少的一种素质。

(6)自我资源管理。包含时间管理和金钱管理。充分发掘和利用自身的、周边的一切可以使用的各种资源，并有效配置。

(7)自我健康管理。包含健康的知识观念，体育运动，心理健康和调适等。健康素质是每个人最为重要的基本因素。

(8)自我认知管理。包含自我优点认识，自我缺点认识，自我评价等。充分了解自己的性格特征、心理状况、学习工作、生活现状，找出自身优势和劣势，扬长避短。

(9)自我控制管理。包含经济自控，情绪自控，行为自控等。在大学学习生活中会面临很多的压力和不良因素的诱惑，许多大学生出现沉迷网络、违法乱纪、心理障碍、不文明言行举止等不良现象。大学生必须学习自我控制，培养坚强的性格和意志，对自身的行为、情绪、经济等方面进行自我约束，自我调节，自我监督。

(10)自我激励管理。包含自信，自立，自强，自我激励能力等。在困难和挫折面前许多大学生会低头退缩，不思进取，意志消沉。大学生必须树立远大的理想和人生追求，面对现实，总结经验教训，运用各种手段，充分挖掘和发挥自身潜质，积极乐观地投入学习工作中，达到目标和自我价值的实现。

二、校园精神文明监督岗的成立

为消除现有的学校、社会、家庭教育在某些层次上使学生个体形成的特殊的依赖性，通过学生存在的现有问题进行分析和研究，从内容、组织、机制保障、指导监督等方面构建学生全程、全方位的学生自我管理体系，充分发挥学生自我管理的作用，实现自我教育，开拓我校“以人为本”的学生素质教育培养的新思路、新方法、新局面。

为了更好地进 行学校管理，促进校园精神文明建设，使全校师生员工养成良好的文明习惯，为学校争创省级、国家级文明单位，全面提升学校的教育教学质量，为培育有理想、有道德、有文化、有纪律的社会主义新型人才创造良好条件。

1992 年，民师团委就把精神文明建设正式纳入团的工作计划，向全校团员青年发出倡议“做文明青年，迎接新世纪的挑战”的号召，要求他们努力学习科学文化知识，从日常小事做起，规范自己的言行。1994 年 4 月，在校党委的倡导下，学校团委成立了“校园精神文明监督岗”，对全校师生的言行、仪表进行监督、检查，使其养成良好的文明行为习惯，为培养跨世纪的师生营造良好的文明环境。通过监督岗的辛勤工作，不仅提高了师生的文明层次，而且在很大程度上培养了学生参与学校管理的意识，参与精神文明建设工作的能力。

1997年11月27日,对民师来讲是个十分具有纪念意义的日子。是日由共青团文山州委命名的首家“青年文明校园”挂牌仪式,在我校隆重举行。这是对我校长期以来坚持不懈抓校园精神文明建设的肯定。“青年文明校园”是一个新的起点,要求我们树立一面旗帜,在全州学校作出表率,激励广大团员青年团结一致,奋力拼搏,不断开创精神文明建设新局面。

三、校园精神文明监督岗概述

校园精神文明监督岗以邓小平理论、“三个代表” 重要思想和科学发展观为指导,社会主义荣辱观,执行党的教育方针,认真贯彻《爱国主义教育实施纲要》、《公民道德建设实施纲要》、《中学生日常行为规范》、《中等职业学校德育大纲》等的相关文件精神和要求,坚决执行国家的各项法律、法规,为学校的教育教学和管理工作服务。

校园精神文明监督岗是在学校党政的领导下,由学校团委、德育处具体组织实施,由团干部、学生会干部以及其他青年志愿者主动参与的一个群众性的组织机构。校园精神文明监督岗是学校文明建设的重要阵地,是学校实施日常管理的重要手段,是广大学生发挥积极主动性、参与学校管理的重要形式,是培养和锻炼学生干部、提高学生管理能力、施展学生才华的重要课堂,是学校弘扬正气、抵制歪风习气的重要力量。

学校各级党政领导和工会、共青团、学生会等组织的领导干部,都有参与文明岗工作的义务。学校领导轮流执勤,指导和带领校园精神文明监督岗开展日常工作,提高工作力度。

四、文明岗具有监督、检查和示范的职能

(1) 对师生员工的行为进行监督,对违纪、违规和不文明行为进行教育、登记并及时报相关部门处理。

(2) 对学生的“两操”及全校卫生监督等日常规范要求进行检查和登记,提交相关部门处理。

(3) 文明岗通过加强自身建设,严肃纪律、规范行为,发扬“爱岗敬业,艰苦奋斗”的民师精神,成为全校师生的楷模,发挥了模范带头作用。

五、组织管理机构

校园精神文明监督岗在学校党政的领导下,由学校团委、德育处具体组织开

展工作,成立"校园精神文明监督岗管理委员会",具体构成如下:

主任:由分管德育工作的副校长、党委委员兼任。

副主任:由分管共青团工作的党委委员、团委书记和德育处主任兼任。

成员:由团委领导、德育处领导、团委教师委员、学生会指导教师兼任。各成员分配到各中队担任固定的指导教师,具体组织领导日常检查和监督工作。

六、组织机构

校园精神文明监督岗建立大队委员会,设主任1人,副主任2人,办公室主任1人。大队委员会下辖8个中队,按中队轮流值日,每个中队建立中队委员会,设中队长1人,委员4~5人;各中队人数不低于全校班级总数,分4~5个小队,中队委员分别担任小队长,带领本小队人员开展具体工作。

文明岗干部在全体监督员中通过竞争上岗或民主选举产生,干部的管理、使用和培养按学校制定的《关于文明岗干部管理、使用及培养办法》执行;文明岗监督员由全体团干部、学生会干部、各班班干部及自愿参与文明岗工作的同学组成,监督员的管理、纪律要求、处分办法由《关于文明岗干部管理、使用及培养办法》的有关规定执行。

文明岗组织机构的换届,每学期初期举行一次。文明岗大队委员会由主任、副主任、办公室主任、各中队队长组成,通过文明岗管理委员会组织竞争上岗演讲,结合竞争者的工作实绩、思想道德修养、示范作用的发挥情况等进行综合考评产生;中队委员会委员(兼任小队长),由中队长主持中队大会,通过竞争上岗或民主选举产生。

文明岗管理委员会成立纠察中队,对校园精神文明监督岗各中队的工作以及文明岗监督员实行监督、检查和考评,以加强文明岗自身建设。纠察中队的中队长由团委和德育处主要领导担任,设中队委员会,由中队长和小队长组成,下辖若干小队,各小队设小队长1人。各小队队员由中队长挑选能力强、富有战斗力的若干名学生志愿者组成。纠察中队在队长的带领下集中进行突击性的纠察活动或轮流开展常规性的纠察活动。纠察中队接受文明岗管理委员会、大队委员会的监督,由纠察中队召开中队大会按法定程序罢免纠察队员。

七、监督的范围和内容

校园精神文明监督岗在学校内一切场所行使监督职权。校园精神文明监督岗以《中小学教师日常行为规范》、《中学生日常行为规范》、《公民道德基本规范》

和学校的相关规章制度为依据。

普通话是我校的校园语言,全校师生员工在校内一切公共场所(包括学生宿舍,各办公室、所、馆等)都必须使用普通话。不说普通话和使用普通话时态度不端正,视为不文明行为。与听不懂普通话的亲属和外来人员交谈时,可以使用方言,但必须对监督员说明情况。

1.养成良好的语言文明习惯

全校师生员工必须养成良好的语言文明习惯。不遵守以下规定的,视为不文明行为。

(1)必须使用礼貌语言。

(2)不说粗话、脏话、下流话,不骂人、不中伤别人。

(3)不在背后说别人坏话,搬弄是非,议论领导。

(4)学生遇见熟悉的教师(包括职员和工人师傅),必须诚恳地行礼问好,老师必须有礼貌地进行答礼。

2.养成良好的卫生习惯

全校师生员工要养成良好的卫生习惯,凡违反如下规定的,以不文明行为处理。

(1)不随地吐口痰,不乱扔果皮、纸屑、烟头等废弃物。

(2)不从窗口扔果皮、倒脏水、吐口痰等。

(3)自备专用餐具,不使用食堂提供的公共餐具,禁止使用一次性饭盒、塑料袋等不卫生、不利于环境保护的器具装盛食品,不乱倒剩饭剩菜。

(4)必须保证各办公室、教室、实验室、图书室、医务室、厨房、厕所等场所的清洁,否则记值日人员和主要负责人不文明行为一次。

(5)学生宿舍必须随时保持整洁,保持"十个一条线"。禁止在宿舍走道、楼梯、地板上泼水。

(6)禁止在宿舍门口堆放垃圾,禁止往校园垃圾箱(桶)内塞袋装垃圾、西瓜皮、一次性饭盒等大件废弃物,禁止往痰盂盒(缸)内扔果皮。

(7)教室、办公室、图书室、医务室、厨房要接受监督。

(8)爱护厕所卫生,大小便必须按规定入坑入槽,不随地吐痰,乱扔手纸、烟头等。

3.讲究仪表风度

讲究仪表风度,不符合下列规定的视为不文明行为。

(1)行为举止端庄文雅,坐立行走姿势端正,有精神风貌。

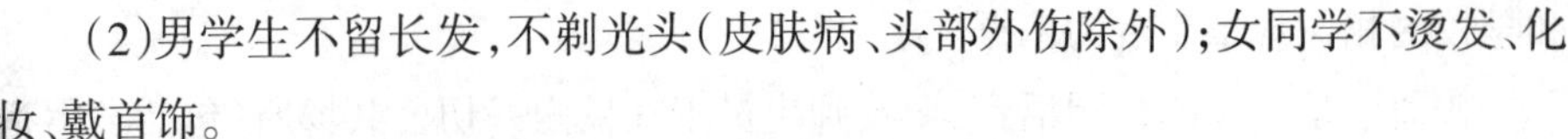

(2)男学生不留长发,不剃光头(皮肤病、头部外伤除外);女同学不烫发、化妆、戴首饰。

(3)禁止在校园内穿奇装异服,袒胸露背。

(4)不穿纽扣、拉链损坏的衣服。上衣必须扣至第二纽扣,拉链拉至胸中部(西装除外),穿校服必须扣纽扣。

(5)禁止穿裤衩进入公共场所(体育运动锻炼和舞蹈教学需要除外)。

(6)公共场所不准穿拖鞋(洗澡、洗衣服除外)。

(7)学生必须按规定佩戴"出入证",团员必须佩戴团徽。

4.爱护公共财物

爱护公共财物。有下列情形的记为不文明行为,并交有关部门处理。

(1)损坏公物和公共设施的。

(2)踩踏花台、矮墙、桌凳、草坪的。

(3)攀摘花草、树木的。

(4)故意损坏学校教学仪器、设备的。

(5)未经允许私自在学校公用电路上使用电器的。

(6)不关门窗、电路、水龙头等造成学校损失的。

(7)不节约用水、用电的。

5.讲秩序,守纪律

全校师生应讲秩序,守纪律。违反以下规定的视为不文明行为。

(1)出入公共场所不拥挤,不故意制造混乱。

(2)打饭、看病、购物必须排队。

(3)遵守会场纪律,不讲小话,不喧哗、不起哄,不看与会议无关的书,不做与会议无关的事。

(4)严格遵守学校的作息制度。

(5)按时完成劳动和其他任务,不影响其他人工作。

(6)禁止在校园内酗酒划拳,学生禁止吸烟,教师禁止在教室、实验室内吸烟。

八、实施校园精神文明监督岗的积极意义

1.对学校管理的作用

校园精神文明监督岗对早读、写字课、新闻联播、升降国旗、学生大会、就餐时段、休息时段进行规范性的监督和检查,提升了学校的教育教学和管理质量;

改进了学校环境的风貌，使学校师生的精神风貌焕然一新；提高了学校的整体形象，增强了综合竞争力，为学校申报更高一级的办学资格奠定了基础。校园精神文明监督岗的精细化管理造就了文山州民族职业技术学校今日良好的校园精神风貌，为学校的管理作出了不可磨灭的贡献。

2.对监督员自身的作用

在管理校园精神文明监督岗事务和自我管理的过程中，通过自我管理和事务管理，经过不断的锻炼，监督员的思想觉悟不断提高，做人做事的能力不断增强，综合能力不断提升。学校很多出色的团干部和学生干部都是从文明岗成长起来的，并担任团内和学生会各部门的主要负责人。

3.对全体师生员工的作用

校园精神文明监督岗的监督、检查、示范性作用，不断规范着全体师生的言行，提高全体师生的文明素质。在学校参加的各类展示、表演、比赛、活动中，师生所体现的良好精神风貌，得到了上级部门和领导的奖励与表扬，使他们从民职校人身上看到“爱岗敬业，艰苦奋斗”的民师精神。

在学校办学转向之后，学校办学格局在师范与理工并存，大专与中专并举的情况下，校园精神文明监督岗的工作在面对新的发展机遇的同时，也面临新的挑战。校园精神文明监督岗将紧跟学校前进的步伐，从组织、人员、章程上不断完善和更新，与时俱进，不断创新，共同创造一个良好的校园文明环境，为社会主义精神文明建设作出积极的贡献。

“五个十”系列教育制度

韦祥艳

随着素质教育的全面推进和全国劳动人事制度改革的深入，社会对人才素质结构提出了新的要求。为了增强我校毕业生的就业市场竞争力和社会适应性，使他们具有扎实的专业理论知识和教育教学基本功，较强的实践能力和创新能力，提高人文素质，成为“合格＋特长”、“学高”而“身正”的德、智、体、美、劳全面发展的适应基础教育改革和发展需要的“综合型”基础教育教师，学校不仅重视各专业基础课程和专业课程的开设，还紧紧遵循统一要求与因地制宜相结合的原则，努力寻找适合自己生存与发展的新路子，以课程改革为“切入点”，深入开展校本教研，加强校本课程建设与开发，于2003年12月制定和出台了《文山州民族师范学校“五个十”系列教育活动实施方案》，作为校本课程列入教学计划实施，系统开展了极富特色的“五个十”系列教育活动，即读十部中外名著、学十篇专业论文、背十首好诗词、唱十首好歌曲、练十项专业技能。

一、实施原则

坚持“五个统一”，即统一布置、统一要求、统一实施、统一考核和统一管理。

二、实施办法

1.明确目的和要求

在选定的十部中外名著中，有五部是必读作品（我国古代四大名著和《钢铁是怎样炼成的》），另外五部是选读作品（学生可从学校规定的二十五部备选名著中选读）。要求了解名著的作者、时代背景、写作方法及文学艺术风格；掌握名著基本的故事情节和主要人物形象；对作品有一定的鉴赏能力；能写读后感。每学期须完成一部必读作品和一部选读作品的学习与考核。

十篇专业论文是根据学生专业特点和专业发展需要来选择的，论文内容可以随着时代发展和专业发展需要进行更新。学习要求是：(1)了解论文的题目、作者及撰写意图；(2)掌握论文的基本内容和基本结构；(3)明确论文的理论意义和实践意义；(4)初步掌握专业论文的撰写方法，能撰写简单的专业论文。一年级末开始组织学习，三年级完成考核。

十首好诗词由语文教研组负责选择知识性和思想性强、文学价值高的十首诗词组成。学习要求是：(1)能背诵并默写；(2)了解诗词的内容，体会诗词的意境；(3)掌握诗词的写作方法；(4)会仿写或改写诗词，在此基础上初步学会创作。第一学年完成考核，第二、三学年抽查巩固的情况。

在十首好歌曲中，学校规定了十首选定歌曲和二十首备选歌曲。要求选定歌曲要能熟记旋律和歌词，掌握歌曲中的基本乐理常识，能独立演唱，具有一定的欣赏能力；对备选歌曲能熟练演唱即可。分散在一、二、三年级各学期进行训练和考核。

十项专业技能确定的主要依据是学生的专业特点和就业需要，具体包括写作技能、教学技能、教育科研技能、心理调适技能、艺体技能、交往技能、班团(队)活动组织技能、教育行政管理技能、现代教育技术技能、常用教具制作技能。各项技能的训练目标、内容由具体实施部门根据师范教育的培养目标确定，训练和考核的方法由具体实施部门根据学生实际和各项技能的特点确定。分散在一、二、三年级各学期进行训练和考核。

2.科学选择学习和训练方法

十部中外名著的学习以自学为主，教师以专题讲座的形式进行辅导，帮助学生突破难点，组织学生观看录像、师生开展交流会和辩论会、写读书心得进行强化。十篇专业论文的学习采取自学与教师辅导相结合的方式进行，也可以开展学术交流会加深理解，提高认识。十首好诗词的学习以自学为主，教师指导欣赏。唱十首好歌曲和练十项专业技能都以课堂教学为训练的主阵地、主渠道，依靠第二课堂来强化训练和巩固。

“五个十”的学习、指导及考核分别由语文教研组、教育心理学教研组、音乐教研组及各班班主任负责。

3.健全管理机构，加强监督和管理

学校专门成立“五个十”系列教育活动监督、检查领导小组，采取定期与不定期相结合的方式检查实施情况。“五个十”的考核成绩记入学籍档案，不过关者不准许毕业。

为了保证“五个十”系列教育活动顺利而有效地实施，学校专门出台了《关于实施“五个十”系列教育活动的意见和建议》，从“五个十”的实施与学校教育教学改革、学校常规工作以及校园文化建设等方面的关系上，提出如下几点意见：

第一，统一思想，端正态度，以乐观、积极的精神风貌组织实施好“五个十”系列教育活动。要求把实施重点放在该项活动的实施及其发挥的教育功能上来，以弥补教师在教学过程中的不足和解决学校教育工作中的一些被忽视的教育问题；要从提高整体教育质量的高度来认识“五个十”系列教育活动，从而统一思想，端正态度，以乐观、积极的精神风貌组织实施好这项教育活动，促进教育整体质量的提高。同时，要通过教育引导，提高学生学习、探索和实践训练的积极性，促使他们主动地、快乐地完成相关领域的学习和训练任务。

第二,充分认识“五个十”系列教育活动的重要性。“五个十”系列教育活动是根据学校教育的不足和社会的要求提出来的,其主要目的是:(1)进一步提升学生的人文素养,弘扬人文精神,形成正确的态度和价值观,推进素质教育;(2)进一步巩固社会主义学校文化教育阵地,建设积极、健康、高雅的校园文化;(3)强化专业技能,适应社会要求,保证师范毕业生质量。实施“五个十”系列教育活动实质上是学校落实社会要求的一项举措。

第三,要以当前教育综合改革的精神统领“五个十”系列教育活动。要分清主次,充分认识到“五个十”的实施与学校教育教学工作和日常管理之间的交融关系,在全面推进学校教育教学改革、强化日常管理、提高日常工作效率、提高学生日常活动和生活质量。因为实施“五个十”仅仅是提高师范教育质量的若干手段之一,其内容涵盖面也仅仅是师范教育内容结构要素中的一些子要素和某些方面的补充。

第四,“五个十”系列教育活动的开展,既要注重结果的考核,更要注重在过程中师生知识技能的生成、方法的获得、情感态度与价值观的升华。如在“十首好歌曲”的歌唱活动中,如果将歌唱的技巧、指挥的技巧、歌唱活动的组织技能整合在一起,在实施的过程中,必将促成学生知识技能的进一步生成,激发学生积极的情感,获得促进自身发展的力量。

第五,将实施“五个十”系列教育活动与教育科研紧密结合起来。“五个十”系列教育活动各项内容的实施,都有许多的理论意义和实践意义,都可以立为课题的形式进行实验研究,力求理论与实践的统一,方法和途径的完善,促进教育科研的发展和教师科研素质的提高。

三、实施效果

通过实施“五个十”系列教育活动,凸显了以下实施效果:

1.充分开发和利用了学校的课程资源

我校充分发扬了以往开设的第二课堂的优良传统,紧密结合学校实际和学生的学习需求进行归纳总结和论证,遵循优先性和适应性两条基本原则,开发了

“五个十”这一校本课程系列，并利用学校的素材性课程资源（包括资料、经验、创意、方式方法等）和条件性课程资源（包括人力、物力、财力，场馆设备等），提高了资源的利用率，促进了我校办学质量的提高和办学特色的凸现。

2.挖掘了学习潜力，营造了学习氛围

“五个十”系列教育活动推出后，通过对实施方案的宣传和动员，为学生开辟了另一片学习新天地，激发了学生的学习热情，为学生的课外学习和生活提供了正确的导向。目前，学生课余时间阅读武侠小说、言情小说的书籍量在逐渐减少，阅读中外名著等有益书籍的量在逐渐增多。配合“五个十”的实施，学校在课余时间不仅开放图书馆，还开放了微机室、语音室、实验室，并派教师加强管理和辅导，为学生提供了学习、实践操作的广阔天地，营造了良好的学习氛围。大多数学生都乐于在这些场所中学习、探究，充分挖掘了学生的学习潜力，为学生创造了成功的机会，从而使沉迷于网络、外出东游西逛的学生数量大大减少了。

3.启迪了学生的智慧，培养了创新精神

“五个十”系列教育活动的实施以开放式教学为主，教师充分发扬教学民主，鼓励学生自主探究、主动学习交流，勇于实践，大胆创新，力争有自己的学习研究成果，如：写名著读后感，充分发表自己品评名著的意见；用新课程理念来设计并操作一节课的教学、说课、评课；开展科技小发明、小制作活动；组织学生自编、自导、自演话剧。“五个十”系列教育活动充分开发了学生的智力，培养了学生的创新精神和创造能力。

4.强化了专业技能，提高了综合素质

通过“五个十”系列教育活动的开展，不仅丰富了学生知识，提高了学生的专业技能和实践能力，也使学生从中受到了很好的爱国主义教育和人生观、世界观的教育，提高了他们的人文素养和艺术欣赏水平，尤其是学习方法的掌握和自学能力的提高，使学生获得了终身学习和完善自我的本领，大大提升了学生的综合素质。

5.赢得了市场竞争力，增强了学生就业的信心

传统的师范教育培养出来的学生已无法满足当今市场经济、教育改革和新课程实施的需要，我校推出“五个十”这一校本课程正是为了适应人才市场的需

求和教育改革的需要。它涉及科学、文学艺术、人文、教育、健康和技能训练等领域的内容,通过学习掌握,有利于提升学生的综合素质和社会适应性,拓宽学生的就业门路,增强学生就业的信心。

6.丰富了校园文化,净化了学生心灵

改革开放以来,西方所谓的"民主"、"自由"、"人权"的价值观念和形形色色的"垃圾文化"腐蚀着青少年一代。很大一部分青少年学生在这种"文化渗透"的氛围中,无法分清什么是先进文化,什么是落后文化;什么是优秀文化,什么是劣质文化;什么是传统文化,什么是现代文化。我们开展这一系列教育活动,旨在继承和发扬优秀的传统文化和先进的现代文化,"以科学的理论武装人,以正确的舆论引导人,以高尚的精神塑造人,以优秀的作品鼓舞人",从而丰富校园文化,净化学生心灵,培养有理想、有道德、有文化、有纪律的社会主义新人。

总之,"五个十" 教育制度的建立和实施,既增强了师生的综合实力和适应性,又全面提升了学生素质。

四、"五个十"教育制度的改革

随着社会发展和时代进步,对教师素质的要求普遍提高,中等师范教育已成为历史载入教育史册。在职业教育改革的潮流中,我校抓住机遇,顺利地实现了更名转型,由原来的文山州民族师范学校转为文山州民族职业技术学校,并结合学校的资源优势和办学实际,进行了一系列的教育教学改革,提出了"两条腿,两手抓"的办学思路,创建了"两个并存,两个转变"的办学模式。"两条腿",即坚持全日制教育与成人教育共同发展的"两条腿走路"的办学路子;"两手抓",即坚持"一手抓社会效益,一手抓经济效益"的办学方针;"两个并存",即师范教育与非师范教育并存,中等教育与高等教育并存;"两个转变",即逐步实现由以中等教育为主向高等教育为主转变,由以师范教育为主向理工科教育为主转变。

在以上办学思路的指引下,我校形成了多样化的办学格局。在专业类别上,有师范类、理工类、综合类;在学历层次上,有中专和大专;在生源起点上,有初中起点、高中起点;在学制上,有一年制、三年制、五年制。在生源素质参差不齐和多样化的办学形式下,要顺利实现学校的培养目标——培养"三个学会"(即学会做人、学会做事、学会健体)的技能型人才,实施"五个十"教育制度显得更加重要,而改革也势在必行。

1.调整内容

根据学生的专业特点和今后的就业方向调整"五个十"的内容,由原来的师范领域向理工领域拓展,使“五个十”的内容日益丰富和完善。“十篇专业论文”必须紧扣专业性质和专业发展需要来选择,而且要具有代表性和实用性,通过学习有利于提升学生的专业素养。要紧扣学生的专业发展需要和就业实际需要确定“十项专业技能”,原有的写作技能、交往技能、计算机操作技能等要求各专业学生都要掌握的继续保留,其余七项技能紧扣专业特点来确定,要有所侧重。如师范专业学生侧重训练教学技能、班团(队)活动组织技能和常用教具制作技能等,机电一体化专业学生侧重训练机械控制和电器维修方面的技能,建筑工程技术专业侧重训练建筑设计方面的技能。通过训练,帮助学生在熟练专业技能的基础上,发展一技之长。

2.改进实施办法

(1)根据学生学龄阶段特点,把“五个十”的内容进行分解,分散在各学龄段实施,循序渐进、分阶段地进行学习和训练,以免加重学生的学业负担。

(2)根据“五个十”的内容特点,在以课堂教学为主渠道的前提下,拓宽课外学习和训练的途径与方法。如读“十部中外名著”可以在教师指导下进行,学生也可以开展小组合作探究学习,或者进行角色扮演,开展体验性学习;训练“十项专业技能”可以在室内进行,也可以在室外进行,有的甚至可以走出校门,进行实地考察和训练。在指导方法上,可以由专家和教师从理论到实践进行系统指导,也可以“师带徒”的方式进行指导和训练。通过途径和方法的创新来提高“五个十”的实施效果。

3.改革考核制度和方法

在新课程理念指导下,把形成性评价和终结性评价有机结合起来,重视学生学习过程的监测和评价,并列为考核成绩的一部分。可以选择多种方式进行终结性评价,如笔试(含开卷和闭卷)、口试、实践操作等。有些内容的考核可以与学科课程结合进行,如十首好诗词、十首好歌的考核可以结合语文课、音乐课的考核进行;有些内容的成绩也可以作为学科课程考核成绩的一部分。“五个十”考核制度和方法的创新,增强了“五个十”实施的灵活性,拓展了“五个十”学习和训练的空间,保证了“五个十”教育制度切实有效的落实。

随着转型后学校专业的扩展和办学形式的复杂化,“五个十” 教育制度将随着学校建设和发展需要不断进行改革和深入实施,“五个十” 的实施效果也将会在我校的培养目标中得以体现,在我校毕业生身上发挥其应有的社会效应。

"九要求、十不准"管理制度

张贞富

教育就是养成良好的行为习惯。习惯是人的一种基本素养,主要包括:品德习惯、学习习惯、卫生习惯、礼仪习惯、劳动习惯、睡眠习惯、饮食习惯、着装习惯、为人处世习惯,等等。印度有一句古谚语:"播种行为,收获习惯;播种习惯,收获性格;播种性格,收获命运。"由此可以看出,养成良好习惯有多么重要,但习惯是从"播种行为"开始的。我国著名教育家叶圣陶先生十分重视少年儿童良好习惯的培养,他认为教育就是养成良好的行为习惯。所以说,良好习惯需要从一点一滴的行为做起。

进入 21 世纪,由于就业制度的改革,我校招生对象从"尖子生"过渡到了招收"低端学生",这些学生最大的不足就是行为养成差,多数学生虽然有学习愿望,但没有良好的学习习惯;有一定的道德、卫生、礼貌、劳动等意识,但没有相应的习惯。为帮助学生养成良好的行为习惯,学校根据学生比较突出的行为问题,于 2003 提出了《从严治校"九要求"和"十不准"》,经过几年的实施和修订,于 2004 年正式出台了《关于在学生中开展"九要求、十不准"教育管理活动的决定》,指出:为了进一步加强对学生的思想道德教育和日常管理,不断提高学生的文明素质和道德水平,学校决定在学生中广泛开展"九要求、十不准"教育管理活动(简称:"九要求、十不准"教育活动)。同时,学校成立了开展"九要求、十不准"教育活动领导小组,并由校长任组长、副校长任副组长,形成了由学校"一把手"亲自抓学生行为习惯的养成。

(1)学生修养"九要求":

①尊重他人、乐于助人;

②勤奋学习、全面发展;

③遵纪守法、自尊自爱;

④仪表端庄、文明礼貌;

⑤关心集体、爱护公物;

⑥热爱生活、讲究科学;

⑦热爱劳动、讲究卫生;

⑧艰苦朴素、勤俭节约;

⑨讲普通话、写规范字;

(2)学生行为“十不准”：

①不准在校园内抽烟、酗酒、赌博；

②不准谈恋爱；

③不准打架、斗殴、偷盗；

④不准进入营业性歌舞厅、酒吧、电子游戏室和看黄色书刊、影片；

⑤不准在上课、上自习时间开手机、传呼机；

⑥不准随地吐痰、扔纸屑；

⑦不准在校外住宿(家住文山城区的星期五、星期六晚可以请假回家住宿)；

⑧不准乱刻乱画桌椅墙壁、乱踏乱踩草坪、乱摘乱折花木和在非规定区域内踢球；

⑨不准穿奇装异服、理怪发型和染发以及浓妆艳抹、戴首饰；

⑩不准在开会、升旗演出等集会时鼓倒掌、喝倒彩、吹口哨、喧哗、打闹、看与会无关的书报，以及在校内乱吼乱叫。

值得一提的是，学生修养“九要求”和学生行为“十不准”是我校在执行《学生日常行为规范》的前提下，根据学生教育实际问题提出来的，有很强的针对性和可操作性，便于教育者开展工作，易于学生理解和接受。学生修养“九要求”涵盖了学习、纪律、劳动、卫生、语言、礼仪礼貌、人际交往、生活态度等方面的个人修养要求，倡导学生从这九个方面加强个人修养，提高个人素质。学生行为“十不准”是针对执行“九要求”过程中，学生表现出的一些突出的问题的具体化。所以，要很好地开展“九要求”教育，必须严格执行“十不准”。

学校特别强调，我们的德育工作并不能单一地执行“九要求、十不准”，而是要在全面落实德育内容体系，落实社会主义道德教育基本要求的基础上，有针对性地执行和落实。尤其在现阶段，要结合社会主义荣辱观教育和学生日常规范教育、礼仪教育来实施，以全面提高学生的思想道德素质和文明层次。具体实施措施为：

(1)通过校会和班会进行宣传教育，提高学生理性认识，端正态度。要学生形成良好的道德品质，必先提高其道德认识，激发其道德情感，因为认识是品德养成的基础，情感是持之以恒，养成良好道德习惯的动力，只有播下认识和情感的种子，才能收获行为。因此，执行“九要求、十不准”的有力措施首先就是提高学生的认识，端正学生的态度，激发学生的情感。一是加大宣传的力度，通过板报、橱窗、广播进行有力的宣传，让“九要求、十不准”的具体内容进教室、进宿舍，使学生耳濡目染，形成有效的教育氛围；二是通过学生大会、班会、支部会进行详细的

解读，结合学生身边的事例，各种媒体报道的案例，以及青少年思想道德教育专题录像片，使说理生动形象，防止空洞的说教；三是典型引路，榜样示范，要求教育者、学生干部以身作则，带头执行，树立榜样；四是通过研讨会、辩论会强化理解，加深认识。

近年来，在社会主义荣辱观（"八荣八耻"）的教育和为规范（《中学生日常行为规范》）教育的大背景下，学校提出"九要求、十不准"更富有新的意义，具有更大的教育力度。我们把"八荣八耻"教育、《中学生日常行为规范》教育（含大专部《大学生行为准则》）作为学生思想道德教育的切入点，同时把"九要求、十不准"作为荣辱观教育和行为规范养成的切入点，与落实"八荣八耻"教育和执行《中学生日常行为规范》紧密地融合在一起，产生了强大的教育说服力。

（2）建立完善的检查和监督机制，帮助学生养成习惯。道德行为习惯的养成，是学校对学生进行品德教育的目标，而习惯的养成需要付出意志的努力，需要持之以恒地开展训练，是一个理论认识与行为训练不断反复的过程。在这个过程中，检查和监督起到了重要的作用。学校通过领导值班制度、晚自习辅导制度、宿舍管理制度、班主任工作制度、文明岗工作制度、科任教师课堂管理制度等一系列的规章制度，调动各方面的力量来开展检查和监督，确保"九要求、十不准"的顺利实施。

（3）建立激励机制，激发学生的积极性。除了按要求评选"三好学生"、"优秀学生干部"外，学校还建立了学习奖励制度，激励学生学习，包括学习优秀奖、学习进步奖、学习单项奖、学习成果奖；建立学生参与考评体系，设立德育综合奖，激励学生养成良好品德习惯；设立卫生单项奖，奖励爱劳动、讲卫生的学生，等等。学校还设立了"文明班级"、"先进团支部"、"先进班集体"、"文明宿舍"等奖项，奖励执行规范好的集体。同时，学校还依据学籍管理制度、违纪学生处分制度，对学习不努力、自律不严格、违反规范的学生给予批评教育、学籍处理，甚至纪律处分。

（4）开展专题教育活动。每年的9月为开展"九要求、十不准"教育活动月（新生延续到10月），并在全年坚持要求，严格检查和督促。活动步骤和要求如下：

第一阶段：组织学习，提高认识。召开教职工和全体学生参加的动员大会，再由班主任到各班召开主题班会，组织学习、交流、讨论，写心得体会。

第二阶段：检查落实，工作到位。政教处、团委组织人员到各班、各宿舍、校园各活动点进行检查、落实、登记、处理。

第三阶段：长期坚持，养成习惯。通过德育处、团委、教务处、学生会、年级组、班主任、科任教师的监督和主动施教的养成教育，达到培养学生“四自能力”（自我管理、自我教育、自我完善、自我发展）的目的。

通过以上措施，“九要求、十不准”得到了有效地贯彻，有力地维护了学校的纪律和秩序，校园稳定有了很好的保障，社会反映良好，特别是得到了家长的支持和称赞。

课程分为公共文化课程、专业基础理论课程、专业技能课程、专业实训课程等。有国家课程、地方课程、校本课程。课程是学校实施教学的主要依据，是教育教学的主渠道，是学生获得知识、文化、技能的主要来源。因而，实施好课程文化建设是学校文化建设的基础和重点。

第五章 课程文化建设

KECHENG WENHUA JIANSHE

第五章 课程文化建设

课程与文化的关系

韦祥艳　王 彪

课程文化是用文化的眼光认识课程的思维方式和研究方法，也是具有实体内容和对象化的文化结构，它既是“文化载体”又是“文化形式”。它是现代学校文化的重要内容，也是学校教育活动的生存方式。在课程文化研究中，“文化载体”的对象主要是课程与各文化形式的关系，“文化形式”的对象主要是课程及其要素的文化特质。

一、课程与文化之间的关系

文化蕴涵于课程之中，课程是一种复合文化，它包含了学生、课程知识和教材等多种课程亚文化要素。同时，课程是进入教育领域的特殊文化，它的特质是人的学习生命存在及其优化活动，具有文化传承功能。因此，课程从自身文化本性上看，必然是学习化课程 。还原课程的文化本体地位，是将课程自身视为一种文化，赋予课程一种文化主体地位。

围绕揭示课程在文化传承中的运作机制，人们开展了课程与文化关系的研究，产生了一些有影响的学术流派，其中最具代表性的是美国的功能主义、多元文化主义，英国的文化分析理论，以及有多国学者参与其中的批判理论。

功能主义源于法国社会学家涂尔干(Durkheim, E.)，他认为“整个教育活动在某种程度上都应该服从国家所施加的影响”，学校课程必须使学生适应社会环境。受这种思想的影响，美国学者帕森斯(Parsons, T.)认为社会是通过学校课程来筛选学生的，学校是帮助学生进入适当的社会位置的社会机构。瑞鲁慈(Reynoldz, J.)和斯基尔贝克(Skilbeck, M.)认为学校应该传播其所在社会的文化，应该为“年轻人取代社会中的成年人做准备” 。

批判理论也赞成课程具有社会文化功能。主要代表人物有阿普尔(Apple, M.)、鲍尔斯(Bowles, S.)、金蒂斯(Gintis, H.)、布迪厄(Bourdieu, P.)、吉鲁克斯(Giroux, H. A.)等。阿普尔提出了课程知识选择中一个价值选择的问题：“谁的知识最有价值？”并认为“教育的问题从根本上来说是伦理的、经济的和政治的问题”。鲍尔斯和金蒂斯认为资本主义学校教育是再生产社会、政治、经济结构的机构，资本主义当权者对经济的操纵常常是课程的决定性因素，他们的思想和价值观在学校教育中产生着实际影响。这样的资本主义学校培养的劳动力将“听命于资本主义唯利是图的雇佣的需要”。与此不同，法国社会学家布迪厄指出学校并非简单地反映社会，而是具有再生产社会关系的功能。吉鲁克斯则特别重视学校教育与社会文化发展之间的作用，他称教师为“智力改造者”，认为教师要有能力重新考虑“社会秩序与学校教育之间的联系”。

与批判理论选择部分社会文化现象作为研究对象不同，英国杰出的课程论专家劳顿(Lawton, D.)以整个社会文化作为背景进行系统分析，体现出高屋建瓴的理论气魄。他将课程定义为“文化选择”，并认为这个定义扩展了课程研究的视野。他认为，“教育不可能与价值无涉，不同的价值系统或思想会产生不同的课程”。即使是纯科学课程也要接受社会文化的选择，“在大多数情况下，如果价值和信仰得不到学校的传播，就根本不会再流传下去”。教育关注的就是把社会认为的文化中最有价值的方面传授给下一代，而为确保对文化适应的选择，必须认真规划课程。因此，必须建立一套筛选规程或筛选原则。

多元文化课程理论主张，多元文化的社会必须提供“一种动态的环境，在那里人们的信仰意味着交流、保护、辩论、转换、保留、品评、宽容等，所有人的行为都得尊重其他人的信仰”。课程必须有效地代表族群的伦理文化，同时反映所有人口的利益和需要。为此，沃尔钦(Walking, Philip H.)提出了一种“转换生成”课程，通过它认识“任何一种生活的价值特点”，以适应多元文化的社会。马斯格若伍(Musgrove, Flank)设想出“第三文化”，认为“无需保护也无需传递文化特征，而是超越它们。多元文化社会的任何学校的课程都将植根于无止境的多边整合的辩证过程之中”。

二、课程文化的内涵及特点

什么是现代学校课程文化？我们的初步看法是：学校课程文化是指按照一定社会对下一代获得社会生存能力的要求，对人类文化的选择、整理和提炼而形成的一种课程观念和课程活动形态。现代学校课程文化，集中表现为科学与人文相结合的课程文化观和课程活动观，并在课程目标、课程内容和课程实施三个层面上展示其主要内涵及特点。

1.多元化的课程目标价值取向

伴随教育改革的深入发展，课程目标价值取向正实现从知识论向主体教育论的转化，以人的发展为核心。以基础教育课程目标为例，目前我国基础教育课程目标主要有以下五种不同的价值取向。

(1)强调掌握基础知识的价值取向。这是基于科学世界是建立在数理—逻辑结构基础上，由概念原理和规律规则构成当今世界的看法，认为学校课程是为了掌握系统的科学知识。

(2)强调基础技能训练的价值取向。这是一种基于控制论的观点，认为“教育就是塑造行为”，学习就是形成行为，一种复杂的行为，可以通过逐步逼近、积累的办法，由简单的行为联结而成。由此课程目标侧重于通过严格控制教学过程，通过对学生操作行为的反馈、强化，培养学生的基本技能，如自主学习的技能，解决问题的行为技能。

(3)强调获取生活经验的价值取向。基于教育是建构人生价值和生活方式，实现生命价值和人生意义的一种活动的认识，认为课程目标应指向儿童体验生活和存在的意义。课程的目的在于获取生活经验。所谓生活经验，一是社会生活经验(如对环境的关心，对人类发展的关心)，二是解决学生生活实际。课程不只是消极地适应社会生活，而根本的是对社会生活进行持续批判和超越，从而满足学生的理智生活、情感生活、审美生活、道德生活的需要。这是一种回归生活、强调生活体验的价值取向。

(4)强调创造性思考能力培养的价值取向。

(5)强调情感陶冶的价值取向。认为学校课程是通过创设"美、趣、智"的学习情境,"亲、助、乐"的师生人际情境,借助于生活展现、实物演示、图画音乐渲染、角色扮演、语言描绘等多种形式,激发学生相应的情感,达到知、情、意的统一,以及知识性、工具性、文化性的统一。这强调的是课程目的的情感陶冶价值。正是课程目标价值取向的多元性,形成了目前教学活动的丰富性。

2.以"仁爱与情感"、"和谐"、"价值与信念"为标志的现代课程内容文化

课程文化以其特有的视角体现了基础教育对人类文化的选择。借助于学科课程的文化价值和精神财富,把刻在学科知识技能中的价值观念、审美情趣、思维方式和行为规范等加以挖掘和提升。在多元文化背景下,现代学校课程文化的内容应是十分丰富生动的,且表现出不同学科的不同特色。但是,差异中存在共同的标志性话语,才是在深层次上的文化价值定位。

一是仁爱与情感。"仁者爱人",超越自我中心,相互尊重与信任,且追求高尚的生活方式和情趣。

二是和谐。不仅指人与自然的和谐,而且指人与人之间的和谐,也包括人自身发展的和谐。课程内容应使学生广泛了解有关自然、社会和人类自身的丰富知识,全面理解人与自然、人与社会和人与人之间的关系,实现个体知识、能力、态度及情感的和谐发展。

三是价值与信念。价值观的主要内容是为人民服务和集体主义。在正确处理自主与监督、竞争与协作、公平与效率、民主与集中、创新与求实的关系中,倡导自主意识、竞争意识、效率意识、民主法制意识以及开拓创新意识,真正体现尊重个人价值与弘扬集体主义精神的统一。

3.以理解、体验、参与、合作等为标志的课程实施文化

课程实施文化,是作为过程的对象化活动领域。基于"在活动、实践基础上通过交往促进学生主体性发展"这一基本思路,现代课程实施的状态应体现现代教育的民主观念。通过自主选择性参与,通过平等民主的参与式交流,让学生获得积极的体验。

三、课程文化的内容

与学校文化相对应,课程文化包含课程物质文化、课程制度文化和课程精神文化,其核心是课程精神文化。课程文化建设精神的根本点是强调主体存在的意

义,关注人的生命和价值、寻求教育向生活世界的回归。

我校的课程建设既有中等职业学校的共性,也有自己的特色。从课程的结构和内容来分析,中等职业学校的课程建设都应围绕国家课程、地方课程和校本课程三个领域去建设和开发。因我校的办学实际与地方经济建设和社会发展需要,使我校的课程建设具有自身特点,凸显了地方特色和学校特色。

四、我校课程文化的建设的措施及办法

职业学校课程文化是职业学校课程教学中长期积累的反映与课程相关的价值取向,以及师生意识、师生心态、行动规范方面的独具特色与魅力的物质文化、制度文化和精神文化的总和。它具有可塑性,不是静止的,在建设上要坚持面向现代化、面向世界、面向未来的指导思想。从先进性文化要求的高度,职业学校课程文化建设应加强以下五个方面:

(一)物质形态的课程文化要企业化

物质形态文化属浅层基础性的物质环境文化。现代的企业文化的物质形态有其特殊性,如统一的建筑色调和风格、满足生产需要的高效的建筑布局、统一的工作服、佩胸卡上岗、现代化的生产设备与工作车间、具有鲜明的现代化的视觉特征等。目前的职校由于前几年的扩招,课程文化的物质环境是拥挤的,如大多数学生于大多数时间在传统的教室接受传统的课程教育;实验、实习多人一组,多人一机,多人一岗,职业学校环境与现代企业相距尚远。同时,教材作为职校课程文化的一个重要物质形态的载体,内容相对陈旧,冗余信息多,岗位适用性不强,明显滞后于企业。

相对于制度形态和精神形态的课程文化,物质形态的课程文化尽管对育人不起根本性的作用,但其具有直觉性和自然性,对学生起到耳濡目染、潜移默化的影响。课程文化要使学生积极主动地、自主自律地社会化。因此,从环境育人的角度出发,职校按企业化的要求首先把物质形态的课程文化建设好,学生就业时对企业文化有认同感,就能尽快融入企业文化。

1.课程教学环境与企业车间接近

学习和借鉴新加坡南洋理工大学和浙江宁波几所职校的做法,把专业课程教学放在实验室和实习室,同时想方设法鼓励企业车间走进校园,逐步实现课程教学的理论与实训一体化,使学生在课程文化中能真切地感受到模拟的企业文化。现在的职校有部分课程的部分内容可以办到这一点,而所有的专业课程需要在课程规划、课程体系设置中统筹兼顾,逐步实施。

2.课程教学设备与企业接近

先进的文化就是要面向现代化，所以，课程教学设备应当与生产一线同步，即使投入大、困难多，也必须坚持这个正确的方向。现在设备少一点，可以先解决核心的典型性的设备，突破原来的上课时间限制，提高其利用率。

3.企业编制员工岗位手册与操作流程相接近

引入企业编制员工岗位手册作为教材的做法，以最精练的形式呈现在学生面前，让学生先熟悉岗位工作操作流程，然后懂得一些基本的原理。

(二)制度形态的课程文化要交互化

课程文化的制度形态是基本的教学计划文件、教师的课程教学工作制度和学生的课程学习制度。制度可以促成良好的行为规范，企业车间甚至员工的行走路线都有规定，不得越过警戒线。良好的制度形态课程文化能保证有好的教风和学风。但是现在课程教学制度基本上是单边制订的。一方面，教师的课程教学工作制度是校长制订的，学生并不清楚老师的课程行为规范；另一方面，学生的课程学习制度是任课教师和班主任提出的，学生不能获得心理上和价值上的认同，如学生参加生产性课程实习认为是为学校卖命赚钱。

课程文化的建构性属性是一种师生通过协商、互动的方式共同进行的对文化的理解与建构。课程文化的建设不仅要由师生主体参与，校内多方讨论和协定，还应有企业的参与。要消除教师的课程教学制度与学生的课程学习制度这个事实上的分水岭。因此，应从如下两个方面改进：一是制度的建立过程应与学生沟通。课程文化根本的是影响作用于学生，在制订课程教学制度时，要消除有的教师碍于师道尊严讲面子的想法和教师认为学生不一定懂事的想法。因此，在制订时必须请学生代表参加讨论，或者可在学代会上表决。这既是体现科学、民主精神的需要，也是从实效出发的好举措。二是制度的定期修订须有多方面的参与。制度的完善应当是动态的，要请与课程制度相关的所有人员代表参与，如企业代表、家长代表和学校各管理部门等。

(三)精神形态的课程文化要扬长

精神形态的课程文化对学生有凝聚和激励等效用，它对职校师生的影响是无形的、持久的。所谓扬长就是树立先进典型和学生的个性品质得到充分的发展，是先进文化的具体体现。职校的学生入学文化基础不高，适应社会需要依靠的是其职业技能能力，以及具有在职业竞争中舍我其谁的精神和勇气。所以，在课程文化建设中，一是教师抓住课程教学时机多对学生进行表扬，要有“寸有所长”和“有教无类”的教育理念，树立在学习各个环节中涌现的典型，特别是大力表彰操作技能比赛优胜者。二是科学设置课程模块。职校学生进校选择专业时有一定的盲目性和偶然性，出现了一些厌学情绪，因此，职校要有以学生为本的理念，用多模块课程适应不同类型的学生，培养学生的学习兴趣，促进学生的课程学习，树立学生好学向上的精神。

（四）重视隐蔽性课程和活动性课程的文化建设

美国学者奥渥勒于 1970 年提出“隐蔽性课程”（hidden curriculum）的概念。它与传统的显著性课程是相对的，与“正规课程”区别在于呈现形式不同，是课程文化的亚文化。学校要重视教师身教作用，要大力提倡先进的文化，坚持正确的舆论导向，学校要注意学科的渗透；教师要保持高尚的思想品德、严谨的教学态度、细致的工作作风、崇尚科学和刻苦钻研精神。这些与显著性课程相比不是次要的，它会影响学生的一生。

活动性课程是指学生积极参与的课程文化活动，是区别于传统课程的组织形式。职校的活动性课程的构建不能单方面强调教师课程教的文化活动，或是单方面强调学生课程学的文化活动，而是要以课程结合为环境，以学生自主参与为特征，将两者围绕学校课程总目标结合起来共建。教师在活动性课程中不仅要在知识上传授和技能上示范，更重要的是通过语言文化与沟通文化的创造，激励学生在活动性课程中形成合作精神和团队精神，建立真诚交流的情境和平等和谐的氛围，共享知识技能经验和体会。

（五）建立与课程文化相配套的评价体系

课程文化的建设中，仅重视上述的四个方面还不够，必须把过程与目标绩效评价结合起来，才能发挥最大的效果。课程文化的评价，既有全校性的评价，也有单学科课程文化的评价。它不应从上级领导的表扬和批评或者从获得的奖状奖杯为标准，而是要建立科学的评价标准和评价方法。并且，要注意防止陷入只对课程不从文化层面评价的误区。

在过程上分三步：第一，弄清学校长期战略发展对课程的需求。这是课程文化发展的永恒方向和终极目标。第二，测评出课程文化的真实现状。一般从师生的满意度、师生的价值观（包括已具备的企业价值观）、教风、学风、行为取向等方面进行测量，通常采用问卷调查方法，国外较多采用量表（cope）的方法。测量需要从数学模型分析法、系统分析法、目标检验法、比较法、效益计算法、认同程度计算法等方法中进行有选择地使用。职校的评价水平目前还不能全部达到，可请专业公司进行测评。第三，将上述的两个方面结果进行审计比较，找出差异，得出课程文化的优劣。

职业教育课程改革

石嵩麟

一、关于职业教育课程模式的理论探讨

在我国现有专业文献中，课程模式是提得最多的概念之一，许多人将它作为课程研究的切入点。对课程模式的不同理解，对职业教育课程规划与开发有着重要的指导意义。

教育部面向21世纪职教课程改革和教材建设规划项目《中等职业教育多种课程模式的研究》报告中，把课程分为由上到下的三个层级(课程范型、课程模式、课程方案)，将“课程模式”定义为“来自于某种课程范型并以其课程观为指导思想，为课程方案设计者开发或改造某个专业并编制课程文件提供具体思路和操作方法的标准样式”。据此，报告将三段式、“双元制”、CBE、MBS、“宽基础、活模块”等看成是课程模式的具体表现形式。类似的，上海教科院在“中等职业教育多元整合课程模式的开发”研究中，尽管对课程模式未做明确定义，但在对职教课程模式的分析中，将传统学科模式、“双元制”、CBB、MES等分类模式进行了对比。这里，三段式是教学内容排列的时间顺序，“双元制”是一种校企结合的职业教育体制，CBB是以能力为基础的教育指导思想和教育模式，MBS是一种具体的课程方案，而“学科模式”是教学内容排列的系统化逻辑体系。将这些本不属于同一范畴的概念放在一起进行对比，在说明这种分类方式尚待完善的同时，也证明了课程模式研究的复杂性和不确定性。

教育部职教中心研究所将职业教育课程按照学科中心模式（针对某一技术内容而设计的课程）、阶梯核心式(跳跃式的分段教学，逐步由基础转向专业发展)、单元组合式(按生产技术周期和规律安排的课程)、模块组合式(按工作任务和步骤设计的课程)和职业群集式(按照职业群共有的基础技术和基本技能整理而成)进行分类，是按照同一范畴进行课程模式比较的初步尝试。北京联合大学学者撰文《就业导向的职业能力系统化课程及其开发方法》对此进行了进一步的探讨。他们把课程分为三个层面，即宏观、中观和微观层面的课程，并将课程模式看成是宏观层面的课程，这标志着我国对课程模式进行系统和理性化分析研究的开始。华东师范大学根据能力观的不同划分出三种导向的课程模式，即职业任务导向的模式、职业素质导向的模式和综合职业能力导向的模式。尽管这与国际上目前的主流理论并不完全一致（如行动导向学习理论就是旨在培养职业素质

和综合职业能力),但至少比按照(未做系统化归类的)某一(偶然表现出的)特性进行的课程模式比较研究又前进了一大步。同时,利用三个维度(课程与工作的匹配程度、课程的理论深度、理论与实践的整合程度)将职业教育课程分成准备型、交替型、渗透型和双元型等四种课程模式,也是对课程模式的分类进行系统化探索的有益尝试。

2004 年,教育部在《职业院校技能型紧缺人才培养培训指导方案》中,作为对我国长期以来对学科系统化课程批判的回应,提出了按照企业实际工作任务开发"工作过程系统化"的"教学项目"课程模式,从理论上解决了长期以来困扰我们"破"掉"学科系统化"课程体系后不知道"立"什么的矛盾。工作过程系统化课程是旨在提高学校对企业技术、服务和劳动组织发展快速响应能力的以培养职业行动能力为目标的(校本)课程方案,尽管其受到企业的广泛欢迎,但在今后的实施和发展中还需要职业教育理论界的支持和深入研究。

二、关于职业教育课程开发的实践与探索

从世界范围来看,职业教育课程开发方法首先是"学科系统化"的,在经历了"职业分析导向"和"学习理论导向"的课程开发模式后,目前正向"工作过程导向"的模式发展。从我国建国以后职业教育课程开发的实践中,也能清晰地体会出这一脉络。

(一)学科系统化的课程开发

在实践中,很容易在校园里找到与多数职业教育专业相"对应"的学科,因此,许多课程开发事实上成了从学科知识中选择"合适"的内容并按照教育对象的实际情况进行"教学简化"的过程,其结果就是我国传统的学科式课程模式(又称单科分段式或三段式等),即将各类课程按(知识内容)顺序分阶段排列,组成各门课程相互衔接又各自为政的结构庞大的体系。

作为普教"改良型"的学科课程模式,职教学科课程模式的主要特点表现在理论与实践课程并列、重视文化基础知识以及实践课单独设课自成系统等方面,其优点是逻辑性、(学科)系统性强。但是,学科课程也经受着来自多方面的批判,如认为学科课程重理论,轻实践,不能有效地培养能力;认为学科课程重知识的系统性,忽视了知识与具体工作任务的联系;认为学科课程的梯形课程排列方式增加了基础理论学习的难度,也不利于理论与实践的整合等。

理论与实践割裂是学科课程的一个老大难。学科课程可以为学生提供学科理论基础,但无法提供最受企业关注的"工作过程知识"和基本工作经验,其提供

的职业学习机会与职业实践的关系是间接的，因此，从根本上难以满足企业和劳动市场的要求。由此看来，职教课程开发的关键不是弄清课程的宏观结构，而是在课程开发工作中如何使学习内容的设计与编排跳出学科体系的樊篱。“职教课程改革与尝试只有从本质上跳过这道樊篱，而不仅仅是在原有学科课程上的修补与改进，才能从根本上提高中国职业教育的整体质量”，对此，大家的认识基本是一致的。

（二）职业分析导向的课程开发模式

职业分析导向课程开发是建立在职业分析和工作分析基础之上的课程开发模式。在我国，它是随着中外合作项目（如“双元制”、CBE 和 MES 等）被介绍和引进的，因此，被（不确切地）称为双元制模式、CBE 模式和 MES 模式，等等。这些方法的引进，明显体现了我国职教课程开发工作的相关性和有效性。

（三）学习理论导向的课程开发

学习理论导向课程开发是按照学习理论确定课程结构的方法，将教育目标定位于学生认知能力、一般行动能力和个性发展，把有效的学习过程作为主导思想（最典型的如教育技术学理论）。这是一种典型的从普通教育直接移植的、素质教育的课程开发模式，其倡导者一般是来自教育学界而不是企业和技术教育界的专家。近几年比较有影响的如“宽基础、活模块（又称 KH）”和“多元整合”课程开发模式。

除此之外，近年来我国在职教课程领域进行的许多探索，如北京联合大学课题组的“就业导向的职业能力系统化课程”和电力职业技术教育研究中心的“电力系统模块化课程体系”等，多是在此领域的探索。

（四）工作过程导向的课程开发

20 世纪后期，人们开始认识到，除专业能力之外，劳动者还必须具备较强的方法能力和社会能力，即具备职业行动能力(简称职业能力)。职业教育是发现、评价和促进职业行动能力发展的一个持续过程。认识到职业行动能力成为现代职业教育最重要的教育目标后，行动导向的学习自然成为职业教育课程和教学研究的中心议题。

从我国目前的教育实践来看，工作过程导向课程开发遇到的主要困难有三个：一是教学组织方面的，即工作过程导向课程（如项目教学）打乱了传统的学校教学秩序（如班级制度、按课程表进行教学安排的教学管理制度和教学评价方式），教学要求（特别是在综合能力方面）超越了教师的现有整体水平。二是课程开发人员的课程开发能力尚有欠缺，包括对现有教学计划的分析、对相关人员基本条件的分析（如学生现有专业水平、自我管理学习能力以及教师行动导向教学经验和实践经验等）、发现和表述典型工作过程、物质条件（教室、教学场所，教学设备）分析和地方行业特征分析等。三是课程开发过程本身的困难。与其他课程开发方式相比，工作过程导向课程开发本身就是一个比较复杂的工作过程，它至少包括以下环节：选择确定专业、选定教学项目、确定学习范围和教学时间、确定项目（教学情境）名称、描述学习目标、确定学习内容、确认条件要求（场地、人员、设备）、描述作为项目课程基础的企业实际工作情境、教学方案设计、表述学习过程中每一环节的具体任务等。这需要课程开发人员能够设想出一个教学过程的"共同愿景"，并将这一愿景描写出来，它至少应当包括以下"镜头"：学习时间、能够传授的关键能力、具体的教学方法和组织形式、有可能出现的突发事件以及可供选择的教学材料和媒体等。

（五）新"三段式"模式

教育部部长周济在教育部2008年度工作会上的讲话中提出，职业教育要"积极推行'三段式'办学模式"。教育部职成司教学与教材处处长王扬南认为，现在提出的职业教育的"三段式"有两个：第一个是职业教育的培养模式，即在职业教育的办学中要贯彻"一年学基础，一年学技能，一年顶岗实习"的模式；第二个是职业教育的办学模式，即在职业教育集团化办学的形势下，整合和发挥优质职业教育资源的作用，使农村职校的学生"一年在农村学校学习，一年在城市学校学习，一年在企业实习"的模式。

"一年学基础，一年学技能，一年顶岗实习"的"三段式"与以前"文化、理论、实习"的"三段式"是有显著区别的不同模式。首先，在教学体系上不同。以前的教学是学科体系，现在的是从学科本位向以就业为导向的职业岗位能力本位转变。其次，在培养目标和培养过程上不同。为生产一线培养技术应用型人才、管理人才和创业型人才是职业教育的明确目标，因而在教学过程中，要切实加强学生实践能力和职业技能的培养，要按照职业活动的特点设计教学方式，加强实训环节的教学，使教学更加符合学生的实际和企业的实际，更能体现以就业为导向的办学方针，有效提升学生的就业能力和创业能力。

从根本上讲，职业教育就是就业教育，是直接为就业服务的教育。职业院校要以经济结构调整和各行业人力资源需求分析为基本依据，进一步引导职业院校从劳动力市场的实际需要出发，帮助学生形成健康的就业观念、劳动态度、良好的职业道德和正确的价值观，要把提高学生的职业能力放在突出的位置，加强实践教学，努力造就生产和服务一线迫切需要的高素质劳动者。为此，学校要以

"工学结合"为切入点,坚持"行业为先导、能力为本位、学生为中心、就业为目标"的原则,进一步完善"校厂一体、产教结合"的办学机制和"以教促产、以产养教"的管理运行机制;创建"基础训练—仿真实训—顶岗实习"三级递进并向校外产业基地延伸的实践教学和学生能力训练体系,促使学生带着"双证"走向社会,从操作岗位干起,向技术岗位努力,朝管理岗位迈进,力争成为"操作能手、技术骨干、管理精英、创业先锋",为学生构筑进入职业生涯的"匹配性接口"和后续发展的"基础性平台"。学生在校期间具有双重身份(学生+学徒)。"半工"期间一个学生原则上固定在一个岗位,按照由简单到复杂、由低级到高级的规律进行技能训练,参加职业资格考核;"半读"则根据"半工"的实践要求,学习必需的理论知识,进行职业素质教育,达到理论指导实践、实践促进理论的目的。

三、关于职业教育课堂教学改革的实践与探索

我国职业教育的改革正在向教学领域不断深入,关于课程设置、教材建设以及教学方法的讨论可谓"仁者见仁、智者见智",改革之势已是风起云涌。表面上看,无论是借鉴抑或尝试,各级各类职业学校的教学改革均不甘落后,且有振臂高呼之意,但当我们把视角转向最终落实职业教育培养目标的职业学校的课堂时,我们不难发现,"几十年如一日"的课堂教学"涛声依旧",除了为数不多的教师在做一些吃力不讨好的改革尝试之外,大部分教师在等待、观望,大部分课堂仍是"死水一潭"。

(一)课堂教学改革相对滞后的原因

"课堂教学到底应该怎样进行?"各种各样的教学原则和教育理念层出不穷,几乎所有的职业教育工作者都知道,无论是课堂教学的内容还是课堂教学的方式都需要改革,但现实情况却是"雷声大、雨点小"。是什么原因导致课堂教学改革相对滞后呢?

第一,从管理的角度来看,只注意到"点"的示范、未注意到"面"的推广是其中的一个重要原因。管理学中的"木桶原理"告诉我们,管理成效如何,不是取决于做得最好的某个人或某件事,而是取决于最差的;同样道理,改革成效如何不是取决于"点",而是体现在"面"上。当前最为迫切的是新的课堂教学方式从点到面、以点带面地全面铺开。

第二,从管理者度来看,只注重理论规范建设、不注重实践创新总结也是其中的原因之一。关于课堂教学改革,管理者始终关注理论规范方面的建设,按照某个理论或某个模式规定教师应该怎样,学生应该怎样,不重视教师个体的创造性，很多有益的教学方法未能及时得到推广，也因此打消了很多有为教师的积极性。教师应当是课堂教学中最具活力的因素，而与之不相适应的是课堂教学内容必须紧扣统编教材，教师和学生不能逾越管理者所制定的规范，超越于某种理论的实践创新也得不到及时的认可，这显然违背了管理学中的“发展原理”。

第三，从管理的效果来看，只注重教师的“教”、不注重学生的“学”是另一个重要原因。改革是一项系统工程，即便是课堂教学改革也是如此。根据“系统原理”，只有课堂教学的各个要素整体联动，改革才可能有所突破。教师和学生是课堂教学中两个最重要的因素，两方面必须同步配合，课堂教学改革才能生效。当然，作为“教”和“学”的指挥棒，“考”似乎更是责任重大。“考什么”是“教什么”、“学什么”的导向；“怎样考”也是“怎样教”、“怎样学”的前提；是考知识还是考能力，是理论性考试还是操作性考核，这对职业教育尤其重要。

由此看来，没有管理层的推动就不可能最大限度地落实课堂教学改革方案。

（二）推行职教课堂教学改革的原则

1.“课堂有效”原则

职业教育教学改革的最基础单位是课堂，最终的环节也将是课堂，但职教的课堂教学改革必须以“课堂有效”为首要原则。

传统的教学论认为：课堂教学“有效”是指教学活动既有质又有量。量对应的是效率，质对应着效果，有效就是既有效率又有效果。但对职业教育而言，教学的有效性始终不能忽略的是它的价值属性。举例来说，某一课的教学严格按照既定的教学计划进行，学生的学习效果良好，教育者既提高了课堂教学时间的利用率，又不折不扣地达到了教学目标。依据传统看法，这堂课是“保质保量”的，也应该说是“有效”的。但如果这堂课传授的知识早已是“过去时态”，或者这堂课所传授的知识和能力对学生的未来（就业或创业）毫无用处，这堂课能说是“有效”的吗？所以，对职教课堂教学的有效性必须重新认识。

2.课堂教学的有效性必须重新认识

首先，职教是为社会的职业活动直接服务的，课堂教学必须面向职业岗位群，“有用”是“有效”的第一表现特征，而且其“有用性”要“远近结合”，基础课程要体现知能的“多接口性”，专业课程要体现知能的“岗位针对性”。

其次，教育产业的最终产品是人，其“有效”的前提是个人价值需求得到满足，它所遵循的是育人的一般规律，其个体差异性和创造性的特质不容忽视。

再次，职教课程体系的来源应当是职业能力，但职业的现实性因素决定了职教的课程和教材是多变的，靠得住的只能是有能力把握现实职业环境、有能力创新的教师。可见，教师才是课堂教学“有效”最根本的保障。

换言之，职业教育课堂教学的有效性包括三层含义，即有效率、有效果、有效益。课堂效益是指课堂上所进行的教学活动满足社会需求和个体需求的程度，这显然不能忽略。

确保课堂教学的有效性，这是课堂教学管理创新的实质，也是其终极目标。依据“有效”的原则，课堂才能真正与市场接轨，职教才能最终完成为社会、为企业服务的使命；依据“有效”的原则，课堂教学才能关注到每一个个体，职业教育才有可能是“人人都能成功”的教育。

3.整体推进课堂教学改革的措施

课堂教学改革要真正有所突破，就必须从教学管理环节到课堂要素环节，从教师到学生，全面、系统地整体性推进。

（1）从深处入手，全面更新课堂教学观念，在教学中体现先进教育理念的新起点。就目前职业学校教师的组成结构来说，非师范类的教师占有相当大的比例，特别是专业课教师，他们大多未受过专门的师范训练，对专业业务熟悉但对教育涉猎不深（即便近年职业技术师范学院相继成立，但输送的人才短期内还不可能成为骨干教师）。大部分教师对专业方面留意较多，对先进的教育理念关注较少；另一部分教师是从普通教育中分离出来的，他们大多因袭了普教的传统，对教育理念存在着惯性思维；还有一部分教师过分强调了职教与普教的区别，但忘记了职教本身也是教育，很多与普教存在着的共性之处没有很好地加以借鉴。

现在看来，课堂教学改革的当务之急已不再是各种理论细节的讨论，而应该让所有的教师都站在一个新的起点上。这个新起点就是，每一位教师都必须有现代教育的观念和意识，在课堂教学中必须体现素质教育理念、开放教育理念、能力本位理念等。

（2）从高处入手，着手创新科学评价机制，在管理中体现改革价值导向的新维度。从各级各类职业学校的教学管理来看，当前课堂评价的主要依据仍是“教学规范”。就“规范”本身而言，其作为课堂评价的主要依据是无可厚非的。但“规范”与“创新”本身是一对矛盾，两者之间是一种交替发展的过程。“教学规范”不仅应该是动态的，更应该是发展的，切不可墨守成规、一成不变，其涵盖的指标在一定时间内必须作相应调整。

要改革课堂教学，就必须着手改变这种评价机制。作为价值导向，“鼓励教师的教学创新”是一个新维度。重新审视原有的“教学规范”，对原先统得过多、限得过死的规范适当删减，倡导“多法并举、兼容吸纳、自成一家”，在方式方法上体现一个“放”字，在目的目标上体现一个“效”字。

鼓励教学创新，就是鼓励教师在课堂外积极探索教材教法，在课堂内充分运用科学的教学方法；鼓励教学创新，就是将“有特色”的课堂方式推而广之，并逐步将相对于“原规范”的创新演变成“新的规范”。例如，时至今日，为了正确引导教师的课堂教学行为，“教学规范”的指标至少应该增添如下几条：教学观念是否转变？课堂目标是否全面？活动方式有无创新？教材运用是否灵活？课堂悬念是否适时变化？还包括课堂开放的程度，与社会的联系和教学时间的分布等。

作为价值导向，学生的学习能力和职业能力也是课堂教学评价的新维度。面对常见的一些专业现实问题，学生有没有深入分析问题的能力，有没有通过查找资料、广泛寻求合作、最终解决问题的能力，显然应作为课堂教学是否有效的衡量标准。改变当前单独进行理论知识和技能测试的做法，把两者有机地结合起来，提倡一种职业能力水平的测试方式，并逐渐与社会完全接轨。

(3)从实处入手，着重革新课堂设计思路，在备课中体现合理课堂要素的新配置。尽管“能力本位”的职教模式已推行多时，各专业有专业培养目标、每一门课有课程目标、每堂课有课堂目标，其最终的归结点应该是具有专业特点的结构性“能力”，但无论是专业的教学计划，还是课程的授课计划甚至教师课堂教学的教案都未能着眼于“能力”，更不用说最后落脚于“能力”。很多教师只是上课传授知识，对专业目标则不闻不问，其课堂的有效性显然大打折扣。

反观“能力本位”的课程设置，所有课程都应该是某种职业能力的立体结构中的一个分支，每一个专业都应有相应的能力结构图，不仅要让所有教师明确知道自己为什么要上这门课，其目的是培养学生的哪一种能力，而且要让学生了解为什么上这门课，可以最终形成哪种能力。只有这样，从专业培养的最终能力目标入手，课堂教学才可能变得意图明确，行之有效。

对于每一堂课的备课环节来说，最重要的莫过于课堂教学设计思路的变革，改变过去以知识掌握为主线的设计思路，在设计中以能力形成为主线，将知识、方法、技术和情感熔于一炉，使课堂的各个要素得到有机重组。

综上所述，要真正在职业教育中落实“能力本位”，课堂教学是基础，而课堂教学的设计是关键。

4.课堂教学改革的方向

(1)课堂教学生活化。课堂教学改革的要点之一，是课堂教学的生活化，表现为教师在课堂教学设计、实施、反思等活动中，高度关注学生生活世界与书本世界的联系，努力打通两个世界，在两个世界间搭建起桥梁。

“回归生活世界”是课堂教学改革的基本主张，这一主张转化为课堂教学实际行为，就是要求教师树立生活中有数学、生活中有语文、生活中蕴涵着各种教学资源的观念，有意识地将生活世界相关资源引入实际教学中，将生活资源转化为教学资源。事实证明，一旦生活世界的相关信息纳入课堂教学的时候，学生参与课堂教学的热情就会提高，互动水平就会提升，对知识的掌握程度就会增强。

要做到联系学生的生活世界，教师首先要树立生活化教学的观念，要认识到课堂是学生的一种生活，与学生的课堂交往是自己的一种生活状态和生命价值的体现，更要认识到所有知识都有其生活基础与来源。生活中蕴涵着大量的可以转化为教学的资源，将以语言符号为载体的书本知识与以真实存在为特征的生活世界两相融通，是现代教学的基本特征。无论是教学内容的选取还是教学方法的采用，无论是教学过程的实施还是教学结果的反思，都要注意分析学生已有的生活经验和经济社会现有发展状态，及未来社会的变化趋势等，以探讨自己可以在哪些方面联系学生的哪些生活世界的经验，联系采用什么样的方式进行，联系的效果如何检验，联系中可能出现的疑难问题以及解决方法，联系过程中自己的角色定位，等等。

在教学过程中，既要防止无视学生生活世界这个重要的教学资源，一味要求学生复制书本知识的情况，又要杜绝生拉硬扯、牵强附会联系社会实际或学生经验感受，生硬地将书本知识与生活世界联系起来的现象。同时，要注意不能将联系生活经验当做教学的点缀。换句话说，用在当用时，行在当行处，这本身就是一种艺术。

(2)学生学习主动化。课堂教学改革的要点之二，是学生学习的主动化表现为课堂教学上，改变原有的学生静听的状态与面貌，学生作为学习主体的地位逐步得到确立，学生的学习潜能在课堂上能逐步得到发掘与体现，学生能够在教师指导下发挥自身主观能动性积极参与到教学过程中，通过互动、对话、交往获取知识，提升能力，改变态度。无论是素质教育提倡的学生主动发展，还是课堂教学改革强调的重过程、重体验、重探究，都需要将课堂教学的重心真正实现下移，让学生在课堂上活起来、动起来，在学生的主动参与中实现教学目标与学生自身的成长发展。

以学生主动发展为着眼点，教师在课堂教学中就需要在教学设计等环节，创设学生自主支配的时间与空间，从学生的角度和眼光思考教学内容的选择与方法的确定，而不是用教师自己的思维替代学生的思维，用教师自己的行为替代学生的行为，用教师自己的文化替代学生的文化。真正从学生的立场去观察与思考课堂，教师就会认识到，学生既有的经验有哪些，教学的内容与他们已有的认知水平有无差距，差距多大，如果将某些知识点让给学生自行去探讨，会遇到哪些障碍，产生怎样的问题，教师自己如何帮助学生破解障碍与问题，现有课时与学生主动学习有无矛盾，这些矛盾如何克服，等等。

从今天来看，教师不常放手让学生主动学习，原因至少有这样几个方面，一是教师在观念上未能充分认识到教学应产生的变化，没有认真分析学生身心发展产生的新情况、新问题、新矛盾，没有从思想观念上扭转原有的教师单一的知识传授的角色定位；二是现有教学时间安排与学生主动学习有一定矛盾，两者难以兼顾，一旦给学生主动学习的机会与权利，教学时间常会难以调控；三是教师并没掌握学生主动学习的指导策略，课堂上学生动起来活起来的同时，恰恰是凸现自己教学无能无助的时候，换句话说，学生活了，教师自己就"死"了。

对于上述问题，要区分不同情况，采用不同的处理方法。观念未转变，就要解决观念问题，要通过培训、专家引领、教师现身说法等途径促使教师的观念产生应有的变化。时间不充分，要从制度上进行设计与安排，用制度去规范相关的行为，同时要积极探究在既定时间内促使学生主动学习的方法。正如同美国教育学家布卢姆指出的，任何一种新的教学行为，初始阶段常是损耗较长时间的，而这种行为运用一段时间后，就会缩短时间甚至比原有的时间还短。指导策略不当，要通过研究、集体备课等各种方式，不断探寻在学生新的学习情景下通过教师指导的新方法，要注重通过日常实践积累相关智慧，使教学逐步达到一种新的境界与水平。

(3)师生互动有效化。课堂教学改革的要点之三，是师生互动越来越注重凸显教学效率，达到预期的教学目标，越来越呈现出多维、积极等一系列特点，那种为互动而互动，或者仅仅注重形式上的互动而忽略互动效果的现象日益得到消除。课堂教学改革将课堂教学看做是师生互动的过程，随着课堂教学改革的不断推进，互动、对话、沟通、交往这些描述课堂教学基本形态的语词逐渐为教师接受，教师已不再排斥互动，而是主动地将互动纳入自己的教学设计，体现为教学的主要状态。但在课堂上，我们也不难发现有不少互动是缺乏实效性的，如形式的互动，仅有互动的形式，互动承载的内容很少或者没有，课堂上我们常见到的教师询问学生"对不对"、"好不好"，学生齐声回答"对"、"好"之类的现象，似乎就没有承载多少实质性的内容；如专制的互动，互动的主体是教师，互动的主动权在教师，互动所有过程及结果都是教师调控的，这样的互动的效果可想而知；如垄断的互动，互动只是由少数学生掌握，教师与学生的互动仅限于少数的尖子学生或其他特征的学生,问题针对这些学生提出,回答由这些学生完成,活动由这些学生控制,这样的互动成效更主要的是限于这些学生,对其他学生来说效果低下。诸如此类的互动,从效果上来看,大多属于低效、无效乃至负效之列。

教学总是围绕一定的教学目标进行,总是要追求一定教学效率的,即使再强调人本,再注重人文,再反对工具理性,也不能完全改变教学与特定目标相联这样的基本事实与道理。就此而言,师生的互动也应该高度关注效用,教师在设计互动时,要思考这样的互动有没有安排的必要,是不是不可替代的,它要达到什么样的目标,其效用应该如何评估或检测,互动中有可能出现哪些非预期的事件,遇到这些问题该如何处理,等等。要从效率、效果、效益的角度来设计与实施互动。一般来说,有效互动常具有这样一些基本特征,一是互动是在学生积极参与的状态下进行的,学生有互动的愿望,有参与互动的兴趣,并且掌握了互动所需要的相关方式方法。二是互动是在多个不同的维度展开的,在互动中,既有个人与个人的互动,也有个人与小组的互动,同时也可能有小组与小组、个人与小组等多种形式的互动。三是互动要紧紧围绕教学目标与教学内容加以设计与安排,互动形式的选择、过程的掌控等都应从教学的既定要求出发。四是互动与其他相关教学方式相配合,既有学生的互动,也有教师的引导和讲解;既有互动得到的智慧与经验的分享,也有理性的提炼与升华。

课堂上的频繁互动,对教师的教学策略与教学技能的挑战是巨大的,很多教师习惯了无互动状态下的教学,掌握了单位时间内传授知识的“诀窍”,熟悉了自己在课堂上“一言堂”的角色,而互动对教师提出的是新的要求,需要教师形成新的教学智慧。这些智慧的形成,来自于教师直面自己的“本领恐慌”,通过研究与培训等一系列方式,反思自己的教育教学实践,不断积累自己的教育教学经验;来自于教师勇于超越自我,在放手给学生互动机会的同时,洞察各种各样的问题和以不同形式呈现出的“闪光点”,逐渐形成新的教学本领。

(4)学科教学整合化。课堂教学改革的要点之四,是在课堂教学中牢牢树立整合的观念,用系统、整合、复杂的眼光考察与分析课堂教学的行为以及行为中的诸要素,使教学的各环节与各方面形成一个有机联系的整体。以课堂教学改革为指向,当今的学科教学的整合,至少涉及以下几个方面:

第一,重视综合实践活动课的实施。

第二,关注学科与学科之间的联系。

第三,重视知识与态度、过程与方法的整合。

第四,重视探究式学习、研究性学习与学科教学的整合。

第五,重视信息技术与学科教学整合。

(5)教学过程动态化。课堂教学改革的要点之五,是课堂教学越来越处在变动不定的状态,需要教师根据课堂教学即时生成的资源以及产生的一系列非预期变化,调整后续教学设计,形成新的教学进程,以便更优地达到教学目标,促进学生的身心发展。课堂教学改革对互动的关注、对过程的强调、对探究的重视,都使得课堂教学越来越处在一种变化、动态的场景中。的确,教学重心下移了,学生参与的积极性提高了,互动的范围与深度大了,课堂也就变得鲜活了,变化也就成了正常的事情。在这种情况下,如果教师还是按兵不动,仍然是用备课时的教案设计来框定课堂上的行为的话,那么,即使在单位时间内完成了学科知识的传递,也难以达到预期的教学效果,更不要说在这个过程中能够真正实现过程与方法、知识与态度的统一了。

教学需要有预设,这是毋庸置疑的。当下有专家谈到,教师可以不写教案,不用精心设计自己的教学,对此,我不敢苟同。今天中职教学承载的使命,学生学习的目标指向,教师评价考核的运行机制,家长对教学的关注与期望等诸方面的因素,都要求我们的教学要指向一定目标的达成。而要达成这样的目标,就需要合理选择教学内容,准确把握教学重点,正确分析教情学情,进行教学设计也就在情理之中了。问题是,有了预设,有了设计,课堂教学的实际过程是不是就需要照此办理,不再调整了。既然我们已经充分认识到师生互动的重要与必要,已经充分认识过程自身的重要价值,那么,也就相应需要在预设与生成、设计与实施之间铺设起桥梁,不唯预设"马首是瞻",不依设计定教学进程。

动态是常态,生成是关键。教师在课堂教学改革中,树立这样的观念是重要的。同时,还需要在实际的教学进程中,进一步探讨分析课堂教学中常规的生成性因素有哪些,非常规的有哪些;哪些条件或环境因素影响着课堂教学的生成;是不是所有课堂教学生成的因素都需要在后续教学中利用,如果不是的话,选择的标准是什么;在动态生成情景下,教师需要掌握哪些教学策略,学生需要提升哪些学习本领;生成是否都是非预设的,预设的生成是否存在,两者关联程度多大,等等,这些问题都值得教师在实际教学中思考、斟酌。

(6)教学内容结构化。课堂教学改革的要点之六,是教学内容建立起结构性的联系,在新旧知识之间、新知识各构成部分之间、新知识与学生生活世界之间等相互关联,形成对知识的整体性认识。内容在教学中占据着重要地位,教学目标的确定离不开内容,教学方法的选择更是依托内容。虽然课程改革大大拓展了原有课程的含义,但课程的核心仍然是内容,关注的主要问题仍然是教育教学活动中的内容方面，在很大程度上是以内容为中心，辐射至教学活动乃至学校改革的其他方面。近几年，学界有对课堂教学改革是否削弱了“双基”，影响了学生基础知识的掌握等争论，撇开这种争论的是非不论，从一个侧面反映出课程关注的主要对象应该是什么这一基本问题。

内容为什么要结构化？可以从三个方面回答这个问题。

一是结构化的知识是能力形成的基础。心理学的研究告诉我们，知识与能力的关系大体上呈内容与形式的关系，也就是说，知识是能力的基础，能力是知识的表现形态，如果没有知识做后盾的话，形式的表现也就受到了许多限制。但并不是所有知识都有助于能力的提升，不是知识越丰富，能力就越强，而恰恰是结构化的知识对能力的形成是起促进作用的，因为这样的知识具有较强的粘合力，较严密的逻辑性，较丰富的关联度，可以较好地为知识的灵活运用服务。

二是结构化的知识强化了知识的整体性。任何知识都不是片断、孤立存在着的，它既有生活实践的基础，同时也与其他知识相关联。对学生来说，认识到知识与知识之间的联系，注意到各知识点之间的共通性或互补性，既可以使学生更好地掌握知识，形成整体性、系统性的知识观，同时也可以使学生将知识融会贯通，真正纳入自己的认识框架，与原有的知识经验结成一个整体。

三是结构化的知识是基础知识存在的主要形态。以往我们常常听到这样的说法，那就是中国的基础教育在世界范围都是领先的，因为它能够使学生较为扎实地掌握基础知识。这种说法其实是无法验证的。正如同华裔数学家丘成桐所说的，他所接触的大陆的留学生并不见得比其他国家或地区的学生在基础知识上有过人之处。但基础知识确实是存在于概念与概念、范畴与范畴、命题与命题、原理与原理之间的联结之中的，掌握基础知识也主要是掌握知识的结构形态和内在要素的关联。

课堂教学改革倡导自主、合作、探究的学习方式，当下不少教师或学校也在积极探索这些学习方式在实际教学中的应用方式与途径。在运用这些以学生学习为主要形式的方法时，教师不应也不能忘记引领学生注意到知识之间的联系，要在自主学习的基础上进行提炼和升华，在合作学习的基础上进行分享与研讨，在探究学习的基础上进行概括与总结，也就是借助于种种不同的引导方式，促使学生对知识有总体把握、整体认识。

(7)教学策略综合化。课堂教学改革要点之七，是教学中从教学目标和教学内容的要求出发，从学生身心发展的实际出发，选择多种不同的教学策略，并且将这些策略灵活运用于课堂教学，使课堂教学达到知识与态度、过程与方法等方面的目标要求，呈现出符合学生学习特点的教学形态。

课堂教学可供选择的策略很多，提问、讨论、讲述、角色扮演等都属此列。每种教学策略都有其适用的特定要求，有其自身的优势，也有其自身的缺陷。可以说，没有哪种教学策略是可以通用于所有课堂、应用于所有班级、适用于所有教师的。教学目标调整了，教学内容变化了，师生关系的状态改变了，就需要选择不同的教学策略。策略是为目标、内容服务的，一味地追求策略的“花哨”，一味地追求策略的样式，其实是一种舍本求末的行为。这个道理本来是极为普通的，但在今天的课堂教学改革中确实存在着类似的问题。

课堂教学改革立足改变原有的课堂教学知识传授状态，要变知识灌输为自主、合作、探究学习。但对此问题的认识，不能离开课程结构、内容的调整，不能孤立地就策略谈策略、就方法谈方法。策略只有和内容结合才有意义，方法只有和目标相联才有价值。在理解和认识课堂教学改革所讲的各种策略与方法时，也要把其他相关的要求整合起来进行分析和判断，否则就会在认识和行为上出现一系列偏差。

(8)教学资源的优化。课堂教学改革的要点之八，是课堂教学资源的优化，表现为教师逐渐树立起资源的意识和观念，不再将自己当做唯一的教学资源，而是将课堂教学方方面面的潜在资源提升到显在的层面上，围绕教学要求加以挖掘、利用、整合，从而使教学更好地体现素质教育与课堂教学改革的要求。

“挖掘资源，盘活存量”，这本是经济领域中常用的一句话。这句话，对课堂教学改革来说，同样适用。我们说，课堂要成为师生互动的园地，学生自主合作探究的乐园，师生共同成长的阵地。要达到这些要求，教师就不应将自己当做唯一的教学资源，而是要充分注意到与课堂教学相关联的一切事物都有可能成为教学的优质资源，关键是要把这些资源挖掘出来，整合起来，为当下的教学服务。学生是重要的资源，不要仅仅因为他们是“学生”，教师就想当然地以为，他们只能处在“学”的位置，只能坐等教师将相关知识传授给他们。其实他们完全可以充当“教”的角色，体现自身“教”的价值。当学生文化日趋明显，文化反哺以及教育反哺成为常态的时候，“生不必不如师”已成为共知的事实，在这种情况下，转变单一的“学”的角色，让学生也担当起“教”的职责，就成为教师利用来自于学生的资源的重要方面。

其他学科相关知识是重要的资源。理解本学科知识，除了把握本学科内部各知识要素之间的关系，还应充分关注其他学科知识的进度及相关知识点，因为这些知识对于认识本学科知识以及形成学生对知识的整体性认识至关重要。所以，教师除了关注本学科之外，也要有一双发现资源的眼睛，去观察、思考其他学科可否为本学科教学提供支撑，可以在哪些方面以何种方式实现学科间的联系。

网络是重要的资源。现在的学生生活在三个世界，而不是以往的两个世界。一个世界是书本世界，以语言符号为载体；一个世界是生活世界，以真实存在为特征；还有一个是网络世界，以虚拟现实为表现形态。三个世界都蕴涵着无尽的教育资源，需要教师挖掘利用。尤其是网络，现在已成为学生获取外部世界信息的重要途径，教师也理应将其纳入教学的视野内，将这些"体制外"的信息加工整合进教学"体制内"来，否则，学生不仅掌握知识缺少了许多途径，认识世界存在了一定的欠缺，而且会进一步加深对三个世界割裂的认识，久而久之甚至有可能形成认知上的分裂。

社区、学校是重要的资源。社区是学生离开学校后主要生活的场所，学校是学生日常生活的所在。这两个公共生活机构中，有着一系列教育教学的资源，教师可以与学生一道对这些资源加以分析、利用。事实也证明，当这些资源引入课堂，成为教学的有机组成部分的时候，学生的学习热情、探讨态度、钻研精神等都会产生积极的变化。

资源无处不在，关键是要发现资源，并且进而优化资源。一堂课不是把所有资源都吸收利用，也不是所有的课都必须利用相关资源，这就需要教师从教学的实际出发，从教学的预定目标出发，从学生接受知识的水平出发，从自己驾驭课堂教学的能力和风格出发，将这些资源巧妙地加以利用和整合，使资源水乳交融地与教学过程结为一个整体。

(9)教学对象个别化。课堂教学改革要点之九，是教学对象个别化，主要表现为教师从关注学生个别差异满足学生不同需求的立场出发，在课堂教学中将每个学生当做具有独特生命价值的个体来看，区分学生不同情况，有针对性地实施教学，使每个学生都能在课堂上获得发展。

个性、差异性、多样性是与创造性和创新紧密结合在一起的，没有个性，漠视差异，忽略多样性，也就没有了创新。从这个意义上说，关注学生个别差异，实施个别化教学是关系到创新人才培养乃至建设创新型国家的大事。"孔子施教，各因其材"，两千多年前，孔子能做到的事情，在今天成了教育界的一大难题，这似乎多少有点不可思议。其实，仔细分析当今教育面临的场景，回顾教育的发展历程，出现这样的问题也就不难理解了。孔子所处时代，能够接受教育的人是少数中的少数，实施的教学方式是师徒制，也就是一对一进行教学。颜回什么特点，子路什么表现，宰予在做什么，孔子了然于胸，他可以在自己的教学中一一有针对性地进行知识授受与开导。而历经工业革命以后，教育中最大的变化就是兴建了工厂式的学校，改变了原有的一对一式的教学，将班级上课制这一类似工业流水线的方式在教育中应用开来。当教学由一对一改为一对多的时候，要想统筹兼顾不同学生的情况，根据不同学生的学习特点去进行教学，就成了一个突出的矛盾和难题。

教学改变“近代化的工厂运作模式”，变革“工业流水线”的运作规程，是学生身心发展的需要，是建设创新型国家的需要，是教育实现自身价值的需要。不少教师总是感觉在班级上课制尤其是大班额教学的情况下，无法做到针对教学对象的个别化进行教学，在我看来，并非完全不能为，而在很大程度上是不想为。当我们在课堂上围绕某一难题，给学生探讨不同答案留有空间，学生都可以根据自己的思考说出不同的解决问题方法的时候；当我们在课堂上留意学生不同表现，对这些表现进行原因探寻并给出不同的教学安排的时候；当我们允许并鼓励学生在课堂上坦陈己见，具有不同的表现形态的时候，实际上我们就是在实施着个别化的教学。班级上课制并不是与个别化教学完全对立的，在统一中体现个性，在个性中关注统一性，恰恰考验的是教师的智慧与本领。

从今天来看，我们在教学个别化上经验还不够丰富，办法还不太多。分层教学等在这方面积累了一些行之有效的做法，但总体上能够在面上推广并且为大家共享的智慧还有待强化。在教学设计时，头脑中装的不是全班模糊了的学生形象，不是把学生看做抽象的群体；在教学实施时，有意识地去分析不同学生的不同情况，而且将这些情况作为后续教学的基础；在教学反思时，捕捉自己对待不同学生的成功做法与需要引起注意的教训，探讨区别对待学生的不同途径。如此，我们就会越来越接近对学生的个别化施教。

（10）教学评价多样化。课堂教学改革要点之十，是教学评价多样化，表现为课堂教学中教师越来越注重运用评价这一杠杆，激发学生学习兴趣，激励学生学习行为，通过多样化评价手段、标准等的应用，使学生更积极主动地参与课堂教学活动，真正在课堂教学中有所获、有所得。评价在教学活动中占据着重要地位，它发挥着激励、规范、引导等一系列作用。在课堂教学活动中，评价手段运用得当，可以使学生保持较高的学习热情，促使学生一步步走向优异和超越；反之，评价手段运用不当，则会压制学生学习热情，减弱学生学习动机，弱化学生学习兴趣，最后使得学生有可能逐渐拒斥课堂参与。教学评价多样化，有着形形色色的表现形式。

①评价主体多样化。教师不应仅仅把自己当做唯一的评价主体，其实，学生

也是重要的评价主体。在今天,文化反哺日趋常态,学生占有的文化信息日益丰富,他们也完全可以承担起评判其他同学甚至评判教师的职责。学生之间的相互评价,学生对教师的评价,都会成为重要的评价方式,成为重要的教育资源。

②评价形态多样化。随着素质教育的实施,广大教师越来越注重用积极性的外在表现出来的方式评价学生,有时,在一堂课上,教师会接二连三地称赞学生"好"、"很好"、"真不错"。这样的称赞多了,也就无法起到激励学生的作用。在某些情况下,将评价形态由显性状态转化为隐性状态,反而倒能起到较好的效果。比如,对学生精彩的回答予以重复和强调,给某个表现出色的学生的一个微笑,等等。

③评价标准多样化。在课堂上,教师多了几把评价的尺子,眼中也就多了几个好学生。关注学生个别差异,是当今对教师教学的基本要求。这一点也应体现在评价标准上。对不同的学生,提出不同的要求,针对达到要求的情况,予以不同的评价,对学生的学习来说至关重要。

④评价内容多样化。课堂上的评价不应仅限于学生完成教学任务、学习教学内容的情况,学生之间的互相帮助,学生大胆的质疑,学生积极主动参与课堂等,都应该成为评价的内容。教师在教学设计以及教学反思中,都应将这些内容作为自己思考的对象。

多样化的评价,促成多样化的课堂。将评价置于多样化的背景下有意识地加以设计和考量,是当今教师在课堂教学改革中需要强化的一个方面。

幼儿教育的探索与实践

——文山州民族职业技术学校附属幼儿园

殷进萍

文山州民族职业技术学校(原文山州民族师范学校)长期以培养小学、幼儿园教师为主要办学目标,开设幼儿师范专业二十多年,为文山州培养了两千余名合格的幼儿教师。2003 年 9 月 1 日,《中华人民共和国民办教育促进法》颁布实

施，国家实施科教兴国战略，支持和鼓励发展民办教育。学校党政领导审时度势，顺时代发展潮流，乘教育改革之风，以战略的眼光和胆识，毅然决定利用学校各种优势教育资源创办附属幼儿园。一方面，为学校幼儿师范教育专业的办学提供教育教学见习、实习、研究基地，积极探索新形势下职业教育多层次、多格局办学的发展之路；另一方面，解决社区广大幼儿就近入园接受早期教育的问题，为家长提供便利条件。2003 年 9 月，文山州民族师范学校附属幼儿园应运而生(2006 年随学校更名为文山州民族职业技术学校附属幼儿园)，它集服务、育人、科研为一体，集学校国有资本、集体资本、非公有资本参股的混合所有制经济为一体，迈进文山州民办幼儿教育的行列。它像一只充满活力的雏鹰，在文山州幼儿教育的舞台上初展英姿。它虽资历浅短，却因其立足于长期历史积淀的肥沃土地，在创业者心智的呵护和浇灌下成长，显现出发展的勃勃生机。2008 年 7 月，经州教育局组织专家组进行评估，初步认定已达云南省幼儿园二级一等园办园水平，它以执著的追求和可喜的业绩谱写着学校历史发展的新篇章。

一、创设优良环境，扩大办园规模

幼儿园坐落于文山州民族职业技术学校(原文山州民族师范学校)内，全园占地 504.45 平方米，校舍建筑面积 2 035.5 平方米，绿化面积 600 平方米(含学校的部分公共绿地)，园舍设计符合国家卫生标准，可供幼儿学习、生活、活动，还有环境优美的户外活动场地 1 500 多平方米(含学校的部分公共绿地)。现有大、中、小班和托儿班四个层次、八个教学班的办园规模，共有幼儿近 270 名，已形成能基本满足托儿、幼儿教育的办园规模和层次。

在环境创设方面，立足于“以《纲要》为指导，勤奋工作，为幼儿‘社会化’素质和‘个性化’素质的和谐发展创设具有支持性、发展性、激励性的物质环境和精神心理环境”，充分体现人性化，科学化、儿童化，现代化、美化、教育化功能，为孩子们的健康成长和幼儿园的可持续发展提供有效保障。为此，学校投资 200 多万元，新建了符合国家卫生标准、宽敞明亮、功能齐全的幼儿园教学楼、厨房；投资十多万元配备了多媒体教室和艺体室；配置了大、中、小型的娱乐游戏玩具。此外，学校的一切教育资源都为幼儿园办园提供支持：四季鲜花盛开、草木繁茂、鸟语花香、鱼游池里、空气清新的校园，可供幼儿观察、娱乐、游戏；生物园、绿化带、生物标本室有几百种动、植物标本，可为幼儿认识自然提供最真实、最具体的观察对象；文明、健康的校园文化和多姿多彩的校园活动，可为幼儿的社会性发展提供优良的人文环境；学校现代化的多媒体教学设备、远程教育网络可为幼儿提供新颖、丰富的信息资源；学校各科专业教师，可为孩子们的特长和素质培养及潜能发掘提供教学的支持。

二、确定目标，科学导向；完善策略，规范管理

幼儿园创立以后，为落实“一切为了孩子，为了一切孩子，为了孩子的一切”的办学思想，学校校长陆永金同志就对幼儿园提出了“办出水平，办出特色，办出效益”的总目标要求和“走内涵发展的路子”的办园思路，幼儿园结合实际确定了具体的办园理念及一系列管理策略，为幼儿园的管理提供理论依据。

办园目标：依据我国的教育方针和《幼儿园工作规程》、《幼儿园教育指导纲要》，以科学的理论为指导开展保教工作，全面推行素质教育，促进幼儿体、智、德、美等全面和谐发展，为培养未来社会所需要的优秀公民奠定基础。

办园宗旨：“‘一切为了孩子，为了一切孩子，为了孩子的一切’和为家长的工作学习提供便利条件。”

园风：“热爱幼儿、保教并重、敬业务实、开拓创新。”

工作座右铭：“以《纲要》为指导，勤奋工作，为幼儿‘社会化’素质和‘个性化’素质的和谐发展创设具有支持性、发展性、激励性的物质环境和精神心理环境，在促进儿童的健康成长中展示风采，实现自己的职业理想”。

管理理念“五坚持”：坚持“以幼儿的健康成长和幼儿园的发展为第一要务”；坚持“幼儿的成长与教师的发展共同关注”；坚持“幼儿园的现实发展与可持续发展整体思考”；坚持“‘以人为本’与‘依法治园’有机统一”；坚持“德育为首，教学为主，科研为导，育人为本”的发展策略。

办园承诺：“社会认可、家长信任、孩子开心。”

逐步建立和完善内部管理的规章制度和评价体系。保证幼儿园保教工作的科学有序,也为管理提供依据,体现"以人为本"与"依法治园"有机统一的园务管理思想。

(1)拟定《文山州民族师范学校附属幼儿园章程》(简称《章程》)、《幼儿园各项规章制度》和《幼儿园保教人员的岗位职责》,明确规定我校幼儿园的办园宗旨、服务范围、办园形式、岗位设置及履职要求,规定幼儿园的办园性质,各投资者、管理者、执行者的职责、权益和义务等,保证幼儿园的管理有法可依。

(2)制定《文山州民族师范学校附属幼儿园教师"教分制"方案》、《文山州民族师范学校附属幼儿园结构工资方案》、《文山州民族师范学校附属幼儿园外聘教职工工资方案》(试行),为幼儿园的规范化管理提供政策依据,逐步实现教师行为管理的制度化和法治化。

三、精心选配领导班子,全面历练保教队伍

教职工队伍素质的优劣,直接关系到幼儿园保教工作质量,影响着幼儿园的办园水平和发展潜力,制约着幼儿园的可持续发展。学校领导高度重视幼儿园管理人员配备和师资队伍的建设,选派的三位园长分别毕业于西南师范大学学前教育专业和云南师范大学教育管理专业,她们多年从事幼儿教师的培养,承担过幼儿园各科课程的教学和实习指导工作,有较丰富的教育教学和管理经验。23名专兼职教师多毕业于我省、州大、中专院校学前教育专业,其中,本科以上 8人(含研究生 3 人)、大专 6 人,中专 9 人。高级讲师 3 人,讲师 1 人,助理讲师 3 人;省特级教师 1 人,州级学科带头人 1 人,州级骨干教师 1 人,园内骨干教师 7 人。这是一支有社会责任感,热爱幼儿、专业化程度高、素质优良、知识结构新、充满朝气与活力的保教师资队伍,是学校实现办园目标的可靠保障。其他人员如医生、财会人员、水电工、回族炊事员等,因学校幼儿园体制的特殊性由学校专职人员兼任,均与学校共享资源。

在保教队伍的建设方面,我们坚持以科学发展观引领教职工提升专业素质,坚持“幼儿的成长与教师的发展共同关注”,这是新课程背景下积极倡导的学校管理理念,也是幼儿园确定的管理策略。五年来,我们在坚持“以幼儿的健康成长为第一要务”的同时,将教职工队伍素质建设,尤其是教师专业化水平的提高置于重要的位置,列入幼儿园的各层次发展规划之中,采取以下主要措施落实目标,促进师生的共同成长,促进幼儿园各项工作的和谐发展。

第一,以本校培训为主,通过“四个专”活动提升教师专业素质。即:专业理论学习、专业技能培训、专题活动竞赛、专题问题研究 。

“专业理论学习”:为提高教职工专业素质和社会化水平的理论学习。如:有关幼儿教育的法律法规、幼儿园教育教学的学习论、方法论的学习等。内容有“新《纲要》与幼儿教师的专业素质”“依法执教,规范教育行为”“‘十一五’学前教育科学研究课题介绍”“ 再议具有‘支持性、发展性、激励性教育环境’——新《纲要》再解读”“蒙特梭利教学思想和教学方法”等。此外,参加学校组织的“思想大解放、观念大转变”的大讨论活动,积极撰写论文参与竞赛并获奖。

“专业技能培训”:结合幼儿教育教学对教师素质的需要,组织开展各种活动对教师进行有关专业技能(包括从事幼儿园保教工作所需要的一切技能)的培训。如:现代教育信息技术应用技能、幼儿园大型活动方案策划和活动组织技能、幼儿课程资源的开发和利用技能、教育教学研究方法的运用技能、人际关系资源的利用技能等。另外还开展现代教育技术培训(动画制作技能、多媒体设备操作技术培训)、教学反思技能培训、幼儿园保育技能竞赛等。

“专项活动竞赛”:结合幼儿园教学实际需要,有目的地开展以幼儿园各领域课程为内容的教学研究、学习交流、竞赛展示活动。如举行“幼儿园数学领域——数学教学竞赛活动”和“幼儿园艺术领域——音乐活动教学竞赛活动”(含音乐活动方案的设计、说课、上课的竞赛)。通过竞赛活动,促进教师进一步了解幼儿园音乐、数学活动的特点、规律,探索有效组织幼儿园音乐、数学活动的教学形式、内容和方法,提高教师的专业技能水平,活动达到了预期目的。

“专题问题研究”:结合幼儿园保教及管理工作的实际,有目的地组织教职工开展专项问题研究探讨活动。如:“创设有益于幼儿身心健康发展的,具有支持性、发展性、激励性的物质环境和精神心理环境”的理论研究与实践探索;“幼儿园走内涵发展路子的途径与方法”的理论与实践探索等。

第二,鼓励教师自主学习,树立“终身学习”的理念,通过各种形式和不同渠道建构自己的素质结构,主动适应幼儿教育事业发展的需要。如深入学习和理解《幼儿园工作规程》、《幼儿园教育指导纲要》、《上海市 0 ~ 3 岁婴幼儿教养方案》

等的精神实质。学习《文山州民族师范学校附属幼儿园各项规章制度》、《文山州民族师范学校附属幼儿园各岗位职责》，使教职工明确幼儿园管理的要求、自己的工作职责和义务，强化角色意识，倡导敬业和奉献。

第三，组织多形式、多项目的学习活动，丰富教师的专业素养。学习幼儿教育的有关法律法规，明确幼儿园保教工作的性质、任务、工作目标和实施要求，引导教职工树立科学的幼儿教育观；学习有关幼儿教育活动的优秀案例，在学习借鉴中学会主动构建优良的专业素质结构；学习有关幼儿教育改革成功经验，唤起并激发创新意识和创新精神。

第四，辅之以外出观摩学习，参加国家、省、州组织的各种竞赛活动等，鼓励教师"采他山之石以攻玉"，不断提升自己的专业素质和能力。

在有条件的情况下，组织教师参加国家、省、州组织的专业学习培训活动。如：到成都参加"十一·五学前教育科学研究课题培训"；到昆明参加"蒙特梭利教学思想和教学方法学习研讨"；派班组长参加全省优质课（音乐活动）观摩；组织部分管理人员考察我州民办幼儿园的办学；组织全体教职工到昆明医学院参观学习等，从纵向、横向寻找学习参照系，开阔视野。同时本着"在参与中学习，在对比中寻找差距，在竞争中激发进取，在活动中展示自我，在交流中共享资源，在反思中提高素质"的宗旨，积极组织教师参加国家、省、州幼儿教师的课堂教学技能竞赛，活动方案设计、论文、幼儿健美操比赛等并获多项奖。在国家、省、州刊物上发表论文 22 篇；参加国家、省、州、校级论文、作品、教案、活动竞赛等获奖 38 人次，其中国家级、省级论文竞赛奖 9 人次，州级 7 人次，省级"优秀教育活动计划（教案）评选奖"3 人次，州"优秀教育活动计划（教案）评选奖"1 人次，"文山州幼儿教师课堂教学技能竞赛"二等奖 2 人次，获"文山城区幼儿汉、英双语口语竞赛"教师（A）组二等奖 1 人次、三等奖 1 人次等。教育科研工作已见成效，我们真正感受到教研促科研、科研求发展带来的良好社会效益，也使广大教师在同行间的互动交流中，年轻教师的专业能力向规范化和熟练化方向迈进，老教师向个性化、创新型、研究性方面拓展，促进了共同发展。

四、脚踏实地潜心耕耘，开拓创新谋求发展

为实现办园目标，我们坚持以科学发展观指导一切工作：

（一）加强管理，抓实“保育”工作质量这一中心工作

一方面，在观念上，强化教职工“以质量求生存、以质量求发展”的意识，认真把“‘一切为了孩子，为一切孩子，为了孩子的一切’和为家长的工作学习提供便利条件”的办园宗旨落在实处，提高保教质量，让幼儿安全、健康、快乐地成长，使幼儿开心、开窍，在体、智、德、美几方面，生动、活泼、主动地发展，全面提高幼儿素质；让家长满意，让上级主管部门放心，提高办园声誉。另一方面，在具体操作中，重视过程管理，重视幼儿一日生活各个环节保教工作常规的落实，以规范而严格的管理提高保教质量。具体是：

1.加强幼儿生活质量的管理，高度重视幼儿的生长发育状况

在幼儿膳食管理方面，第一，对幼儿食用的主要食品，严格按规定到卫生监督部门认定的具有经营许可证的部门购买，按科学要求和当地实际由保健医生为幼儿制定带量食谱，每两周更换一次，为幼儿提供营养可口、搭配合理的膳食。第二，值班领导经常深入班级观察或向教师了解幼儿的进餐情况，定期向各班征询膳食意见并及时向厨房工作人员反馈作调整，尽可能保证孩子生长发育的需要。第三，对年龄太小独立进餐较困难的孩子、有不良进食习惯的孩子，教师给予特殊照管和教育，保证让每个孩子能吃饱。第四，定期对全园幼儿进行生长发育及健康状况的测查，对测查结果作统计分析后及时向家长反馈并提出建议供家长和后勤参考，共同改进保教工作。

2.加强幼儿园安全、卫生消毒、疾病预防工作

建立长效机制，主动争取安全消防部门、卫生防疫部门等对我园工作的指导，加强对幼儿园生活设施、活动环境、活动器材的安全卫生状况的检查，做好防毒、防火、防电、防病工作。在疾病预防控制方面，积极配合卫生疾病控制中心加强对幼儿健康的管理，组织幼儿服用“小儿麻痹糖丸”、“脊髓灰质炎疫苗”；依托县、州

妇幼保健院和校医务室医生定期为全园幼儿进行生长发育及健康状况的测查，发现不良情况及时向家长反馈和处理；对与幼儿接触密切的教职工健康状况加强管理；学校医务室坚持每周一、三、五为幼儿作喷喉处理，在每学期开学之初为幼儿熬制大锅药集体服用，加强春、秋季传染病的预防工作，保证了幼儿的安全和健康。

（二）以《幼儿园教育指导纲要》、《规程》为指导，以新课程理念引领幼儿园的教育教学，认真制订和落实教学计划，全面推行素质教育，促进幼儿身体、智能、情感、个性等全面和谐发展

1.重视良好教育环境的创设，为幼儿的全面发展提供条件

在物质环境的创设方面，要求带动幼儿自己动手，精心美化园、班级环境，尽量实现“绿化、美化、净化、儿童化、教育化、动态化”。要求围绕“努力为幼儿提供丰富的，能激发儿童动脑、动手、动眼、动口等感官活动的物质条件和活动情景，满足幼儿认知能力发展的需要”的主题进行，为孩子们的有效学习和主动发展提供支持性条件。

在精神心理环境的创设方面，要求做有职业良心的教师，善于发现幼儿的喜怒哀乐，善于体察幼儿的饥渴冷暖，善于研究幼儿的个体差异，善于以教育之爱和教育智慧满足幼儿的合理需要。要求教师研究儿童心理，关注儿童的心理需要，以教育智慧、教育艺术精心设计和组织活动激发幼儿乐学、会学。倡导教师以“蹲下来讲话，抱起来教育，拉着手交流”的方式与孩子交流，热爱尊重幼儿，克服工作的急躁，以微笑、爱心去感染孩子，让孩子们在民主平等的氛围中接受熏陶教育，让其安心、开心，培养自信和快乐的个性。提示教师关注幼儿的心理健康，发现问题时，主动配合家长运用专业知识教育引导幼儿，校正其不良心理和行为。鼓励教师充分利用学校的一切教育资源促进儿童主动发展。

2.开展特色特长教育活动，关注幼儿个性化发展

为有潜能和兴趣的幼儿得到发掘培养，同时，满足家长追求时尚教育的心理要求，幼儿园开设了美术、舞蹈、艺术体操、电子琴、趣味英语、珠心算等兴趣特长教育活动，较好地满足了幼儿个性化发展的需要。

3.努力为幼儿提供展示自我、体验成功的平台，让幼儿有更多的机会表现、交流，从中收获经验、收获成就，收获快乐

精心设计并组织好“六一儿童节”的庆祝活动和冬季运动会，让孩子在轻松、快乐的氛围中以自己喜爱的方式庆祝自己的节日，展示自己的成长，体现自己的发展。组织幼儿参加有意义的社会活动，如：“文山城区第二届幼儿健身操竞赛”、

“文山州第二届‘美好家园’少儿绘画比赛”、“文山城区幼儿汉、英双语口语竞赛”、“‘水岸杯’幼儿健身操竞赛”、“文山城区幼儿才艺比赛”等活动，旨在让幼儿在参与中拓展视野，培养兴趣，锻炼心智，在竞争中激发进取意识，体验审美愉悦和感受成功，让幼儿有更多的机会表现、交流，发展其社会性。

校之魂

（三）实行园长每日值班制度、班组长常规工作汇报制度和班教师每日交接班登记制度，逐层落实管理目标责任制

对各种问题做到及时发现，及时处理，确保幼儿在科学规范的管理环境中生活学习，健康成长；保障幼儿园保教工作政令畅通、计划落实和检查反馈运转有序。

（四）严格执行“规章制度”，规范保教行为。这是保证幼儿园工作质量的重要前提，也是体现管理的严肃性、权威性的必要举措

每个月，认真执行《文山州民族师范学校附属幼儿园教师“教分制”方案》，通过对教师保教工作常规的检查，如：教案、教育随笔、听课记录、课堂教学活动、晨间检查及全日观察、交接班工作记录检查等，了解教师的工作态度、专业能力和工作质量，了解教师的心理，据此增强指导的针对性和实效性，增进管理者与教师之间的相互理解，增进情感交流，体现“以人为本，科学管理”，以此促进全体保教人员自觉认真落实《幼儿园教育指导纲要》、《规程》和学期教学计划，提高保教工作质量，促进幼儿的身体、智能、情感、个性等的和谐发展。同时，将量化考核的结果与《文山州民族师范学校附属幼儿园结构工资方案》挂钩，逐步实现教职工职业行为管理的制度化和法治化，强化全体保教人员的目标意识、责任意识和效益意识。

五、家、园携手共铸合力，平等协作互助互利

《纲要》指出：“应本着尊重、平等、合作的原则，争取家长的理解、支持和主动参与，并积极支持、帮助家长提高教育能力。”我们充分认识到，家、园合作共育活动是保证幼儿园教育目标顺利实现的重要条件，家、园双方只有以诚相待，彼此相互尊重和信任，才能达到预期的目标。而作为幼儿园，应在此项工作中发挥主导作用，因为幼儿园的性质决定着幼儿园的义务和职责：

(1)幼儿园服务工作必须人本化、细致化和个性化，树立优化服务，帮助家长解决实际困难的意识，建立与家长需要相适宜的服务形式。在此方面，幼儿园根据社区家长的要求，除开设符合 3～6 岁幼儿的保教服务形式外，还增设了为 2～3 岁学前期儿童的保教服务项目；认真办好假期幼儿留园班，解决部分家长无人照看孩子的后顾之忧；为一部分因工作特殊性无法按时接送孩子的家长提供无偿的早、晚服务，园值班领导和老师早上提前到园、班上接待孩子，下班时间推后以等待晚到的家长来接孩子，以此满足家长需求，帮助家长解决后顾之忧。

(2)作为专门教育机构，我们一是充分利用《家、园联系手册》每月及时向家长介绍幼儿在园的表现、发展状况、存在的问题，争取家长的有效配合；二是通过家教宣传栏向家长推荐优秀家庭教育读物；三是以专题讲座的形式向家长作有关教育法规、科学教育理论的讲解或宣传幼儿园的管理思想，让家长充分了解幼儿园的保教目标等，如结合“六一”系列活动，围绕“依法教育，规范教育行为，努力创造有利益儿童健康成长的社会环境”的主题，向家长宣讲《未成年人保护法》的基本精神和实施要求，与家长共同探讨科学教育幼儿应有的正确观念和方法；四是主动以“致谢家长暨意见征询书”的形式，收集家长对幼儿园工作的意见和建议并据此改进工作；五是成立家长委员会，制定并通过了《文山州民族师范学校附属幼儿园家长委员会章程》，据此开展家长工作，充分体现我园“依法治园，民主管理”的办园思想。

(3)积极争取并依靠家长推进幼儿园工作的顺利开展。主动沟通与交流，增进了家、园间的理解与信任，真挚与诚信获得的回报是家长对幼儿园工作的信任和支持。如：主动将幼儿的表现向教师反映，配合幼儿园的管理；积极参加幼儿园的培训和会议，参加幼儿的

节庆活动；无偿帮助解决幼儿园孩子们的郊游和到园外参加比赛活动所需的交通工具等等。多年来，我们始终以幼儿为中心，以一颗诚挚之心对待家长，从行动上真正落实服务家长、服务幼儿的宗旨，因此，得到了家长的理解、信任与支持。

六、精诚所至金石为开，办园初见社会效益

（1）办园规模日益扩大。从 2004 年 9 月的两个班起步，以每学期增加一个班的速度发展到现在的八个班，形成基本能满足托儿、幼儿教育的办园规模（由于园舍不够，2007 年春季，已经开始限制招生）。

（2）保教师资队伍不断壮大，专业素质不断提升，教育、教学、教研初见成效。我校幼儿园教师积极参加国家、省、州幼儿教师的课堂教学技能竞赛，活动方案设计、论文比赛，教师、幼儿才艺比赛，幼儿健美操比赛等活动，获得多个奖项。在国家、省、州刊物上发表论文 22 篇，参加国家、省、州、校级论文、作品、教案、活动竞赛等获奖 38 人次。

（3）幼儿保教工作向规范化、科学化迈进，幼儿全面和谐发展教育成效明显，在积极参加州上举办的各种竞赛活动中都有收获：参加“文山城区第二届幼儿健身操竞赛”、“文山州第二届‘美好家园’少儿绘画比赛”、“文山城区幼儿汉、英双语口语竞赛”、“‘水岸杯’幼儿健身操比赛”、“文山城区幼儿才艺比赛”等活动分别获得过一、二、三等奖。更重要的是，在这些平台上，展示了孩子们的发展水平和幼儿园办园方向的正确性。

（4）教育教学管理工作初见成效。2006 年 7 月在上级主管部门组织进行的对文山城区民办中小学、幼儿园年度工作的检查评比中，我校幼儿园以 93.5 的得分名列民办幼儿园之首，被文山县教育局认定为“合格学校”；2007 年 1 月被评为“2005—2006 学年教育教学管理工作优秀学校”；2007 年 7 月在文山县教育局督导室组织的教育督导检查中，各项工作综合评价得分 95 分。

（5）2008 年 7 月，经州、县教育主管部门组织专家组评估，初步认定已达云南省二级一等幼儿园的办园水平。

七、迎接挑战方兴未艾，展望未来壮志凌云

在压力和危机同在，机遇与挑战并存的现代社会，历史赋予我们拓荒者的机遇，我校幼儿园经历了从无到有、从小到大的发展历程，经过几年的历练，赢得了良好的社会效益。随着教育改革的不断深入，我们将继续努力，坚持走内涵发展的路子，用科学的思想指导我们的教育教学、教育科研、教育管理工作，用科学的程序规范我们的内部管理，为把我校幼儿园办成拥有优良设施、优良师资、优良管理、优良效益的民办示范幼儿园而努力奋斗。我们深信，“精诚所至，金石为开”，只要我们始终把服务家长、服务幼儿、回报社会作为办园的出发点和归宿，只要我们主动适应市场经济规律和遵循教育规律，精心打造和经营，我们的幼儿园就会长足发展，就能成为文山州幼儿教育的百花园中吐露馨香的奇葩，就能成长为一只矫健的雄鹰，在幼儿教育的浩瀚长空中翱翔搏击。

教育技术的现代化及其实践

沈绍禄

当今时代是国际竞争、科学技术竞争、综合国力竞争非常激烈的一个时代，竞争的实质是民族素质的竞争。中国社会主义现代化战略目标是否能如期实现，中华民族是否能以富强文明之邦的形象屹立于世界民族之林，归根到底取决于教育能否培养出适应时代需求的高素质劳动者和专门人才。大力促进教育的现代化进程，正是为了适应新的历史时期培养人才的需要、为加速实现我国社会主义现代化战略目标所采取的重要举措。

实现教育的现代化是一项庞大的系统工程，包括构建现代化的教育思想体系、教育内容体系、教育方法体系、教育手段体系、教育管理体系等。而其中以应用现代教育技术，特别是计算机技术和网络技术为核心的教育手段的现代化变革对教育的发展发挥着重大作用，将会带来教育思想、教育内容、教育方法、教育模式、教育过程的深刻变革。同时，应用现代教育技术是现代科学技术和社会发展对教育的必然要求，是教育改革和发展的需要，是学校教育改革的必然趋势。在科学技术迅猛发展的今天，学校教育技术也在飞速发展、不断推陈出新。如何运用现代教育技术大幅度提高教育质量，促进教育教学的全面变革，促使师生熟练地掌握现代教育技术，成为教育现代化改革的骨干力量，这是一个十分重要而迫切需要解决的问题。因此，在学校构建现代教育技术体系，是一项意义重大的工程。

基于社会发展的要求，为实现学校"学会做人、学会做事、学会健体"的培养目标，学校紧紧抓住社会经济、科技飞速发展的机遇，加大投资力度，勇于实践，开拓创新，大力推进教育手段现代化改革的进程，致力于现代教育技术的推广应用，取得了初步成效，多次荣获省、州"电化教学先进单位"光荣称号。在构建现代教育技术体系的道路上迈出了坚实的一步。

一、教育技术的建设与推广

学校自 1985 年推广电化教育以来，至今已有 20 多年的历程，电化教育工作获得了快速发展。尤其是进入 20 世纪 90 年代以后，学校加快了构建现代教育技术体系的步伐，使学校的电化教育工作步步深入，一年一个新面貌，年年都上新台阶。其指导思想是：提高认识，转变思想，更新观念，深化改革，扩大开放，多方面筹措资金，加快现代化教育设施建设，构建现代教育技术体系，创建现代化教育教学环境，以提高师生员工的全面素质为根本，通过教育手段的现代化推进教育的现代化改革，培养适应现代教育的新型技能型人才。

1.领导重视，统筹规划，加大投入，大力推进

学校领导非常重视现代教育技术的建设与推广工作，亲自抓现代教育技术体系的构建工作，成立领导机构，协调各部门、各学科组的具体工作，对资金、设备实行统筹规划，以使其发挥更大作用。学校想方设法筹措资金，增添完善设备，大力推进教育现代化的进程。

2.加强师资队伍建设

师资队伍建设是构建现代教育技术体系的关键环节。一是培养一批专业化的、具有一定研究能力的教育技术教师，尤其是计算机方面的教师，使他们成为教育技术师资队伍的核心力量；二是在全体教职员工中开展现代教育技术培训，形成强大的应用和推广现代教育技术的主要力量。

3.建立系统的管理机制，讲求效益

学校通过建立一系列的管理制度，强化管理，责任到人，保证设备、系统的正

常使用，避免资产流失。学校强调已建成的现代教育技术环境必须充分利用，用出效果，不能仅仅作为陈设，摆摆样子；要尽量节约经费的开支，尽量做到少花钱，多办事，同样功能的设备采用最节省经费的方案，提高功能与价格的比值。

4.完善评价体系，建立激励机制

现代教育技术的掌握和使用情况，纳入教师评价体系，成为教师考评的指标；通过课程设置的改革，增加现代教育技术类课程的开设，将学生掌握和运用现代教育技术的情况纳入学业成绩的考察和评定之中，形成重视和推广现代教育技术的良好氛围。

5.促进素质教育的全面实施

现代教育技术要在“素质教育”系统工程中发挥职能作用，要以全面提高教师素质，全面促进素质教育为出发点和最终归宿。通过现代教育技术的革新，更新教师观念，拓宽教师学习培训的渠道，增强教改意识，全面提高教师素质，运用现代教育技术，改变传统落后的课堂教学模式。

二、教育技术现代化设备发挥辅助教学作用

根据学校的办学特色和推动现代化教育改革、实施素质教育的需要，加大资金投入力度，增添现代化教学设备，共投资近300万元，成立了现代教育技术科，形成了“一中心、两配齐、五系统、二十二个室”的现代化教学规模，以充分发挥设备为教育教学服务的作用。

“一中心”：电教中心，即现代教育技术科。

“两配齐”：配齐学校各科室的现代化办公管理设备，配齐各班级的现代化教学设备。

“五系统”：计算机网络系统、闭路电视系统、内部电话网络系统、校园广播系统、白玉兰远程教育传输系统。

“二十二个室”：5个多媒体网络计算机教室，12个多媒体教室、电子阅览室、电教中心视听阅览室、多媒体心理实验（辅导）室、多媒体音乐实验室、语言实验室等。

1. 2003 年 6 月学校成立现代教育技术科，负责现代教育技术的推广，教学、培训、管理和建设等工作的开展

电教中心设有卫星地面接收站、校园电话网络控制中心、视听阅览室、广播室、控制室、电教器材库、现代教学媒体中心库等，配备有电视传输、广播、摄(录)像、录音、电话、多媒体计算机、音响等多种先进设备和各种视听材料，向全校师生提供各种所需的教学媒体信息。

(1)JR-200CP3M 天线的卫星地面接收站，与地方有线电视网络相连接，构成了闭路电视传输系统，接转播放教育电视台的教学电视节目和其他电视节目、教学录像等，供各电视终端选择观看教学节目。

(2)HJD-256Ⅱ校园内部电话网络系统，将校园各处室、各办公室、各教研组的电话连为一体，便于校园内部快速联系，提高办公和管理效率，节约通信费用开支。

(3)现代教学媒体资源中心和视听阅览室经过近十年的建设，现有各种教学录像带 1 000 余学时，录音带 400 余盘，光碟(含计算机软件)1 000 余张，同时设有先进的视听阅览设施，供师生自由索取进行阅览或出借。教学媒体资源中心配备有先进的微机管理系统，阅览者可通过计算机网络查阅有关媒体资源信息。

(4)带音乐电铃的“航天广电”品牌校园 64M-MP3 自动广播系统，由中心机房、播音控制室及信号传输系统组成，定时向全校或分区播音。设有校内外新闻、校园文化、音乐点播等节目，对校园文化建设发挥着重大作用。

(5)教师多媒体备课系统建在电教中心，配置的多媒体计算机全部与因特网相连接，并安装有先进的备课软件，可供各科教师制作各种文字与图像的、静态与动态的课堂教学软件。同时可以通过网络访问电教资源中心，利用互联网获取教育教学信息，进行学习，交流经验，开阔视野，提高教师教学水平，训练运用现代教育技术的技能，对促进学校现代化教育改革发挥着重大作用。

(6)舞台音响设备由美国产的 12 路爱丽丝调音台、2 对 AC-48 专业音箱、

2台SUNRBB-2450专业功放等设备组成，为学校开展文艺宣传活动提供优质保障。

(7)学校附属幼儿园配备了以高档P4计算机、夏普2600流明投影机和雷曼无线话筒为主的多媒体教室，以南鲸定压功放为主的教学广播系统及29英寸的教学电视机等现代化教学设备。

(8)学校注重数码设备的教学应用，购置了专业数码摄像机、数码照相机、数字非线性计算机编辑系统，为多媒体课件制作提供优质设备环境，培养学生的多媒体课件编辑技能。

2. 12个多媒体教室

为充分发挥现代教育技术辅助教学作用，拓宽教学容量，提高教学效益，向45分钟要质量。学校先后投资建设了10多个由酷睿双核联想计算机、19寸液晶显示器、SONY3200流明等高配置组成的多媒体教室。多种媒体设备连接成共享图像和声音的系统，能清晰地显示实物图像、文字图像、图形图像和计算机传输的图像，并具有较高的质量和音响效果。教室可供各学科课程教学和培训使用，也可供各种公开课、示范课、竞赛课使用。

3. 5个多媒体网络计算机教室

学校计算机房始建于1993年，当时只有286微机10台，现已发展到5个多媒体网络计算机教室，拥有Pentium4型以上档次的多媒体计算机300多台。特别是2004年学校融资80余万元，建设了两个高标准的网络多媒体计算机教室，其中第一机房有网络操作的P4计算机、17寸彩色显示器61台，SONY2500流明多媒体投影机1台；第二机房有联网P4计算机、17寸彩色显示器61台，联想万全服务器1台，NEC2200流明多媒体投影机1台。2006年建成的第三机房有网络P4计算机、17寸彩色显示器61台，松下3000流明多媒体投影机1台；第四机房有P2计算机60台，SONY2500流明多媒体投影机1台。2007年建成的第五机房有酷睿2计算机、19寸

液晶显示器 41 台，松下 3000 流明多媒体投影机 1 台。学生用计算机与教师的教学机相连接成局域网，全部计算机与因特网相连接，通过计算机网络系统教室可以将文字、图像、声音等多媒体信息传给学生终端以辅助教学，学生可以根据自己的需要提取个别化学习资源，同时也能达到资源共享、个别化学习与集体学习讨论相结合的目的。计算机机房主要承担面向全校学生的计算机教学任务，也供教师计算机操作技能培训、教师备课、上网学习、统计学生学业成绩等使用。此外还承担全国计算机等级考试任务和面向社会进行计算机培训。

4.多功能心理实验(辅导)室

为加强心理学学科的教学，进一步突出办学的专业特色，学校于 1995 年建成了多功能心理实验演示室，配备有多媒体计算机系统、大屏幕彩色显示器、投影仪、教学幻灯机及 20 余种心理实验仪器，能完成 60 余种心理实验及课堂演示。此后，学校又为该室多次更新和增加了设备，多媒体计算机先后进行三次升级，增添了PES 心理实验演示系统，进一步增强了该室的功能。《心理学教程》的教学、心理实验演示、心理科学课外活动及各种公开课、示范课、研究课都可以在该室完成。多功能心理实验室的建成，为促进心理学教学的改革发挥了重大作用，也带动了其他学科的发展，推进了学校素质教育改革。

为促进学生心理的健康发展，我校于 1995 年就结合心理实验演示室的建成开展了卓有成效的心理咨询课外活动。到 2001 年底，为规范对学生的心理健康辅导工作，学校又建成了专门的心理辅导室。该室配备有多媒体计算机及心理咨询工具箱等软件，集心理测评和心理辅导于一体，委派专门的心理学教师担任对学生的心理辅导任务，对促进学生心理健康发展发挥着重要作用。2005 年学校又加大投入，更新和完善计算机等心理咨询实验设备，积极开展心理健康咨询和辅导。

5.多媒体音乐实验室

配备有多媒体计算机和 25 台数码钢琴，数码钢琴由计算机控制，学生通过耳机感受声音，接受教师指导，有利于教师集体教学和个别指导相结合，既避免相互间的干扰，又有利于信息的交流，有效提高了琴法教学的效率。

6.多媒体语言实验室

语言实验室始建于1986年，并于1998年增添了现代多媒体音像设备，配有PentiumⅢ型多媒体计算机一台、日立牌800流明大屏幕投影仪一套，建成了一个56座的综合电教室，能满足我校语言学科类课程的多媒体组合教学。

同时，普通学科实验室也得到充实和完善。包括物理、化学、生物实验室，这三室是建设最早、使用频率最高的实验室。近年来，随着学校教育改革的不断深入，一些落后的设备已经不能满足教学的需要了。学校根据学科教学的实际需要，致力于改革落后的实验条件及设备，增设了现代实验设备如投影、幻灯设备等。鼓励教师创新和改革，大胆改造实验设备，使这些实验室得到空前的发展，提高了实验效果和使用效率。

7.白玉兰远程教育传输网络系统

白玉兰远程教育传输网络终端建于2000年12月，通过卫星该网络可以传播上海名校名师教育节目，学习发达地区的办学先进经验和教育改革的重大成果，也可以将文山民师的办学情况和经验经因特网反馈到上海，并能通过网络视频广播同上海老师实时对面互动交流，促进两地教育信息交流和共同发展，尤其是对促进边远贫困的文山地区教育的改革、开放和发展发挥着积极的作用。

8.校园计算机网络系统

2001年11月，学校建成了校园计算机网络系统，使全校500余台计算机全部进入了宽带因特网，师生可以通过该网络获取所需的信息，为师生进行教学、学习和从事科学研究提供了大量信息。2003年学校网站：www.wenshanms.org开通。随着学校的发展和转向，学校网站于2008年7月改版更名为：www.wsnps.cn，网站积极宣传学校，成为广大师生相互交流、学习的平台。

9.各科室多媒体现代办公系统的完善

学校现代办公系统的配置始于20世纪90年代初期，当时只有教务处配置了一台 286 微机，只能进行文印资料的处理。经过多年的发展，到 2001 年底各处室已配齐了PentiumⅢ型以上的高档次多媒体计算机和打印设备。特别是 2004 年和 2005 年学校又为各个科室配备和更新为 P4 计算机，配齐了 HP1010 以上的打印机设备，安装了大量现代最新的智能集成办公软件系统。近几年又不断充实和更新了设备，2008 年还特别配置了 8 套天逸 T5550 笔记本电脑，实现了各科室办公的现代化、科学化、智能化、规范化和网络化，极大地提高了办公效率和人员的素质。

10.各班教室现代教育技术设备的常规配置

早在 1986 年，各班教室就配置了普通高亮度投影仪辅助课堂教学。20 世纪 90 年代初，增配了闭路电视，各班配置了电视机、收录机、录像接收终端，配齐了各教室普通电教设备，实现了“三机”进教室。2008 年学校加大投入，建设了 10 套由双核计算机和高亮度液晶投影机等组成的多媒体教室，为教学提供优越条件，教育现代化又越上了新的台阶。

11. 学科教研组现代教育技术体系正在加紧构建

学校十分重视各学科组的现代化建设，根据学校的财力情况，首先促进部分学科组的教学设备现代化，再逐步推广到其他学科组。截至 2001 年底，初步实现了电教、微机、语言、教育学、音乐等学科组的教学设备现代化。近年主要在理工类学科加快教学设备现代化建设的速度，打造强势专业。

12.加强现代教育技术软件建设

多年来，学校除挤出有限的资金购买软件以外，积极通过各种渠道完成部分教育教学节目的收录、编制和引进工作。鼓励教师制作计算机教育教学软件，充实完善音像、软件资料，为教师提供丰富的教育教学软件资料。

三、师资培训

随着学校现代教育技术资源的不断更新和丰富，相应的师资队伍建设就成了关键性的因素。为适应现代科技迅猛发展的需要,充分发挥现代教育技术的重要作用,推动教育教学的全面改革,促进素质教育的有效实施,学校加强了师资队伍的建设,以充分发挥现代教育技术的教育教学效益。

1.加强现代教育技术科人员的配备

目前,共配备有专职教育技术教师 8 人(高级讲师 4 人、讲师 3 人、助理讲师 1 人),在教育技术方面有专长的兼职教师 20 人(高级讲师 5 人、讲师 10 人、助理讲师 5 人),这批教师担负着对现代教育技术设备的应用和推广以及设备的更新、管理和维修等工作,是学校普及现代教育技术的骨干力量。

2.成立信息技术教研组

为适应以计算机为核心的现代教育技术改革和发展的需要,学校成立了信息技术教研组,配备了信息技术教师 15 人(专职教师 7 人,兼职教师 8 人),并通过各种形式和渠道将这批教师送出去进行进修和培训,使他们能承担对校内学生进行计算机教学、对教师进行计算机应用技术培训的任务。同时能承担国家计算机等级考试文山民师考点的考试任务,并能进行计算机辅助教学的改革研究工作。

3.开展全员培训

通过建立培训制度和规划,利用业余时间在全校教职员中分批分期广泛开展现代教育技术知识、技能培训,将受训成绩纳入教职员履职考核。先后举办现代教育技术培训班多期,学习了计算机的基本知识,Word、Excel、PowerPoint、Flash、Photoshop、Authorware 等计算机应用软件的操作,在全校教职员中掀起了学习运用现代教育技术的高潮,提高了教师队伍素质,有效促进了学校教育教学改革。

4.结合学科特点,在学科组内部组织有关学科现代教育技术应用和软件开发培训

根据现代学科教学的要求,学校在各学科领域配置的现代教学设备越来越多,设备的科技含量也越来越高,对学科教师提出了新的、更高的要求。同时,各科教学要求有丰富的教学软件作支撑,在国内软件尚远远不能满足学科教学发展需求的情况下,软件开发的任务自然要落到教师的肩上。为此,各学科组充分利用本学科资源优势,由学科带头人和有专长的教师负责对其他教师进行有关本学科现代教育技术的培训,组织开发相应的教学辅助软件,使得适用的学科教育技术得以推广,涌现出了一大批致力于学科现代教育技术应用研究、具有创新精神的优秀教师。

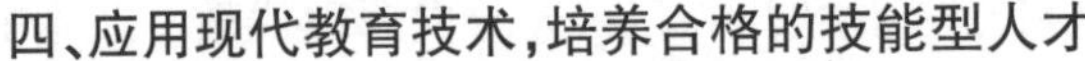

四、应用现代教育技术，培养合格的技能型人才

现代教育技术的广泛应用，极大地促进了学校的教育教学改革，学生的个性特长得到了进一步的发挥，学习积极性、主动性空前高涨，有力地促进了学校教育质量的提高。尤其是通过现代教育技术课程的教学，促进学生掌握现代教育技术的基本知识和基本技能，培养运用现代教育技术的能力，增强了学生适应未来教育教学的能力，综合素质进一步提高。

1.根据国家的要求，按质按量完成了《计算机应用技术基础》课程的教学，毕业生能达到国家计算机等级考试一级 B 类标准，能使用计算机辅助教学

2.师范类开设《现代教育技术基础》课程，并纳入学校教学计划，向学生传授现代教育技术基础知识，使其掌握基本的技能技巧

结合学生实际，制定了五条教学要求：

(1)学习现代教育技术的基本原理和方法；

(2)能够正确使用幻灯机、投影仪、收录机、照相机、电视机、录像机、计算机等现代教育技术设备；

(3)掌握幻灯投影教材制作的一般方法，学会墨绘、单线平涂、摄影等制片方法；

(4)掌握制作录像教材的一般方法，能用话筒录音、复制磁带、收录广播节目等方法制作录音教材；

(5)能结合小学教材内容设计电教教案，利用电教手段上好电教课。

根据以上要求，我们加强对学生实践课的辅导，重视操作训练和能力培养，促进学生综合素质的提高。为全州培养了一批批通晓现代教育技术，具有较强实践能力的小学、幼儿园教师，为推动文山教育现代化改革作出了应有的贡献。

3.开设“现代教育技术”和“计算机应用与网络技术”专业班，培养专业人才

学校紧扣社会发展的需求，根据国家紧缺型、技能型人才培养要求，开设“现代教育技术”和“计算机应用与网络技术”专业班，课程设置主要以计算机应用技术、网络技术、教育技术、计算机组装与维护、多媒体课件制作技术等为主，注重动手操作技能的培养，理论与

实践相结合，严格训练。毕业生要求至少达到国家计算机等级考试一级B类标准，鼓励参加二级以上等级考试，大部分毕业生都能拿到国家二级以上计算机等级证书。今天，文山的壮乡苗岭、彝山瑶寨都能看到我校毕业的学生，在中小学信息技术教师岗位上发挥着光和热。部分学生已经在企事业单位中发挥专业特长，起到了骨干的作用，奉献着青春和力量。

五、未来发展设想

科学技术的迅猛发展，推动教育技术不断推陈出新，可谓日新月异。为全面实施素质教育，充分发挥学生的个性特长，为学生创设主动的、活泼的创新性学习氛围，为教师提供良好的教育教学环境，学校必须紧扣时代发展的脉搏，不断更新和完善现代教育技术硬件、软件设备，提高利用率和使用水平，促进办学效益的不断提高。

1.建设更多的多媒体教室

在各多媒体教室配备先进的、进入校园网络的多媒体计算机和大屏幕显示系统，使教师所掌握的现代教育技术能充分应用在实践中，大面积提高教学质量。使学生能有更多的机会通过现代化设备进行学习，充分发挥个性特长，增强学习的积极性、主动性，普遍提高学生应用现代教育技术的能力，获得全面素质的提高，培养适应未来发展需要的技能型人才。

2.加强软件建设

坚持利用电视网络和其他渠道，进行教育、教学节目的收录、编制和引进工作。组织各学科教师制作计算机CAI课件，充实完善音像、软件资料，建成庞大的教育教学软件库。积极与上级教育技术部门教学资源库联网，共享丰富的课件资源。

3.完成师资培训

力争两年内，完成对全校教职员的现代教育技术培训，40岁以下的教师要通过国家一级B类计算机应用技术考试，50岁以下的教师都能掌握计算机操作技术，保证现代教育技术能广泛应用于课堂教学。

4.进一步加强各学科教学设备的现代化建设

逐步配齐各学科所需的现代化教学硬件和软件设备，特别是要加快理工科的现代化建设步伐，精心打造骨干专业和特色专业，充分发挥现代教育技术在各学科教学中的作用，提高学科教学质量，培养出适应社会需要的技能型和紧缺型人才。

5.扩大远程教育规模,"做强、做大、做精"远程教育工作

现代远程教育是随着现代信息技术的发展而产生的一种新型教育方式,是指通过音频、视频(直播或录像)以及包括实时和非实时在内的计算机技术把课程传送到校园外的教育。学校与"北京对外经济贸易大学"和"上海华东师范大学"联办的成人学历教学班,以及"白玉兰远程教育站点"、"云南省农村中小学现代远程教育工程模式二教学点"等培训项目的开展,为学校现代远程教育工作奠定了坚实的基础,既发挥了社会效益,也赢得了经济效益。今后要努力扩大远程教育规模,"做强、做大、做精"远程教育工作。

新时期,我们面临许多的发展机遇,但机遇蕴含于挑战之中。教育作为一种产业而被市场化已成必然,我们的教育只有"面向现代化、面向世界、面向未来",才能求得生存和发展。文山州民族职业技术学校的教育要现代化,而且必须以前所未有的速度现代化,才能适应国家、社会乃至世界的要求,才能求得生存和发展。构建和完善学校现代教育技术体系,正是我们建设现代化学校这一战略目标的一个重要策略,必须在短期内实现高水平发展,从而将学校教育的现代化推上一个新的、具有国际竞争力的高度。

“环境”应该包括看得见的环境即物质环境和看不见的环境即社会环境。这里指的是物质环境，而物质环境通过人们的视觉感受的内化作用又转变为看不见的环境和人们的精神面貌。因此，物质环境文化建设所发挥的作用比较直接、直观、及时，起到“第一印象”的作用。其内容包括：校园绿化美化净化、建筑设施文化、宣传媒体文化。

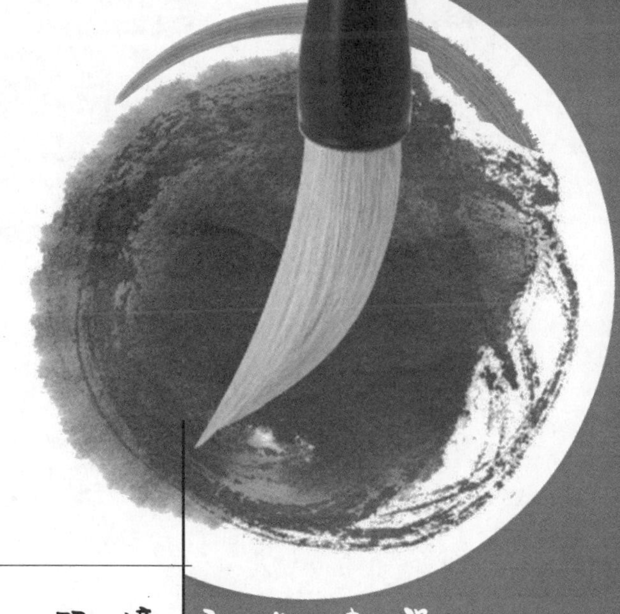

第六章 环境文化建设

HUANJING WENHUA JIANSHE

第六章 环境文化建设

校园绿化美化净化

钟明　李彬

校园是培养高素质,高品位人才的摇篮,是一群朝气蓬勃、思想活跃的年轻人学习、生活的场所,这些年轻人将在这个空间里度过他们的身体和思想成长中最为重要的时期,可能三年或者更长的时间。这个园区内的每一幢建筑、每一个雕塑、每一个花坛、每一棵树木都可能让他们驻足,让他们在以后很长的时间里仍记忆犹新。例如我校学生一谈起自己美丽的校园,就首先想起"群鱼戏水"和大门两侧的大王椰。环境艺术的核心应是生活艺术,美化环境,美化生活。校园环境是师生们的露天"起居室",从课间休息、室外阅读,到聚合交往、散步休息等等都与之息息相关。时代在发展,现在的学生的身心发展更加活跃,比以往的学生更渴望人际交流,更需要广阔的自然空间,而这些空间很大一部分是在建筑空间以外,校园内的小树林、林荫路、池塘边,往往是学生停留的地方,或交谈,或散步,或静静地读书。课堂上的学习只是学生接受教育的一个方面，校园环境对培养学生的修养、情操、品德也是不可缺少的要素，校园环境就是学生的第二课堂。

文山州民族职业技术学校是一所“园林式学校”、文山州的“绿色学校”。走进民职校，时时处处都能感觉到绿色的存在，四季常绿，人文彰显。近年来，学校根据自身发展特点，提出“教书育人、服务育人、环境育人”的口号，以绿色文化引领校园文化建设，以幽雅和谐的人文环境陶冶学生情操，全方位打造绿色校园文化。

一是发展定位明确，主打“绿色”品牌。民职校决策层把校园文化建设纳入到学校工作的一个完整的生态系统，用可持续发展、和谐发展理念作指导，积极创建绿色人文生态校园。

学校把绿色校园创建工作作为一项形象工程、品牌工程来抓，成立领导机构和工作机构，管理顺畅，措施到位，经费充足，协调有序，形成了齐抓共管的强有力的组织领导，确保了“创绿”工作有计划、有措施、有落实、有检查、有反馈地分步实施。在具体实施过程中，学校在师生中贯彻绿色管理理念，搞好整体协调发展，不断保持和完善已有的绿色教育工作，进一步强化和提升各个部门、各个环节的管理意识与管理层次，在整个管理系统中纳入绿色教育和可持续、和谐发展的思想。

近年来，学校通过自筹资金等多种途径，筹集资金用于绿色学校建设，共培植草坪6 000余平方米，从广东、昆明等地购进和种植了大量的垂榕、小叶榕、大王椰、假槟榔、黄金叶、桂花、散尾葵等，建起了温室和花卉大棚，基本做到了无缝隙绿化，并做到常绿植物与落叶植物间种，保证了四季常绿。在建设中，学校充分考虑到人文因素与和谐因素，花草树木间设计了假山、奇石、喷泉、凉亭、雕塑……处处体现出人性化的管理理念，使环境绿化与园景文化、体育文化、设施文化等融为一体，整个校园成为一所“园林式”的景观学校。

学校重视“绿色档案”积累。学校在理念更新、学校管理、课堂渗透、环保活动、环境建设等方面采用了上下联动、相互促进、横向互助、纵向发展的方法来推进整个创建工作，构建绿色品牌特色。学校本身的设备设施要素（硬件）和学校的经营管理要素、教育教学的人本要素（软件）相调和，以此确立绿色建设、绿色管理、绿色教育和学生环保活动在全面实施素质教育中的重要地位，保证了绿色学校创建工作扎扎实实、持之以恒地开展下去。

二是突出人本观念，提升文化品位。创建绿色校园、和谐校园过程中，学校积极倡导绿色理念下的人文教育，结合建校 35 年积淀的深厚的文化底蕴，赋予环境一定的文化内涵，提升学校文化品位，突出环境的文化育人功能。

学校在基础设施和环境建设方面，努力体现“以人为本”和“人与环境和谐相处”的设计思想和建设风格，初步建成了绿色生态校园。坚持人文环境建设与绿色建设同步进行，精心设计，合理布局，朝着使校园环境更富有人文色彩的绿化、美化方向努力，力求做到让学校的每一面墙壁都会说话，每一处流水都唱歌，每一棵树木都育人，每一个学生都能领悟绿色文化的含义，发挥环境熏陶人、造就人、培养人、改造人的功能，引导学生感受美，欣赏美，创造美。

为了突出绿色文化特点，学校通过立牌和挂牌的形式，对主要花木进行了全方位的文字介绍。学校还利用生物教师上课之机，对学校的花草树木进行介绍，让学生在欣赏和享受绿色的同时，也能学到植物知识和绿色文化，我们努力做到让绿色文化的育人功能发挥到极致。

注重文化的传承与创新，把传统文化融于绿色校园建设之中，既体现传统文化特色，又不失现代文化气息。根据自身发展特色，学校自行设计修建了假山、喷泉、池塘、亭子，在设计理念上体现了较高的审美价值和文化品位，如学海园的音乐喷泉，蕴涵着中华民族大团结、各民族和谐发展的精神；教学楼前的雕塑，寓意教育教学同步发展，学生思想品德和文化水平同步提高，他们的希望从这里放飞，并体现出“团结 勤奋 求实 创新”的精神，使学校物质文明和精神文明双获丰收，等等。这些假山池塘、凉亭雕塑，置身于

绿色掩映的校园里,风姿绰约,美轮美奂,文化韵味十足。在校园里修建了7个花园,分别命名为学海园、玉兰园、紫薇园、樱花园、梅园、海棠园、中心花园。这些花园风格各异,动静相宜,富有文化内涵,为学校增添了浓郁的文化色彩。在校园内、教室走廊、教室内,悬挂镶嵌了各类教育名言、格言或其他富有教育意义的标语和图画,真正使学生在任何一个地方都能受到潜移默化的教育。在校园内林荫道两边、礼堂前、教学楼前,设置了宣传橱窗,定期更换宣传内容,成为学生喜闻乐见的宣传教育阵地。

三是建设绿色校园,促进和谐发展。民职校通过二次艰苦创业,实现了二次质的跨越,取得了超常规发展,社会声誉不断提高。学校坚持的就是以"绿色"引领学校发展,在"绿色、人本、和谐、发展"的理念指导下,用绿色的管理、绿色的教育、绿色的教学、绿色的学生活动,绿色的校园环境、绿色的人际关系等把学校引入可持续发展的良性轨道。

近年来,民职校遵循"三个一切"的办学理念,加强绿色学校建设,把绿色真正建成一种文化、一个品牌。学校通过总结长期以来在师生中形成的好传统、好校风,结合学校教育的核心价值观,整合创新,确立了"把学校建成四季如春、恬静雅致、环境优美的园林式校园"的目标,全面展现民职校深厚的文化内涵和管理理念。

为保证这个总目标的实现,确定了具体的工作任务:以实用、经济、美观为原则,以绿化植物造型为主、园林小品为辅,加强校园绿化,重视学点设置,点面结合。做到人文景观相结合;实现绿化、美化、亮化、香化;把校园建设成环境质量好,适于学习、生活、工作的人工生态系统;打造一流的绿化环境,促进教学科研的发展。

1.校园环境净化

环境保护是我国的一项基本国策,学校的环境作为环境教育的重要阵地,既是学校素质教育的重要组成部分,也是学校实践课的重要内容。为了提高我校师生员工的环保意识,树立良好的环境道德和行为规范,我校坚持以优美的校园育人环境，培养学生良好的卫生习惯。制定了校园卫生清扫和保洁管理制度和措施;制定卫生评比制度;成立传染病、突发公共卫生事件预防和控制工作小组;成立禁毒防艾领导小组等。目前我校在卫生方面力求做到二十四小时保持整洁,做到“七个无”,即无污水积蓄、无垃圾堆放、无一根枯枝、无一片败叶、无一棵杂草、无一张废纸、无卫生死角。从建校至今,学校长期坚持保洁制度,加大对环境卫生的检查监督力度,校园环境及各班卫生情况有明显好转。加大对学校周边的卫生检查,定岗、定责、定期灭鼠、灭蝇。通过学校值班制度,在活动中学习环保知识和养成文明行为。通过几代民师人的努力,近几年来,校园的净化上了一个新的台阶。一个优雅、整洁、文明、安宁的校园环境已经初步形成。

2.人文环境的净化

学校充分利用校内的一切资源和机会,对学生进行全方位的教育。为培养学生良好的行为习惯,让学生能从小事入手,从一点一滴做起,让学生学习《礼仪教育训练》、《中学生日常行为规范》,举行文明礼仪教育知识竞赛活动;举行插花艺术比赛;到砚山盘龙戒毒所做“珍爱生命、拒绝毒品”文艺晚会,邀请州公安局干警到校进行禁毒、防艾宣传;进行禁毒防艾同伴教育技能培训;进行交通安全知识讲座等;开展环保周系列活动,邀请云南省环境科学学会专家廖诚到校举办环境保护专题讲座。通过课堂教学、课外活动、专题讲座、主题班会、广播、录像、上街宣传等形式对师生进行宣传教育,乱丢、乱倒、乱放的现象得到了控制。学校环境优美、学生举止文明,养成了良好的行为习惯和卫生习惯。由于学校领导重视,师生共同努力,2001 年我校被评为“云南省健康教育先进集体”;2003 年 9 月,获“云南省教育系统抗击非典先进集体”;2006 年 6 月 9 日我校被文山州环境保护局、文山州教育局授予“绿色学校”称号。

校园是学生学习、生活的主要场所,整洁有序的校容校貌、优美的校园环境对学生较高素质的形成有着潜移默化的重要作用。

学校经过三十三年的风风雨雨,特别是学校更名转向以后,学校更致力于创建一个有助于激发全校师生员工爱岗敬业,有助于学生全面发展的育人环境。

通过全校师生共同参与，让师生更加爱护和保护自然，更加爱护我们的学校。教育学生树立正确的环境价值观和道德观,保护生态平衡,自觉爱护花、草、树木,积极参与校内外绿色行动。促进全校师生员工从今天做起,从我做起,从身边的小事做起,共建绿色学校,构建绿色校园。让师生更加爱护自然,更加爱护我

们的学校。校园里,我们常看到陆校长弯腰拾起地上的纸屑丢到垃圾桶中。如果每一位教师、学生都能弯弯腰或把纸屑直接丢到垃圾桶中,我们的校园一定更干净、更整洁,一定会成为文山州教育系统中的校园亮点。

我们真诚地希望,我们的学生在自己获得相关知识和健康成长的同时,成为爱护校园环境的宣传者。让你我共同携手,共建我们的家园。

校园建筑文化

张文斌

书,是有力量的,因为它吐纳了人类的文明;校园建筑,也是有力量的,因为它用时间韧劲弘扬了一种文化。

"文化",在中国很早就出现了,古籍《周礼》说的是"观乎人文以化成天下",就有"文化"的意思,中国最早的"文化"概念是"文治和教化"。而英国著名文化学家爱德华·伯纳德·泰勒爵士在他所著的《原始文化》一书中第一次把文化作为一个中心概念提了出来,并将它的含义表达为"文化或文明,就其广泛的民族学意义来说,乃是包括知识、信仰、艺术、道德、法律、习俗和任何人作为一名社会成员而获得的种种能力、习性在内的一种复杂的整体。"于此我们认为可以将"文化"理解为"人类在与自然的作用及社会生活中创造的物质财富和精神财富的总和"。

校园文化,可以理解为学校除校园主导教育(课堂专业或基础知识的教学)之外的亚文化,是学校长期形成并为全体师生员工所认同的校园精神、校园制度、文化氛围以及承载这些精神、制度、文化氛围的活动形式和物质形态。其中校园群体(师生员工)是主体,校园文化活动是重点,校园精神是核心,校园制度是保障,校园(物质)环境是校园文化发展的条件。即三个层次,物质文化层、制度文化层和精神文化层。(1)物质文化。校园的物质文化是指校园所处的外部自然环境、校园内部的规划布局以及校园建筑、绿化、雕塑和文化传播的设施等,例如教室、宿舍、图书馆、运动场馆、艺术绿化景点等等。(2)制度文化。校园制度文化包括师生行为规范、办事准则和方法,是物质与精神的有机结合,包括长期形成的学校传统、习惯,成文或不成文、约定俗成的规章制度、组织结构、学校的行为。(3)精神文化。校园精神文化是指学校按照培养目标,由学校领导积极倡导,教师不断教育与灌输、为师生所共有的价值观念及理想、道德和信念,学校的校风、教风、学风均属精神文化。

校园文化,是办学理念的体现,是学校全时空与全过程所展现的文化,是全校师生员工的文化品位与修养,是学校个性与传统的塑造与延伸,是学校所整合的新文化向全社会的辐射。每所学校都有自己的校园文化。经过长期培育和建设,成为各自的传统,形成一种教育资源和力量。

学校建筑是教学的空间,是知识展示的空间,是信息传递的空间,同时还是情感交流的场所。学校建筑除了为教学设施、为师生的教学活动提供三维空间外,还提供氛围,一种学生与老师之间在学习中建立起来的和谐氛围,一种让学生喜欢的校园氛围。

学校建筑不但要充分满足现代化教育的要求,还十分注重生态环境和交往空间的建设,强调育人环境的潜移默化作用,体现了新的教育观念和生态观,塑造了高雅的校园文化环境,给人与人、人与自然提供了交流的场所。

过去,校园形态在学校教育中的重要性一直被忽略着,被忽略的主要原因大多数人认为:建筑与教育没有多大关系。是的,建筑没有以“知识”的身份、“课程(狭义)”的姿态进入人们的“学习”视野,但它对人的教化作用是“知识”和“课程”所不能给予的。这一点,中国古人深有体会。《三字经》的头几句“昔孟母,择邻处”可谓家喻户晓。正是孟夫子本人,亲身体验到环境对人潜移默化的作用,而作出了“居移气,养移体”(《孟子·尽心》)的总结。中国古人早就懂得环境对人的“模范”作用,环境就是“模”,就是“范”,使用什么样的模范,就可能塑造出什么样的人物。英国首相丘吉尔也讲过“先是人创造了建筑,建筑反过来创造人”,非常准确地表述了建筑与人的关系,暗示了建筑的“育人性”。

学生在校园中生活、学习的过程就是与周围环境不断对话的过程。大学校园

为学生搭建了一个充满意义的“生活世界”，呈现出各种各样的“意义形式”，学生生活在其中，通过理解和解释与之“对话”、“交往”，形成自己的世界观和人生观，使教育不知不觉进入学生的精神世界。

在课程理论中，校园建筑、文化设施、绿化设施、文化生活、校风、学风、人际关系、环境氛围等都属于“隐性课程”，与其对应的“显性课程”是指学校规定学生必须掌握的知识、技能、思想观点、行为规范等。同显性课程的明确性、强制性相对照，隐性课程的特点是：(1)潜在的规范性。无论是校园建筑、文化设施或校风、学风都潜在地蕴涵着一定的价值观念、行为规范、精神境界，使生活于其中的受教育者感受到应如何调节自己的心理和行为。(2)非强制性。不通过强行灌输、纪律约束，而是通过陶冶和感染，潜移默化地影响人的思想、情感和生活，净化人的心灵。(3)作用的持久性。即使生活环境变化或迁移，已形成的价值观念、行为习惯仍能长期保持。

我校近年来，坚持以邓小平理论和“三个代表”重要思想为指导，以人文精神培养为核心，以服务全校师生为宗旨，以素质拓展为目的，立足实际，突出特色，通过加强校园文化活动的基础设施建设，创新校园文化活动的内容，拓展校园文化活动的领域，规范校园文化活动的模式，努力构建具有我校特色的校园文化体系，使我校校园文化朝着政治化、正规化、多样化、群体化、艺术化方向发展。

我校遵循“整体规划，分项实施，逐步完善”的原则，按照“校园建设营造整体美、绿色植物营造环境美、名人佳作营造艺术美、人际和谐营造文明美”的思路，争取校园设施出精品、文化活动出成果、制度建设有特色，使校园文化成为教育、激励全校师生和促进素质教育开展的有效载体，使育人环境得到全面优化，为创建国家级重点中专和实施“十个一”优化升级工程奠定坚实的基础。

1.绿化、美化工作

目标：把学校建成四季常绿、四季有花、恬静雅致、自然优美的校园。

工作任务：

(1)做好绿化、美化环境工作。校园绿化、美化，以实用、经济、美观为原则，以绿色植物造景为主，园林小品为辅，适当设置景点，做到点面结合，使校园成为工作、学习、休憩的理想场所。

(2)加强对绿化工作的目标责任制管理。设专职绿化人员，定期对全校花草、树木、绿篱进行修剪、养护。

2.工作学习环境

目标：为师生员工创设一个整洁舒适、竞争合作、文明向上、创新进取、愉快学习、健康成长的工作学习环境。

工作任务：

(1)对教室、办公室、功能教室、活动室内部设施进行全面的检修或升级。

(2)规范室内物品放置，强化室内外卫生要求，按照"分块整顿，综合治理"的原则，规范劳动时段，清除卫生死角，做到窗明几净，空气清新，保持各公共场所整洁，使室内外物品放置整齐，学习办公用品摆放有序，张扬人文精神，浓郁学术气息，营造"祥和、快乐、健康、幸福"的工作学习生活氛围。

(3)开展"绿色教室"、"绿色办公室"、"图书角"等评选活动。

(4)定期、不定期进行各种形式的检查评比活动。

3. 人文景观建设

目标：加强人本文化建设，体现"协调和谐、美观大方、有效育人"的原则。

工作任务：

(1)适当设置人文景观。

(2)在学校设置体现公民道德规范、职业道德要求、素质教育实施、课程改革目标、人文精神培养、终身发展需要等内容的名人名言灯箱语录牌和匾牌。

(3)修缮、增设宣传橱窗、黑板报、布告栏等。

走进校门，钥匙形的大门象征打开知识的工具，学海的喷泉随着乐曲漫舞，富有历史感的大榕树、高大挺拔的霸王椰随风婆娑，一盆盆火红的杜鹃、一束束娇艳的菊花、一团团热烈的仙客来，环绕着今日的校园，如彩绸般夺目，如云霞般绚烂！

校园宣传文化

马 琨

宣传思想工作是塑造人的心灵的，以什么样的思想舆论和精神产品武装人、引导人、塑造人和鼓舞人，是关系培养和造就什么样的人的大问题，是关系建设和构筑什么样的社会的大问题。人类的任何实践活动最终都是以效益来衡量的，宣传思想工作作为特殊的社会实践活动，当然也不例外。宣传思想工作的实效性

指的是宣传思想工作的目标、价值、运行机制要符合市场经济条件下人们的思想工作实际，取得理想的教育效果。注重群众的精神需求，必须以独特方式关心人的发展完善，并提高人的精神品格，促进社会的全面进步。把“群众拥不拥护、群众满不满意”作为衡量工作成效的尺度，逐步形成以各级领导为主体、群团组织为基础、宣传政工干部队伍为骨干的全方位的网络体系，使宣传思想工作产生整体效应和合力。

宣传思想工作在学校的改革、发展和稳定中，起着统一思想、提高认识、凝聚力量、塑造形象的重要作用，是全校上下，尤其是全校党员干部必须重视的一项重要工作。宣传思想工作是学校工作的重要组成部分，是学校全面开展各项教育教学工作和连接社会的必要手段。学校宣传思想工作必须以邓小平理论和“三个代表”重要思想为指导，自觉同以胡锦涛同志为总书记的党中央保持一致，坚持党的基本路线、方针、政策，全面落实全国、省、州的宣传思想工作会议精神，紧密结合学校实际，全面客观地向社会介绍我校。坚持解放思想、实事求是、与时俱进，坚持“三贴近”原则（贴近实际、贴近生活、贴近师生），研究新情况、解决新问题、探索新途径、体现时代性、富于创造性，努力开创我校宣传思想工作的新局面。

近年来，在校党委、行政的高度重视和正确领导下，在各科室的共同努力下，全校宣传思想工作坚持以邓小平理论和“三个代表”重要思想为指导，以“三个代表”重要思想武装头脑、指导工作，以贯彻落实学校“十五”发展规划为着力点，以对外宣传工作为突破口，认真贯彻落实中央、省、州宣传思想工作要求，坚持在继承中创新，在巩固中发展，在改进中提高，积极探索宣传思想工作的新思路、新途径、新方法，始终坚持正确的宣传方向和团结、稳定、鼓劲的方针，围绕中心，服务大局，坚持“三贴近”，广泛深入地宣传了学校重大决策部署、改革建设的突出成就与成功经验以及校园精神文明创建活动取得的成果，营造出昂扬向上、团结奋进的良好氛围，充分发挥了新闻宣传工作传播信息、启迪思想、解疑释惑、振奋精神的功能，为学校建设、改革、发展和稳定提供了思想保证、精神动力和舆论支持。主要表现在以下几个方面：

（1）宣传思想工作的指导思想和目标进一步明确。近年来，学校在省、州宣传思想工作会议召开后都及时对全校宣传思想工作进行了研究，在学校党政办公室增设了宣传干事岗位，配备了专人负责学校的宣传思想工作，在各科室、各部门、各班级都配备了宣传员，并制定了宣传员的职责，使学校的宣传思想工作进一步科学化、规范化、制度化，学校的宣传思想工作有了新的面貌、新的起点。全面学习贯彻中央、省、州宣传思想工作会议精神，认真分析当前学校宣传思想工作面临的新形势，进一步明确了新时期学校宣传思想工作的任务和要求。制定并实施《关于进一步加强学校宣传思想工作的决定》，并制定实施了《文山州民族职业技术学校宣传思想工作奖励办法》等制度，每年都要召开年度宣传思想工作会议，制订相应的宣传思想工作计划，对学校宣传思想工作的各项任务进行全面部署，为进一步做好学校的宣传思想工作奠定了良好基础。

（2）对外宣传工作力度加大，成效明显。近年来，在文山州委、州人民政府、州教育局和社会各界的关心支持下，面对全国、全省中师办学处于低潮的情况，全体民师人大力发扬“爱岗敬业、艰苦奋斗”的民师精神，苦干、实干、不断创新，学校改革与发展取得了巨大的成就：办学规模创历史新高；办学形式和办学层次实现了历史性跨越；办学专业不断拓展；教师的知识、学历、职称结构大大优化和提升；教职工福利比前五年翻两番；教学设施大幅度增加，教学质量稳步提高；校园环境建设上了一个大的台阶；学校硬件建设实现超常规发展。2003 年校庆期间，成立了学校宣传工作领导小组，对外宣传工作按照“报纸上经常有民师的文字，电台经常有民师的声音，电视上经常有民师的声像”的目标，加强与新闻媒体的联系与合作。近年来,国家、省、州级重要新闻媒体的记者50多人次来校采访,先后在《人民日报》、《中国青年报》、《云南中师》、《文山日报》、《七都晚刊》、《云南电视报文山周刊》、《文山教育》等主流媒体上报道50多篇新闻;中央电视台、云南电视台、文山电视台、文山人民广播电台等对学校改革与发展作了50多次报道,特别是在学校建校三十周年校庆期间,学校充实、新建了校史陈列室,制作了校庆专题录像片,进行系列宣传报道,编辑印制了《校庆纪念册》、《校友通讯录》、《学校规章制度汇编》、《壮乡苗岭的师资摇篮》。通过校庆筹备和庆典活动,充分展示了学校三十年的办学成果和精神风貌,扩大了宣传,增强了师生员工和校友的凝聚力。

(3)紧紧围绕学校中心工作,加大校内宣传工作力度,深入开展思想政治教育,提高了思想政治教育的实效性。一年来,我校党政密切配合,扎实开展了保持共产党员先进性教育活动,制订了实施方案。通过一个学期的实施,党组织的凝聚力和战斗力得到了增强,提高了党员干部的思想政治素质,为学校的转向转型提供了强大的精神动力和政治保障。我校还持续开展以"校园文化"建设为核心的精神文明建设,促进师生员工思想道德素质的进一步提高。以"宣传学校,奉献社会"为宗旨,以"爱心无限,教育永恒"为主题,学校于2004年9月成立了由60多名师生组成的"爱心艺术团"。两年多来,艺术团按照"办出水平、办出特色、办出品牌"的总目标始终致力于我校教育教学质量的提高和精神文明建设的发展,继承和发扬我国优秀传统文化艺术和现代优秀文化艺术,突出文山民族文化特色,繁荣校园文化,丰富校园生活,锻炼培养学生,全面提高师生的人文素质和学生的就业能力,为增强学校的办学实力和扩大社会影响起到了积极的宣传作用。德育处、工会、团委、妇委会等部门也结合自身工作特点,广泛开展广大师生员工喜闻乐见的思想政治教育活动,收到了良好的效果。招生就业办公室、成人教育部等处室采用多种宣传形式,包括报刊、电视、广播、组织招生宣传组,全方位加大学校宣传力度,招生宣传工作做到了全面出击、抓住重点、深入宣传,圆满完成了招生计划,扭转了2003年、2004年连续两年招生下滑的不利局面,为我校的第二次创业和转向转型奠定了基础。党政办公室利用《简报》简洁、快捷的特点,及时将学校的各项工作动态进行传递,促进了校内外信息的交流与沟通。到2007年,学校已编印校报17期、《简报》共107期、先进性教育活动专题简报6期,其中5期被州教育局党员"先进性教育"活动简报全文采用,发往全州各县教育局和各学校。广大师生员工积极撰写论文和宣传文章,有多篇论文在各种报刊上发表或获奖。党政办公室与现代教育技术科共同组织开通的学校网站,共登载了

40 多篇宣传我校的报道和文章，充分利用互联网直观、高效、快速的特点，加强对外宣传，增强了及时性。校报改变了发行方式，扩大了发行范围，调整了版面设计，增加了新栏目。网站、校报、广播、简报、宣传栏等传播载体，为及时宣传党和国家的方针政策以及报道学校的各项成就作出了应有的贡献。

办公室文化、教室文化、学生宿舍文化、教职工家庭文化等。这部分是师生员工直接接触而且接触机会较多、时间较长的工作、学习、生活的室内文化。高品位而富有特色的室内文化对于熏陶人们的情感、净化人们的心灵、规范人们的行为、提高人们的学习、工作效率和生活质量都有着重要的作用。

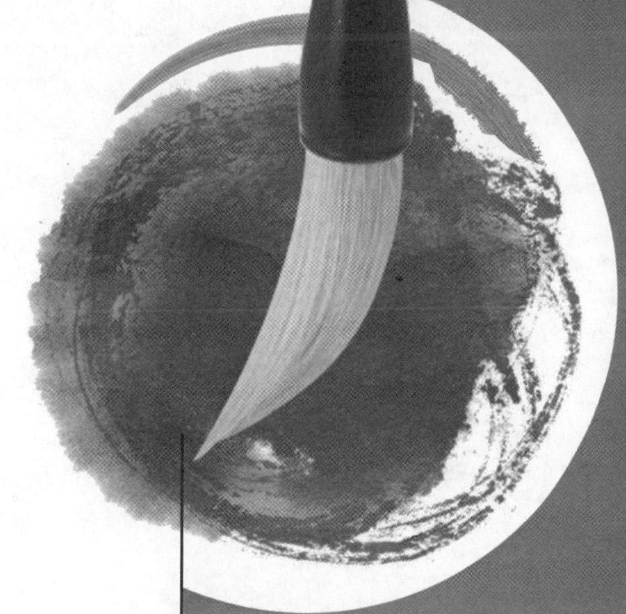

第七章 室内文化建设

SHINEI WEHHUA JIANSHE

第七章 室内文化建设

办公室文化

金荣耀

一、办公室的概念

办公室，一个常用的很普通的名词，却有着多种含义。顾名思义，办公室是办公的场所。办公，是指管理人员和文职人员的日常工作，有办公室、桌、椅，有文件、文具、电话、电脑和其他设备，工作的特点主要是脑力劳动；室，是指室内，而不是露天操作，如农业生产，也不是棚内操作，如货运或养殖劳动等。如果具体分析，办公室有以下几种不同的含义：

（1）广义的：泛指一切办公场所，区别于用于教学的教室，用于生产的车间，或是医疗室、实验室等。

（2）狭义的：是指某一类职业人员或某一级职务人员的办公场所。譬如：教师办公室、护士办公室、厂长办公室、院长办公室等。

(3)特指的:党和政府机关、企事业单位内的综合办事机构。级别高的又称"办公厅"。如:中共中央办公厅、云南省人民政府办公厅;中级的或基层的称办公室,如文山州人民政府办公室、学校党政办公室等。

(4)专指的:某种专门的独立的工作机构。如:国务院台湾事务办公室、文山州民族职业技术学校招生就业办公室等。

二、办公室的职能与特征

办公室工作具有两大职能:政务(或业务)服务和事务管理。事务管理就是为确保有效、快捷的政务服务(业务)而开展的辅助性工作,它是办公室工作体系中不可缺少的重要组成部分。事务管理做得好,将会对政务(业务)工作和组织整体功能起到推动作用。事务管理具有以下特征:

(1)服务性。这是事务管理的本质特征,表现在三个方面:一是为上司服务,使上司能够摆脱繁杂琐事的压力,把主要精力集中在重要工作上;二是为组织服务,为组织员工创造一个高效、舒适的工作生活环境,提供便利条件,解除后顾之忧,保证组织系统的顺利运转;三是为公众服务,保证组织与外界的信息渠道畅通,密切与社会各界联系。

(2)分散性。一是工作分散,如组织内部有办公室环境的管理,办公秩序的管理,维修人员的管理,各部门业务人员的管理等;二是人员分散,由于工作性质、任务不同,单位主要业务人员、后勤保障人员的工作都有一定的流动性或独立性,往往分散在不同的地方工作。这些都给事务管理带来了一定的难度。

(3)专业性。主要体现在两个方面:一是事务管理涉及面比较广,需要各方面的专业人才,如掌握一定的教学、财务、医疗保健等方面的专业知识和业务技能;二是事务管理各项任务具有自身的相对独立性和专业性。

(4)主动性。办公室工作从总体看具有一定的被动性,但就事务管理而言,则有一定的主动性。因为事务管理工作的目的和标准都很明确,工作的弹性和可塑性都很强。其主动性表现为:单位领导的精力主要放在发挥其职能作用方面,各办公室人员有安排事务的主动权和余地;具体业务管理的计划性较强,只要客观条件具备,便能按计划实施。

(5)繁杂性。事务管理涉及上下、左右、内外各个方面,非常繁杂。有人形容,事务管理是说不完的话,跑不完的路,干不完的活。为保证办公室工作高效、优质地完成,办公室工作人员必须端正思想,不怕苦不怕累,做到工作不推诿,干活不含糊,吃苦不在乎。

三、办公室文化建设

学校办公室文化是校园文化建设的重要内容，是一所学校最主要的文化标志，它彰显着一所学校的办学理念、办学水平、办学品位。对办公室赋予怎样的文化底蕴，挖掘怎样的教育内涵？这就需要我们构建民主、尊重、高效、严谨、有序、和谐的办公室文化。

（一）环境文化建设

什么是环境文化？凡致力于人与自然、人与人的和谐关系，致力于可持续发展的文化形态，即环境文化。

办公室是办公的场所，我们通常无法选择办公的场所，但我们可以通过优化办公环境来实现工作的愉悦。

1.整理和整顿

(1)清除无用或不应该置于办公室内的物品(包括橱、桌内部)。

(2)离开办公室要将桌面收拾干净，所有物品(装饰物品除外)放入柜子内，椅子推放到桌洞内。

(3)定品、定位、定量安置办公物品，各类物品摆放整齐，使用、管理便捷。

2.清扫和保洁

(1)及时清扫，垃圾分类清楚，及时清倒，营造洁净的办公室环境。

(2)保持办公室的洁净，减少重复性的保洁劳动，养成随时自觉保持、维护环境卫生的习惯。

(3)一般不要在办公室内吸烟，有条件的学校应设吸烟室。

(4)即使在寒冷的冬天，也要经常开窗通风，保证室内空气的洁净。

3.美化和绿化

(1)利用室内墙壁、办公桌面等空间开展艺术布置。

(2)利用其他空间合理摆设艺术物品和种养绿色盆景。办公室内不宜摆放鲜艳花卉，桌面上只适宜摆放小型精品盆景，最好是水培绿色植物。

(3)美化和绿化布置要体现出所在办公室的个性特征和动态特点，体现办公室人员的个性创造。

(4)利用办公室墙面美化环境，要注意少而精，不要太花哨。

4.着装和仪表

(1)办公室着装要整洁大方，不要穿拖鞋、半截裤、背心进办公室。

(2)一般要求男士要打领带、修边幅。女士不能穿超短裙、低胸衣、吊带衣进办公室，更不能浓妆艳抹，披头散发。

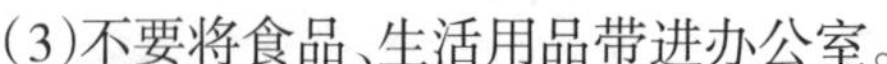

(3)不要将食品、生活用品带进办公室。

(4)不要将家属、亲友带进办公室。

(二)精神文化建设

(1)民主,善于听取并采纳别人的观点、建议,能包容与宽容不同的意见。在具体的工作过程中能及时倾听、参考反馈的意见。

(2)尊重,是每个工作者必需的心态和行为。尊重他人,得到尊重。我们的办公室大多是大办公室,几个人、十几个人坐在一起,彼此之间要相互尊重。包括相互的问候、必要的礼节,更包括对他人劳动过程与成果的尊重,以及对人格的尊重。工作就是工作,不要牵涉个人的感情,更不能牵扯个人的隐私、个人的空间。

(3)高效,是指工作的态度和方式要高效。敬业是高效的前提。在办公室里,工作至上。不能在上班时间三五成群地闲聊,更不能在电脑上玩游戏、聊天,这是对办公室人员最起码的职业道德的要求。

(4)严谨有序。每位工作人员的工作都要有明确的计划与方案,大至学期计划,小至每一个活动的计划,事先都要做周密严谨的安排,使每项工作有章可循,有条不紊。做得更好应是每个人努力的方向,做最好的自己应成为每个人的目标。

(三)作风建设

作风:思想上、工作上和生活上表现出来的态度和行为。

办公室的工作作风:办公室工作人员在工作上表现出来的态度和行为,是部门工作人员思想道德的外在表现。工作作风是部门的一种形象,也是一种文化。作风建设是部门建设的重要内容,是完成部门工作职责的重要保证。

办公室作风建设的重点是什么呢?是"严谨、务实、准确、高效"。

严谨:严,即严密、没有疏漏、周到;谨,即谨慎、注意自己的言行、处处严格要求自己。

务实:务,即从事;实,即脚踏实地、实事求是、实在、实际、实干。

准确:准,即有准儿、没有偏差;确,即确实、正确恰当。

高效:单位时间内完成的工作量多;工作效果又快又好。

关于"严谨":

1.行为严谨,处处严格要求

严格遵守学校的各项规章制度(首先做到);严格按规范办事(一视同仁、公平公正);不提特殊要求,不搞特殊化;自我工作总结评价客观、得当;举止庄重、注意小节(姿势、着装)。

2.说话严谨,不该说的不说

不该说的:具有保密性质的工作(如试卷、人事调整等工作)、未公布的领导班子的决定、不宜公开的领导的讲话(包括非正式场合的谈话)、暂时不宜公开的文件(或决定)、应该保密的事项、不利于工作的话。

3.办事严谨,严密周到,没有疏漏

包括会务工作(通知、会场、会议文件),活动组织(方案设计、过程组织、后期总结),公务接待(来访者情况、接送站、日程安排),做到完成交办事项做事用心,服务周到(体察、满足需要)。

关于"务实":

1.坚持实事求是

坚持实事求对于每一个人、每一项工作来说都是很重要的,对于办公室工作人员则是最基本的准则,也是最高的要求。实事求是是办公室工作的基本原则,这是由办公室的工作职责决定的,如果在办公室工作中做不到实事求是,就会给整体工作和领导的工作带来影响,甚至导致领导工作的失误,整体工作难以稳定,难以协调发展。

2.从实际出发

大力弘扬求真务实精神,大兴求真务实之风。坚持求真务实,就是要干实事,求实效,把按原则办事、按政策办事、按领导意见办事和按实际情况办事结合起来。从实际出发工作才有好效果。特别是在完成上级布置的工作或交办的任务中,这一点尤为重要。

3.诚实可靠

真与实,是万事万物赖以存在的基础,提供信息、综合情况时要力求准确反映客观事物的本来面貌和实际情况。在上呈下达、联系内外、协调左右等项工作中,待人处事要公正,不夹杂个人意见,说老实话,办老实事,做老实人。请示、汇报工作要如实,有问题要提示。要勇于承认工作中存在的问题,并及时采取措施弥补和纠正。

4.工作扎实

工作扎实就是"能在没有上级过问的情况下表现自己的责任感,以实际行动显示出主动性和正确判断力,并且在所给定的范围内做出决定"。踏踏实实做好岗位工作,不浮躁。乐意做幕后工作,不张扬自我(有些工作只能做不能说)。发现问题,主动采取措施补救,牢记学校是一个整体(不要在意领导是否知道)。

关于"准确":

办公室工作一定要高质量，必须准确无误，这是整体工作对办公室工作提出的客观要求，办公室工作的质量对领导和整体工作的质量有着直接的影响。

1.处理事务准确

按岗位规范开展工作；发挥主观能动性；用高度的责任心去工作。

2.文字准确，较少差错

信息要"全面、准确、及时"，宣传要"全面、准确、适度、及时"，公文要"及时、准确、安全"。各种文稿(方案、情况反映、经验介绍、事迹材料等)要情况确实，表述准确，符合规范体式和行文规则。

3.正确地做事

工作到位，不越位：既要忠于职守，尽职尽责，又要找准自己的位置，把握一条"界限"，不越权、不越位，工作到位即认真履行职责，积极主动做好该做的事情。不越位即不越权，不做超出职权范围的事。要敢于负责，但职权范围以外的事不能擅自做主。

关于"高效"：

1.集中精力，专注于工作

设计好方案，理清工作思路，工作流程合理；按照轻重缓急，计划好工作顺序，急事、要事先办，特事特办；善于见缝插针，交叉作业，有效利用时间；必要时请求帮助，事半功倍；善于总结，在实践中积累经验，提高处事技能；团队合作，发挥群体优势。

2.追求高效率，是当今社会的要求，不讲效率，难以生存

工作质量与效率是衡量管理服务工作优劣的一个综合性标准。工作高效率表现为：办事迅速，处理问题及时，工作做得又快又好。

3.信息要在"第一时间"传递

信息在"第一时间"传递，才能做到"高效"。

四、怎样树立优良作风

(一)树立高度的责任感和事业心

岗位职责就是我们的责任，一定要把岗位工作做好的心情就是责任感；学校的工作就是我们的事业，一定要把学校的事业搞好的心情就是事业心。树立了高度的责任感和事业心，在工作中就会表现出积极的态度和优良的作风。不要轻易说："不可能！"而是要"试试看，有没有可能或其他可能"。

(二)加强思想道德修养

作风是思想道德修养的外在表现,只有加强修养,使自己具备良好品德,才能树立优良作风。要淡泊名利,爱岗敬业,艰苦奋斗,乐于奉献;要树立大局意识、全局观念;要调整好自己的心态,在愉快的状态下工作,这样才能使我们充满乐趣和热情,有优异的表现。不要简单地追求快乐,要学会享受快乐,即便没有领导知道自己工作的辛苦,只要自己尽了力并对以往的工作有所突破,我们就应该享受这种工作带来的成就感,乐在其中。大部分时候我们的疲劳并不是因为工作,而是因为忧虑、紧张或不快的情绪。请尝试着对工作充满热情和兴趣,微笑着去接每一个电话;在领导通知周末加班时从内心叫一声"太好了";每天早上都给自己打打气……千万不要认为这是"阿 Q 式的精神胜利法",这是心理学上非常重要的"心理暗示"。

(三)高标准,严要求,从一点一滴做起

作风助我们成就事业,不断提高对自身的要求,培养自觉能力,即"我要做",从小事做起,用无数做得好的小事来成就大事,伟大的成就往往源自微不足道的小事。

(四)认真开展批评与自我批评

树立优良作风需要持之以恒,长期磨炼;开展批评是互相帮助与提醒;自我批评是自己成长的必由之路。

培养一支作风过硬、战斗力强的工作队伍,我们就一定能够攻无不克,战无不胜。

教室文化

龚雯

学校文化是当代学生生活的主旋律,是积极推进素质教育的需要,是学校发展中最为重要的内容,是学校一项长期的、深层次的、高品质的建设工作。学校文化建设的出发点是以育人为本,以培养具有中华民族灵魂和世界眼光的现代人为总目标的。学校文化建设不是可有可无的事,不是顺其自然的事,而是需要校长引领,需要全体师生共同营造,并逐步形成全校的共识和得到全社会的认同,它实际上就是在学校发展过程中人们所创造的精神财富的总和，同时也是学校生存发展的行动指南，是学校的生命所在。学校文化的结构应该包括学校精神文明文化、学校制度文化、学校行为文化和学校物质文化四个方面。其中，学校精神文化是学校文化的深层表现形式，是学校文化的集中体现；学校制度文化、学校行为文化和学校物质文化则是学校精神文化的基础和载体。校园文化建设的宗旨是使学生掌握知识、培养个性、陶冶情操、发展能力、提高素质。过去我们在强调教育功能和途径时，比较注重“教书育人”、“管理育人”、“服务育人”，而对“文化育人”、“环境育人”则不太重视，其实学生正确的人生观的树立，高尚道德人格的养成，健康审美趣味的提升，无不受到积极向上的学校文化的熏陶和影响。因此，加强学校文化建设，对于优化育人环境，全面贯彻教育方针，真正落实素质教育，提高整体办学水平具有不可替代的重要作用。从这个意义上说，缺乏学校文化建设的学校教育是不完全的教育。实施素质教育的真谛在于培养学生具有正确的世界观、人生观、价值观，使学生具有创新精神和实践能力，也可以说素质教育是一种不仅使学生学会做事，更重视学会做人的教育理念。学校文化是一棵生命树。学校中具体的物质、行为、制度、精神的状态是生命之树的叶子；学校中大多数人对待物质、行为、制度、精神的态度和方式是生命之树的主干；学校所在地区的本土文化以及行政文化是生命之树的土壤。我国古人很早就注意环境对人的影响。孟子讲求环境对人的陶冶；董仲舒认为人的品德“或仁或鄙，陶冶而成之，不能纯美，有治乱之所生，故不齐也”；“孟母三迁”的教育故事，一直被后人传为佳话。文化环境决定论也认为“人是一定文化环境的产物，同时，人也创造文化环境”。它重视人文环境的建设，强调发挥环境育人的作用。“人创造环境，同样环境创造人。”今天，我们仍要想方设法为学生组织和创设良好的环境，控制和改变那些不良环境，要增加学生生活环境中的有教育意义的因素，消除那些干扰和阻碍教育的因素，使学生的学习、生活环境有利于他们的全面的发展。教室作为学生最主要的学习生活场所，其文化环境是以学生为主体创造出来的，而文化环境反过来又给学生以改造，决定和影响他们的成长和发展。幽雅的、健康的环境，对学生个性的培养、心理素质的锻炼、道德习惯的形成、知识才能的增长、法律意识的强化和学生的健康成长有着积极的影响。教室文化建设是班级管理不可缺少的一部分，它在学生的成长过程中具有异乎寻常的意义。我校主要从以下几个方面着手教室文化建设，并取得了一定的效果。

一、创造美好环境，培养良好性情

整洁、美观的环境，能让人心情舒畅、精神振奋。教室的净化是一个班级精神风貌的外在表现。教室净化是教室文化建设的最原始阶段，要求学生做到“五无”，即地面无杂物、痰迹，墙面无污渍，桌椅无刻印，门窗无积尘，卫生无死角。学生每天打扫教室，以培养学生爱护教室公物的责任心和主人翁精神，树立净化教室、保持教室卫生人人有责的思想。为确保落到实处，建立相应卫生检查和评比制度，每学期期末都要评出相应的卫生单项奖获得者，在学生良好习惯慢慢形成的同时也营造出一个更为安全、舒适、明亮的学习和生活环境，使学生进一步养成“文明守序，按规定行事”的习惯，从而提升学生真、善、美的品质，培养学生认真做事的习惯和团队精神。

二、强调制度文化，人人参与制定

著名教育家苏霍姆林斯基说：“如果你想使人的道德达到完美与和谐的境地，那你就要创造环境与言语的和谐关系。”教室文化渗透各个角落，小到一句名言警句，大到一个班级规章制度的实施，如果我们都把它当做一种重要的管理手段，那么它就会对学生起到潜移默化的引导和控制作用，在管理上起到事半功倍的效果。制度文化包括班级规章制度、道德规范、人际交往方式、文娱活动方式等，是教室文化的生命力所在。建立协调一致、相互制约、有机发展的制度文化是一项复杂的、系统的工程。对教室制度文化坚持正确导向，着眼点是建立竞争机制，使学生活动(包括学习、工作和生活)经常处于竞争状态之中。对于制度文化既要强调宣传教育，也要认真加强制度建设，有关各项制度、细则的设计，公布前要经过班级全体学生的反复讨论一致认同后，方能执行，以达到共建的目的。

三、设计文化情境，创建文化氛围

苏霍姆林斯基说过，要努力使学校的墙壁也说话。教室的墙壁也应尽可能地体现出积极的精神和理想。为了实现教育培养目标和突出我校的办学特点，应对学生进行阶段性的主题教育：一年级“明日教师，今日做起”；二年级“人民教师无上光荣”；三年级“忠诚党的

教育事业”。各班教室正前方悬挂主题，其正中间是国旗，对学生进行爱国主义教育的同时使其明白自己努力的目标。2006年1月我校更名为文山州民族职业技术学校，学校由师范类向理工类转向，教室的主题也与时俱进，改为“勤学自求，博学精思”“励志勤学，锐意进取”“团结求实，创新奋进”等。讲桌上摆放学生的座次表，便于教学中师生的沟通交流。教室摆放绿色的植物，让学生感受到生命的气息，培养学生顽强拼搏、奋发向上的精神。学生的优秀书画作品、摄影作品、手工制品被制作成一幅幅壁挂，点缀着教室的四壁。这样既美化了教室环境，又在很大程度上鼓舞了学生创作的热情，时时给学生以启迪。“学习园地”定期更换，利用同学们的创意，选择一个主题及一组色彩，设置了一系列专栏，每一期都能体现各自的风格和追求。针对学生在读书书目选择上存在的盲目和紊乱，为了帮助学生培养读书兴趣，学会鉴别，学会选书，多读书，读好书，也为了让学生学会读书的方法，有系统地读书，有效率地读书，从而扭转学风浮躁现象，提高学生的文化品位，各班建立了班“读书角”，学生拿出自己最爱的书籍，集中放在书架上，进行交换阅读，充分实现资源共享。这样，既使学生尝到了读书的乐趣，提高了阅读能力，又激励了学生团结协作、奋发向上的学风，形成了独具个性的教室文化一角。利用各种座谈会，讨论优秀的文学作品、影视作品和身边发生的人与事，充分挖掘学生的潜力，让他们各抒己见，并加以引导，促使他们看有所悟，学有所知，取长补短，提高他们明辨是非的能力及自身素质。

四、开展多种活动，培养综合素质

培养学生的综合素质是教室文化建设的根本目的。通过健康向上的文化活动陶冶学生的道德情操，有目的地组织丰富多彩的文化活动。如：开展“我为班级建设献一计”主题班会；开展以爱国主义为内容的主题演讲、读书竞赛，富有纪念意义的歌咏比赛、诗歌朗诵等。通过这些活动，使学生看到了自己的人生价值，唤起对国家、社会、人民的责任感，这不仅培养了学生的综合能力及创新能力，还有益于学生的身心健康。提高学生科学文化素质，是教室文化建设的题中之旨。充分利用环境，用学生创造的周围情景，用丰富的集体精神生活的一切元素对学生进行教育，这是教育过程中最微妙的领域之一。“蓬生麻中，不扶而直。”幽雅的人文气息、厚重的教室环境对人潜移默化的教育影响（如潜在的规范作用、导向作用以及个性发展的塑造作用等）是不言自明的！事实表明：成功教育的特点是使学生在没有意识到受教育的情况下发生的，而这种潜移默化的教育往往具有滴水穿石的力量。教室文化在这方面具有其他教育不可代替的举足轻重的作用。为了进一步创建更加优美的育人环境，活跃校园文化，推动各班文化建设朝着净化、美化、规范化的方向发展，树立学生对各班文化环境应有的责任心和对教室的洁净应有的责任意识，应使教室每一个角落都体现出独具匠心和高品位的文化气息，每一寸空间都充溢着浓烈的读书求学氛围。每学期都进行教室文化建设的评比。通过评比，发现各班在"教室文化"的打造上，能充分调动学生的创造性和想象力，发挥学生的主人翁参与意识，寓知识性、趣味性、教育性于一体，教室布置切合学生年龄特点与成长需求。现在只要走进校园、走进教室，就会被设计精美、色彩亮丽、富有个性的教室布置所吸引。"师生论台"、"我们都是一家人"、"家长园地"、"成长乐园"、"文明之花"、"成长展示台" ……给每位学生带来了丝丝温馨。各个班干部使出浑身解数，充分利用教室空间，多方面发掘教育资源，使教室成为知识的海洋、思想的圣地，让著名教育家苏霍姆林斯基"让每一堵墙都会说话" 的理念得以初步体现。洋溢着书香气息的教室成了学生健康成长的乐园，充分发挥了其环境育人的功效。

宿舍文化

李 彬

宿舍是学生生活的主要场所之一，宿舍文化是校园文化的重要组成部分，是一种师生共创和共享的群体文化，是指附于宿舍这个载体来反映和传播的各种文化现象。它是由物质文化、制度文化、行为文化和精神文化四个层面组成的校园文化的亚文化。

谈起宿舍文化，人们总是想起办学时间短，而文化底蕴厚积的文山州民族职业技术学校的宿舍文化建设，它是其他学校学习的榜样和楷模。

一、结合学生特点 营造文化氛围

古语有"胡马依北风、越鸟巢南枝"，可见思乡念家情之切，意之浓。我校从学生入学的第一天起，就注重营造宿舍文化氛围，规范学生行为习惯和群体意识。由于民职校学生的年龄特征以及他们是来自文山州八县的不同山寨的不同民族，有不同的生活习惯等，进校后学生们都把宿舍当做家。而在当今学生群体意识淡化、个体意识增强的情况下，民职校就是通过营造宿舍文化，以对宿舍的重新布置和装饰来唤起学生的集体意识。因为宿舍文化的群体性、多样性可以使学生有一种归属感，宿舍文化在对学生的引导教育作用确立后，就增加了人际吸引的因素。就像学生说的一样，我们是从零乱的无责任感开始，继而走向“十个一条线”的整齐化，从而创建了“平安、健康、文明、和谐”的宿舍育人环境。所以学生们比谁都更爱自己的宿舍，他们用心中一切美好的东西来展示、丰富宿舍文化，让其内容多姿多彩，极富创意，充分表达了同学们对自己宿舍的喜爱。通过班主任老师、德育辅导员和宿舍舍友共同参与建设宿舍文化，营造温馨而又严谨的寝室，让学生倍感宿舍的温暖，培养了他们的集体荣誉感，也搭建起了师生互动沟通的平台，建立了深厚的师生友谊，从而让师生达成共创文明宿舍和共建和谐寝室的共识。就像墙上那个“缘”，宿舍中虽然偶尔也会因为男儿的血气方刚而产生摩擦，但看到那个“缘”，同学们会很快冷静下来。

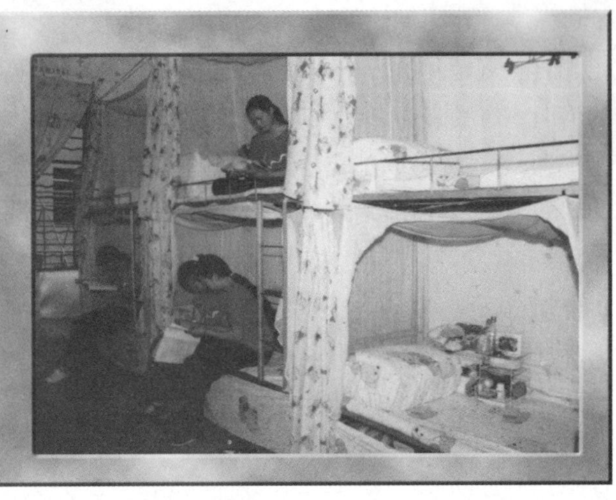

二、加强制度建设　让习惯成为文化

宿舍文化的参与者是学生，学生的“易感染性”势必决定了宿舍文化具有“易感染”的特点。要确保学生的健康成长，增强宿舍文化的“免疫力”，就必须实现对宿舍文化的引导和控制。首先，应强化“方向”意识，学校是对宿舍文化实行有效控制和引导的核心。学校各级组织都以此为契机，加强对宿舍文化的组织领导。我校提出的“八有、十无”，对宿舍文化建设提出新的更高的要求。其次，加强宿舍文化建设，是对宿舍文化有效控制和引导的重要措施。为此，我校制定了《宿舍管理员岗位职责》、《文明宿舍评比办法》、《学生入住须知》、《宿舍文化评比办法》等制度，把宿舍文化建设当做一项长期的系统工程，并树立了持之以恒、长抓不懈的观念，使其不断丰富、发展和完善，使宿舍文化在学校文化中具有目的性、广泛性、互感性、自重性、时代性和动态性等基本特征。学校还经常开展“美化宿舍、陶冶情操”的宿舍文化建设比赛,使每个宿舍的文化氛围逐渐变浓,诸如“奋斗之舟”、“温馨小屋”的主题不断涌现。通过这些活动,我们的宿舍充满了人文精神,大家在这个小集体中,学会了如何与人相处,如何宽以待人。在宿舍文化建设坚持全方位、高品位的基础上,努力把提高师生、宿舍管理人员的思想政治素质摆在首位,把制度建设与文化建设融为一体,把文化建设渗透在学生生活的方方面面,从而培养学生良好的行为习惯。多年的实践证明,硬环境和软件环境实现有机的统一,是学校对宿舍文化实现引导与控制的有效手段。

三、活跃校园文化 陶冶学生情操

文山州民族职业技术学校传承了原文山州民族师范学校的优良传统,把具有文体娱乐功能、调适慰藉功能的宿舍文化当做对学生心理、理想和行为产生重要影响的头等大事来抓,想尽一切办法来优化学生宿舍文化的环境,使其为进一步构建和谐校园、活跃校园文化生活、陶冶学生情操,提高学生综合素质提供了一个平台和窗口,充分展示了民职校学生多才多艺和健康向上的精神风貌。在宿舍文化建设中应体现管理的科学化、法制化、规范化、系统化;在宿舍文化建设活动中要注重发动广大师生参与,发挥他们的积极性和创造性。为此,学校进一步加强和改进了新形式下学生思想政治工作,切实加强学生的道德建设和文明修养,推进宿舍文化建设,丰富学生的课余文化生活,提升宿舍文化品位,营造良好的育人环境,既把学生宿舍建设成温馨的家园,又增强了团队合作精神和寝室成员间的凝聚力,从而提高了学生的综合素质,增进了学生对社会和企业的了解。宿舍文化在教育中起着举足轻重的作用,应进一步加强对宿舍文化的引导和控制,为学校营造一个健康、活跃的文化氛围。

总之,宿舍文化建设的好坏,直接体现宿舍管理的好坏并影响到学校的声誉和发展。因此,文山州民族职业技术学校一直非常重视宿舍文化建设,重视、关心和培养每一位学生,犹如雕刻艺术家,即使是一块最普通的木头,也要用艺术家特有的眼光去认真分析研究,并用心雕琢,使其能够变成一件有价值的艺术品。用心培养每一位学生,让其在宿舍文化建设中养成良好的文明习惯和高尚的道德情操,让他们在有效的学生管理中健康成长,真正成为社会的有用之才。愿宿舍文化成为文山州民族职业技术学校校园文化发展中一道更加亮丽的风景线。

家庭文化

杨 朴

一、家庭文化的性质和意义

家庭文化，是指家庭成员文化、科技、思想、道德、价值观念和行为方式等主观因素的总和。是以单个家庭构成的或以一家庭成员与另一家庭成员之间在自由时间里从事的具有群体性文化娱乐活动特征的一种社会性文化。家庭文化是群众文化的重要组成部分，具有较强的生命力和凝聚力，它既能适应广大人民群众精神生活的特点和需求，又能调整现代社会的人际关系，培养人们健康向上的生活方式，促进群众文化的发展。因此，注意家庭文化的普及、发展，对提高人们的思想、文化素质有着十分重要的作用。

二、家庭文化的发展趋向

（一）由封闭型趋向开放型

改革开放政策的实施，为人们提供了了解外界信息的机会，拓宽了视野，促进了文化观念的更新。开放意识日趋强化，并潜移默化地渗透到家庭文化中，从而突破了传统的封闭型的家庭文化模式，逐步形成了积极扩大交往的开放型家庭文化态势。

（二）由低层次趋向高层次

目前，家庭的经济、结构、职能等都产生了许多新的变化，特别在城市家庭中，这种变化更大。许多家庭都属一对夫妻一个孩子的核心家庭结构，负担轻，生活较富裕。家庭的职能也从过去那种繁衍后代和生活的场所扩展为业余时间开展文化活动、学习和娱乐的基地。同时，由于社会经济的发展，家庭电器化代替了繁重的家务，使居民双休日闲暇时间多了。居住条件的改善也增大了家庭文化的活动空间。小康物质生活为家庭文化建设提供了充分的保障，人们已不满足于原先单调、浅层次的文化生活模式，逐渐提高了文化消费水平。家庭文化“硬件”由低级向高级发展。钢琴、电子琴、小提琴等高档乐器进入平常百姓家；电脑、现代视听设备已成为家中寻常之物，构成了高层次文化生活模式。一些家庭对科学文化知识的重视与日俱增，从原来的一般娱乐需要转变为对知识的需求，订阅报纸杂志也向科学性、知识性的刊物倾斜。人们的文化需求逐渐向知识型、欣赏型、高雅型方向靠拢。

(三)由单一型趋向多样型

随着家庭经济收入的提高,人们对文化需求的品种越来越多,需求的品位也越来越高。不少家庭充分利用各种文化设施,开展多种多样的家庭文化活动。如电视、录像、音乐、舞蹈、曲艺、摄影、绘画、书法、集邮、养花、下棋、保健等。人们在生日、夜生活或节假日时,还以单个家庭或者几个家庭为单位,举办家庭舞会、家庭影院、家庭摄影、家庭书画、家庭音乐会、家庭联欢会、家庭卡拉OK等,丰富了人们的文化生活和精神生活,增添了家庭的和睦、欢乐和幸福的气氛。

三、单位组织家庭文化活动的主题、形式和时间

家庭文化是社会文化的重要组成部分。特别在社会变革时期,家庭文化建设尤为重要。作为培养祖国建设人才的学校,有责任引导教职工搞好家庭文化建设,有责任精心组织教职工开展丰富多彩、健康向上的家庭文化活动。活动中采用民族化、大众化、通俗化等群众喜闻乐见的形式,以教育、鼓舞和激励教职工及其子女,提高他们的文化素质和思想道德修养。

1.活动的主题

(1)美在家庭;(2)文明在我家;(3)全家同欢乐;(4)让孩子远离网吧;(5)我与孩子同成长;(6)特色文化,魅力家庭;(7)革命歌曲家家唱;(8)邻里情深,牵手互助;(9)学法律礼仪,建文明家庭;(10)尊老爱幼全家乐;(11)小手牵大手,家庭网上行;(12)科学教子,文明生活;(13)美丽的追求,精彩的编织(或刺绣);(14)不让毒品(或赌博)进我家;(15)文明家庭评选(或恩爱夫妻评选);(16)学习型家庭评选;(17)健康的享受,精湛的技艺(指烹调方面)。

2.活动的形式

(1)评选活动;(2)演讲活动;(3)比赛活动;(4)展示活动;(5)表演活动;(6)娱乐活动;(7)游园活动;(8)书信征文活动。

如:才艺方面可以用表演、展示、比赛等活动形式;以家庭教育为内容的可以用演讲活动的形式;以体育锻炼为内容的可以用比赛、娱乐等活动形式;寓知识性与趣味性为一体的可以用游园活动的形式。总之,根据表达主题的需要,从以上形式中选用合适的一种,也可几种方式综合运用,或者选用其他合适的方式。此外,组织教职工参加上级有关部门举办的"学习型家庭"或"文明家庭"评选活动;每年对考取大中专(包括高中)的教职工子女给予一定的物质奖励也属家庭文化活动的形式之一。

3.活动的时间

学校可利用假期、双休日或一些节日(如"三八"节、中秋节、儿童节等),组织

开展家庭文化活动，以提高家庭成员的素质，增进家庭成员彼此间的感情，并为全校教职工之间提供一个展示、交流、学习的平台。

四、单个家庭文化活动的内容与形式

家庭是社会的细胞，家庭稳定是社会稳定的基础。在物质文明高度发展的今天，更要重视社会主义精神文明的建设。其中，家庭文化建设是精神文明建设的重要组成部分。当然，家庭文化活动的开展主要以单个家庭为主，有关的活动与建设也应主要由单个家庭负责。家庭成员是家庭文化的主体，不论男女老少，不论水平文化高低，都可以在家庭文化活动中大显身手。

父母承担着组织和推动家庭文化建设健康发展的主要责任。要注意用先进的文化去破除人们生活中残存的封建思想和陈规陋习，提倡科学、健康的生活方式，增强家庭文化在人们生活中的渗透力。要注意继承传统优秀的民俗文化，如民间艺术、传说故事、伦理道德等。这些看似微乎其微的文化，却能起到潜移默化的作用，影响人，塑造人，起着缓冲家庭中难免出现的矛盾的作用，在一定程度上维系着社会关系的和谐融洽。

家庭文化活动的开展，应根据活动目的而设置内容、决定形式。须注意，活动的目的不能仅局限于交流或娱乐，还要注意培养和提高家庭成员，特别是孩子各方面(包括思想、道德、学习、毅力、人生观等)的素质。首先，父母要严格要求自己，身体力行，在各方面给孩子做好表率。娱乐与教育并不矛盾，只要处理得当，就可以相得益彰。在此针对“活动目的”、“活动内容与形式”稍作具体举例：

根据孩子的爱好和特点，让他们在诸如音乐、美术、书法等领域中选择一两类进行学习，并参加一些有关的比赛，既可丰富孩子的业余生活，培养其一技之长，也可培养孩子学习的毅力、竞争的意识和良好的心理素质；

节假日时带孩子去春游、秋游，或到外地旅游，既可丰富生活内容，也可培养孩子热爱祖国、热爱自然的感情，并且还可扩大其眼界、增长其知识；

节假日问候(电话或书信)或探望长辈、为长辈做事,可以培养孩子对长辈的孝心和感恩之心,同时也可锻炼孩子的生活能力和做事能力;

每天全家聚会半小时至一小时(晚饭后较恰当),谈心、谈时事、轮流读报刊或读小说等,可交流感情、增加知识,也可培养孩子的阅读能力和口头表达能力。

单个家庭文化活动的内容和形式也应是丰富多彩的。在组织开展活动时,前面第三部分"单位组织家庭文化活动的主题、形式和时间"中提到的一些做法可供参考和借鉴,还可以不拘一格,花样翻新。

经济的发展和社会的进步,对人的素质和文化水平的要求越来越高,而健康的家庭文化活动正是培养和提高综合素质的有效方式之一。让我们重视和开展健康向上的家庭文化活动,在陶冶情操的同时,展现出生活的绚丽多姿,达到"以德治家、文化兴家"的目的。

本部分其内容包括九个方面：群团活动、语言文字工作、“三校”活动、鼓号队、爱心艺术团、体育文化节、社团活动、班级活动、社会实践。这些活动主要是培养学生的非专业技能、一技之长、个性发展和综合就业能力。如果能在这些活动中增加和渗透更多的文化因素，将能够更有效地提高学生的综合素质，使他们更能受到用人单位的热忱欢迎。

第八章

活动文化建设

HUODONG WENHUA JIANSHE

第八章 活动文化建设

群团活动

唐升忠　张　瑜　张桂芳

在文山州，谈起群团活动，人们自然就会想起文山州民族职业技术学校的工会、团委、妇委会等。

多少年来，虽然学校经费紧张，但从来没有耽误过群团活动，相反活动越做越多，越组织越红火，越开展越有创意、越有特色，成为文山州群团活动一张亮丽的名片，形成了独具特色的群团活动文化氛围。

一、领导重视，组织健全

群团组织是党的助手和后备军，是党联系群众的桥梁和纽带，是学校文化建设的主力军和重要阵地，可以说群团活则学校活。我校历届党政领导都很看重这一点，都非常重视群团工作。因此我校的群团工作具有很大的优势：一是组织健全；二是干部配齐；三是保证活动经费；四是政治待遇、经济待遇得到保障；五是领导经常深入关心、指导工作；六是全体民职人都很支持群团工作，都很热衷于群团活动；七是群团活动形成制度和文化氛围。

二、开拓创新，活动育人

（一）民主参与学校管理，校工会成了职工之家

一是学校教育工会通过教代会这一有效形式，广泛地参与到学校的各项改革、发展的管理中去，积极参与学校改革的宏观研究，对于改革中遇到的一些难点、热点问题进行调查研究，鼓励教职工参与讨论，为领导出谋划策，推动改革顺利进行。这既进一步增强了教职工当家做主的使命感、责任感，又进一步推进了校务公开，沟通了党群关系、干群关系，使学校“政通人和”，产生了巨大的社会效益和经济效益，形成了和谐的民主管理氛围。二是围绕中心、服务大局，关注学校整体工作。我校工会积极配合学校党政部门做好广大教职工的思想教育工作，通过各种形式的学习、宣传、教育，充分认清形势和任务，以主人翁的姿态满腔热情地投入到教育的改革和发展中去。通过各种行之有效的活动，引导广大教职工不断更新教育观念，改革教学内容和方法，提高科研、管理水平。三是切实发挥工会组织的教育职能，加强教职工队伍建设。我校工会始终把抓好教职工的政治理论学习和思想政治教育作为履行工会教育职能的一项重要工作，切实关注教职员工在生活、学习、工作中遇到的困难。对教职工职称评聘、职务聘任、工资晋级、住房、医疗保险和下岗再就业等方面存在的问题，工会及时反映情况，提出对策；建立困难教职工档案；协助党政部门继续做好离退休教职工的工作，使他们老有所养、老有所医、老有所为、老有所乐；大力加强教职工活动阵地的建设，努力开展丰富多彩、寓教于乐的文体活动，不断满足教职工日益增长的精神文化生活的需要，把工会建设成为教职工真正的家，做到“哪里有困难，哪里

就有工会的身影”,让每一个教职工都能感受到党和政府的温暖、职工大家庭的温暖。一句话,工会工作要把“大事”与“小事”有机地结合起来,协调抓好。组织干部职工学习时事政治、业务技能和法律法规;通过开展“创建学习型组织,争做知识型职工”和争当“云岭优秀职工”等活动,不断提高工会干部的工作能力及职工的科学文化水平和参与竞争的能力。此外,学校工会还利用学校实施“文明单位创建活动”的契机,开展了第一届、第二届“五好文明家庭”评比活动。活动共表彰了13户“五好文明家庭”;组织开展了“优秀工会干部”、“优秀工会积极分子”的评选活动,并于2003年4月23日对32位先进个人进行了表彰;协同政教处、团委等部门开展了“校园拒绝邪教”、“不让黄、赌、毒进我家”系列活动;开展了“我喜欢的格言”、“我的格言”、“我的治家格言”征集展评活动,促进了学校的精神文明建设。多年来,全校教职工思想稳定、精神饱满。为了学校的改革与发展,工会做了大量的工作,功不可没。

(二)跨越时代巅峰　谱写共青传奇

活动成为一面旗帜,共青路上尽显风流。学校团委在上级团组织和学校党政领导的关心、指导下,紧扣时代脉搏大胆开拓创新,积极推进基层整体化建设和团教一体化改革,不断开创出学校共青团工作的新局面。认真实施共青团的“品”字形战略(青年人才工程、青年文明工程和服务万村行动),积极配合学校做好中师生的素质教育,提出了“民师青年的进步,就是民师团委的追求”“民师共青团的大发展,就是民师团干的奋斗目标”“围绕中心,结合师范,争创一流”的口号和“团务管理科学化、规范化、民主化;团的活动有活力、有引力、有效力;团的工作出人才、出经验、出理论”的奋斗目标。

“共青小天地,教育大舞台”。只有把共青团组织的教育活动有机地延伸和涵盖到学校教室以外的方方面面,才能真正实现团教一体化改革,才能充分发挥共青团在学校的组织、教育职能作用,活动才会丰富多彩、千姿百态。因此,团的活动一直围绕学校的中心工作,遵循教育规律,按照中师特点,形成了把政治思想教育放在首位,以提高学生素质为己任,把思想教育寓于各项活动之中的工作体系。

(1)狠抓邓小平理论、“三个代表”重要思想、科学发展观、“两史一情”教育,使学生树立正确的人生观,坚定共产主义信仰。

(2)把学雷锋、学先进和青年志愿者活动与正面引导和教育团员青年相结合。多年来,团委坚持开展学雷锋活动,重视团员青年的自觉参与和自我教育。1994年4月成立了志愿者服务总队,有817名服务队员。1995年9月成立青年

志愿者协会,有 1 201 人报名参加，以支部为单位建立了 27 个支部服务队。1998 年 9 月制定了《文山州民族师范学校青年志愿者章程》，每个服务队每学期均有服务计划，定点定期活动。在医院、养老院、精神病院、残疾人家庭、下岗职工家庭、厂矿、农村等都能见到文山民师团委的青年志愿者服务队。从 1994 年暑假开始,校团委要求每位团员青年放假回家后,要为家乡或单位做一至两件有意义的好事。广大团员青年回家后,积极投身实践,植树造林,修路架桥,办扫盲班、学前班,搞社会调查,宣传高科技产品,为家乡早日脱贫致富献计献策等。通过这些活动,增强了同学们对人生价值的正确认识,同时,在社会上引起强烈反响。仅 1999 年 3 月,学校收到不同类型的感谢信 297 封,州广播电台、电视台、《文山日报》等对文山民师团员青年的行动和事迹作了报道。

(3)政治思想教育富有针对性,德育内容系列化。

第一，校团委针对不同的年级进行系列教育。在一年级新生中开展入学教育,爱国爱校、行为规范、文明礼貌、校规团纪等教育,培养职业情感;在二年级中开展社会公德、劳动观念和服务社会精神的教育;在三年级中开展“爱岗敬业,艰苦奋斗”的民师精神和创业思想教育，并利用多种形式和方法开展思想教育活动,进一步丰富思想教育的载体。校团委通过音像、广播、黑板报、橱窗、专栏等形式,把知识性、思想性、艺术性、趣味性结合起来,提高思想教育的说服力和感染力。通过高格调的精神产品,以丰富多彩、健康有益的活动来吸引青年、影响青年。诸如:篝火晚会、文体活动、知识竞赛、征文活动、书法比赛、教师技能大赛、主题团会、演讲会、校园歌手大赛、主持人大赛、普通话比赛、辩论会、“宣传周”活动、影评、座谈会和“我与祖国共奋进,我与学校同发展”为主题的“五四”青年文化月等适合青年特点的活动,强化学生的爱国、爱校、爱乡意识,增强对自身的修养意识、文明礼貌意识等非智力因素的培养。

第二,利用传统节日、纪念日,加强对团员青年进行爱国主义教育。坚持每个月一个主题,常抓不懈,常抓常新。如 1、2 月份的帮助后进生、困难学生的扶贫济困教育活动,3 月份的学雷锋青年志愿者服务教育活动,4 月份的学先进人物事迹教育,5月份的“五四”系列纪念教育活动,6月份的毕业生思想教育,7月份的党史党情教育,8月份的社会实践教育活动,9月份的新生入学教育,10月份的“两史一情”教育,11月份的文明礼貌、行为规范教育,12月份的职业道德教育等。校团委注重把思想教育寓于各项活动之中,用活动来凝聚青年,吸引青年,影响青年。

(4)积极探索、结合师范特点,提高学生实践技能。利用双休日发挥团组织的培养教育作用;配合学校搞好中师生的素质教育,培养一专多能、兴趣广泛的合格小学、幼儿园教师;成立了22个社团组织,实现了素质拓展工程。

从1996年3月开始,团委就认真思考,如何利用双休日,组织学生开展课外知识学习,提高学习兴趣,弥补课堂学习的不足,发展学生的特长。成立文体社团,即文艺方面:吉他队、二胡队、笛子队、舞蹈队、合唱团、书法、美术社团;体育方面:篮球、排球、足球、羽毛球、象棋、围棋、武术等社团;还有学习推广科技的科技社团、普通话提高培训班、邓小平理论研讨社团。1998年4月又根据形势发展和社会的需要及同学的要求,开设微机社团、家电修理社团、小记者团、英语学习社团。请校内外有专长的专家、教师、有经验的养殖户、种植户、农艺师、畜牧兽医师、记者等来授课。通过这些社团活动,既充分利用了双休日宝贵的时间,丰富了校园课余生活,又为培养学生的兴趣爱好、全面发展、锻炼成才和健康成长创造了条件,提供了机会。

(5)根据师范生特点,加强对师范生进行少先队辅导员技能、技巧等有关知识的培训。校团委为适应小学、幼儿园的发展需要,于1992年9月成立鼓号队,建立少先队辅导员培训部,后来发展为文山州少先队辅导员培训中心。对我州八县在岗的少先队辅导员进行轮流培训,对在校生进行少先队辅导员岗前培训。

(6)结合实施跨世纪两大工程(青年文明工程、青年人才工程)、文山州民师文明公民学校的建设和中师生的特点,校团委在1994年4月成立了校园精神文明监督岗,开展文明监督活动,一直坚持到现在。通过两代师表一起抓,强化师生员工的行为规范和文明礼仪教育，大力推广校园语言—普通话—取得显著成效，校园文明层次得到加强和提高。同时，通过此项活动，让团员青年参与学校管理，从中得到锻炼，发挥了团组织的服务青年、教育青年、培养人才的职能作用。

(7)注重实践，搭建育人工作平台。一是启动“中师生职业导航”和“就业面试辅导”行动计划，提高毕业生就业和适应社会的能力；二是开展“文山共青团与‘云岭先锋’同行”活动；三是开展“革除陋习，构建和谐”主题教育和“法在我心中”为主题的演讲比赛；四是开展“七彩云南，我的家园”“保护母亲河，美化文山城，创建文明城市”的环保教育系列活动；五是成立爱心艺术团，开展“爱心无限，教育永恒”的主题教育、宣传活动。这些活动增强了学生的理想信念，培养了学生的科学素养和人文精神，对全面提升青年学生的综合素质起到积极的促进作用。

(8)积极开展创建“青年文明校园”活动。1997 年 5 月，根据团州委转发团省委《学校部关于“创建青年文明校园”》的文件精神，开展创建青年文明校园和青年文明班级的活动，制定详细的活动方案、评选细则。1997 年 11 月 27 日团州委到文山州民师挂上了文山州属学校第一块“青年文明校园”的牌子。1998 年 10 月，学校又进一步深化青年文明校园创建活动，狠抓校园文化建设、教室宿舍文化建设、团员青年文明礼仪和行为规范的教育。各支部开展创建 “青年文明班级”、“青年文明宿舍”、“青年文明教室”、“示范团支部”、“团员标兵”、“模范团员”等活动，使文山州民师的校园精神文明建设得到进一步加强，团员青年的文明素质修养进一步提高，推动了学校校园文化建设健康发展，树立了“学生为本，文化为先，开拓创新，全面育人”的团活动新理念。

(9)协助学校做好“双差生”的转化、教育、帮助工作，开展“携手共进”活动，与教育心理学科组一起建立困难学生生活、心理健康咨询服务体系——“心理健康绿色通道”等活动。

组织各支部选派品学兼优的学生一对一地帮助指导“双差生”。校团委设立“帮助奖”、“青年进步奖”，表彰做得好的优秀学生和进步快的后进生。

(10)建立“家教服务中心”，积极为校内贫困生联系服务对象，既为社会一些需要家教的家庭解决了困难，又为解决校内贫困生的生活困难寻找到了一条较好的路子。使贫困生既能锻炼自己，尽快适应社会的需要，又能安心读书。同时，还组织优秀学生为下岗职工、特困企业职工家庭开展“义务家教”服务，为下岗职工、困难职工分了忧、解了愁，为构建和谐社会作出了团组织应有的贡献。

(11)认真开展“每月一讲”和“三小”竞赛活动。开办科技社团，成立青年科技发展部，创办《民师共青科技园》期刊，宣传推广科技知识，推动、促进学校“园丁科技”的发展。校团委结合文山州实际，着眼于文山州边远山区、少数民族地区教育经济的腾飞和脱贫致富的需要，以学校这个小窗口，辐射文山这个大世界，培养新型的农村小学教师，即“会教书、懂经济、有技术的综合型青年人才”，使他们既能从事小学教育，又能根据家庭、学校、村里的条件，因地制宜，科学养殖或科学种植；使他们其中的一些人甚至成为科技推广或科技致富的带头人，并能在日常教学活动中有意识地渗透农村实用科技的内容，使他们从小懂得科技兴农的道理，而且弥补了当地农技员的不足。此类型的教师承担着科学技术下乡的任务，有助于不断地提高劳动者的素质。

校团委还拓宽业余团校的职能，开设实用技术培训班，课程设有《科学养猪》、《养鱼与鱼病防治》、《养兔技术》、《实用养鸭养鸡技术》、《果树栽培》、《山村小学如何发展经济以兴教育》、《农村小学如何为当地经济发展服务》等课程，到州科技情报研究所租借科技录像带放映给学生看。鼓励学生参加州科协组织的“农函大”的学习，并有655人取得结业证书。

通过这一系列的活动，逐步达到了预期的目的。不少学生出去后，开始在学校、家庭中开展养鱼、养鸡、养鸭、养猪等活动。由于他们积极参与农村经济活动，使家庭增加了收入，使学校改善了办学条件，从而能安心地从事农村教育事业，并带动当地群众脱贫致富。

(12)加强对团员青年的劳动意识教育。随着市场经济大潮的冲击，各大中专学校学生出现劳动意识淡薄的现象。针对这一现象，校团委加强了对团员青年的劳动意识教育。多年来，校团委组织全校团员青年进行了大小300多次劳动，既为学校节约了开支，又锻炼了团员青年，增强了他们的劳动意识。

(13)扎实有效地开展服务万村行动。文山州民师团委认真贯彻团中央的号召，把服务万村行动落到实处，发挥了团组织的优势和应有的作用。在扶贫工作中，文山州民师团委超额完成团州委安排的任务，团州委要求州直团组织每家结对帮扶一个乡镇，文山州民师团委却挂钩帮扶两个乡镇——文山县德厚镇和富宁县木央乡，并取得初步成效。

第一，在每个扶贫点救助扶持两户特困家庭，共救助扶持四户特困家庭，每年春节前专程到特困户家庭去慰问，赠送春节慰问金，并对其脱贫进行指导，提供资金，进行技术指导。

第二，救助挂钩点 10 位家庭困难的失学儿童，每人每月 40 元。

第三，为文山县德厚乡感古村创办了“青年之家”，购买科技书籍和娱乐器材赠送该“青年之家”，并为该村建立青年文艺宣传队和发展了 30 多名团员。

第四，利用节假日开展送文化、送戏下乡。从 1996 年开始，每年的元旦和寒暑假，校团委都积极组织编排文艺节目，跋山涉水到扶贫挂钩乡和边疆少数民族地区为群众演出，到砚山、西畴、富宁等县边防官兵、武警战士、扫雷部队慰问演出，为他们送去了精神食粮。春节前，为特困户家庭赠送春联等，受到当地群众好评，引起了很大反响，树立了新时期共青团组织的新形象，体现了共青团服务社会、服务青年、教育青年、锻炼青年和培养人才的职能作用。

第五，为贫困山区学校赠送书籍，建立“希望书库”。1998 年 4 月，文山州民师团委发动全校师生员工捐款捐书，赠送 4 500 多册新书给富宁县木央乡中学，建立了“希望书库”。1999 年 1 月又送去了 2 100 余册新书。1999 年 5 月和 11 月又为砚山县阿基乡和者腊乡成人技术学校送去 2 000 余册各类技术书籍、200 个书包和其他文具用品。2000 年 6 月又为砚山县八嘎乡送去 2 000 余册新书，建立了“希望图书室”。

第六，对富宁县木央乡花地坪村进行帮助指导，派出教师对村民进行种植养殖培训，帮助其争创“科技示范村”，创建“青年文明村寨”。

第七，为砚山县者腊乡训练了一支 100 人的鼓号队，并赠送 100 套鼓号服，价值 5 600 元，并为砚山县者腊乡中学的特困学生捐资 4 500 元。

第八，为富宁县木央乡普阳小学捐资 2 000 元。

第九，为砚山县团委举办乡村团干培训赞助 3 000 元。

多年来，在学校党政的关心指导下，学校团委扶贫济困、“希望工程”献爱心活动卓有成效。累计用于“希望工程”募捐、扶贫、救助困难学生、送戏下乡等社会公益活动的费用已达5.8万多元。为社会作出了一个基层团组织应有的贡献，成为民师特色献爱心活动的又一道亮丽风景。

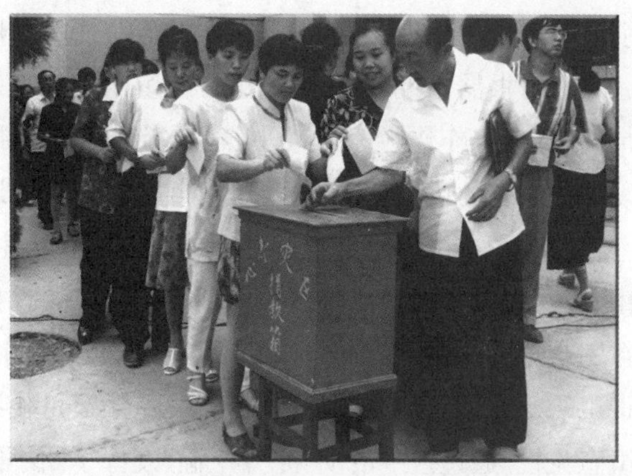

(14)定期开展“未来之星”教师技能大赛，学校的职业教育起到促进作用。从1998年3月起，每学期，校团委根据未来社会对教师的要求，对在校生进行正向引导，开展“未来之星”教师技能大赛，分班级预赛、年级复赛、团委组织决赛。比赛项目安排合理，包括教师仪表、语言表达、讲课、简笔画、特长表演、机智问题等。通过大赛，使广大学生明确了未来教师要具备的素养与技能，从而更加苦练教师基本功，发挥自己的特长。

(15)每学期制定出一定的措施和评比条件、评比办法，组织教师团支部开展“岗位能手”、“练兵比武”活动，分为教师系列、班主任系列和职员系列的评比，并且每学期都进行表彰。通过此项活动，促进了青年教师各方面的发展和提高。

(16)组织丰富多彩的文体活动，活跃课余文化生活。

第一，每年组织纪念“五四”运动大型时装歌舞晚会、新团员入团宣誓、十八岁成人仪式宣誓、保护母亲河、“五四”在我心中征文大赛等活动。

第二，与友邻单位、兄弟学校进行体育比赛、文艺联欢活动。

第三，组织观看爱国主义影片，开展影评比赛。

(17)积极为校内特困生寻找、提供、自创经费解决生活学习费用和减轻家庭负担。多年来，校团委多方努力、联系帮助家庭困难的学生到厂矿开展有偿服务，为公司、厂商代销商品等，使部分困难生能够利用课余时间、双休日开展创收活动，解决生活、学习费用，并从中得到锻炼和培养自力更生的能力。为困难学生及时解决了难题，为学校分了忧，发挥了团组织应有的作用。

(18)充分发挥党的助手和联系青年学生的桥梁纽带作用。校团委急校党政领导之所急，想学生之所想，认真贯彻校党政领导的指示，完成布置的任务。广泛收集青年学生对学校各项工作的意见和建议，反馈给校党政领导，并为校党政领导做好宣传解释工作。

(19)聘请班主任担任团支部辅导员，让班主任更加了解和支持团支部工作，使团支部工作和班级管理融为一体。校团委每学期对关心支持团支部工作且成绩显著的班主任进行表彰奖励，调动班主任的积极性。

(20)根据年级、班级特点组合友谊团支部。把二、三年级对一年级团干部的帮助、指导工作作为综合考评二、三年级团干部的一项内容，使一年级团干部得以尽快进入角色，适应新的环境，调整生活节奏，适应新的学习、生活、工作要求。

(21)积极推进基层整体化建设，挖掘团小组的潜力和发挥团支部的职能作用。校团委紧紧抓住团小组小而活、参与面广、挖掘潜力大等特点，把工作重点放在团支部，以团小组为单位开展活动，并尝试着把团小组建在宿舍里，团支部负责组织检查、监督。在团员民主评议表、团员量化评估表、团员档案卡中设有团小组意见栏。通过这些活动，充分挖掘、发挥了团小组的凝聚力和团支部的战斗力。

(22)在教室里设置了支部角和团小组行动角，把竞赛机制引进团支部。各小组开展竞赛活动，既展示了各支部、各团小组的活动，富有教育意义，又积极促进了教室文化的建设。

(23)建立健全制度，实行规范化管理。校团委为加强团干、团员的组织观念，严肃团的纪律，达到团务管理科学化、规范化的目标，制定了团委各部、各团支部的《目标管理责任书》、《团干、团员量化考评实施细则》、《民师共青团民主评议教育制度》、《民师共青团团风整顿实施条例》、《合格团支部评定条件》、《团支部辅导员聘任制度》、《团员、团干奖励表彰办法与条件》、《团干岗位职责》、《团干、团员行为规范管理及处罚条例》、《团干履职鉴定卡》、《团员档案卡》、《"青年文明班级"申报、命名、表彰条件及办法》、《青年校园精神文明监督暂行规定》、《创建青年文明校园的实施方案》、《"青年文明教室"、"青年文明宿舍"、"团员标兵"、"模范团员"评选办法》以及各项量化考评表等，并汇集成册，出版了《共青团云南省文山州民族师范学校委员会制度手册》。每学期结束，各支部认真开展团干、团员评议，认真量化。对不合格团员限期改正，到期无明显改进的，给予纪律处分，直到开除团籍，整顿团风，加强了团的自身建设，使团务管理由经验管理和制度管理为核心的阶段步入了管理的上层境界——文化管理阶段。它所迸发出的巨大能量无时无刻不在规范、感染和影响着每一个团员青年，使民师精神和共青团文化渗透到学校管理教育的各个环节和细节当中。这就是学校团委所追求的"制度为本，文化立团"。

(24)在团支部实行《支部记录册》制度和《团员日志》制度，校团委定期收来查看，以便能及时了解下属各支部所开展的活动情况，了解团员青年的心声，调整好工作的路子，加强工作的针对性和有效性。

(25)从 1998 年开始组织我校团员青年参加团省委组织的云南省大中专学

生跨世纪素质拓展夺杯赛活动，夺得了“科技杯”、“理想杯”、“挑战杯”等6个奖项。2000年因成绩突出被团省委授予大赛“优秀组织奖”荣誉称号，并奖励5 600元的日本进口大彩电一台。

(26)把“推优”工作与树标兵模范相结合。团委坚持把“推优”工作作为加强团组织自身建设的突破口，做到早发现、早培养、早教育。各支部认真执行，严格把关，召开支部大会讨论，把品学兼优的团员、团干推荐给团委，团委召开委员会议进行审定，推荐给党支部。1993年以来，共4 124名共青团员递交了入党申请书，推荐的387名团员中有218名学生和9名教师光荣地加入党组织，既增强了团组织的战斗力，又优化了共青团的育人环境，并成为文山州基层党建带团建做得好的典型单位。

优秀的学校文化孕育出优秀的共青团组织。校团委所做的一切，所开展的一切活动，都是围绕学校以素质教育为舞台，以培养社会需要的全方位人才为己任，旨在让学校文化生活之花遍地开放，灿烂无比。并且实现了武装和建设好一支学生干部队伍，培养和造就一批又一批一专多能的复合型青年人才的目标，推进和探索了观念创新、思路创新、载体创新、制度创新、活动创新、方法创新、机制创新文化建设的系统工程。

(三)巾帼不甘示弱，活动建功育人

我校妇委会始终把抓好女教职工的政治理论学习，作为履行妇委会教育职能的一项重要工作，不断拓展“妇女之家”功能，使其成为发展妇女工作的有效载体。一是不断增强妇女工作的能动性，确立“以人为本，立足学校，面向家庭”的工作指导思想，带动妇女群众参与各种活动，不断提高妇女整体素质；二是进一步激发群众参与各项活动的积极性；三是注重调查研究，了解妇女关心的热点和敏感问题，掌握妇女的思想脉搏；四是不断创新“妇女之家”的管理模式，使之形式更多样，对象更广泛、时间更宽泛，让妇女群众有参与的认同感和归属感。

妇委会以“妇女之家”为中心，在校内组建了教职工健美操队、器乐

队、舞蹈队、篮球、排球、乒乓球等活动队，做到定时间、定地点、定人员、定经费，开展经常性的训练和活动。妇委会组织教职工参与为“大地之爱、母亲水窖”募捐活动，共捐款 1 505 元；组织“扶贫济困献爱心”，为扶贫点、贫困生捐款、捐物，对口扶贫，近两年共捐款 23 003.85 元，书 435 本，电脑、手风琴、脚踏琴共 20 多台。女教职工节日不忘扶贫，还在“三八”节期间为扶贫点的“双女户”献上一份爱心。这些活动的开展，促进了教职工感情的交流，增强了学校的凝聚力。

妇委会以各种节日为契机，举行形式多样的庆祝活动。2004 年“三八”节邀请州文明办副主任周维丽老师举办“妇女、婚姻、家庭”知识讲座，通过讲座全体女教职工获得了很好的精神食粮，她们纷纷表示要热爱生活，教好孩子，努力工作，创造新业绩，做一个时代女性。每年“三八”节期间妇委会都组织妇女同胞到外地考察学习，增长了妇女的见识，加强了妇女的交流和团结。2004 年 5 月份参加州体委举行的“五一”系列体育活动，以及州总工会歌咏比赛、知识竞赛等活动，多次获得好成绩。邀请云南省家庭教育研究会的教育专家杨德军老师举办“创新性格的培养”知识讲座，为家长上了一堂生动活泼的既增长知识又调节心理的辅导课、博得了全体教师和家长的一致好评。2004 年“六一”期间，通过知识竞赛、特长展示等各种活动引导家长和儿童倡导绿色生活环境，引导科学、文明、健康的生活方式，创造环境优美、身心健康、家庭和睦、团结友爱、社会稳定的幸福生活，使每一位小朋友争做合格小公民，让孩子们度过了一个健康快乐的节日。还组织全校师生员工学习任常霞同志先进事迹。通过橱窗报栏、广播站播音、升旗仪式上演讲、收看电视新闻等方式，结合实际开展讨论。大家在学习中被任常霞同志的精神深深感动。她的精神风貌，是新时代女性的楷模，是我们学习的好榜样。全国妇联将每年九月定为“家庭道德教育宣传月”，倡导正确的家庭教育观念和科学的教育法。我校针对家庭教育多元化的需求，在女职工中举行了以“为国教子，以德育人”为主题的演讲比赛。推选王建松老师一家代表学校参加“水岸杯”家庭才艺比赛，并荣获二

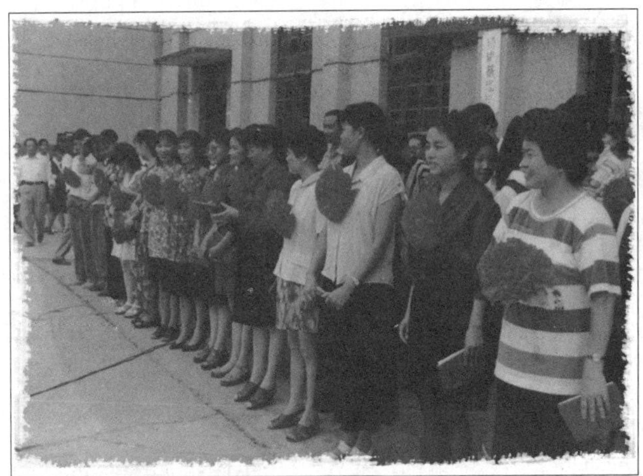

等奖。为支持学校幼儿园申报等级幼儿园工作,妇委会组织了给幼儿园孩子们捐赠图书的活动。通过各种活动的开展,师生员工在活动中获得快乐,在快乐中获得感悟,在感悟中人生境界得到升华。

妇委会还利用学校实施“文明单位创建活动”的契机,开展了第一届、第二届“五好文明家庭”评比活动,共表彰了 13 户“五好文明家庭”;组织开展了“优秀妇女小组”的评选活动,并于 2003 年 3 月对 32 位先进个人进行了表彰;妇委会协同德育处、团委、工会等部门开展了“校园拒绝邪教”、“不让黄、赌、毒进我家”系列活动;开展了“我喜欢的格言”、“我的格言”、“我的治家格言”征集展评活动,促进了学校的精神文明建设。多年来,妇女职工思想稳定,精神饱满,为学校改革发展、为构建和谐学校做了大量工作,功不可没。

三、形成文化 成绩斐然

群团活动促进了我校各方面的工作积极健康向上发展,不仅增强了我校的凝聚力和向心力,而且形成了我校独特的活动文化,成绩突出,硕果累累。群团活动中一道道亮丽风景构成了我校群团活动的立体文化画卷,为学校的转型、转向构建了独具特色的素质教育和校园文化建设相结合的机制。

(一)工会工作取得的成绩

多年来,我校工会以“工会工作整体思路”为目标,工会各项工作均全面取得成绩:1999 年 12 月,在文山州教育工会组织的“全州学校教代会工作量化考评中”,以总分第一,名列全州受评学校榜首。2000 年 9 月,作为全州教育工会示范点,接受了云南省教、科、卫工会及 8 个地州教育工会主席组成的检查组的检查、评估,获得较高评价。1999 至 2002 年连续四年被评为文山县基层工会目标管理“先进单位”。2000 年 11 月,作为 2000 年度文山县工会工作会议党政机关、事业单位工会工作的示范点,接待了参会的 300 多位基层工会主席的参观检查,获得一致好评。2001 年、2002 年两年被文山州教育工会评为“先进集体”。2004 年

3 月被文山教育工会推荐为位云南省教育工会“先进集体”。2000 年 9 月被文山县总工会评为“合格职工之家”。2003 年 1 月被文山州总工会命名为“先进职工之家”。

（二）团委工作取得的成绩

我校曾被上级团组织公认为创下文山州共青团工作的 22 个第一、云南共青团工作的 10 个第一、全国共青团工作的 5 个第一，成为文山共青团、云南省共青团、全国共青团工作的一面旗帜。连续十五年被共青团文山州委评为先进团委，荣获“云南省首批‘五四’红旗团委”、“全国‘五四’红旗团委”的殊荣，还荣获云南省大中专学生素质拓展夺杯赛优秀组织奖。《中国青年报》、《中国共青团》、《中国青年》、《云南民族报》、《云南中师》、云南电视台、广播电台、《文山日报》、《七都晚刊》、文山电视台、文山广播电台，团中央编写的《中国当代杰出青年大典》、《团十四光辉的献礼》、《实践与创新》及《云南省五·四红旗团委创建之路》等新闻媒体、报纸杂志都报道登载过民师团委的事迹。

（三）妇委会工作取得的成绩

历年来，许多女教职工被评为“先进教师”、“先进教育工作者”、“优秀党员”、“优秀班主任”、“岗位能手”、“巾帼建功标兵”、“三好女教职工”、“科研先进个人”、“社会治安综合先进个人”、“体育先进个人”、“健康教育先进个人”、“普通话优秀测评员”等，受到国家、省、州、校级表彰。涌现出了一批学科带头人，其论文和其他科研成果受到国家、省级嘉奖，其中有 18 位女教师获得国家级论文奖励，38 名女教师获得省级论文奖励。学校也先后被评为“全国巾帼文明健身队”、“全国‘三八’红旗集体”。

在职业教育改革如火如荼开展的今天，文山州民族职业技术学校的群团活动紧紧围绕学校的办学思想、办学理念和培养目标，不断提炼、完善和丰富群团活动的内涵和外延，为文山州这一艘职业教育的航母张篷扬帆，沐浴和煦的职教改革发展之光而奋斗。我校正踏着和谐职教的音符，继续演绎着中国职教创新的别样风情。

语言文字工作

王 彪

一、历史钩沉

在能查阅的档案材料中，我们查阅到了1979年春季学期的一份工作计划(手工刻写油印材料),在校历表第12周(5月)安排了讲演比赛,由语文组具体负责,“演”字还是个“二简字”,这恐怕是文山州民族师范学校语言文字工作目前能够看到的最早文献了。在1980年秋季学校工作计划(手工刻写油印材料)中,则强调“要加强语文、数学、外语的基本技能训练,要从阅读、背诵、书写、口头表达、普通话练习、教材教法等方面抓起,通过开展各种教学活动,培养学生的思维能力和独立工作能力”,并着重强调了师范学校与普通中学的差别;在校历表第13周(11月)中,也安排了讲演比赛,这一次是“赛”为“二简字”。在一份“课堂规则”(手抄,年代不清,估计为20世纪80年代初)中,有“教师提问时,学生应立即起立,用普通话认真回答问题,回答结束时,经教师允许方能坐下”的具体规定。

文山州民族师范学校(以下简称民师)创建于1973年,属于“文化大革命”中后期,但在粉碎“四人帮”后的第三年,语言文字工作的相关内容开始出现在学校工作计划中，可见当时学校党政领导班子和教学主管人员的语言文字工作意识是相当到位的。即便出现了“二简字”,在当时也是允许的(“二简字”1977年12月20日公布,1986年2月25日废止)。

1985年秋季时的语文教研组,有张呈纬(时任民师副校长,主持学校工作,后调文山州第一中学任校长,最后以文山州教育委员会主任身份退休)、周天恒(后调文山高等师范专科学校)、郑家章、谢春晓(后调四川)、石之俊(后调文山高等师范专科学校)、罗桂全、詹锦隆(后调上海)、杨瑞芬、韦继安、杨朴等几位老师,王彪和邓海春(后调广东),就是语文组的“小朋友”了。当时,学校没有高级职称,具有中专讲师职称(中职)的全部是语文老师,他们是张呈纬、周天恒、郑家章、谢春晓四位。当时,对年轻的后辈们而言,能成为讲师,已经是一个梦想了。

当时张呈纬老师担任副校长,主持学校全面工作,语文教研组长是郑家章老师。学校推广普通话的工作,除了张呈纬副校长亲自抓,具体负责的就是郑家章老师。这二位,开口就是普通话,尤其是郑家章老师,基本没有人在校园中听他讲过方言,以至于大家一致认为,他讲方言一定很难听。坚持校园语言规范化,对后来接任语文教研组长的韦继安、朱庆文等都有很大影响。也可以那么说,从张呈纬副校长（1986 年 12 月被州人民政府任命为校长）开始主持全面工作，推广普通话就真正成了学校的重要任务，这个工作也给民师带来了诸多荣誉。证据是，1987 年 4 月，学校有了 56 个座位的语音室；1988 年 6 月，被授予云南省“推广普通话先进学校”；1989 年 4 月，

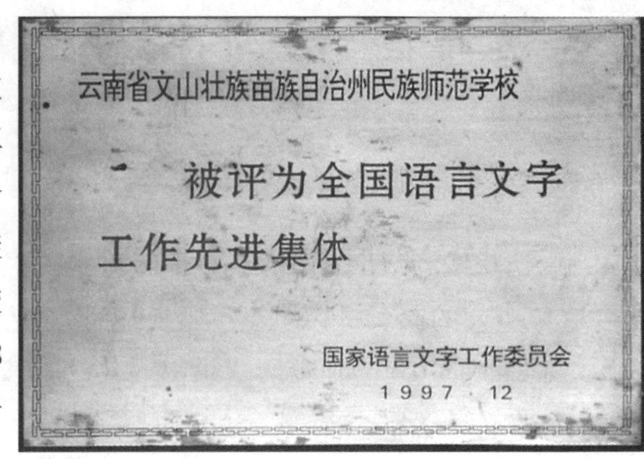

成立学校语言文字工作领导小组（其前身为学校“推普”领导小组）等。这个优良的传统，在张呈纬校长离校后，并没有被丢弃，而是继续发扬光大。

二、推广普通话工作

（一）校园内的推广普通话工作

1.组织机构

（1）领导机构：学校语言文字工作领导小组。1978 年，教育部发出了师范院校要大力推广普通话的通知。文山民师随即在全校开始了推广普通话工作。1983 年，国务院召开了全国中师推普工作会议，学校又积极响应国家号召，再次掀起了推广普通话的热潮。

学校最初的语言文字工作领导机构叫做“推普领导小组”（简称“推普小组”），主要是负责推广普通话工作。当时，学校规模不大，领导不多，“推普领导小组”由校长任组长，语文教研组长任副组长，共青团团委书记、学生会主席、教工工会主席为成员。推普小组成员工作、检查时佩戴标志牌。1989 年 4 月，为与全国、全省接轨，“推普领导小组”更名为“学校语言文字工作领导小组”。根据人事变动、工作性质等，必要时对组成人员进行部分变更，但组成人员相对稳定为学校领导、各科室主要负责人、普通话水平测试员（普通话口语水平测试等级要求达一级乙等及其以上水平）组成，目的是保证组织机构的示范性、权威性和专业性。

（2）监督机构——校园精神文明监督岗。1989 年，共青团文山州民族师范学校委员会成立“校园精神文明监督岗”。其目的是促进校园精神文明建设。《共青团文山州民族师范学校委员会校园精神文明监督岗制度》第三章第八条为“校园精神文明监督岗在学校内一切场所随时行使监督权利”；第十条为“普通话是我

校的校园语言,全校师生员工在校内一切公共场所(也包括学生宿舍、各办公室、所、馆等)都必须使用普通话。不说普通话或者使用普通话时态度不端正,视为不文明行为。与听不懂普通话的亲属或者其他外来人员交谈时,可以使用方言,但必须对监督员说明情况"。该制度还对违反规定情况进行量化,并规定了处罚措施。

(3)工作机构。

①语文(言)学科教研组。包括普通话口语教师(普通话口语水平测试等级要求达一级乙等及其以上水平)、语文学科教研组全体教师(普通话口语水平测试等级要求达二级甲等及其以上水平),主要是通过教育教学进行语言文字规范意识的培养,增强学生热爱祖国语言文字的感情,传授学习普通话的知识理论,加强对师生口语训练的指导,营造学习普通话的氛围,提供练习普通话的机会,辅导学生个人或者班级以参加普通话比赛等方式开展普通话工作。

②学生推广普通话小组。首先,各班组建推广普通话小组。班级以5人为单位,组成若干个普通话学习小组。从班级中推选出普通话口语水平较高、有"推普"热情和一定组织能力的同学组成推广普通话小组。一般为组长1人,组员3~5人,具体负责班级推广普通话活动。其次,由各班推举2名骨干,成立30人左右的全校"推普"骨干小组。具体是组织各班同学进行普通话学习,检查班级黑板报用字情况,参加学校语言文字工作领导小组统一的活动(如全校性语言文字工作大检查、城市社会用字规范化检查等)。

2.实施策略

(1)师资培训。推广普通话,必须有过硬的师资队伍作保障。学校领导对"推普"工作的深刻理解,直接促成了大批教师的外出受训。从1989年至今,先后有8名教师参加普通话培训学习,并多次参加了复训(测评指导会议、云南省普通话测试员后续培训、云南省贯彻国家普通话水平测试"新大纲"培训等)。

1989年9月至11月,朱庆文到北京参加第十一期中央语音班学习,1992年8月,参加云南省普通话水平测试第一期测评员培训,1994年8月到上海参加教师口语讲习班学习;1993年7至8月,王彪参加云南省普通话水平测试第二期测评员培训;1994年1月,姚美群到北京参加国家级普通话测试员培训;1994年7至8月,韦继安参加云南省普通话水平测试测评员培训;1995年王勇到昆明参加普通话测评员培训;1998年7至8月,朱红梅参加云南省普通话水平测试测评员培训;2005年5月,戴蓉参加云南省普通话水平测试测评员培训;2005年8月,王丽娟参加云南省普通话水平测试第12期测评员培训。

(2)课程设置。

①早读。流畅、规范的教学口语,是人民教师的必备基本功。朗读训练,是自由交际的"岗前培训",对语言规范意识的养成、规范语言的学习、语流语感的培养,都具有重要意义。因此,学校作息时间中列入"早读课",每天上午 7:20~7:50 分,各班组织进行普通话练习,通常是高年级班的"推普"骨干到低年级班进行辅导,语(言)文组值班教师巡视、辅导、接受咨询。内容有课文朗读、诗词诵读等。

②口语课。云南省高度重视推广普通话工作,尤其重视师范院校在推广普通话工作中的阵地建设,充分发挥其辐射效应。文山民师积极贯彻推广普通话的有关精神,参与推广普通话实践,推动普通话在学校的全面铺开。

早期,根据省教育厅对中等师范学校学生的要求,制定了学生 3 年学习普通话的具体要求:一年级学好语音理论,能给 1 000 个一级常用字注音,掌握 100 个轻声、儿化词,能用普通话有表情地朗读文章;二年级进一步用语音理论指导学习普通话,能给 2 000 个二级常用字注音,掌握 200 个轻声、儿化词,能形象生动地讲故事;三年级能融会贯通地运用语音理论指导自己学习普通话的实践,能给3 500 个常用汉字注音,掌握 300 个轻声、儿化词,做到能即兴发言演讲,能讲标准流利的普通话,能得心应手地使用普通话进行教学实习。

从 1989 年开始,在全校开始设置《普通话口语表达训练》课程,先是由从北京中央语音班学成归来的朱庆文老师承担该课程,后因班级增多,任务加重,又增加了语音理论扎实、普通话标准的王彪老师共同承担本课程。之后,又逐渐增加了姚美群、朱红梅、王丽娟等老师。

1992 年,云南省在全国率先成立了普通话水平(培训)测试中心,开始组织实施普通话水平测试。根据测试内容结构,《普通话口语表达训练》主要进行汉语普通话语音理论、文山方言与普通话的异同、现代汉语常用字表认知记忆、词语朗读、短文朗读、话题说话等训练,并加强文明用语、日常会话练习。教学中,教师们创造性地进行了"汉语拼音与方块汉字置换式教学法"尝试,有意避开汉字方言读音对学生的影响,同时又通过"读音想字"加强字音、字形联系,取得了较好的训练效果。

1993 年,(原)国家教委下发《师范院校教师口语课程标准》(试行),文山民师结合云南省教委云教语字(94)第 011 号文件通知精神,制定了《文山州民族师范学校"教师口语"教学大纲及教学计划》,分年级、分层次对 3 个不同年级的学生进行训练。为配合教学工作,学校在资金紧张的情况下,1994 年为朱庆文、王彪两位口语教师配备了当时学校最高档的录音机,购置了若干教学录音带。

进行普通话全省会考的几年,学校都安排普通话考试强化训练周,三年级所有学科为普通话让路,由朱庆文、王彪两位口语教师对学生进行大面积强化训练。考前,所有语文教师都要深入到候考学生当中,辅导、陪伴,给学生营造轻松的气氛,提供心理上的支持。这其中,有累,有苦,但更多的是欢乐。没有人说过报酬,更没有听到过有人抱怨。

由于学校领导高度重视,课时安排充裕,教师辛勤工作,普通话教学水平在全州乃至全省,都可以称为楷模。例如:1991 年 4 月,在全省 60 多所师范院校、教师进修学校普通话口语会考中,文山民师排名第三(在民族师范中排名第一);1992 年 4 月,在全省 83 所学校普通话口语会考中,文山民师排名第四(在民族师范中排名第一);1993 年,在全省师范院校第一次普通话水平测试中,文山民师排名第四(在民族师范中排名第一);1994 年师范院校毕业生普通话水平测试,文山民师合格率(二级乙等及其以上,量化分 80 及其以上,下同)为 47.8%,名列全省第三;1995 年师范院校毕业生普通话水平测试,文山民师合格率为 66.3%;1996 年师范院校毕业生普通话水平测试,文山民师合格率为 75.5%;1997 年师范院校毕业生普通话水平测试,文山民师合格率为 81.57%;1998 年师范院校毕业生普通话水平测试,文山民师合格率为 92.6%。近年来,文山民师学生参加普通话水平测试的合格率一直保持在 90%以上。

为保证普通话工作不滑坡,学校教务处精心组织口语教师对全校教职员工进行普通话培训,并参与了普通话水平等级测试,使教职员工的普通话保持较高水准。对新近招聘的教师,坚持将普通话验证当做进人的重要条件。

可以说,普通话工作所取得的成绩,是上下一心、师生努力的结果,是苦出来的,是团结奋进、报定必胜信念换来的成果,光荣属于每一个"民师人"!

③语文课。语文教学听、说、读、写的四大任务,决定了语文教师在进行汉语言文学教学中,必须培养学生对祖国语言文字的爱,对博大精深的中华文化的爱。文山民师的语文教师在教学中都有一个良好的传统,即课前讲读。在进行课程学习之前,都要请 2 ~ 3 名同学进行讲演,再由同学评议,教师指点。教学中,教师很少进行"满堂灌",总会给学生充裕的读读说说的练习时间,年久日深,学生的表达基本功就这样练就了。

(3)课外修习。

①新闻联播收视。1986 年,学校在各班教室配置普通高亮度投影仪辅助课堂教学。20 世纪 90 年代初,增配了闭路电视,各班配置了黑白电视机、收录机,

完成了“三机进教室”。学校规定，每天(周末除外)19:00～19:30分，各班必须进行中央电视台《新闻联播》收视，一是了解国内外大事，二是听标准音，学习普通话。这项工作由学生会干部进行检查登记，进入班级量化评比体系。

②晚自习讲读训练。每天(周末除外)19:30～19:45分，各班组织讲读训练，由学生登台进行普通话表达练习，可以朗读精品范文，可以朗诵华彩篇章，可以讲童话故事，也可以即兴演讲。晚自习值班教师必须到场指导。

③社团活动。多年来，文山民师普通话社团活动可谓久盛不衰，推广普通话语音骨干培训班、普通话语音过关测试、学生普通话水平测试测评员预训班、普通话水平测试强化训练培训班、节目主持人培训班、学生演讲协会、学生语言学会、求职面试表达技巧训练……只要能想到，学校全力支持，教师全力配合。

④精彩活动。文山民师的普通话活动可谓丰富多彩。每学期，几乎都要进行普通话比赛。既有集体朗诵，也有个人表演；既可以以班级为单位，也可以跨班级甚至年级组合，还可以师生合作。有诗词朗诵、有相声小品、有电影对白、有童话剧表演、有绕口令大串联、有激情演讲……

除了学期普通话比赛外，学校还举办主持人大赛、小品大赛、注音识字大赛等，并积极参加全国“语言文字规范化”知识大赛。

情景再现剧《猪八戒招亲》(朱庆文、王彪、王勇、何兰表演)，诗歌朗诵《祖国啊，我亲爱的祖国》(王彪、姚美群领诵，全体语文教师表演)，相声《吹牛》(金荣耀、王德聪表演)，童话剧《小红帽的故事》(幼师班学生表演)……许许多多的节目，为当时并不多样化的业余生活增添了不少活力，拉近了领导和师生员工的距离，增进了师生员工的情感。

从1998年开始，经国务院批准，每年9月份第三周为全国推广普通话宣传周。作为推广普通话的基本措施之一，该活动在宣传《中华人民共和国国家通用语言文字法》、促进全社会树立语言文字规范意识、推动语言文字工作向纵深开展方面发挥了重要作用。文山民师积极开展此项活动，并把它提升到促进学校精神文明建设的认识高度，在重要地段、显眼位置张贴宣传

画、宣传标语，班班出专题板报，人人讲普通话，写规范字，全面推进校园语言。

当时，推广普通话成为全校师生员工生活中的重要内容，人人以讲好普通话为荣。学生主动请老师辅导、师生同台表演是十分平常的现象，以至于外面的领导到校，即使再不自然，也得开口讲普通话。校外领导作报告，总会有这样的现象：学生们在台下小声议论——哪个哪个字音读错了，等等。

为在新时期抓好普通话工作，起好普通话示范性学校的带头作用，学校规定，推广普通话，必须做到“一二三四五”：

“一”就是“一个不准”，即不准在学校内部电话上讲方言。

“二”就是“两个讲好”，即国家级、省级测评员要讲好普通话，语文教师要讲好普通话。

“三”就是“坚持使用三用语”，即教学用语、会议用语、生活用语。此项工作由团委校园精神文明建设监督岗负责监督检查上报。

“四”就是“四个带头”，即校处级领导带头，班主任、德育辅导员带头，校团委委员、学生会干部带头，各班班委、团支委带头。

“五”就是“五个要讲”，即教师要讲普通话，行政人员要讲，后勤服务人员要讲，教师与教师交谈要讲，学生与学生交谈要讲。

这些举措，为学校语言文字工作有新的突破起到了保驾护航的作用。

(4)普通话科研。

根据教学课题化、课题教学化的原则，广大教师积极进行教育教学科研活动。口语教师在工作中不断尝试，不断探索，不断总结，将教学经验上升到理论高度，从教学、培训、测试、管理多角度撰写论文，如《普通话水平测试的组织实施与管理》（张呈纬、朱庆文）、《普通话水平测试的认识和宣传》（韦继安）、《强化训练以测促学》（王彪）、《PSC 测试人员的培训及应备素质》（王彪）、《重视 PSC 调适功能 努力提高推普质量》（王彪）、《PSC 工作的科学管理》（朱庆文）、《用行政手段保证普通话水平测试的顺利进行》（张呈纬），等等，对教学起到了良好的促进作用。

另外，教师们还自己编写学校《教师口语教学大纲及教学计划》；结合地方、民族等特点，绘制方言地图，根据不同方言点学生的发音实际，选定针对性练习词语，编制《普通话训练过关手册》，要求班班训练，人人过关；针对汉字方言读音干扰学生普通话学习的实际，开展“汉语拼音与方块汉字置换式教学法”尝试；对《现代汉语常用字表》中的 z～zh 组（平、翘舌）、i～ü 组（齐撮）和前、后鼻韵母汉字进行数量统计分析，为科学实施强化训练提供依据。

1995 年 4 月，时任文山州教育委员会主任的张呈纬老师和云南省普通话水平测试测评指导王彪老师参加云南省普通话水平测试研讨会。会上，王彪老师进行了《强化训练 以测促学》的交流发言。1997 年 4 月，在云南省普通话水平测试研讨会上，王彪老师等又向大会提交了《PSC 测试人员的培训及应备素质》等论文。

每年的测评指导会议，作为当时测评指导的朱庆文、王彪老师都按时参加，并带回会议精神，帮助文山州普通话水平测试不断取得新成绩。

(5)专家引领。

文山民师的普通话工作，得到了省内外专家的关心、支持和帮助，其指导作用和激励功效是极为显著的。先后到校进行工作检查、调研、指导的专家学者有教育部语言文字应用研究所副所长、国家普通话培训测试中心副主任韩其洲，原省语委办主任、省普通话培训测试中心主任、语言文字专家戴梅芳，云南师范大学语言研究所教授王渝光，云南师范大学中文系教授颜晓云，玉溪师院中文系教授张茀，省普通话培训测试中心副主任姚兆丰，省普通话培训测试中心李竹屏、陈典红老师，省语委办金程老师，省教厅师范处魏宏处长，玉溪师院中文系严希洪老师等。

在各类培训中，部分口语教师还受教于孙修章先生、孟吉平先生、卢开礤教授、骆小所教授、徐安蓉教授、张宁教授等。

专家引领，使学校教师开阔了眼界，活跃了思维，明确了方向，增强了信心。

(二)校园外的推广普通话工作

1.赴省上演出比赛

在推广普通话的热潮中，文山民师积极组队参加省推广普通话观摩比赛、演讲比赛等，都取得了不俗的战绩。云南省首届少数民族普通话观摩表彰会，由州教育局刘云老师带队，我校杜一帆、郑家章、朱庆文(辅导教师)等老师带领周秋雁、褚剑文、任淑梅、何海青(参加观摩的新生代表)等同学参加，郑家章老师受个人表彰，周秋雁、褚剑文获二等奖，任淑梅获三等奖，团体总分为全省第二，在地、州(市)排名第一，仅次于昆明。

2.参加州内比赛、活动

在州内的文艺比赛、演讲比赛、小品比赛中，民师积极参与，成绩名列前茅。在教育教学实习过程中，我们与实习学校建立了深厚的感情，例如州实验小学，每逢对小学生进行汉语拼音知识测查，都会请民师派出普通话老师带领水平较高的师范专业学生去“帮忙”。一方面，师范生多了一个锻炼的机会，观摩的机会；

另一方面,这样的活动,也有助于普通话的推广。

3.推广普通话宣传周活动

文山民师在全国推广普通话宣传周活动中,不仅校内轰轰烈烈,校外也是不甘人后。每一次活动,学校都精心组织,编制计划,挑选人员,准备材料。特别是在星期天,出动宣传车,设置宣传点,向社会各界人士发送语言文字工作宣传品,讲解语言文字工作的方针、政策,深入街头巷尾,检查社会用字是否规范,等等。宣传周过后,还要对活动情况进行总结、上报。

（三）普通话水平测试

1.文山州普通话水平测试站

(1)测试站的建立。1992 年 12 月,根据我州普通话工作实际,州教育委员会决定将文山州普通话水平测试站建在当时推普业绩突出的文山州民族师范学校,利用该校较为雄厚的师资力量、充足的电教设备、良好的社会影响和示范效应,将教学、科研、培训、测试"四合一"。这个决定实际上是一个创举。除了建站前的一万元启动资金外,以后的生存靠测试站自己维持。州上几乎可以通过"零投入",就顺利建成一个专业扎实、业务精良的测试站。因为,民师的普通话教师,几乎都可以称得上是"年轻的专家"。后来参加推普工作的同志,不少人曾经是他们的学生。

文山州普通话水平测试站成立后, 由州教育委员会主任张呈纬同志亲自担任站长。测试站在民师期间,先后担任副站长的是民师依孝芬副校长(后调任文山州财贸学校党委副书记)、韦继安副校长(州语委成员)。民师口语教师朱庆文负责测试的实施,民师口语教师王彪负责测试资料信息的搜集、整理和分析,王勇负责测试站财会、后勤工作,纳克俭、沈绍禄负责测试录音器材管理与维修。

(2)测试站的工作情况。按照省里的部署,省成立普通话水平测试中心(后称"普通话水平培训测试中心",简称"培测中心"),各地、州(市)成立测试站,有条件的县依托县教育局成立测试分站。我州当时的情况是,绝大多数测评员都是州属学校或州府所在地学校派出学成归来的。各县虽然也有

测评员，但力量明显不足，难以完成本县测试任务。这一现象引出了文山州测试站工作的最大特点：县、乡（镇）测试多。这也给测试工作带来了不小的压力：一是测评时间的安排，二是测评人员的调动，三是交通工具的筹措，四是后勤服务的保障，五是运行途中的安全，六是单位之间的协调。由于有教育委员会主任亲自担纲，有各兄弟学校的信任和支持，有民师领导和全体测试站人员的倾情奉献，这些压力变成了工作的动力，测试站的工作井然有序，成绩斐然。

在时间安排上，既要保证各测评员所在单位的教育教学工作不受影响，又要按时到达测试地点，绝大多数时间安排在双休日。比如说，到砚山、马关、西畴、麻栗坡、邱北等县，因为距离不算太远，通常是周五各单位下班后，参加测试的测评员集中到测试站，集体乘车前往目的地，周六、周日进行两天的测试，周日晚间返回。如果是像广南、富宁这样路程较远的县份，则要预先与部分选派的测评员所在单位联系，征得各单位的支持，调整该测评员的课程，然后再实施测试。乡镇教师的普通话水平测试，则主要安排在假期中进行，通常有一至二周的时间。

在测评人员调动上，联系最紧的是文山师范高等专科学校、文山师范学校、文山州财贸学校、文山州农业学校、文山州实验小学、文山州幼儿园。因为，文山州的测评员多集中在上述单位。可以说，学校的大力支持，与测评员之间的情感纽带，保证了每次测评人员调动的顺利，也保证了每次测试任务的圆满完成。

交通工具，主要由民师提供。测试站在民师的几年，民师交通车可以说是无偿提供给测试站使用，驾驶员与测评员，成了老熟人。在实在调整不开的情况下，测试站就向文山师范学校、文山财贸学校等单位请求支援，提供帮助。

测试工作是相当艰苦的。第一要过“疲劳关”——乘车的疲劳、连续测试的疲劳，甚至于受试单位招待餐饮时应酬的疲劳，等等。有些热情的单位领导，半开玩笑半认真地说：“各位州上的领导来我们这里测试老师的普通话水平，测试结束后，我们也要测试一下领导们的‘酒平’！”有些测评员开玩笑说，测评员培训班测试，应该再增加一科，酒量！还有的说，下面单位领导的热情，让人“毛骨悚然”！请不要见笑，我们没有谁怀疑过测评员们的工作能力，也没有谁怀疑过这些单位领导们的真诚。但是，这些情况，确实就是疲劳的由来。

第二是“人情关”——既然是考试，就难免有人来说情。怎么办？关闭手机，是最常见的办法；要不就是委婉拒绝：“普通话考试是开放性考试，这次没准备好，成绩不达标，下次再来！”“普通话考试要保证公正性、权威性，考场测试，现场录音，还要进行州级、省级复查，谁都不能自己说了算！”总之，只要能推脱的语言，我们的测评员都在使用。

第三是“意志关”——普通话考试,光有热情,是不能完全胜任的,尤其是连续作战时更是意志的比拼。比如“听”的意志:在方言地区、少数民族地区开展普通话水平测试,奇怪的发音、别扭的语调等是在所难免的,但你得坚持听,还得听准,尽量不出现漏判、误判。再比如“坐”的意志:从上午8:00进考场,一坐就是四个小时,你得一个个听辨音节,还得一个个数清评判的音节,计算,给分,定性判断应试人员普通话水平测试等级;下午照样,第二天还照样。很多测评员在考场中甚至不敢喝水,怕内急影响测试进程。又有测评员开玩笑:“测评员素质中还应该加上膀胱大!”记得在麻栗坡一小、马关一小测试时,为了能早一点返回文山,测评员早上进考场测试,一测就到下午三点钟。没有意志,这样的工作真是扛不下来呀!

那些年的乡镇测试,文山县是由县教育局派车,测试站派测评员,一乡一镇地转。而像麻栗坡董干、铁厂这样的边远乡镇,也留下了我们测评员的足迹。

各县依托县教育局,建立测试分站。但由于测试分站测评员相对较少,大多数情况下不能展开规模测试,因此,参加实际测试的机会就比较少。对于各县测试分站的测评员,州测试站主要采取下列办法帮助他们巩固业务,提高测试信度:一是下县测评时,专门将他们与测评指导(后称视导员)、国家级测评员或优秀测评员编组,现场示范,通过带、看、做、评等环节,解决他们实评操作少,实践经验不足的问题;二是请他们寄送模拟测试卷、录音带给测评指导,由测评指导对模拟测试卷进行复听、复审,找出问题,提出改进意见。总起来讲,就是多给实作机会,多请专家指导。

测试站在民师期间,测试对象多为在职中小学、幼儿园教师和师范院校毕业生。随着测试工作的深入,测试站主动拓展普通话水平测试范围,加强协调,重点联系,对部分党政机关公务员、宣传部门工作人员、广电系统工作人员、电信系统工作人员、社会窗口行业人员进行了培训。还组织测评指导对全州广电系统播音员、栏目主持人进行了普通话水平测试,增强了这些同志的语言文字应用的规范意识。实际上,这些工作,对于后来州人事劳动局将文山州公务员普通话水平考试中心建在民师,起到了积极作用。

除去众多的测试任务外,测试站还自觉地将普通话水平测试与推广普通话紧密联系起来,先后举办了3期全州普通话骨干教师培训班,共培训教师200余人,为县乡普通话培训、测试储备了一批合格的人才。

1995年10月,召开了全州普通话测评工作会议,会议内容包括学习三部委联合下发的《关于在全国开展普通话水平测试的决定》,学习国家语委新订的“普通话水平测试大纲、实施办法、等级标准、试卷编制和评分办法",新操作规程实作示范,组织测评员进行普通话升级测试等。参加人员为各县教育局分管普通话工作的副局长、全州所有测评员。为圆满完成会议内容,测试站专门向省测试中心请求派出专家指导。这样的会议,在全省各地州,尚属首次。

(3)测试站的业绩。测试站在民师期间,业绩是相当突出的。可以说,测试站舞起了全州推广普通话的"龙头",也为文山教育系统增了光,添了彩。作为一个经济、教育质量相对滞后的州,我们在组织人员进行培训测试、上缴测试经费、提高测试质量等方面做了大量工作,高质量完成"目标责任书"规定的内容,得到了省语委、省测试中心的高度肯定,并多次获目标管理一等奖,在17个地、州(市)中名列前茅。

2.文山州公务员普通话水平培训考试

根据云南省人事厅《关于在全省开展普通话培训的通知》(云人培[2003]6号)文件精神,该文件要求于2005年12月31日前完成公务员普通话考试工作。2004年5月19日,文山州人事局根据人事部和省人事厅的有关规定,下发《关于在全州公务员中开展普通话培训考试工作的通知》(文人[2004]77号),确认"州级机关的培训考试点设在文山州民族师范学校"。2005年,又下发《文山州人事局关于全州公务员开展普通话口语测试的通知》(文人[2005]14号),确定州直各部门和省驻文单位的考试时间为2005年3月至5月,各县考试时间可自行安排,但必须于2005年12月31日前完成本县的普通话测试工作。这个通知特别强调,严格执行《云南省国家公务员考核实施办法》关于"国家和我省规定公务员必须参加的培训,在规定期限内未经培训或培训不合格的人员不得确定为称职以上等级"的规定,今年将普通话的培训考试工作与年度考核工作挂钩。

根据文山州人事局《关于在全州公务员中开展普通话培训考试工作的通知》(文人[2004]77号)精神,文山民师于2004年5月28日以学校文件的形式,作出了《关于成立文山州公务员普通话培训考试考点工作领导小组的决定》(文民师发[2004]30号),成立了由学校党委书记、校长陆永金同志为组长,学校党委副书记、副校长韦继安同志为副组长,学校教务处、成人教育部负责人为成员的工作领导小组及其办公室,确定了测评员。工作领导小组负责考前培训、考试评定、后勤服务等工作。

随后,按照培训要求,学校派出业务能力强、专业水平高的教师对州政府、州人事局、州财政局、州林业局、州建设局、州中级人民法院、州三七特产局、文山县科技局、县交通局、县土地局等23个单位的公务员进行了普通话水平考试培训。

在规定时间内,对全州(含省驻文单位)1万余名公务员进行了普通话水平测试。

三、社会用字规范化工作

语言和文字是分不开的。

写字是基本技能的训练,也是识字过程中的一个极其重要的环节。书法是我国的传统艺术,写好字,可以继承我国书法艺术的传统,也能陶冶美的情操。写字的基本要求是把字写得正确、端正、整洁、熟练。正确,指的是字形规范,笔画数目不多不少,偏旁位置形状无误,按照笔画顺序书写;端正,指字的大小要相称,注意字的间架结构;整洁,指的是纸面干净,字迹清楚,行款整齐;熟练则是写得快,运笔自如,姿态灵活,书写迅速而不潦草。

文山民师的文字工作,与其师范身份、师范特色有着密切联系。作为师范生,书写规范、工整、美观,是今后从事教育工作的基本功,历来受到学校的高度重视。

中等师范课程中,“现代汉语知识”(原“语文基础知识”),就是按语音、汉字、语汇(第一册)、语法、修辞、逻辑(第二册)的框架来编写的。

在民师,流传着这样的说法,学生写字,哪些人写得好?大家的共识是,壮族学生写字普遍写得好。原因一是传统,启蒙教师教书写扎实;二还是传统,文化不要求多精深,但要识文断字,字要写得“周正”。后一个原因,也许缺乏实证性。

课程设置上,规范汉字的应用主要在“现代汉语知识”和“书法”课中讲授。“现代汉语知识”的“汉字”部分,一是从理论上介绍汉字基本知识,例如汉字的特点、汉字的形体演变、汉字的构造、汉字的音形义等;二是从实践上训练汉字的书写,包括汉字的笔画和笔顺、汉字的间架结构等。“书法”课则主要由书法教师进行“三笔字”(钢笔字、毛笔字、粉笔字)训练。

在《文山州民族师范学校素质教育实施方案》中,“三笔字”在一年级第一和第二学期开设,总共为36学时,上学期12学时,下学期24学时,其能力培养目标为“能够写规范、工整的钢笔字、粉笔字和毛笔字”。

除了安排正式课程进行教学,文山民师还加大基本功训练力度,充分利用课余时间对学生的汉字书写与应用能力进行训练。每周一至周五下午2:10~2:25,学校都安排有15分钟的“写字课”,使训练有时间保障。不仅如此,在制度保障方面,学校也做了大量工作。例如,在《文山州民族师范学校学籍管理条例》(试行)第七章“毕业、结业与分配”中,规定“基本功考核合格”是取得毕业证书的五大要素之一。在《文山州民族师范学校学生一日常规检查制度》中,专门列入“写字课

检查制度”，规定“写字课必须进行粉笔、毛笔、钢笔、简笔画的练习；写字课期间，有6人以上同学做与训练内容无关的事（看小说、睡觉、讲话、乱走动等）打‘差’，有5人以下，2人次以上的同学做无关的事打‘中’”。这些措施由校学生会纪律部、学习部负责检查落实，进入每周班级状态评比。

对学生汉字书写的测试，主要有两个时段，一是教学阶段的测试，二是毕业生“三项基本功测试”。毕业生必须通过严格的基本功考核，成绩合格，方能领取毕业证书。

讲普通话，写规范字，是民师校园里一种特殊的文化氛围，也是一道亮丽的风景：学生按学校要求，自觉训练；班主任随时跟班，督促指导学生进行“三笔字”练习。许多学生就是凭着过硬的基本功，得到了用人单位认可，找到了理想的工作。还有些学生，留在了民师从事书法教学工作。例如，王继兴、王建松、刘臣荣等。留校，在当时对学生来讲，无疑是一种重要的激励因素。

除了重视对学生的严格训练，民师还高度重视教师队伍的素质建设。学校教务处经常组织教师的基本功比赛，通常有粉笔字、钢笔字、板书设计、简笔画等内容。目的是通过教师的示范性活动，激励师生共同进步、共同提高。

学校努力为基本功训练提供展示的平台。每年的书画展，既是师生训练成绩的汇报表演，也是学校文化建设的集中体现。每年的学校冬季运动会（后称体育节、体育文化艺术节），各年级都要挑选上百名经过严格训练的学生参加大型书法现场表演活动，向前来观礼的领导和嘉宾汇报基本功训练成果。学生毕业时的汇报演出，现场书画展示也是重要内容。

热心的师生们，不轻易放过一个错别字，不论是学校的通知栏，还是宣传广告栏，都能做到有错必纠、有错必改。为保证用字规范，学校还专门以“通知”的形式，对在什么位置出什么通知、发布什么信息进行规范。

在校园外，我们主要通过组织学生参加全国“语言文字规范化知识大赛”、积极参加“全国推广普通话宣传周”活动，以组织学生上街参加社会用字规范化检查为重点，强化师范院校语言文字工作的辐射作用。这些活动，都取得了良好的社会效益。

四、语言文字工作绩效

在文山，一种“民师现象”正在引起人们越来越多的关注：

——提拔重用多。一些县份，县委常委中有三四名民师毕业生。

——表彰奖励多。获州级以上“优秀教师”表彰奖励，民师毕业生有较大比例。

——比赛获奖多。在各式各样的比赛中，民师如果不获奖，就显得不太正常。全州课赛，从八县挑选出来的参赛选手，半数以上是民师毕业生；普通话演讲比赛，更可以说是民师毕业生的大聚会。

——公众人物多。在州电台、电视台，在各县电台、电视台和文化事业单位，很多播音员、节目主持人都是民师毕业生。如，周秋雁、余雪梅、朱雁、黄鹤、蒋天云、王炳刚、张豪、李庆、杨启瑞、欧阳永娟，等等。

作为语言文字工作者，韦继安、朱庆文、王彪、姚美群等老师获得过国家级、省级的表彰。从开展普通话水平测试以来，文山民师先后有许多同学经过苦读苦练，达一级乙等标准，尤其是幼师88班，60名同学，其中12名达一级乙等标准。

这些现象，与民师长期以来形成的学校精神是密切联系的。正是民师艰苦奋斗、爱岗敬业、勇于进取、勇于创新的学校精神，造就了这些社会的精英。“今天我以学校为荣，明天学校以我为荣”，在这样的学校氛围中，我们铸就了“民师魂”。

“宝剑锋从磨砺出，梅花香自苦寒来。”“全国推广普通话用字规范化先进单位”，“云南省推广普通话、社会用字规范化先进单位”，“云南省推广普通话示范性学校”，这些光荣称号的背后，凝聚着的是全体“民师人”的美好愿望，是“民师人”勇往直前的战斗精神。

今天，我们回顾学校语言文字工作，更能深切地体会到：只有牢牢记住教育的神圣使命，准确把握时代的脉搏，努力传播先进文化，心中装着人民的利益，把推广普通话与提高边疆少数民族地区文化素质，扩大民族交流、平等互助，推动边疆地区的经济发展、社会稳定，促进各民族的共同繁荣进步紧密联系起来，我们的事业才会有更加辉煌灿烂的明天。

在学校办学方向发生重大转变的今天，我们衷心希望全体“民师人”永远保持自己的光荣传统，永远保持自己的凌云壮志，爱岗敬业，艰苦奋斗，不达目的誓不罢休，为学校的“二次创业”作贡献，为边疆民族地区的职业教育作贡献，为自治州的经济发展作贡献！

“三校”活动

黄 胜

我校注重对青年学生的思想道德教育，一条主线就是利用业余党校、业余团校、文明公民学校三个主阵地对广大青年团员进行党、团知识教育和文明道德意识渗透。从20世纪80年代以来，校党委就在校内分别设立了业余党校、业余团校和文明公民学校(以下简称“三校”)，针对不同层次青年学生的需求，分段进行系统教育。

一、“三校”建设基本情况

“三校”是以全心全意为青年团员服务为宗旨，在校党委的领导下，由校团委具体开展工作的群众组织。“三校”的基本任务是，坚持党的领导，用邓小平理论、“三个代表”重要思想和党的基本路线统一思想，统一行动；坚持解放思想，实事求是，与时俱进，团结带领广大青年，勤奋学习，勇于实践，造就有理想、有道德、有文化、有纪律的接班人，努力为党输送新鲜血液，为国家培养青年建设人才。“三校”加强思想政治工作，坚持对青年团员的教育和引导，组织青年团员学习马列主义、毛泽东思想、邓小平理论和“三个代表”重要思想，广泛开展党的基本路线教育，爱国主义、集体主义和社会主义思想教育，近代史、现代史教育和国情教育，民主和法制教育，增强青年的民族自尊、自信和自强精神，树立正确的理想、信念和价值观。

文明公民学校教育的对象是全体在校学生，教育的主要内容是社会主义荣辱观、中专生行为规范、公民道德修养以及文明礼仪教育，注重教会学生“怎样做人”。业余团校育的对象是全体在校团员和入团积极分子，教育的主要内容为《团章》、团史、团的组织观念、团的工作方法等，注重强调团员的“团员意识”和吸引青年加入团组织。业余党校教育的对象是积极追求上进的“入党积极分子”，教育的主要内容是《党章》、党史、邓小平理论、“三个代表”重要思想和党的基本路线等，注重引导青年树立正确的人生观和世界观，对优秀团员进行培养并向党组织推荐。

“三校”结合时代需要，合理安排培训时间、内容，聘请校内外专家、校党委委员、校团委领导和校内一些优秀教师上课，通过讲座、组织活动和参观等方式，用好的老师，通过好的方法，把好的理论和方法传授给青年团员，帮助他们在青春期顺利成长。学习期间，“三校”严格管理，严密组织，让教学活动顺利实施，在每期培训后都要进行测验，并把学习态度、学习考勤和学习成绩记录归档，作为学生“提干”和“推优”的重要依据。

截至 2005 年，业余党校共举办 23 期，培训学员 3 000 余人；业余团校共举办 22 期，培训学员 5 000 余人；文明公民学校共举办 13 期，培训学员 7 000 余人。

二、“三校”建设基本经验

（一）解放思想，积极探索新时期学校德育工作新路子

我校党组织清醒地认识到：中专时期是学生奠定世界观、人生观、价值观的最关键时期。然而面对日益开放的社会环境和多元化的价值取向，面对拜金主义、享乐主义的沉渣泛起，中专生们往往无所适从。学校党组织经过认真研究，在20 世纪 80 年代，就在校内分别设立了业余党校、业余团校和文明公民学校，积极探索德育工作新路子。

在创办之初和一

段发展时间内，“三校”面临不少的困难和压力。就学生而言，认为把心思放在学好基础知识，将来能胜任教学工作就行；就家长而言，大多数家长对学生参加业余党校有所顾虑，担心会影响学业，少数家长甚至认为学校在搞形式，是“本末倒置”；就学校而言，也有部分老师对建立“三校”这一做法不理解、不予支持，“三校”面临着严峻考验。面对种种疑虑和担心，学校党政部门有的放矢开展了耐心细致的思想工作，使师生和家长充分认识到了“三校”是做好新时期学生思想工作、解决青年信仰问题和探索学校德育工作新路子的有效途径。

（二）规范管理，切实保证“三校”各项工作顺利开展

为了使“三校”的各项工作正常有序地开展，发挥其应有的教育功效，学校着力抓好组织建设，确保管理的规范化、科学化。

健全组织。“三校”由党委书记亲自分管，德育副校长（或党委委员）、党政办主任、团委书记具体来落实日常工作，制定和落实“三校”的运作机制，同时还成立由校团委委员组成的三个工作小组负责具体事务。此外，聘请州委宣传部、州委党校、州教育局和“关工委”等部门的领导、专家以及本校部分领导和教师担任“三校”的任课教师，集中群众智慧，建立了一支高素质、相对稳定的师资队伍。这些措施为“三校”各项工作的开展提供了强有力的组织保障。

规范管理。在学员管理上，把好“五关”。一是入口关。“三校”分层次招收学员，文明公民学校面向全体学生，带有一定的强制性，基本上对所有青年学生都进行教育；业余团校由团支部和年级总支把关，对全体团员和团干部都要求参加学习，对非团员青年由团支部和年级总支推荐进入业余团校学习；业余党校由校团委把关和推荐，在照顾全体的同时，有针对性地对优秀团员进行培养。二是考核关。每期学习结束，由校党政办和校团委组织对学员进行考核，并将考核结果记入学员档案。三是实践关。学员在整个学习过程中，必须参加像青年志愿者服务、参观农村（厂矿）等社会实践活动。四是结业、推优关。“三校”对考核合格的学员，颁发结业证书，存入学生档案，优秀学员作为“推优”候选人。五是培养考察关。对重点培

养对象，党校和教师党支部注意全面跟踪考察，为组织发展提供依据，并委派党员中层干部、党员班主任、党员教师与其联系。在经过全面的评议考察后，严格按照程序，把真正具备党员条件的吸收入党。

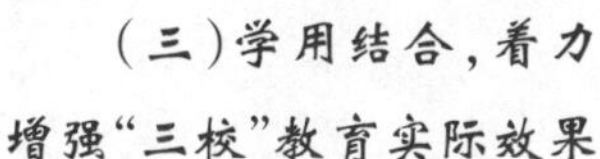

（三）学用结合，着力增强“三校”教育实际效果

理论联系实际，坚持学用结合，做到知行统一，既是学习方法，也是工作方法。这样，才能使“三校”工作取得实际效果。

（1）注重理论灌输。在教育内容安排上，根据中专生的身心特点组织教学，明确主题，注重实效，重点突出“团员意识”、党（团）史、党（团）的理论、“三个代表”重要思想、国际和国内时政、青少年道德修养以及革命史、家乡发展史等内容的教育，使学员们全面了解党（团）的历史、党（团）建理论，增强对党的事业的认同感和追随党建设中国特色社会主义事业的坚定信心，培养爱国主义热情和对家乡的感情，树立刻苦学习、全面发展的决心。

（2）加强实践锻炼。实践是认识的基础，在理论学习的同时，“三校”切实开展调查研究、参观学习、志愿服务、公益劳动等丰富多彩的实践活动，使学员们在轻松和谐的氛围中得到了锻炼和提高。例如，经常性地组织学员在文新社区进行美化城镇环境、环保宣传、慰问孤寡老人等青年志愿者活动；在校园内，开展扶贫帮困、义务劳动等活动。

丰富多彩的学习内容、生动活泼的学习方式受到了学员们的欢迎，如 19 期学员赵贵勇在总结党校学习时谈道：这样的形式非常好，理论联系实际，不仅提高了对党、对社会、对他人的认识与理解，而且学到了许多以往课堂上学不到的东西。决心在今后的学习生活中继续发扬党校的优良作风，并把它带到自己的班级、家庭，在生活的大浪中锻炼自己、提高自己，使人生更有意义、更有价值。

（四）点面结合，努力培养新时期高素质优秀人才

近 20 年来，我校“三校”工作取得了卓越的成绩，共举办各类培训班 58 期次，共招收学员 15 000 余人，在校考察的入党积极分子 1 240 余名，发展学生党

员237人。“三校”日益受到家长和全校师生的欢迎，并得到了上级主管部门的充分肯定和社会各界的广泛关注。

如今，“三校”在我校已成为广大学生向往的目标，其教育功能和作用日趋明显。在“三校”特别是业余党校中学习锤炼过的学员无论品行还是学业都非常出色，成为大家学习的榜样。所有经业余党校培养发展的党员都成为社会的栋梁之材，他们有的走上了各级行政领导岗位，有的担任了各级学校的领导干部，成为我州教育战线的主力军。从一定意义上说，中专“三校”建设的确为社会的各项建设做了基础准备，为社会主义现代化事业培养了高素质的后备军和接班人。

中专“三校”作为新时期学校德育工作的新阵地，作为新时期培养青年马克思主义者的摇篮，肩负着对中专生特别是其中的优秀群体进行教育、培养和发展的重任。为此我校将继续以“三个代表”重要思想为指导，更好地发挥“三校”主阵地作用，体现时代性，把握规律性，富于创造性，努力为党的事业培养更多更优秀的接班人！

鼓号队

余力欣

文山州民族师范学校鼓号队成立于1992年，至今已有15年的历史。15年里，严格管理、严格训练，使学校鼓号队一直保持着高水准，其精湛的技艺和高水平的组织模式，赢得了社会各界的赞许，成为是全州少先队鼓号队的标兵。

鼓号队是少先队组织的重要标志和象征之一。哪里有鼓号声，哪里就有少先队。它是少先队存在的体现。鼓号队是少先队游行、检阅、大中队集会仪式过程中必不可少的一支队伍。在组织和训练过程中，需要少先队员们协调动作，密切配合，这样，可以培养学生的集体主义精神和遵守纪律的习惯，是对学生进行思想教育的重要手段。通过行进间演奏，少先队员从中受到美的熏陶，可以使他们增加音乐知识、开阔眼界、培养高尚的情操。

文山州民族师范学校是培养小学、幼儿教师的摇篮。一名小学教师，同时应该是一名优秀的少先队辅导员。为此，必须掌握鼓号队演奏技能、表演技能和组织技能。民师校团委于 1997 年成立“少工部”，其主要任务之一就是培养合格的辅导员，让毕业生掌握辅导员技巧。鼓号队就隶属于少工部。

自 1997 年以来，鼓号队每年吸纳新队员，让鼓号队永远保持新鲜血液。迄今为止，已培养了 16 届鼓号队员，人数在千人以上。

每支鼓号队总人数 102 人，指挥 2 人，乐器演奏队员 100 人。训练时间每天两次，分别为早操后和晚餐后。训练教师以饱满的精神和高度敬业的态度，严格纪律，严格训练，保证了每一支鼓号队高水准的演奏技能。在多次少先队鼓号队表演比赛中，民师鼓号队都以绝对的优势获胜，成为民师共青团工作的骄傲。

1998 年，民师被文山州少工委命名为“文山州少先队辅导员岗前培训中心”，并任命了中心主任和辅导员，主要负责对应届师范毕业生和在职在岗的少先队辅导员进行培训。多年来，“文山州少先队辅导员岗前培训中心”通过勤勉努力，为文山州学校少先队工作培养了大批人才，持证上岗人数近 4 000 人。

由于组织管理有方，训练严格到位，鼓号队在学校历届体育文化节开幕式大型表演中都担当了重要角色，向上级领导和各界嘉宾展示了民师的精神风貌。

上乘的训练水平，还带来了良好的社会效应。多年来，在许多单位和部门的

奠基仪式、开业剪彩仪式活动中，都能见到民师鼓号队员的飒爽英姿。

民师鼓号队以自己的实力成为学校蓬勃发展的见证，也成为民师办学宗旨的宣传员。

爱心艺术团

卜 梅

文山州民族职业技术学校爱心艺术团(以下简称“艺术团”)成立于2004年9月，是在校党委领导下，由校团委直接管理指导，在校内外开展文艺演出宣传活动的艺术团体。艺术团以“三个代表”重要思想为指导。以对社会、对教育、对师生奉献爱心为主题，以“办出水平，办出特色，办出精品”为目标，继承和发扬我国优秀传统、民族和现代文化艺术，繁荣校园文化，丰富校园生活，推动全校文艺工作的普及和提高，全面提升师生员工的人文素养和学生的就业能力。立足校园，面向社会，通过校内外演出积极宣传“民师精神”，充分展示学校三十余年来的办学成果和民师人的精神风貌，争取上级各部门和社会各界对民职校的理解、关心和支持，增强学校的办学实力、竞争实力，促进学校的改革、发展和提升，进一步推进学校精神文明建设。

一、完善机构，建章立制，规范的管理促进艺术团的有效运转

艺术团自2004年9月组建以来，就实行校长领导下的团长负责制。近年，艺术团进一步完善了其组织，下设“两组”、“两部”：“两组”即“艺术策划组”和“后勤保障组”，“两部”即学生团员中的“纪律部”和“基训部”。并聘请校领导、州文化局领导、州县歌舞团领导组成顾问团，对艺术团的工作进行指导。设团长一名，负责艺术团全面工作；副团长两名，一名负责艺术督导，一名负责团员思想工作管理。

通过不断完善的机构，促进艺术团管理的规范化。同时，通过建章立制，保证艺术团有效运转。

第一，制定了艺术团章程。章程分八章共 21 条，其中包括总则、艺术团团员、艺术团师资、团员的奖惩、活动形式及内容、组织机构和制度、经费来源及使用等内容，对艺术团的各个细节工作都做了相关规定。

第二，建立艺术团团员档案登记制度。团员档案包括团员入团时间、受聘期间参加活动情况及获奖情况等记录。

第三，建立例会、日常管理等规章制度，每学期至少召开一次全体团员大会，对本学期工作任务、排练计划进行部署，根据需要对艺术团下属机构和干部进行调整充实，保证艺术团有效运转。

二、党政关心，躬身亲问，领导带动和感染全体演职人员

爱心艺术团自成立以来，校党委书记、校长陆永金同志就亲自抓此项工作。在艺术团组建初期，校党委就艺术团的组建及其他相关事项的协调专门组织召开了五次会议，解决了艺术团的许多困难和实际问题。为了让艺术团的运作逐渐驶上正轨，陆校长还亲自到州文化局和州歌舞团联系，聘请沈勇副局长和王成怀团长为艺术团的艺术顾问，使艺术团今后的发展有了更好的指导。在到邱北温浏进行首场演出前，陆校长又提前一天带着灯光、音响器材和工作人员先打前站，保证了演出场地的提前就绪。到富宁、广南打前站的是学校纪委书记、副校长彭群力同志，到麻栗坡、马关、砚山打前站的是学校党委副书记、副校长韦继安同志，正是上级和学校党政领导的关心和亲自带头，对艺术团工作的开展起了关键的作用，很多问题解决了，全体演职人员心暖了，干劲更大了。大家拿出了加倍的热情投入到艺术团的各项工作之中。

同时，担任艺术顾问的沈副局长和王团长更是站在全州的高度，用“艺术团”的高标准提出了建团的具体要求。2006 年 10 月，因艺术团发展的需要又聘请了文山州文化局原副局长，州音乐协会主席、作曲家梁宇明老师，文山州歌舞团专业音乐创作二级作曲家牟洪恩老师担任艺术顾问。艺术团在校级领导的关心下，艺术顾问的具体指导下，正不断向前迈进。

三、爱岗敬业，比讲贡献，教师在活动中继承和发扬“民师精神”

经过讨论，艺术团下设 6 个工作小组，每个小组都有具体的教师负责。在制定了演出方案后，经过音乐组内部协调，节目实行责任到人的编排制度。有任务的老师都认真地把这一任务当做是一项严肃、光荣的任务来完成。从节目创意、音乐选定、演员挑选到节目排练，所有的老师都尽心尽力、尽职尽责，为在很短的时间内完成任务，大家利用课余或双休日抓紧排练，一直在和时间赛跑。有的老师带病坚持工作，有的老师放下家庭诸多的事情不管，在没有补助的情况下，一心扑到节目排练上，不计个人得失，扎实地开展了各项工作。到邱北温浏乡演出时，电教组的两位老师和医务室的医生也格外尽职，保证了活动的顺利开展。这些老师，他们用自己的行动体现了新一代民师人勇于投身“二次创业”的大无畏精神。

四、虚心学习、勤奋努力，全体演员脚踏实地开启学校精神文明建设新篇章

学校爱心艺术团自 2004 年 9 月成立以来，多次到各县、乡进行了多场演出，受到当地干部群众和师生员工的高度评价。为增强艺术团自我发展、自我完善的能力，进一步广纳人才，调动广大团员的积极主动性，2006 年 9 月艺术团面向全校进行爱心艺术团团员选拔。选拔中注重对团员政治思想素质、艺术专业基本功、综合素质的考核。报名的人通过自愿报名、组织考核、填写团员登记表等程序成为艺术团正式团员，团员必须遵守艺术团章程。通过选拔的艺术团团员从整体上来讲，思想意识、专业素质与其他学生相比较具有一定的

先进性。虽然他们自身有很繁重的科学文化知识学习的任务，但他们上进心强，注重专业素质的提高和发展，能虚心地向编排教师请教和学习，更能在编排教师安排时随时到场进行排练。有的演员同时有几个节目的排练任务。虽然很苦很累，有时恨不得分成几个人，但他们都任劳任怨，以大局为重。在节目逐渐成熟过程中，全体学生演员也在锻炼中不断成熟起来。在温浏乡演出当晚，天气寒冷，演员们只穿着很薄的演出服装，但没有一个人临阵退缩。在严寒中大家团结协作，共同圆满地完成了演出。这次演出，既是爱心艺术团的首场演出，也是我校精神文明建设过程中迈出的历史性的一步。全体演职人员的辛勤付出，将被铭记在文山民师的发展历史中。

五、"爱心无限，教育永恒"的专场演出，促进了艺术团的发展，并推动了各地精神文明的建设

2004 年 11 月 27 日晚，浓浓的冬意封不住温浏乡中学操场上近五千人火一般的热情，这是我校爱心艺术团成立以来在这里进行的首场演出。演出节目包含歌舞、快板和小品等。精彩的表演，震撼了温浏乡父老乡亲的心。在以我校扶贫助学实例改编的小品《春花上学》演出后，我校党委书记、校长陆永金同志向温浏中学 10 名均丧失双亲的贫困学生赠送了学习用品和慰问金，并握住他们的小手叮嘱道："要好好学习，不断进步。"聚光灯下，孩子们的眼角涌出了晶莹的泪花。随后，十几名私营企业主走上舞台，慷慨解囊，一会儿工夫就捐赠了近 2 万元的贫困生助学资金。同时，我校又捐赠了 10 吨水泥给温浏中学修建操场，扩大学生的运动场地。文山民师用实际行动向当地人民表达了爱心。

2005 年 6 月 9 日至 11 日，在我校党委实施"云岭先锋"工程和开展"保持共产党员先进性教育活动"的背景下，为响应全州继续开展"希望行动计划"的号召，我校与富宁、广南两县希望行动计划领导小组协商，联合举行了一次"爱心

行动募捐义演”。这也是艺术团成立以来参加的第三次大型活动。在富宁演出的当晚，富宁县“希望行动计划”领导小组共收到捐款11万余元。正是这一次次成功敦促着艺术团不断向前发展。

2006年6月2日晚的晚会在马关县一中广场上如期举行，观看演出的有马关县县属各部门领导、城区各学校师生及群众共4千多人，整个会场座无虚席，充满了欢快热烈的气氛。精彩的节目不时激起观众如潮般的掌声，荧光棒伴随着口哨声此起彼伏，整个广场变成了欢乐的海洋。

2006年6月14日中午12时50分，65名整装待发的演员在学校门口接到消息：“麻栗坡县城正在下大雨。”原定的广场演出是否能正常进行，是前行还是等待？最后陆永金校长及时作出决定：“爱心之旅，风雨无阻！”爱心驱散了乌云，晚会如期进行。12月28日，爱心艺术团不顾天气的寒冷，带去了对砚山人民新年的祝福，并同时祝愿天下所有的适龄儿童不因家庭的贫困而失学，也希望社会各界人士关注教育，关注失学儿童。

2006年10月25日，文山州委组织部、宣传部在文山民族体育馆举行“纪念长征胜利75周年庆祝活动”，由我校爱心艺术团编排的舞蹈《送别》、《过雪山草地》和百人合唱团的演出得到了州委、州政府领导的认可，同时让广大同学得到了锻炼。10月29日，在州委礼堂举行的“文山十大杰出贡献人才奖颁奖晚会”，我校艺术团成员的诗朗诵又一次展现了中职学生蓬勃向上的精神风貌和我校异彩纷呈的校园文化内涵，展示了我校的文化素质和教育成果。

2006年11月27日，我校第十八届体育文化节开幕式的大型表演，是艺术团全体成员奉献给各位领导、来宾的艺术盛宴。艺术团的历史并不长，但在它走过的地方，播种下了对广大贫困学子的关心和热爱的种子，促进了当地精神文明建设的步伐。通过参加各种演出活动，艺术团在不断发展。相信在未来的路途中，它仍会带着爱心上路。向文山教育奉献爱心，呼吁社会奉献爱心。我们始终坚信：

爱心无限,教育永恒!

六、艺术团取得的成功经验及今后努力发展的方向

艺术团成立以来的工作得到了校领导和团委的高度重视。在各种活动中,我们始终坚持弘扬中华民族传统文化,倡导校园主流文化,丰富校园文化生活,活跃人文气氛,在艺术实践活动中进行美育教育和爱国主义教育,陶冶情操。同时艺术团还着重于建立一支文艺骨干队伍,创造精英,以提高校园整体文化活动的层次、学生的艺术鉴赏力和欣赏水平。在过去的一年中,我们将成功的经验总结如下:

(1)及早安排,认真筹划,在活动中始终如一地贯彻建团宗旨。

(2)党政关心,躬身亲问,领导带动和感染全体演职人员。

(3)爱岗敬业,比讲贡献,教师在活动中继承和发扬“民师精神”。

(4)虚心学习、勤奋努力,全体演员脚踏实地开启学校精神文明建设新篇章。

文山民职校爱心艺术团是校党委在长期的精神文明建设和教育教学改革实践过程中,经过深思熟虑后的创举。她是我校党委“云岭先锋”工程的一项创新工作,是我校长期坚持的一项锻炼学生成长成才、惠及文山广大农村农民、丰富人们精神文化生活的极富深远意义的一件大事。在前进、发展的路途中,我们应不断查找不足,总结经验。艺术团的建设和发展需要大家持久不懈地努力,让我们共同为打造一支全州有名的专业文艺团体而努力奋斗。

体育文化节

王 彪　　陆应超

在鲜艳的国旗引导下,红旗队、鲜花队、各班方队,迈着整齐的步伐,喊着响亮的口号,依次从主席台前面走过,接受领导和来宾的检阅。文山州民族职业技术学校一年一度的体育文化节,就这样拉开了序幕。这是各班体育达标锻炼、竞技水平的比拼,精神意志的比拼,纪律观念的比拼,集体荣誉感的比拼,也是学校精神风貌的大检阅。

入场式之后，就是精彩纷呈的大型文艺表演。代表文山州最高水平的鼓号队表演，代表学校最高水平的爱心艺术团文艺表演，代表学校教育教学基本功训练最新成就的书画现场展示，不断博得来宾和现场观众的热烈掌声和阵阵喝彩。

在接下来的几天里，广播操、健身操比赛，各种田赛、径赛和饶有趣味的民族民间体育比赛，成为师生关注的焦点和议论的话题。

赛场上，有运动健儿矫健的身影，也有各班通讯员争先恐后报道赛事来回奔跑忙碌的身影。对强者的赞美与对弱者的鼓励，成为师生员工表达美好心愿的最好诠释。这就是文山州民族职业技术学校的体育文化节。

“看运动会开幕式表演，就要看民师的。”看似平凡的话语，却是对我校行政能力、组织能力和综合实力的最高褒奖。

说起文山州民族职业技术学校的体育文化艺术节，那是有很长的历史和许多激动人心的故事的。

在草创之初的 1974 年 11 月，学校举办了第一届“综合运动会”。1975 年和 1976 年 11 月，又连续举办了第二届、第三届“综合运动会”。1977 年和 1978 年 12 月举办的第四届和第五届运动会，被称为“体操田径达标运动会”，这与当时国家在学校体育工作中实施体育锻炼标准是紧密联系的。1979 年 11 月，又恢复为“综合运动会”。从 1980 年起至 1986 年止，这七年的运动会被称作“冬季田径运动会”。从 1987 年起，为适应学校改革发展的需要，全面展示学校的教育教学成果，突出师范特色，运动会更名为“体育节”。从此，项目更多，内容更丰富，许多人们喜闻乐见的群众性体育项目，陆续被列为比赛项目，这个名称一直用到 2005 年。

2006 年 11 月拉开序幕的运动会，被再次更名为“体育文化节”，以便与学校文化建设相匹配。既然是“体育文化艺术节”，当然就有了更严密的组织、更专业

的策划、更丰富的内容。除了传统的田径项目比赛、民族民间体育竞赛外，此次运动会增加了诸多学校文化元素。例如，文化活动安排中包括了“各年级主题趣味竞赛”、“学生学业成果展评”、“歌舞晚会”、“电影晚会”、“十首好诗词朗诵比赛”、“英语演讲比赛”、“教职工娱乐竞赛”等。在和谐的氛围中，各班参赛运动员展开了角逐，一项项的比赛，激励着运动员的拼搏意志，他们将“更高、更快、更强”的奥运精神，体现在竞赛的每一个项目上。

“场上是对手，场下是朋友。”参赛选手用自己的行动，实践着自己的庄严承诺。尤其是破纪录赛，全场瞩目，全场肃穆，大家都屏住呼吸，等待激动人心的时刻的到来。成功！欢呼！这里，再没有班级的界限，比赛带给大家的，就是这样一种酣畅淋漓的幸福和快乐！

赛场上，成就了许许多多的“英雄”，他们的名字，不仅记录在成绩榜上，更深深留在了师生的记忆中。他们中的代表，如杨帆（男，139 班）、蒋英（女，72 班）、陆晓荣（女，77 班）、王以江（男，216 班），只要他们出现在比赛场地，就一定会吸引观众的注意力，因为，他（她）们的实力，是直取冠军的实力，是破纪录的实力。

除了“英雄”的个人，还有“英雄”的集体。公路越野赛、拔河比赛、25 米迎面转折接力赛，参与人数多，场面宏大。场上选手摩拳擦掌、众志成城；场外观众助威呐喊、震耳欲聋，不由得人不振奋，不拼搏！

也有静静的场面，那是在广播操、健身操比赛的时候。有经验的师生不用猜，只要看站在主席台上观看的班主任中谁神情最专注，就一定知道在场上比赛的是谁的“部队”。大家都在用心观看、评价，哪一个班的表演更精彩，更具有创新性；哪一个班的队伍最整齐，动作最协调；哪一个班是名副其实的众望所归。只有在比赛成绩公布时，场外才会爆发热烈的掌声。

比赛中最开心的，当属教职工趣味运动会。那是一个师生交流互动、灵魂沟通的“心理场”。看看平时在讲台上从容不迫、镇定自若、侃侃而谈的教师，在运动场上竟会像孩子一样

兴奋、一样摩拳擦掌。看看教师们的“洋相”,同学们别提有多高兴啦!也就是在这个时候,学生们最直观地看到了教师的人性,从而加深了对教师的理解!

其实,文山州民族职业技术学校的体育文化,是有着光荣的传统和辉煌的业绩的。辉煌的业绩,其背后是良好的团队精神。拿破仑曾有名言:“不想当将军的士兵不是好士兵。”1985 年,主持学校行政工作的张呈纬校长套了一句:“不想当校长的教师不是好教师。”《史记·滑稽列传》载有楚庄王“不飞则已,一飞冲天;不鸣则已,一鸣惊人”的治国理想。现任校长陆永金又套了一句,“校外比赛,要么不参加,参加就要拿回好成绩,不要花钱买来灰溜溜”。大家知道,这是一种励志,是兵书上的“激将法”。正是有这样的领导,才有民师体育文化的骄人战绩:

1975 年,周国增(学生)在州中学生田径运动会上获男子跳高第一名并打破州少年组记录;

1980 年,高桂华(学生)参加省中专运动会并获女子跳高第一名;

1981 年,学生队参加文山城区元旦越野赛,男、女队双双夺冠;

1981 年,学生队参加文山中专田径篮球运动会,获田径团体总分第二名、男子篮球第二名、女子篮球第三名;

1982 年,学生队参加文山城区元旦越野赛跑,男女队均获第二名;

1987 年,学生队参加文山城区元旦越野赛,男、女队双双夺冠;

1987 年 8 月,代表文山州中专学校参加省中专排球运动会,男队获全省冠军;

1988 年 12 月,参加文山城区“开拓杯”男子足球赛,获甲级队冠军;

1990 年 3 月,参加健美操比赛,获第一名(州妇联);

1992 年 3 月,参加国际标准舞比赛,获第一名(州妇联);

1997 年 10 月,获“全国群众体育先进集体”称号(国家体育运动委员会);

1998 年,参加文山城区元旦长跑活动(第 20 届),学生男队获中专、高中组第一名;

2000 年,参加文山城区元旦长跑活动(第 22 届),学生男队获中专、高中组第一名;

2000 年 12 月,获“千禧之年‘红河杯’云南省全民健身体育节先进单位”称号(云南省体育运动委员会);

2001 年,参加文山城区元旦长跑活动(第 23 届),学生男队获中专、高中组第一名,女队获女子组第一名;

2001 年 11 月,获“1996—2000 年度全国群众体育先进单位”称号(国家体育总局)；

2001 年,参加青年广场艺术文化节获一等奖(团州委)；

2002 年,参加文山城区元旦长跑活动(第 24 届),学生男队获中专、高中组第一名；

2002 年,参加庆“五一”拔河比赛男子组获第一名(州教育工会)；

2003 年,参加文山城区元旦长跑活动(第 25 届),学生男队获中专、高中组第一名,女队获中专、高中组第二名；

2003 年 3 月,获文山城区“三八”健美操比赛一等奖；

2004 年,参加文山城区元旦长跑活动(第 26 届),学生男队获中专、高中组第一名,女队获中专、高中组第二名；

2004 年 5 月,获“五一”全民健身系列活动优秀组织奖(州体育节局、州总工会)；

2005 年,参加文山城区元旦长跑活动(第 27 届),学生男队获中专、高中组第二名,女队获中专、高中组第一名；

2005 年 5 月,获“五一”职工健身活动展示学校组第二名(州全民健身指导协调委员会)；

一种文化的积淀和传承,变成了一种百折不挠的追求。运动场上的表现,折射出来的正是我校代代相传的“民师精神”。

社团活动

王 葵

随着素质教育理念的步步深入,新课程改革的层层推进,我校更加注重学生的个性发挥和全面发展，而学生社团已经成为学生校园生活的一个重要组成部分。各种社团活动对丰富校园文化、促进学生身心健康成长起着举足轻重的作用。随着社会更加开放,集体合作精神更加重要,这就要求学生不仅要学习知识,还要拓宽自己的知识面,学习各方面的技能,增强社会交往能力。社团同时也为学生提供了这样一片让学生锻炼的天地。社团活动是校园文化建设的生力军，丰富多彩的社团活动营造了良好的校园文化，拓展了学生综合素质的发展方向。在引导学生适应社会、促进学生成才就业、培养学生创新精神与实践能力等方面起着重要作用。

过去，我校学生社团由于体制不健全、机制不灵活、管理松散及学生能力有限等，社团的作用没有充分发挥出来。为了进一步规范学生社团工作和活动，加强我校学生社团建设，全面推进我校学生社团的进步和发展，学校领导高度重视社团活动，真正让学生在学生社团的广阔舞台中展现自我、充实自我、锻炼自我、提高自我、完善自我，同时也让社团成为同学们增长知识、培养能力、自娱自乐的重要阵地。2005 年 9 月份起，学校决定把过去零、散、乱的所有社团都纳入团委直管，并且把所有社团都作为教学的第二课堂。我校针对不同类别、不同学历、不同生源、不同学制的复杂教学环境，根据学生自己的兴趣爱好“预报”结果后共开设了普通话、计算机实用技术、计算机辅助设计、教育技能、鼓号队、教学技能、英语口语等 21 个社团，分为必选类和自选类。各个社团至少有一位辅导老师，每个社团必须围绕我校的教育教学这一中心开展活动。社团在发起时必须挂靠部门及辅导老师。各社团根据活动的需要可在校内外聘请辅导能力强、学术造诣深或某方面有专长、关心学生成长的有关人员担任社团的辅导教师(顾问)。辅导教师(顾问)应挂靠单位的正式工作人员，其职责是对社团成员进行业务辅导和培训。校内辅导教师根据工作类别区分，工作量与学校教分挂钩，并根据实际开展活动次数记发工资。这极大地提高了教师的积极性。活动以讲座、动手操作、讲授和竞赛等方式开展，活动时间集中在星期一、三、四下午第三节课和星期六。每个社团活动每周至少两个课时。

我校社团的宗旨是：丰富学生课余生活、提高学生操作技能、服务学生就业需要。社团管理遵照：“严格管理、积极引导、稳步发展的原则。”我校团委清理和整顿学校现有各种社团，并通过宣传和动员，于 2006 年 10 月召开了社团成员大会，成立了“文山州民族职业技术学校学生社团联合会”，投票选举产生了主席单位和副主

席单位，他们分别是雏燕文学社、爱心艺术团和鼓号队，并由学校讨论后设立专业教师组成的社团联合会指导小组。它的主要职责是协调、监督、管理和指导各个社团的工作，目的是进一步规范文山州民族职业技术学校学生社团的管理，推动学生社团健康有序的发展。为了繁荣校园文化，促进校园文明建设，推进学生素质教育，我校社团是从以下几个方面做起的：

一、抓制度建设

俗话说，没有规矩不成方圆。学生社团管理也如此。为使社团工作有秩序、有计划、有目的地开展，就应该有一套规范和健全的管理制度。社团管理的关键在于建立秩序、创造条件，从而在发展和建设实践中达成共识，形成大家共同遵守的办事规则和行为准则。通过管理制度的科学实施，有效地规范了学生社团管理，使各社团之间良性竞争、共同发展、共同进步。我校社团抓制度建设的落脚点：一是制定了文山州民族职业技术学校学生社团管理规定。它包括总则、关于社团相关人员的基本规定、社团设置的基本规定、社团活动的基本规定、社团运作管理基本规定和社团评估和奖惩。二是制定了文山州民族职业技术学校学生社团联合会章程。学生社团联合会各项制度已经比较健全，初步实现了制度化管理。三是制定了文山州民族职业技术学校学生社团机构组建方案。四是制定了文山州民族职业技术学校学生社团学分制实施办法。

二、抓社团文化建设

学生社团作为校园文化的重要表现形式之一，其建设发展也是一个学校校园文化建设的重要内容。校园文化建设水平和达到的高度，一定程度上可以从学生社团建设的规模和层次上折射出来。它代表着校园文化建设的一个窗口，也相对集中地反映了学生在这一特定环境中表现出来的文化底蕴和修养水平。社团文化是社团发展的灵魂。一个优秀的社团最显著的标志就是具有自己的社团文化，作为社团的管理者，我们应积极引导各社团通过建立起自己的品牌活动来推动社团探索和积淀自己的社团文化。我校大力提倡社团文化，它包含有团结、责任、荣誉、忠诚、学习、关怀等因素。它倡导的社团精神包括竞争精神、创新精神、团队精神、奉献精神、民主精神、科学精神、服务精神、开拓精神等。这些价值观推动着各社团向品牌社团发展。自从学校整改了所有社团后，我校社团发展态势良好。学生社团活动呈现出一派生机勃勃、欣欣向荣的景象，成了一道亮丽的校园风景线。

三、抓管理建设

向管理要质量，向管理要发展。好的管理是一项工作取得成功的重要保障。各负其责、齐抓共管、群策群力完成社团工作。层层分管，落实、监督和检查。首先，社团联合会指导小组主要负责社团组建和社团管理中的各项重大决策及指导。总体协调工作。社团联合会指导小组办公室主要负责社团管理中具体协调、社团的具体运转及社团成员档案管理和执行指导小组的决议工作。而校团委社管部又是学生社团的直接管理机构，负责社团有关规定的执行和具体组织实施工作，校团委社管部以服务为宗旨。为社团活动当好参谋，并解决社团的实际困难和存在问题。如有不能解决的提交给社团联合会指导小组解决。社团联合会接受校团委社管部的指导，做好协调、沟通和为社团管理决策服务的工作。各社团之间必须团结互助，互相沟通，加强联系，共同进步。社团管理遵照"严格管理，积极引导，稳步发展"的原则。其次，建立了学生社团年检和社团成员考核办法，每学期由校团委和社团联合会对学生社团进行学期检查和评定，并填写学生社团学期检查报告书。评定分为优秀、合格、不合格三等。社团联合会统一负责对各社团成员进行学期考评，具体由各社团指导老师组织进行学期考核。社团成员的考评成绩以学分计算，学分可进行学期累加，累计获得相应的学分方发给毕业证书。同时还建立了文山州民族职业技术学校社团主要负责人资格审查表、重点活动申报书、社团成立申报书、社团年度检查报告书制度。再次，每次社团活动时间都由校团委负责社团工作的老师带领社管部的同学进行检查登记，统一目标、统一管理、统一进度、统一考核，以规范的管理带领我校社团走向专业化、品牌化、特色化的发展道路。

四、抓成果建设

为展现我校学生社团的风采，力求在校内、外营造良好的社团文化氛围，让更多的同学了解社团、参加社团，引导广大学生积极参加有益的校园文化活动，进一步促进学校社团工作的开展，每学期末校团委还会组织每个社团进行社团成果展示。2005 年 1 月 3 日，21 个社团以晚会的形式进行了社团成果展示。每个社团精彩的展示显示了各个社团的特色和精华。值得一提的是，我校爱心艺术团自 2004 年 9 月成立以来，已多次代表学校到各县、乡进行了多场演出，受到当地干部群众和师生员工的高度评价。艺术团以“三个代表”重要思想为指导，以“爱心无限，教育永恒”为主题，以“搭建平台、凝聚人才、展示风采、奉献爱心”为宗旨，以“办出水平、办出特色、办出精品、创建品牌”为目标，立足校园，面向社会，积极宣传“民师精神”，充分展示学校三十余年来的办学成果和“民师人”的精神风貌，争取上级各部门和社会各界对民职校的理解、关心和支持，增强学校的办学实力、竞争实力，促进学校的改革、发展和提升，进一步推进学校精神文明建设。

2006 年是我校学生社团发展过程中硕果累累的一年，各社团作为我校校园文化建设和学生综合素质拓展的重要载体。在繁荣校园文化、丰富学生第二课堂、提高学生的综合素质、培养学生团队精神、促进学生成才就业等方面发挥了重要作用。社团活动日益成为学生拓展兴趣爱好、扩大求知领域、陶冶思想情操、展示智慧才华的广阔舞台。社团工作成绩是乐观的，这份辉煌与成就是所有社团成员心血和智慧的结晶，同时也凝聚了学校领导、老师对社团的关心和支持。在享受成就带来的喜悦时，我们也时刻保持着冷静、理智，不断总

结成功的经验、不断思考社团发展的前进之路。只有不断对社团活动进行总结、思考、分析,社团才能不断进步、发展、壮大,社团的明天才会更加辉煌、灿烂。

班级活动

龚 雯

班级活动是在班主任的指导下,有目的、有计划的为实现班级教育目标而举行的各种教育、教学实践活动。开展班级活动有利于培养学生良好的品德,发展个性特长,锻炼意志品质,行为习惯得到培养。班级活动是集体形成的基础,发展的催化剂;是在班级内有组织地开展的各种教育活动;是学校教育活动的重要组成部分;是班级集体教育的经常性形式。活动和人的发展关系之间的已为心理学证明，开展多种形式的班级活动对促进学生发展，加强班集体建设具有重要意义。

班级活动可划分为多种类型。按内容分,有科技活动、文艺活动、体育活动、劳动活动、社会调查活动、社会公益活动、班会等。按组织形式划分,有全班活动、小组活动等。按活动空间可分为校内的班级活动、校外的班级活动等。如何科学地分类是一个比较复杂的有待探讨的问题。这里我们依据学校班级工作的实际,归纳几种形式的活动。

(1)班务会:引导全班同学对班级实行民主管理的例行班会。

(2)主题班会:围绕一个教育主题而召开的班会。主题班会,顾名思义,首先要有主题,主题应当体现社会、学校和班级思想教育工作的主旋律。一般来说,主题应当是学生共同关心的、感兴趣的问题,学生之间出现分歧的问题。主题班会的主题应当紧紧围绕党的教育方针,按照有目的、有计划、有组织的要求设计,培养学生真正成为社会和人民需要的合格人才。我校常规每周星期天晚上召开主题班会,已经把主题班会作为对班级管理和对学生教育的主渠道和主阵地来抓,并形成我校教育管理的一道亮丽风景线。在日常生活中,班主任要善于观察、善于思索,经常接触学生、接触家长,掌握各种信息,进行归纳分析,透过现象看本质,经过这样提炼出来的主题才具有教育性和针对性。主题的确定要有针对性、阶段性和时代性。为了培养学生自主、互动,探究学习方式,良好的行为习惯和人际关系,可以进行“我的学习我做主”、“把握今天”、“珍惜时间持之以恒”、“告别陋习走向文明”、“文明礼貌伴我行”、“我文明我懂礼”、“文明习惯贵在养成”、“换位思考律己宽人”、“善待挫折”、“美丽情绪与你有约”、“学会欣赏和赞赏别人”的主题活动；针对亲情教育,进行“懂您”、“妈妈我想对您说”、“谢谢您老师”、“关爱家人”、“走近父母”、“为了母亲的微笑”、“亲情无价”、“亲情永驻你我他”的主题活动;针对诚信教育,进行“诚信从我做起”、“诚信做人”、“诚信与我们”、“诚信考试拒绝作弊”的主题活动;针对环保教育,进行以“地球我们唯一的家园”、“地球妈妈我爱您”为主题的活动;为纪念长征70周年进行“长征在我心中”的主题活动;临近毕业,为了帮助学生树立正确的就业观念,顺利走上工作岗位,进行“我们的理想职业”、“正确的就业观”等主题活动,对学生进行引导教育。

(3)课外文娱活动。如舞蹈社团、声乐社团、器乐社团等。

(4)课外体育活动。如篮球社团、武术社团、排球社团等。

(5)课外兴趣小组活动,包括文艺、科技等。如普通话社团、教学技能社团等。

(6)班级劳动活动,包括勤工俭学等。如假期留校协助学校保卫人员进行学校的保卫工作、校园卫生打扫、成教部培训教辅工作等。

(7)社会公益活动。如到敬老院打扫卫生、与老人交心谈心、青年志愿者活动、义务献血活动等。

(8)社会调查、参观、访问等。寒假暑假让学生进行社会实践和相关的调查研究活动。如实习前学生自己先到小学联系进行讲课，调查农民工的子女教育问题,农民医疗救助问题等。

(9)纪念日、节日文艺晚会。包括建党节、国庆节、元旦等全民性的重要节日,以及学校自己确定的各种校节,如校庆、体育节、文艺节等。

在开展班级活动时,结合工作实际如能做到以下几点,将会起到事半功倍的效果。

一、教育性

班级活动的教育意义是多方面的,它可以是提高学生思想道德水平的,可以是开发学生智力的,可以是提高学生实际操作能力的,可以是增强学生审美情趣的、强身健体的,等等。好的班级活动应发挥教育的综合功能。

在制定班级活动目标时，要寓教于乐，最大限度地发挥班级活动的教育作用。如:召开“明礼为先,诚信为本”的班会,活动目标是:通过具体引导,教会学生应当如何明辨是非，应当如何投身于道德建设，从而以自己的实际行动，展现新时期中学生的道德风采。

教育性最重要的体现是在活动内容上。如宣传环保知识,可增强学生保护环境的和谐意识;组织“电脑与人脑”的讲座,展开讨论疏导,会使一些人改变沉迷玩游戏,忽视学习的做法;开展选“爱心大使”活动,夸奖给他人送温暖的言行,会培养学生的爱心。这都能从不同侧面使学生受到教育。

活动过程是教育性的具体体现。首先,活动的名称要有感染力,如“救救地球妈妈”、“我心中的老师”、“生命安全重于天”等。其次,活动准备的场地要有教育氛围,会场布置要体现教育情境、活动气氛,标题的书写、展板的摆放、桌椅的形式都要做整体设计。在活动进行中,要最大限度地调动学生口、手、脑的参与,使学生在亲身实践中受到教育。同时,要注意电脑课件、实物投影等物品的教育作用。每周二的政治学习我们就用录制的《今日说法》、《道德观察》、《焦点访谈》等节目,挑选出针对学生的节目播放给学生看,从而增强其趣味性和实效性。

二、时代性

要让学生触摸时代的脉搏,这就要求班级活动要选择有时代感的主题。

(1)从时事中抓题材。班级活动要善于从时事中抓住有教育意义的题材。

(2)从生产、科技发展中抓题材。当今,科技的迅猛发展无处不在地影响着学生的生活。如有的班级开展“我眼中的电脑”主题班会,学生们发言中有调查、有访问、有畅想、有决心,通过活动大大激发了学生的学习热情,鼓励了更多的学生充分利用电脑学习新知识,提高自身能力和完善自我。

(3)从身边的环境中抓题材。我校学生使用一次性饭盒和一次性塑料袋,对学校环境造成污染,同时对学生的身体造成危害。对此,我们在校内开展了“创建优美校园”和“珍爱自己”的活动。

三、多样性

班级活动要达到理想的教育目的,就必须注意:活动内容、形式、组织方式的多样性。

首先,活动内容的多样性。开展班级活动要兼顾学生德、智、体、美、劳各方面的素质,使活动既有教育性,又有趣味性。如一个班级在制订活动计划时,主线是“通过活动促进学生全面发展”。具体安排上有:思想教育方面的“一日常规我知道”、“集体在我心中”活动;学习方面的“智力竞赛”活动;发展体能的“乒乓球比赛”活动;有图文并茂的“手抄报汇展”;有“科技小制作”班会。活动内容多样化,使不同程度的学生都有施展才能的机会,心理上有成功的体验。

其次,活动形式多样化。学生喜欢求知、求新、求实、求乐。因此,班级活动形式要丰富多彩,变化新奇。如,班级活动内容是“心中有他人”,形式上可表现为多样:可以开故事会,讲英雄模范的事迹;可以去给敬老院的老人送温暖,等等。在一个活动中也可运用多种富于变化的形式,如中秋佳节、元旦迎新,可以安排化妆晚会,也可以有歌舞表演、即席演讲、谜语竞猜、点蜡烛、吃月饼等多种形式的晚会。

最后,活动的组织方式也应多样化。除了集体活动,还可以是小组活动、社团活动,甚至是三五个人自由结合的活动。兼顾学生的兴趣、爱好、发展需要,让活动更有实效性。

四、整体性

整体性是指班级活动的内容、活动的全过程、活动的教育力量都要成为一个系统,用整体的教育思想指导整体的教育活动,达到教育目标实现的整体性和学生身心发展的整体的最高境界。

从活动内容看,要有整体教育的考虑,要包含德、智、体、美、劳诸方面的活动,形成全面的信息网络,使学生得到多方面的教育和发展。

从活动的全过程看,整体活动和个别活动是辩证统一的。就一次活动来说,只有从酝酿、设计、准备阶段发动学生全身心地投入进去,活动实施时才会有激情,教育性也就蕴涵其中了。从整体活动看,活动之间也应有一个系统性和连贯性的安排。在这个系列活动中,每一个活动的结束成为后一个活动的起点,后一个活动巩固、强化前一个活动的教育成果。这样,一环套一环,循序渐进地进行活动,整体教育效果就显露出来了。

从教育力量看,班级活动要尽可能地发挥学校、家庭、社会的整体教育功能。要争取科任教师的支持,向他们咨询,请他们协作。还可以经常请家长参加班级活动,使班级活动由封闭转为开放;家庭、社会教育力量的介入,能有效地提高教育的效果。

五、易操作性

开展班级活动要注意它的易操作性和班级活动的规模。从规模上看,有日常的活动,也有主题突出的活动。日常活动基本上是每天要进行的,因此要短、小、实。短,即时间短,一般为三五分钟;小,即解决小问题,或针对班里的情况一事一议,或对一种行为展开评价,或表扬一个同学;实,即解决问题要实际,一次集中解决一个问题,不面面俱到。形式上也要保证实效,可以有全班、小组、同桌活动几种形式。主题班会一般是全体参加,要做到:(1)目标适宜,即一次活动要达到什么目的。不要定得太多,一两个即可。(2)主题集中,即一次确定一个主题,力图给学生留下深刻的印象。(3)过程简洁,即班会的程序要清楚、明了,场面不宜过大,容量以一课时为宜。

班级日常活动要形成自动化操作。实行“班长值日制”,如上操、查卫生、课堂考勤等,每天有专人负责,固定时间进行,操作就简单了。每一次大的班级活动,事前要制订详细的方案,谁主持、谁发言、谁表演、谁负责录音、投影、谁总结等都要事先安排,这样,操作起来才能有条不紊,顺利进行。

班级活动是班主任育人工作的重要部分,只要充分发挥学生主体的积极性,遵循以上几个原则，就一定会如春风化雨一样，滋润学生心田，培育出21世纪的全面发展的人才。

社会实践

朱前宾

社会实践活动是社会主义教育的一个重要有机组成部分，是在经济建设与学校教育协调发展的客观要求的基础上蓬勃发展起来的。我们党和国家的教育方针是：教育必须为社会主义现代化服务，必须同生产劳动相结合，培养德、智、体全面发展的社会主义建设者和接班人。因此，教育的指导思想，教育体系的建立，教育目标的制定，教育结构的调整，教育体制的改革都必须与这一要求相适应，突出教育与实践的结合，努力把"行"贯穿到整个教育过程的始终，强调"知行合一"，使学生博学、深思、力行。

近代教育家杨昌济先生说："知则必行，不行则为徒知，言则必行，不行则为空言；自觉与活动乃不相离也。无活动则无自觉，故实行尚焉。博学、深思、力行三者不可偏废也。"这段话强调了"行"在整个教育过程中的重要作用，与我国教育方针的要求是一致的。

马克思主义认为，只有人们的实践活动，才是人们对于外界认识的真理性标准。只有在实践活动中，人们达到了思想中所预想的结果时，人们的认识才能被证实。实践、认识、再实践、再认识，是辩证唯物主义的认识论。事实证明，学生的社会实践活动，符合辩证唯物主义的认识规律，是实现学校培养目标的重要保证。

"中华民族是富有创造精神和创新能力的伟大民族，古代中国人曾以'四大发明'等众多科技创造闻名于世，对世界文明的发展作出过重大贡献。今天，面对世界科技飞速发展的挑战，我们必须把增强民族创新能力提到关系到中华民族兴衰存亡的高度来认识。教育在培育民族创新精神和培养创造性人才方面，肩负着特殊的使命。"这是江泽民同志在第三次全国教育工作会议上的讲话中的一部分。随着我国社会主义市场经济体制的建立，我国的经济建设、改革开放都加快了步伐。在市场经济的大潮中,在改革开放的形势下,在科技迅猛发展的信息时代,各国经济的竞争,未来的国际竞争从根本上来讲也就是人才的竞争。而学校是人才的聚集之地,也是培育人才的摇篮。

一、中专生社会实践活动的宗旨和意义

提高中等职业技术学校办学水平,是发展我国教育事业的当务之急,而坚持马克思主义的实践教育观,是提高中专教育质量的重要途径。

中专生社会实践活动的宗旨是认识社会,改造主观世界,改造主观世界同客观世界的关系。

毛泽东在《实践论》中说过:“无产阶级和革命人民改造世界的斗争,包括实现下述的任务:改造客观世界,也改造自己的主观世界——改造自己的认识能力,改造主观世界同客观世界的关系。”这就是说,社会实践具有改造世界即改造客观世界和改造主观世界两种功能。

中专生的社会实践活动与工农群众的社会实践既有联系又有区别,它们都是以改造世界为目的,都是主观见之于客观的一种实际活动。但是,它们又有区别,工农群众进行社会实践是以创造物质财富和精神财富为目的的,而中专生参加社会实践则是为了成为有用之才。中专生还处在长知识长身体的时期,还不是社会实践的主体,而是吸收文明、为创造文明做准备的群体。对他们来讲,改造客观世界还只是手段或途径,改造主观世界,改造主观世界同客观世界的关系,才是根本目的。

所谓改造主观世界是指改造人的认识能力,即发现问题和分析问题的能力;

所谓改造客观世界同主观世界的关系,就是使主观世界符合客观实际。既然如此,学校在对中专生社会实践活动的评价中,应以学生的

认识能力、唯物主义思想路线、有科学的世界观为标准，而不能单纯地追求创造物质财富和精神财富。在选择社会实践活动的形式时，不把经济利益作为先决条件；在社会实践活动中，着力引导学生深入社会，仔细观察，发现问题，解开疑难，以提高学生的认识能力，树立科学的世界观。

社会实践活动对于培养中专生成为社会主义现代化建设的合格中等技术人才有十分重要的意义。

首先，社会实践活动可以提高学生的认识能力。中专生视野开阔，爱好广泛，求知欲旺盛，接受新事物快，但对社会了解不多。中专生要认识社会，当然需要吸收前人的经验，掌握正确的世界观和丰富的科学知识，但是，不管学生掌握多少理论，对现实社会的认识，仍然只有在同社会接触的过程中，社会的各个方面才能通过人的感官反映到大脑中，人才能认识到社会上的各种现象。也只有在反复实践过程中，社会的各种特性才会逐步暴露出来，人们才能逐步揭示出社会现象的本质。中专生在社会实践活动中，能够以其敏锐的眼光，通过各种社会现象，发现影响社会进步的种种因素，经过分析比较，找到促进社会进步的途径，从而提高自身的认识能力。

社会实践活动有利于学生了解国情、省情、州情、县情，了解社会，增强社会责任感和使命感。现代的学生，大多是在书本知识中成长起来的，对国情、民情知之甚少，而社会的复杂程度，远不是读几本书、听几次讲座、看几条新闻就能了解的，社会实践活动则为他们打开一扇了解社会的窗口。

社会实践活动有利于学生正确认识自己，对自身成长产生紧迫感。通过广泛的社会实践活动，能让学生看到自己和市场需求之间的差距，看到自身知识和能力上存在的不足，比较客观地去重新认识、评价自我，逐渐摆正个人与社会、个人与人民群众的位置。

其次，社会实践活动可以从根本上提高中专生的思想政治道德素质。思想政治道德教育的基本任务是把思想政治道德的社会规范内化为中专生自觉的行为准则。单纯的课堂讲授,往往难以达到这个目的。这是因为学生缺乏感性知识,总感到课堂上讲的是空话,缺乏说服力和感召力难以接受。社会实践活动,使中专生直接向社会学习,转变他们的感情和立场。他们在社会实践活动中获得大量感性材料,理解了社会思想政治道德规范的合理性和重要性,从而自觉地把它作为自己的行为准则。社会实践活动把课堂教育与现实教育紧密地结合起来,可以收到事半功倍的效果。事实证明,学生在社会实践活动中很容易理解我国人民正在为之奋斗的伟大事业,找准自己在社会生活中的位置,明确自己的历史使命和奋斗方向,成为适应社会主义现代化建设需要的合格人才。

最后,社会实践活动可以检验中专生所学的理论知识,锻炼他们的综合能力。中专生所学的理论知识是前人实践经验的总结,在没有应用之前,对他们来说还是不完全的知识。社会实践能够使学生把所学的理论同客观实际联系起来加以比较,直接检验出这些理论的正确性。

社会实践有利于学生对理论知识的转化和拓展,增强他们运用知识解决实际问题的能力。学生以课堂学习为主要的接受方式,这对学生来说非常重要,但这些理论知识并不代表学生的实际技能,往往难以直接运用于现实生活。社会实践使学生接近社会和自然,获得大量的感性认识和有价值的新知识,同时使他们能够把自己所学的理论知识与接触的实际现象进行比较,把抽象的理论知识逐渐转化为认识和解决实际问题的能力。

社会实践有利于增强学生适应社会、服务社会的能力。社会实践活动使学生广泛地接触社会,了解社会,不断地参与社会实践活动,在实践中不断动手、动脑、动嘴,直接和社会各阶层、各部门的人员打交道,培养和锻炼学生实际的工作能力,并且在工作中发现不足,及时改进和提高,使之更新知识结构,获取新的知识信息,以适应社会的需要。

社会实践有利于发展学生的组织协调能力和创新意识。社会实践活动不似课堂教学有太多的束缚和校园生活的限制,学生们的积极性被充分调动起来,兴趣高涨,思维也空前地活跃起来,往往会产生一些创造性的灵感,在实践中勇于开拓、敢于创新。

社会实践有利于提高学生的个人素养,完善学生的个性品质。社会实践活动现场是考验学生修养品性的好环境。在那些平凡而伟大的人民群众面前,学生养成的“娇、骄”二气会得到克服;在实践的困难和危险面前,学生会养成一种牺牲的精神和坚强的品质。这种实践活动多了,并且能深入下去,学生在积极参与的过程中，就会逐渐养成坚韧、顽强的优良品性，养成务实的学习态度和生活作风，不断提高自己、完善自己。

总之，中专生参加社会实践，是教育与生产劳动相结合的体现；是提高中专生教育质量的有效途径，共青团引领青年学生了解社会和认识国情的重要手段；是实践理论知识、培养奉献精神、增强服务意识的重要阵地；是提高学生思想政治觉悟、培养良好道德品质的重要课堂；也是学生践行社会主义荣辱观，服务社会主义新农村建设的重要契机。

二、特色活动

我校在社会实践中，结合学校的自身实际，引导和组织学生走出校门、接触社会、了解国情，参加了形式多样的社会实践活动。通过参加社会实践活动，学生的理论与实践相结合，学习与服务相结合，在服务中改造自己的主观世界。学校积极鼓励学生投身改革开放，向群众学习，培养锻炼自己的才干；不断提高思想觉悟、增强服务社会的意识，促进学生健康成长。通过社会实践活动，学生将会更新观念，树立正确的世界观、人生观、价值观。

三、志愿服务

“志愿者”(Volunteers)是一个没有国界的名称，指的是在不为任何物质报酬的情况下，为改进社会而提供服务、贡献个人的时间及精神的人。中国青年志愿者协会给“志愿者”下的定义是：不为物质报酬，基于良知、信念和责任，志愿为社会和他人提供服务和帮助的人。青年志愿者是以青年为主体，热心社会服务和社会公益事业，对“奉献、友爱、互助、进步”精神有着较高追求，为社会提供服务和帮助的人。

四、志愿者行动的宗旨和目的

推动社会主义精神文明建设，促进社会主义市场经济体制的建立和完善，提高公民特别是青年的整体素质，为经济社会的协调发展和全面进步作贡献。

五、志愿者行动的主要价值意义

对社会而言，志愿者行动具有以下积极意义：一是传递爱心，传播文明。志愿者在把关怀带给社会的同时，也传递了爱心，传播了文明，这种“爱心”和“文明”从一个人身上传到另一个人身上，最终会汇聚成一股强大的社会暖流。二是有助

于建立和谐社会。开展志愿服务，为人们提供了社交和互相帮助的机会，加强了人与人之间的交往及关怀，减少彼此间的疏远感，促进社会和谐。三是促进社会进步。社会的进步需要全社会的共同参与和努力。志愿者行动正是鼓励越来越多的人参与到服务社会的行列中来，促进社会进步。

对志愿者个人而言，志愿者行动具有以下积极意义：一是奉献社会。志愿者通过参与志愿工作，有机会为社会出力，尽一份公民的责任和义务。二是丰富生活体验。志愿者利用闲暇时间，参与一些有意义的社会工作和活动，既可扩大自己的生活圈子，更可亲身体验社会的人和事，加深对社会的认识，这对志愿者自身的成长和提高是十分有益的。三是提供学习的机会。志愿者在参与志愿工作的过程中，除了可以帮助别人以外，更可锻炼自己的组织及领导能力，学习新知识、增强自信心及学会与人相处等。

对服务对象而言，志愿活动具有以下积极意义：一是接受个人化服务。志愿者服务提供大量人力资源的同时，更能发挥服务的人性化、个人化及全面化的功能，从而令服务对象受益。二是帮助服务对象融入社会，增强归属感。通过志愿者服务，能有效地帮助服务对象扩大社交圈子，增强他们对人、对社会的信心，同时，志愿者以亲切的关怀和鼓励，帮助服务对象减轻接受服务时的自卑感和疏远感，从而使其树立自尊心和自信心。

六、我校青年志愿者活动

青年志愿者行动是由共青团中央组织发起的一项社会公益事业，以青年参与为主题，以志愿服务为手段，通过青年志愿者为他人，为社会提供服务和帮助，推动经济发展和社会进步，推动社会公民思想道德建设的发展。本行动是致力于创造美好明天的行动，是着眼于开拓未来的事业，是青年创业和增强社会责任感的伟大事业。我校青年志愿者积极参与活动，了解社会，服务社会，组织了大量的富有特色的志愿者活动。

我校团委于 1993 年 9 月成立了青年志愿者服务总队，各支部设立服务分队;1995 年 9 月成立了青年志愿者服务协会,活动立足于三个方面:一是立足校园,开展“校园社区事务志愿者”服务活动;二是面向城镇、街道、小学、幼儿园,以支部服务为单位开展定点、定时的“一助一”助残、助弱、助老、助幼服务活动;三是面向农村,开展“扫盲、科技、文化服务”为主题的志愿服务活动。仅 1997 年,就有 63 位学生返乡组织了扫盲培训班,培训人员 281 人,并开展科技扶贫活动,共做了 5 807 件好事。

1994—1996 年底,108 班青年志愿者坚持为文山县精神病院开展了近两年的志愿服务工作,每周派出一个服务小组参与服务,打扫卫生,为病人梳头、洗衣服,最后因文山县精神病院搬迁而被迫终止了此项志愿服务。

1995 年,该班还与精神病院组织了一次主题为“爱的奉献”的联欢活动,卫生局领导、医生、精神病人、学生参加了此次联欢活动,报纸、电台、电视台都对此次活动进行了深入报道。

108 班的学生于 1996 年寒假在砚山阿猛、广南八宝等文山州各乡镇举办了幼儿培训班共 10 余个辅导班,依孝芬、杨朴老师专门到西畴县一小看望办班的学生,田荣荣等 3 人在举办有 30 余人的幼儿班辅导学生唱儿歌、识字、玩儿童游戏等。时任校长王盛武、办公室主任王勇一行 10 余人到古木小学,参加由陈静、孙延碧 2 人举办有 100 余名儿童的培训班的开班仪式。

七、勤工助学

(一)勤工助学的主要目的和意义

勤工助学最原始的动因是经济上的贫困。为了解决经济困难,无论是体力劳动还是脑力劳动都是支撑勤工助学运行的最有效方式。它以一种有偿劳动的形式使学生们在真正的社会劳动中体会到劳动的苦与乐,并从中得到培养和锻炼,对培养学生的工作能力和社会实践能力,解决贫困学生的困难有着十分重要的意义。

江泽民同志在庆祝北大建校一百周年大会上讲道:“希望你们做到学习书本知识与投身社会实践的统一。要健康成长,不仅要学习书本知识,而且要向社会实践学习。”当代学生不再是只读“圣贤书”的书生,瞬息万变的知识时代需要综合素质优秀的知识分子。

校园提倡学生积极参加社会实践,通过勤工助学实践活动,可以塑造学生自立自强的精神。当大学生靠自己的所学所能服务社会换取报酬的同时,也提高了他们自尊自爱和自信的意识。

勤工助学不仅仅是学生自己“脱贫”的问题,它已经从一种消极的、被动的行为,发展成为一种内在的、积极的、主动的意识;一种成为高素质综合人才的需要,更是一种适应社会发展的需要。

勤工助学的过程能磨炼人的意志,抵抗各种浮躁和虚荣心,从而培养出一种脚踏实地的务实作风。它有利于学生在劳动中找到自己适应社会的切入点,明确自己的发展方向;有利于增加深入社会后面临困难和挑战的勇气,树立良好向上的人生观、世界观;有利于培养劳动光荣的观念,也有利于掌握劳动技巧,培养集体协作观念。

(二)我校学生勤工助学的方式

(1)假期协助学校完成成教及相关工作。我校成教教学工作主要安排在每年的两个假期,因工作量较大,人手不足,学校在每个假期都安排部分家庭困难、品学兼优的学生帮助老师完成相关的成教辅助性工作。如安排学生值守计算机房、打扫卫生、发放教材、打印资料、统计数据等,利用自己的专业和专长来协助老师开展工作。

另外,学校德育处、总务处每年在假期也为部分学生提供假期勤工助学的岗位,解决部分学生的勤工助学的难题。学校每年能为家庭困难、品学兼优的约 80 名学生提供勤工助学的岗位,使他们赚取一定的劳务费。

(2)做家教。这是最为普遍的勤工助学办法,而且大多数学生也愿意选择这种方式，利用自己的知识和一定的专长为小学的学生提供家教服务。

(3)在假期中到企业或公司打工。许多大学生在假期中到公司里面集中干一两个月，虽然辛苦一些，但收入较多。例如：自学校开办计算机专业以来，不断有计算机专业的学生到电脑公司打工；幼师和普师专业的学生自己到外联系开展与专业相关的勤工助学活动；部分专业的学生到企业或商店从事衣服、农药等产品的销售工作。

(4)团委经济发展部的勤工助学活动及收售废旧物品。学校引导学生爱护环境、保护生态，保证能回收利用的物品不随意丢弃。各班安排专人进行收集，由团委经济发展部统一收集后，拿到外面的物品收购点进行处理。

需求性活动。经团委经济发展部调查后，根据学生的需要购买相关的卫生工具、书籍等，以微小的差价卖给部分班级，解决部分新班级的学生因找不到在何处购买工具的困难，为他们提供方便。

(5)另外，学生还利用业余的时间做兼职工作，如导游、导购、餐厅服务、市场调查、家政服务等等。例如，学校团委有针对性地联系单位和企业，积极为学生提供勤工助学的岗位，近几年来，不断为交警、房地产等单位和企业提供车流量统计、房地产市场调查等服务。

艰辛知人生，实践长才干。

勤工助学的学生回来后感慨地说，参与了家教这一活动后，因初入社会，又加之人生地不熟，坎坷总还是有的。可谓“醉过方知酒浓”，不勇敢地走出校园，是体会不到其中的苦与乐的！我相信以后的路我会走得很好。

勤工助学的学生一直不断地告诉老师和家人：“勤工助学是对我们贫困学生的一种激励。通过勤工助学，我们可以为社会、学校做一些力所能及的事情，同时也可以锻炼自己，提高自己的适应能力和交际能力，并且能通过自己的劳动减轻家里的负担，也减轻学习上的压力，一举多得。付出而能得到多方面的收获。”

虽然学校学生的勤工助学工作不断取得进展，但形式和范围还需丰富和扩大。学校在为学生提供勤工助学的信息和指导工作上也还需不断加大力度，确实为家庭困难、品学兼优的学生解决后顾之忧。

八、社会调查

(一)社会调查的意义

社会调查是在一定的理论指导下，有目的、有计划、有组织地运用特定的方法和手段，系统、直接地搜集有关社会现象的信息资料，进而加以分析、综合，作出描述和解释,阐明社会现象的本质及其发展规律的一种自觉的社会认识活动。

我们正处在全面开创社会主义现代化建设新局面的历史时期,新情况、新问题层出不穷。引导学生通过调查、查阅资料等多种方式,让学生了解在身边发生的事,让学生在活动中亲身体验社会,加深学生对国情、省情、州情、县情的了解,激发学生更加热爱中国共产党、热爱社会主义、热爱家乡。

通过活动可以引导学生独立思考,培养学生自主的学习能力、学习方法和学习技能,促使学生培养积极主动的学习态度,提高学生探究学习的能力,培养学生参与的意识,让学生在活动中学会与他人合作,形成团结合作的精神,提高与人合作及与外界交往的能力。

让学生体验到社会调查是他们正确认识社会的科学手段,是培养、锻炼他们成才的重要途径。

(二)我校社会调查的方式

我校的社会调查主要采用实地研究的方式。

实地研究是一种定性的社会研究方式。

实地研究是不带假设直接到社会生活中去收集资料,然后依靠研究者本人的理解和抽象概括,从经验资料中得出一般性的结论。实地研究通常要经历一个"先融进去"、"再跳出来"的角色转换过程,其研究目标更多的是建构理论,而不是去检验理论。

学生在活动中主要采用包括:参与观察、个案研究的形式。因为实地研究适用于:

(1)解剖一两个有代表性的或独特性的社会单位;

(2)了解社会现象发展变化的过程;

(3)了解人们的行为、态度的具体表现以及行为动机;

(4)研究独特的事物或人物。

在开展社会调查之前,学校进行专门的培训,让学生掌握社会调查研究的基本程序,明确开展社会调查的四个阶段:

准备阶段——主要任务是确定调查课题、制订调查方案、组建调查队伍;

调查阶段——主要任务是根据调查方案中确定的调查方法,以及调查设计的具体要求,采用各种方法收集调查对象的有关资料,全面掌握调查总体及总体单位各方面的情况;

分析阶段——主要任务是鉴别整理资料,进行统计分析,开展理论研究;

总结阶段——主要任务是撰写调查报告,总结调查工作,评估调查成果。

（三）我校社会调查的案例

1992年以来，校团委每年组织两次社会调查活动，内容涉及教育、经济、商业、民族文化、生产劳动、环境保护、资源开发利用等方面。进入21世纪后，社会调查的主题主要在农村经济状况调查、农村社会状况调查、城镇经济与社会发展状况调查、党建状况调查、社会法权状况及公民法律意识调查、学生生活与思想状况调查等几方面进行选题。

1996年暑假，校团委组织了一支由6名教师和15名学生组成的社会实践活动队，历时1个月，到扶贫挂钩点富宁县木央乡的村寨进行调查、参与生产劳动。队员们不辞辛劳，顶烈日，冒风雨，披星戴月，坚持到各村寨、边防部队进行慰问演出，得到了当地领导、群众的一致好评。

97班的学生陈显珍在其读三年级时的暑假，免费帮助家乡的二年级的小学生补课，补课历时2个星期，她在报告中写道：最初上讲台时脚直打战，心里直嘀咕，不知道自己是否能讲好课。在朗诵《风筝》时，因被学生纠正“育”的发音而感到脸上发烧。假期过去了，但假期补课使我感受很深，让我在学校里不再虚度年华。我只有抓紧现在的时间，把基本功抓好，才能在以后的工作中把学生教好，才对得起家乡父老，才能成为一名真正的人民教师。

社会实践是一笔财富。一分付出，一分收获，有付出，就一定会有收获；在社会实践中，学生可以学到在书本中学不到的知识，开阔视野，了解社会，深入生活，无限回味。学生参加社会实践活动的过程本身就是一笔宝贵的财富。

纸上得来终觉浅，投身实践觅真知。经过社会实践的磨炼，学生变得更加成熟、更加自信，他们身上洋溢着蓬勃向上的进取精神。我们有理由相信，当代青年学生有实力承担起未来建设国家的重任。追求进步，刻苦求知，勤于实践，全面成才必将成为广大青年学生的共同心声和行动！

“和谐文化”是指一种以和谐为思想内核和价值取向，以倡导、研究、阐释、传播、实施、奉行和谐理念为主要内容的文化形态、文化现象和文化性状。它的核心内容是：崇尚和谐理念、体现和谐精神、追求和谐理想，坚持和实行互助、合作、团结、稳定、协调、有序的社会准则。“学校和谐文化”是学校文化、和谐文化的重要组成部分。根据我校多年来的探索和实践经验，我们认为，要实现学校的长治久安和健康发展，必须正确处理好“十大关系”。

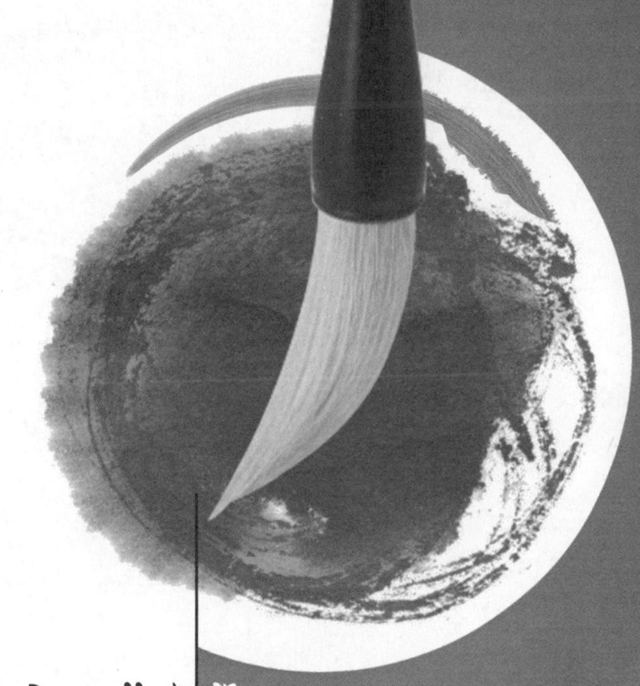

第九章 “和谐文化”建设

HEXIE WENHUA JIANSHE

第九章"和谐文化"建设

正确处理"十大关系" 促进学校和谐发展

陆永金

处理好学校上下左右及内部的各种关系，是贯彻科学发展观的要求，是学校文化建设成功的重要标志，也是构建"平安校园"、"和谐学校"的重要保证。从我校目前和今后一段时期的实际情况来看，主要是正确处理好以下"十大关系"：

一、党务工作与政务工作的关系

党务工作与政务工作的关系，实际上是党组织与行政组织的关系，具体说就是书记与校长的关系问题。根据上级有关规定，中等专业学校实行校长负责制，党政职能分开，校长是学校的法人代表和行政管理的核心。党组织是学校的政治组织，党委书记是学校党建和党务管理的核心，主要发挥好党组织的民主监督、教代会的民主管理、党支部的战斗堡垒及党员的先锋模范作用。所以，党组织与行政组织的关系、书记与校长的关系是“两圆同心，目标一致，职责有别，荣辱与共”。党务工作要为政务工作提供政治保证，政务工作是党务工作成功的关键。因此，二者要相互促进，全面发展，共同推动学校各项事业向前迈进。

二、硬件建设与软件建设的关系

硬件建设是办好一所学校的前提和基础，没有基本的办学硬件设施，一切都只能是“空中楼阁”。所以，任何学校，首先要想方设法、尽最大努力把基础设施建设好。但是，必须清楚，优良的硬件设施绝对不能代替优良的软件建设。一个好的学校必须是“硬件要硬，软件不软”。软硬并举，优势互补，相得益彰，才能成为一所实力雄厚、富有特色的品牌学校。

三、内部环境与外部环境的关系

这是马克思辩证唯物主义关于“内因与外因”的关系问题。任何事物的发展，“内因是变化的根据，外因是变化的条件，外因通过内因起作用”。所以，我们首先要创造一个良好的内部办学环境，包括硬件环境和软件环境，充分发挥内因的主导性、决定性作用；同时要努力创造良好的外部办学环境，包括周边环境和上下左右之间的人际关系和沟通、支持及协调合作机制。充分发挥外部条件和外部力量的推动作用。利用好“两种资源”（校内资源和校外资源），发挥好“两个市场”（本地市场和外地市场）的作用，不断提高“两个效益”（社会效益和经济效益）。

四、全日制教育与成人教育的关系

在办好全日制教育的同时要大力发展成人教育，这是国家构建“学习型社会”和“终身学习制度”的要求决定的。作为职业学校必须走“两条腿，两手抓”的办学道路——即全日制教育与成人教育共同发展；一手抓社会效益，一手抓经济效益。实践证明，职业学校“无全日制教育不稳，无成人教育不活；无社会效益不稳，无经济效益不活”。

五、继承传统与改革创新的关系

在过去长期的办学过程中创造和积累的优良文化传统和办学经验，是学校和社会的一笔宝贵财富和无形资产，应该在新的历史时期认真总结、继承和发扬。社会历史的发展是连续性和继承性的，“忘记过去等于背叛历史”，“丢掉传统等于丢掉祖宗”。但是，任何学校要发展就必须改革、必须创新。因为只有改革才有动力,只有创新才有活力,只有改革创新才会有发展。要在继承传统的基础上不断改革创新,在改革创新的过程中更好地继承传统。

六、招生工作与就业工作的关系

学生是学校存在的前提,是学校生存与发展之源。没有学生就没有学校,也就没有教职员工。因此,生源和招生是各项工作之首。作为职业学校,生源的数量、生源的质量,不是取决于招生工作本身,主要由"就业"决定。而就业质量的好坏关键又取决于教育教学质量的高低。毕业生就业率越高生源越好;反过来,生源越好,就业质量越高,如此形成良性循环,即"出口畅、进口旺"。所以,招生与就业是职业学校生存与发展的主要矛盾,其中"就业"是矛盾的主要方面。因而,学生是教育的主体,也是学校的主人。我们必须坚持"以人为本",树立"三个一切"的办学理念——一切为了学生,为了学生的一切,为了一切的学生。尽力做到"三个落实"(用人单位落实、工资待遇落实、用工合同落实)和"三个满意"——学生满意、家长满意、社会满意。

七、德育工作与教学工作的关系

一个学校必须坚持"把德育放首位,以教学为中心"的方针。德育工作是学生的教育与管理工作,主要是教学生"做人",是培养人才的前提;教学工作是传授知识和培养技能的工作,主要是教学生"做事",是培养人才的核心。教育教学质量是学校的生命线。生源好不好,就业率高不高,最根本的还在于教育教学质量的好坏。所以,学校要坚持"育人为本",充分发挥教学的主渠道作用和形成齐抓共管的育人网络,做到"教书育人,管理育人,服务育人,活动育人,环境育人"。

八、严格管理与宽容和谐的关系

一个学校管理的最终目标和最高境界是达到"和谐高效"。如何实现这一目标?一靠严格管理,二靠宽容民主,三靠处理好严与宽的关系。该严的必须要严,该宽的一定要宽。首先必须明确哪些该严哪些该宽,什么时候该严什么时候该宽。比如教学常规、教育常规和管理常规,涉及安全、道德、法律、规章等方面内容的必须严格,以规范师生员工的行为和养成良好的习惯。比如课外活动、团队活动、社团活动、社会实践、非原则性问题、"双休日"、假期、个人正常的兴趣爱好、个性特长的发挥等非常规时间和活动,应该充分放松,尽量宽容,自由民主。其次要正确理解和处理"以人为本"、"人文关怀"和"人性化管理"的真正内涵和要求,充分认识并紧密结合我们教育和管理的对象的实际情况，不能超越现实，不能从一个极端走向另一个极端。这样，既有利于维护学校的正常秩序，提高教育管理效果，又有利于发展学生个性，提高学生综合素质，增强他们的社会适应能力。

九、中心工作与其他工作的关系

我校办学的指导思想是：坚持教育教学为中心不动摇，各项工作全面发展。“教育教学”是学校的中心工作，其他各项工作都是围绕这一中心工作来开展并为这一中心工作服务的。包括行政、党务、后勤、服务、工青妇工作等都是为教育教学服务的。坚持中心工作不动摇是为了保证学校的办学方向沿着正确的轨道前进和既定目标任务的顺利实现。所以，全校各部门和全体师生员工必须全力以赴维护学校教育教学常规工作的顺利进行和培养目标的圆满实现。当然，其他各项工作也必不可少，不能随意放弃和削弱。而且，中心工作和学校的主要矛盾不同，如招生与就业是学校的主要矛盾但不是中心工作；中心工作和阶段性的重点工作也不完全一致，如某一阶段的重点工作可能是师资配备培养，而另一个阶段可能是办学设施的建设。总之，要按照唯物辩证法原理和科学发展观，抓住主要矛盾，坚持中心工作，把握重点工作，统筹兼顾，合理安排，确保学校工作全面、协调、可持续发展。

十、行为规范与个性发展的关系

学校的办学行为、教职工的言行举止和学生的行为表现必须依法律、依法规、依道德规范运行。全校领导干部、教职员工和学生在思想上和行动上都必须明确：坚持什么、反对什么，倡导什么、抵制什么，什么能做、什么不能做，什么能说、什么不能说。只有这样，整个学校才能永远保持健康稳定地发展。但是，事物是丰富多彩而又千变万化的，而且任何事物都是以它的个性存在和发展的。实践证明，越有个性的东西，越有特色的事物，其生命力和活力、生存能力和发展能力越强。根据这一基本原理，学校必须在“规范行为”的前提下充分发展“个性”，努力创造“三大特色”：学校的办学特色、教师的教育教学风格和学生的个性特长。要创“特色”需要三个条件：一是要有科学理论和规则作指导；二是要有每一个个体充分自由的活动空间和时间；三是要敢于创新，善于发现，勇于发明。为此，学校要努力创造既有集中又有民主，既有纪律又有自由，心情舒畅、生动活泼的政治局面。也只有这样，学校才能永远充满生机与活力，永远保持和谐健康的发展态势。

建设校园和谐文化　培养高素质合格人才

王恩超

文化是民族的灵魂，是振奋民族精神，增强民族凝聚力的源泉。文化的力量，深深熔铸在民族的生命力、创造力和凝聚力之中。中华民族具有五千年悠久的历史，在漫长的历史发展进程中，创造了独具特色的辉煌灿烂的优秀文化。

和谐，是中华民族传统文化精神的精髓，建设和谐社会，是人类孜孜以求的理想。学校是培养人才的重要阵地，一所优质的学校必然以学校和谐文化作为自身的理论旗帜和实践力量，并通过这种文化去凝聚教师，影响学生，取信社会，推动学校发展。

如何建设和谐的校园文化，营造和谐校园，笔者结合我校校园文化建设的实践和探索，谈谈自己的认识和体会。

一、深刻把握校园文化的科学内涵，是建设校园和谐文化的根本前提

学校文化反映学校的精神内涵，是学校教育的灵魂。和谐的校园文化，包括物质文化、制度文化和精神文化。在校园文化建设中，精神文化是目的，物质文化、制度文化是实现目的的途径和载体，是推进学校文化建设的必要前提，是校园文化建设的重要组成部分和支撑。学校文化无处不在，无所不包，可具体分解为三个层面：

（一）校园物质文化

校园物质文化是学校和谐校园文化建设的基础载体，是以各种实体存在形式表现出来的文化景观，属于显性文化，是学校看得见，摸得着的办学“硬件”设施。它包括学校的标识、教学生活设施、建筑与布局、道路环境、校园美化、周边环境及校徽、校服、校报、宣传册、校园网、宣传栏、宣传标语、指示牌等等，这些元素都应该以其精致、美观和品位来体现学校的特色。

（二）校园制度文化

一所学校，仅有优越的环境条件是不够的，还必须有严格的规章制度来约束和规范师生员工的行为。学校制度文化包括培养目标、制度纪律、校训校规等校园内一切制度形态的东西。一所学校必须有明确的培养目标和办学方针，有严格、完整的规章制度和组织纪律，才能培养和锻炼师生严谨求实的治学精神和实事求是的工作态度，才有可能培养出高质量的人才。

（三）校园精神文化

校园精神文化是校园文化建设的核心内容和灵魂工程，是学校特色和整体精神面貌的集中体现，它具体体现在一个学校的办学理念、办学精神、校训、校风、教风、学风、工作作风、班风、校歌和校徽等等之中。我校的魅力之所以经久不衰，就在于我们能始终坚持和弘扬民族的优秀文化传统，经过历史的积淀，最终凝聚形成了"爱岗敬业，艰苦奋斗"的民师精神，并由此透射出其独特的感染力、凝聚力和震撼力，陶冶和激励着一代又一代的民师人。

二、建设校园和谐文化，是构建和谐社会和人才培养的重要举措

优化育人环境，努力建设高品位的校园文化，是加强思想道德教育和科学文化教育的主要途径之一。良好的学校文化氛围能够丰富校园生活，激励人的斗志，规范人的行为，促进学校不断发展。

（一）加强校园和谐文化建设是对学生进行德育教育的需要

校园文化是课堂教育的有效补充，是培养全面发展人才的无形的教育力量。因为教育并不只是靠单纯的课堂教学来实现的，还需通过开展丰富多彩的文化活动，寓教于乐，让学生乐于接受。校园文化对学生世界观、价值观、人生观的形成以及道德养成，爱国主义、集体主义、协作精神的教育等都有直接的熏陶和潜移默化的作用。同时，它也是对书本知识的一种实践，是培养学生个体综合素质的有效途径。

（二）加强校园和谐文化建设是培养高素质人才的需要

校园文化在人才培养中发挥着重要的育人作用。校园文化建设关系到学校能否培养出合格的社会主义事业的建设者和接班人，关系到民族文化的现在和未来能否始终朝着先进文化前进的方向发展。因此，校园文化建设要以实施素质教育为基础，以建设优良的校风、教风、学风为核心，以优化校园文化环境为重点，以树立正确的世界观、人生观、价值观为导向，构建起体现时代特征和学校特色的校园文化，充分发挥校园文化对学校教育发展和人才培养的重要作用。

（三）加强校园和谐文化建设是增强学校核心竞争力的需要

建设一流的先进校园文化是学校自身发展的需要。学校精神是校园文化的灵魂，是校园文化建设的核心内容。今天学校之间的竞争，在某种意义上可以说是以校园文化为核心的竞争。因此，学校必须高度重视先进文化建设对学校事业发展的深刻影响，铸就既蕴涵独特个性又与时代发展相适应的校园文化，以推动学校自身的发展。

三、坚持文化立校，是建设校园和谐文化的基本策略和有效途径

“文化立校”也就是用文化来管理学校。学校的发展一般可分为三个阶段：第一阶段，学校的管理主要依靠校长的观念、人格和能力；第二阶段，学校的管理主要依靠一套完善的规章制度和机制；第三阶段，学校的管理主要依靠学校文化。学校管理的最高境界应该是通过高品位的学校文化建设带动教育现代化，从而为培养更多更优秀的人才奠定基础。

（一）用先进的办学理念引领学校发展

一所学校的教育理念就是校长的教育哲学思想。一个成熟的教育理念，往往贯穿办学的始终，经得住历史的检验。先进的办学理念是一面旗帜，是一种最宝贵的教育发展资源。

为了尽快适应我校办学转向、转型和提升的需要，我校确立了“三个一切”的办学理念，即一切为了学生，为了学生的一切，为了一切学生。这个以人为本的办学理念，成就了民师人独特的育人取向和学校文化，也成就了民师长期以来的社会地位和教育品牌 。

（二）用优秀的传统文化来滋养师生心灵

中华民族的传统文化精神集中表现了两个主题：“天行健，君子以自强不息；地势坤，君子以厚德载物。”“自强不息”和“厚德载物”，一个是奋斗，一个是兼容。厚重的中国历史文化，先进的教育思想，敢为人先的创新精神，这些极其宝贵的精神财富，是我们传承、发展、创造现代学校文化的依托之本和动力之源。

一所学校，不管历史长短，一路走过的历程都是一笔财富，都是一种不可再生的教育资源。我校走过了三十多年的风雨历程，从办学开始就站在时代前列，准确把握时代主流文化方向，育才兴国，成为文山州培养优秀人才的重要园地。多年来，我校为提高学生的人文素养、综合素质和就业能力，积极开展了“五个十”学习教育活动，要求学生在校三年内读十部中外名著、学十篇优秀专业论文、唱十首优秀歌曲、背十首优秀诗词、练十项专业技能。通过开展这项活动，传承优秀传统文化，弘扬中华民族精神，让历经岁月淘洗的经典和传统文化滋养师生心灵。

（三）以多元文化载体培育学校特色

文化建设在于开发和创新。文化资源及其载体随处可见，关键是校长要有强烈的文化意识，心里想着文化，眼睛盯着文化，善于创设和充分利用多元文化载体。学校特色建设问题，其实质就是学校文化建设问题。

多年来，我校重点从五个方面抓学校文化建设，并取得了明显实效。一是抓精神文明建设。着重打造和提升八项精神文化，包括学校精神、奋斗目标、办学

模式、办学思路、办学理念、培养目标、校风建设、学风建设等等。二是抓环境文化建设。执行校园卫生清扫和保洁制度，实施校园绿化、美化、净化工程，开展丰富多彩的宣传活动。三是抓室内文化建设。包括教室文化、宿舍文化、办公室文化、校史陈列室文化、家庭文化等，学校通过组织教室文化和宿舍文化建设的评选活动，促进了文化建设与德育工作的有机结合。四是抓活动文化建设。包括“三校”活动、鼓号队、爱心艺术团、体育艺术节、社团活动、班级活动等等，充分发挥“活动育人”的功能和作用。五是抓制度文化建设。包括班主任管理考核制度、班级德育辅导员制度、党员领导干部联系“贫困生”制度、升国旗和“两操”制度、安全治安教育管理制度、“文明监督岗”制度、“五个十”教育制度、“九要求和十不准”管理制度。实现了“依法治校”和“以德治校”。

近年来，学校在校园里种樱花、梅花、玉兰花、海棠花、槐花，让“花文化”成为校园特色文化，让梅精神成为校园精神。学校还安装了音乐喷泉和夜景灯光，建设了人文景观文化，达到了以物化人、以文育人、实践做人的目的。一道道亮丽的文化风景既美化了校园，又营造了浓郁的优秀传统文化教育氛围。我们体会到创建学校特色文化，就是要张扬学校个性，在创新上求发展，在特色上做文章，从而积淀成特色文化，打造出品牌学校。

（四）把制度升华为学校精神以激励师生成长

制度向学校精神跃进，这是一个艰难的“爬坡”过程，是一所学校从初创到成熟，从粗放到精致，从弱校跻身强校乃至名校的不断升华的过程。

一所学校的制度文化一旦经过长期建构而积淀成学校精神时，学校就具有一种无坚不摧、无往不胜的核心竞争力。我校经过三十多年的实践和探索，积累了丰富的办学经验，锻造了以“爱岗敬业，艰苦奋斗”为核心内容的民师精神，为文山州经济和社会的发展培养了一万多名优秀合格的人才，用学校精神谱写了辉煌的办学业绩。

四、营造和谐校园，培养优秀人才，是建设校园和谐文化的最终目标

建设和谐校园，就是把学校建设成最适宜学生成长发展、教师建功立业的“生态系统”，具备良好的科学和人文品位，达到现代教育所要求的环境规范。

（一）建设人文景观，优化育人环境

在构建民师特色的校园文化过程中，首先，坚持以物质文化为载体，构筑富有活力的高品位的文化生态环境，学校建筑设计、人文景观建设、校歌、校训、校徽等均融入了民师精神、民族特色和时代风格。校园的山、水、园、林、路、楼宇、景点均做到了使用功能、审美功能、教育功能的和谐统一，用优美的校园自然景观

激发学生的爱校情结，陶冶学生的美好情操。其次，学校始终坚持以人为本，注重创新，突出特色的原则，实现了以格调高雅的校园环境熏陶人，以丰富多彩的校园文化活动教育人，以蓬勃向上的校园精神激励人，以规范科学的校园制度约束人。

（二）弘扬校园精神，构筑学校灵魂

学校把大力培育和弘扬校园精神作为一流学校建设的重要目标之一，高度重视校园精神的培育、提炼和弘扬工作。我校经过长期的培育、提炼，概括出了以“爱岗敬业、艰苦奋斗”为核心内容的民师精神。为了实现我校办学转向、转型和提升的宏伟目标，学校组织开展了“弘扬民师精神，积极投身第二次创业”的教育实践活动。在全校师生员工中深入开展“解放思想，转变观念”大讨论，开展“五学”、“五爱”的“转向教育”。“五学”就是“学经济、学管理、学工业、学技术、学工人”；“五爱”就是“爱家乡、爱学校、爱专业、爱技术、爱工人”。召开了有校内外专家教授、中青年学者、学生代表等不同层次人员参与的座谈研讨会，大力弘扬校园精神的工作得到了扎实有效的开展。通过开展一系列教育实践活动，加强了人文素质和科学精神教育，培养了学生的创新精神和创业意识，从而激发他们的爱校之情、兴校之志、荣校之行。

（三）构建特色文化，培养优秀人才

校园文化建设的最终目的是服务于人才的培养。学校围绕“三个一切”的教育理念开展各项工作，充分发挥学生的主观能动性，使学生的知识与智慧、意志与能力、个性与特长在校园文化建设中得到充分体现。同时，学校还通过开学典礼、毕业典礼、校庆纪念、节日庆典、升旗仪式活动和举办名家论坛、专家教授系列讲座、保持共产党员先进性教育活动，激发师生的荣誉感和成就感。通过开展一系列教育实践活动，培育了先进的、积极向上的校园文化，为边疆少数民族地区的建设和发展培养更多优秀的人才。

五、加强领导，全校师生积极参与，是建设校园和谐文化的根本保障

校园文化建设是一项系统工程，它具有多侧面、多角度、多层次的特点。经过多年的实践和探索，我们深深体会到：

(1)宣传教育是基础。要大力建设优秀的校园文化，就要广泛宣传和深刻认识校园文化建设的意义和校园文化的功能，不断提高广大师生员工的思想认识。

(2)加强领导是关键。学校党政领导对校园文化的重视、支持和领导，是加强校园文化建设、繁荣校园文化的关键。

(3)正确引导是原则。校园文化建设为人才的培养提供了一定的环境条件，

而环境不可能是完全纯净的。在校园文化中，存在着有序与混乱、高雅与庸俗、文明与愚昧、科学与虚伪的对立和斗争，这都需要有正确的思想加以引导、教育。

(4)开展活动是手段。校园文化的建设是由一系列丰富多彩、寓教于乐的各种活动作为载体来实现的。因此，开展适应学生特点、教职工特点的各种活动是建设优秀校园文化的重要手段。

(5)教师指导是支撑。教师是校园中对学生影响最大的群体。教师参与指导校园文化建设应该说是教师的天职，充分发挥全体教师在校园文化活动中的指导作用，是提高校园文化活动质量，加强校园文化建设的重要支撑。

(6)培养"骨干"是方法。所谓"骨干"，即带头人。这些组织者、带头人的素质，直接影响校园文化建设的质量，甚至起到关键性的作用。因此，在开展校园文化建设活动中，要十分注意在教师和学生中发现、培养相关的人才，使他们成为建设校园文化的骨干，并且充分发挥这些骨干在校园文化活动中的带头、桥梁和纽带作用。

一所学校，它最迷人的地方，恐怕不是外在的现代化建筑，而是弥漫于校园优美环境的文化气息和师生员工特有的生活方式。优美的校园文化环境，尤其是园林景观，能使这些物化了的校园文化形态的使用功能、审美功能和教育功能达到和谐统一，能激发学生的爱校热情，陶冶学生关爱自然、关爱社会、关爱他人的美好情操。和谐的校园文化环境，置身其中，无不感受到它的大气、清雅、宁静、庄严和凝重，而不是张扬、造作、喧嚣与暮气沉沉，它让人如沐春风，心旷神怡，教人胸襟开阔，心生诗意。难怪中外的许多名校，给莘莘学子留下终身难忘的就是其严谨的治学精神和校园的优美环境。

一所学校，胸藏五岳、海纳百川，虽经风历雨，仍生机勃勃，令人神往，这正是它的学校文化，它的学校精神的体现。

构建和谐校园　促进学校发展

依　援

党的十六届六中全会作出了《中共中央关于构建社会主义和谐社会若干重

大问题的决定》，全面分析了当前的形势和任务，研究了构建社会主义和谐社会的若干重大问题。在当前和今后一段时期内，创建和谐社会是我们党和国家的工作目标之一，和谐校园是和谐社会的一个组成部分，而且是非常重要的一部分。把和谐校园构建好了，就能在无形当中形成一股十分强大的力量，进而推动整个社会的和谐。另外，和谐校园是推动学校又好又快发展的基本条件。和谐能够凝聚人心，和谐可以团结力量，和谐益于促进事业发展。校园奏响和谐的旋律，将会为学校的发展和学生的成才注入活力，使学校的组织效能得到充分发挥，提高教师教书育人的积极性和学生学习的主动性，从而提高教育教学的质量，促进师生的自身发展和身心健康。本文结合自己的学习和学校发展的实际谈谈和谐校园的基本要求和构建和谐校园应处理好的几个关系。

一、和谐校园的基本要求

《中共中央关于构建社会主义和谐社会若干重大问题的决定》中提出，构建社会主义和谐社会的总要求是："民主法治、公平正义、诚信友爱、充满活力、安定有序、人与自然和谐相处。"我们所构建的和谐校园也应该是满足这种条件的校园。

民主法治的校园。民主法治是构建和谐校园最根本的指导原则和最重要的运作机制。依法治校、依法管理、民主决策是学校管理的重要手段，学校事务的治理，学校与国家、社会关系的处理以及学校的制度安排、规则程序、合作参与、责任分担、利益共享等都离不开民主法治。只有将民主法治的指导原则和运作机制引入学校事务治理的过程中，才能有效克服集权制、官僚制可能造成的弊端，发挥教职工的主人翁精神，调动教职工的工作积极性、主动性和创造性，人人参与管理，个个献计献策。学校管理有法可依，有章可循，有计可施，全体师生自觉遵纪守法，学校和谐有序发展。

公平正义的校园。社会主义和谐社会是体现了公平正义，社会各方面的利益关系得到妥善协调。一个公平正义的校园意味着在良性机制下机会的平等、竞争的公平。在校园内，无论是教师晋升职称、年度考核、评优评先、提拔任用，还是学生中选拔干部、评优表彰、教学奖励、课堂提问、座位编排等都要体现出公正公平。只有通过公平竞争获得自身的利益，大家才会心悦诚服，才会在师生中树立积极进取的形象，实现学校与个人的共同发展。

诚信友爱的校园。诚信友爱是构建和谐校园的道德基础。建立和谐的教师之间的关系、师生关系、学生之间的关系、干群关系、部门关系，才可以最大限度地减少校园生活中的各种内耗和摩擦，提高工作效率。构筑良好的人际关系，大家和谐相处，有利于个体的身心健康和事业的成功，使学校的整体利益最大化，增加学校的价值认同和凝聚力，使人们在彼此信任和相互关爱中，感受做人的价值和尊严，体验生活的美好和人生的幸福，甚至激发生命的创造力。

充满活力的校园。和谐校园是充满活力的校园，校园活力主要来自学校成员、管理机构和机制的有效作用。学校各种成员在诚信友爱的基础上，相互理解、相互尊重、相互信任、平等相处，学校的发展目标师生易于认同，学校的要求师生会自觉地转化为自身的行为，同时，师生也会主动地为学校发展出谋划策。只有校园充满活力，才能充分调动教师和学生的积极性和创造性，才能使一切有利于教师、学生和学校进步的创造愿望得到尊重，创造活动得到支持，创造才能得到发挥，创造成果得到肯定。

安定有序的校园。校园运行安定有序是学校全体师生普遍的渴望和需求。校园运行有序，就是学校的教学秩序、教育秩序、校园秩序正常，它是提高教育教学质量的保证。要确保校园运行有序，必须校园组织机制健全、机构设置合理，管理制度完善、管理方法科学、管理手段先进、管理措施得力。安全文明校园是和谐校园的基础性特征，是确保学校稳定发展的环境基础。安全文明的校园，首先应该是校园内部的安全文明。校园可以为教师、学生提供一个安定、有保障的生活环境，更主要是在心理上提供一种安全与信任的良好氛围，使人与人之间各种交往在文明友善的环境中进行；其次应该是在与外部互动过程中，发挥学校对社会的影响与教育功能，为学校缔造一个安全文明的外部环境。

人与自然和谐相处的校园。人与自然和谐相处的校园是学校发展的较高境界。全体师生热爱学校，热爱学校的设施设备，热爱学校的花草树木，热爱学校的自然和人文景观，创设一种温馨和谐的校园氛围。

二、构建和谐发展的校园应着力处理好的几个“和谐”

（一）理论教学与实践教学和谐发展

理论教学主要是文化基础知识和专业基础知识的教学；实践教学主要是技能训练、社会调查、岗前实习等。理论教学是奠基工程：一是文化基础知识教学为专业基础知识的教学服务，专业基础知识的教学为专业技能训练服务，为实践教学服务。二是理论教学为学生的可持续发展奠定基础。由于现代社会人不可能在某一个行业或某一个岗位工作一辈子，丰富的知识能增强学生的挑战能力和适应能力。实践教学可培养学生的专业技能和岗位工作能力，为学生上岗奠定基础。理论教学和实践教学要和谐发展，不可偏废。重理论，轻实践，这样培养出来的学生工作能力不强，学生就业困难，导致的结果是影响学校招生，制约学校的发展；重实践，轻理论，这样培养出来的学生缺乏可持续发展的动力，长此以往，照样会影响学校的发展。

（二）道德教育与知识传授和谐发展

《中华人民共和国职业教育法》规定："实施职业教育必须贯彻国家教育方针，对受教育者进行思想政治教育和职业道德教育，传授职业知识，培养职业技能，进行职业指导，全面提高受教育者的素质。"《国务院关于大力发展职业教育的决定》指出：学校教育要"把德育放在首位，全面推进素质教育。坚持育人为本，突出以诚信、敬业为重点的职业道德教育"。古人语："聪明用于正路，愈聪明愈好，而文学功名益成其美；聪明用于斜路，愈聪明愈谬，而文学功名适济其奸。"这就是说，人的成长和发展必须立德为本，德才兼备。学校的功能是传道授业解惑，职业教育是以就业为导向的教育，必须把学生的道德教育放在首位，渗透到教育教学活动的全程，同时注重学生的专业知识教学和专业技能的培养，二者要和谐发展。

（三）硬件建设与软件建设和谐发展

硬件建设是学校发展的基础，软件建设是构建和谐校园的核心，二者要和谐发展。中等职业学校对硬件的要求相对较高，在满足文化课教学的前提下，要有专业教学设备，要有实训基地，要有实习基地，这需要较大的投入，否则，专业技能的形成和专业能力的培养是一句空话。软件建设主要是学校管理制度的建设，学校校风、学风、教风的建设，校园文化建设，全体师生的思想、政治、道德教育等。软件建设是学校和谐发展的魂，软件建设到位，可使校园管理有序，部门关系协调、人际关系和谐，师生中蕴藏的潜能可以最大限度地得到发挥，实现管理优质高效。重软件建设轻硬件建设，教学质量无保证；重硬件建设轻软件建设，管理不到位，教学质量同样无保证。因此，两者要同步发展，抓好抓实，同步推进，相辅相成，相得益彰，才能发挥最佳效果。

（四）队伍建设与专业建设和谐发展

职业教育面向社会、面向市场办学，根据市场需求，不断调整开设的专业，不断加强专业建设。专业建设主要有两个要素：一是专业教学仪器、设备的配置；二是专业师资队伍建设。专业建设是学校生存和发展之基，师资队伍建设是专业建设之基。名校靠名师支撑，名专业更要靠名师支撑。要打造一个名专业，必须要有一支德艺双馨的"双师型"师资队伍。因此，学校建设要根据专业教学需要，配置必备的专业教学仪器、设备，同时，要着力建设一支师德高尚、爱岗敬业、水平较高、能力较强的"双师型"师资队伍。只有专业建设与专业师资队伍建设和谐发展,才能培养出高素质的学生。

(五)制度管理与人本管理和谐发展

和谐发展校园的首要特征是民主法治校园。因此,学校管理必须依法管理,依法治教,并结合学校实际依法制定相应的管理制度,规范全体师生的行为。但学校管理更重要的是实施人本管理。只有实施人本管理,才能把全校师生凝聚在一起,共同把学校的教育教学推向新的台阶。在学校实施人本管理,其核心是把人置于学校管理的中心地位,尊重人、理解人、关心人、激励人、教育人、保护人,充分开发人的潜能,实现人与学校的共同发展。一个实行人本管理的学校,其基本管理思路就是将人置于管理过程的中心,将以人为本作为学校共同的价值观体系的核心,以成员的集体主义行为为基础,达到调动成员的积极性、主动性和创造性以及在推动学校发展过程中实现人的全面自由发展的目的。因此,学校在管理过程中必须将制度管理与人本管理有机统一,以创设最佳管理境界。

这部分是我们的教职工、曾经在我校工作过的同志和校友对学校精神——“民师精神”的形成、发展和发挥的作用的认识和体会。这些感言因为是真感受，所以，真真切切、感人至深、催人奋进。作者也是真正的学校文化建设——“校之魂”的形成和发展过程中的历史见证人和实践者。

第十章

感言

GAN YAN

第十章 感言

论"精神"

——学习"民师精神"的体会

陆永金

一、人要有点精神

"精神"从哲学的角度讲就是"意识",是针对"物质"来讲的。意识是人所特有的精神活动,是物质世界在人脑中的反映。意识的形式是多种多样的,但归纳起来主要是三个方面:认识、情感、意志。这里所说的精神不完全等同于哲学上的意识,它应该是意识的核心和精髓。主要是指"意志":即指人们在认识和情感的基础上,根据主、客条件确定目标并支配行动,实现预定目标的一种心理过程。

每一个思维正常的人都有意识,即都有认识、情感和意志。但由于主、客观条件不同,意识的程度有所不同,特别是"意志"(即"精神")的差别较大。当然,意识的程度同认识和情感有直接关系，认识不深、信念不同、经历不多、锻炼不够等等会带来意志不坚定或精神脆弱。

有意识的人不一定有"精神"。有的人有知识、学历高，但往往就是缺少一点"精神"，或者说"意志和能力"太差，对生活、对工作、对社会无所作为，以至于他们对生活、对社会缺乏信心，没有创造，贡献不大。

精神同一个人的世界观、人生观和价值观有关。有的人对世界感到一片盲然，对人生没有远大理想，对人类的价值的认识只停留在"生物"性层面，即吃喝玩乐、传宗接代等低层次的要求。这样的人如同行尸走肉，根本没有什么精神可言。总之，人，是高等动物；人，是社会的人；人，应该是有精神的人。否则，人就不是真正意义上的人。

二、人应该有什么样的精神

一个国家、一个民族、一个地区、一个单位、一个人都有各自的精神个性。但都有一个共同点：都是激励人们向上、推动历史前进的原动力。

中华民族之所以生生不息、永远向上、不断强大，最关键的就是有民族精神作支撑。"民族精神"是一个民族在长期的历史发展过程中锻造和培育起来的，为本民族成员共同具有和追求的民族性格、民族自豪感和自信心，道德品质及价值准则的总和。中华民族的民族精神是悠久历史的积淀和灿烂文化的结晶，它是以爱国主义为核心的团结统一、爱好和平、勤劳勇敢、自强不息的伟大民族精神。

作为一个人，应该具有什么样的精神？笔者认为应该具备四个要素：有一个明确的追求目标，有一个平和的心态，有一个良好的精神面貌，有一个健康的身体。即理想、心态、面貌和体质四要素。

理想。就是要有人生追求的目标，而且是较高境界的目标。没有理想，人生就没有方向，也就没有生活、学习和工作的动力。一般来说，人人都有理想，而且各有各的理想，但我们提倡的理想应该是：符合社会发展规律，代表历史发展趋势，对国家对人民有利的。

心态。它是指一个人的情绪、心境、态度。人的心态是多种多样、纷繁复杂、变幻莫测的，它和一个人的心理健康状况、思想水平、道德修养以及血型、个性等有关。一个有良好进取精神的人，一定是一个心态平和的人，也就是说一定是一个心理比较健康、思想水平较高、道德修养较好、人格比较完善的人。

人的心态分为积极的和消极的两种类型。积极的心态能充分发挥其潜能，既能吸收巨大的能量又能喷发出巨大的热量。因为人的潜能是无限的。

动物界里，只有人才能主动地从内部通过自身的自觉意识的功能，去控制自己的情绪。愈是文明，愈是高尚；愈有教养，就愈能控制自己的感情和情绪，从而极大地提升自己的精神境界。总之，积极的心态会促进人的心理健康和生活健康，延长人的寿命；而消极的心态则完全相反。

面貌。指人的“气质”，它是人们心理或心态的外在表现。包括：仪表、言谈、举止、社交等。“仪表”即穿着打扮，一要得体；二要自然；三要大方；四要整洁；五要有个性。“言谈”即语言表达交流，要求是：语速适中、语气得当、声音洪亮、简洁明了、诙谐幽默、文明礼貌。“举止”的要求是：坐有坐相、站有站相、走有走相，力求做到：坐如钟、站如松、行如风。“社交”，即人的心态、面貌、气质往往就是在社会交往场合中体现出来。所以，在社交场合中要求做到：热情大方、交谈亲切、以诚待人、把握分寸、尊重对方，适度宣传自己、树立良好形象。

体质。身体是一个人生活、学习、工作等一切活动的基础。当然也是一个人精神面貌的物质支撑。一个人有个好的身体不一定有“精神”，但没有好身体，谈精神只能是勉强的、暂时的、有限的。所以，一个有精神的人终身都要善待自己的身体，维持健康的体质。

总之，人要有这样一种精神——应该是理想远大、心态平和、乐观处世、待人诚信、气质高雅；对生活和事业充满信心，不怕困难、敢于挑战、勇往直前，永远保持蓬勃朝气、昂扬锐气和浩然正气。

三、让一切优秀的“精神”发扬光大

在中华民族伟大的民族精神的激励和感召下，涌现了千千万万优秀的中华儿女，为中华民族的自由和解放，为中国的革命和建设抛头颅、洒热血，从而不断丰富和发展中华民族精神。无论是革命战争年代的井冈山精神、长征精神、延安精神、西柏坡精神和红岩精神等，还是和平建设时期的雷锋精神、大庆精神、“两弹一星”精神、抗洪精神等，都是中华民族精神的集中体现和创新发展。

江泽民同志概括的新时期的“创业精神”，包含了“五种精神”：(1)解放思想，实事求是的精神；(2)紧跟时代，勇于创新的精神；(3)知难而进，一往无前的精神；(4)艰苦奋斗、求真务实的精神；(5)淡泊名利、无私奉献的精神。这些精神已经成为中华民族精神的有机组成部分，这是我们全面建设小康社会，实现国家富强、民族振兴的伟大精神力量。

就文山州而言,20 世纪的七八十年代的对越自卫还击战中创造的“一切为了前线,一切为了胜利,不怕牺牲,无私奉献”的“老山精神”;西畴人创造的“搬家不如搬石头,等不是办法,干才有希望”的“西畴精神”,以及最近文山州委概括的“放下包袱、与时俱进、穷则思变、后来居上”的“文山精神”等,都是文山军民、文山各族干部群众共同创造的精神财富,应该继承和发扬。

文山州民族师范学校建校 30 年来,虽然历史不长,而且处于文山这样的贫困落后地区,但却取得了许多辉煌的成就。培养了万余名幼儿园、小学教师,完成短期培训一万多人次,现有全日制在校生 1 800 多人,成人教育在读生 1 400 多人,获得了国家级光荣称号五项,省级荣誉称号八项,州级六项,县级四项。更重要的是,近几年来在文山大地出现了一种“民师现象”,就是从乡村到县城到州属单位,不论在工作时间还是茶余饭后人们经常谈论到民师,所以,一些从省上下派到文山工作的领导干部便认为这是一种“民师现象”。其中一个很重要的事实是,在中小学、幼儿园,在乡、镇,在县上甚至在州上,从民师毕业的学生担任领导干部的比较多。西畴县 2002 年 8 个县委常委中就有 4 个是民师毕业的学生,有些县的乡(镇)党政领导干部有近 1/3 是民师毕业的。2002 年,全州教育现场会在马关县召开,会议确定参观 9 所先进学校,其中有 8 所是民师毕业的学生当校长。2003 年,第一次实行全省大中专毕业生公务员、事业单位统一录用考试,全州考分最高的是民师的毕业生,全州 8 个县有 5 个县的最高分都是民师的学生,高于大学本专科毕业生的考分。2003 年,由共青团云南省委等部门组织的全省“云妹儿”竞赛活动,文山州民师的在校生陈雪琼在 300 多名参赛选手中轻松获得了亚军。2003 年,有 2 名毕业生被选拔直接进入州人民政府工作,更值得庆幸的是有 2 名学生被选拔直接进入北京中南海工作。在各种竞赛活动中,在各种评先、评优项目中,好像没有民师和“民师人”获奖受表彰就是一种“不正常”现象,好像“民师人”应该永远是胜利者,永远有人赞扬。

这种“民师现象”迫使我们苦苦思索和探究,我们初步发现和得出的结论是:原来有一种“民师精神”在背后作支撑。这一“民师精神”的核心是“爱岗敬业、艰苦奋斗”。这种“民师精神”是文山民师校园文化的精髓和办学的灵魂,是几代“民师人”共同奋斗的结晶,是民师最为宝贵的精神财富。它曾鼓舞着一代又一代的“民师人”艰苦创业、奋发向上,使民师从无到有、从小到大、从弱到强以至发展到现在的规模。它不仅过去是,现在是,而且将永远是我们建设民师、发展民师的强大精神动力。

我们初步总结认为,“民师精神”的核心:“爱岗敬业、艰苦奋斗”,其基本内容是:

“爱岗敬业”的要求是:“五爱”——爱学校、爱教工、爱学生、爱岗位、爱专业。

“艰苦奋斗”的要求是:“五勤”——勤奋踏实、勤学苦练、勤劳勇敢、勤政廉洁。

“民师精神”具有以下特点:

特点一:真实感人。从建校开始到现在,从一般教职工到学校领导干部,从在校生到毕业生都曾出现过无数真实感人的故事,充分证明了“爱岗敬业、艰苦奋斗”这一核心精神。主要体现在爱校、敬业、朴实、严谨、苦干、实干、奉献等方面。

特点二:内涵丰富。“爱岗敬业”的核心在“爱”字,包含了“爱学校、爱教工、爱学生、爱岗位、爱专业”,体现了“以人为本”的现代教育及其管理理念。同时“爱”也是“人文教育”的核心。充分说明我校高度重视人文教育,坚持以人为本,营造爱的氛围,这些方面都具有深刻而丰富的教育内涵。“艰苦奋斗”的核心在“勤”字,包含了“勤奋踏实、勤学苦练、勤劳勇敢、勤俭办学、勤政廉洁”。古人云:“天道酬勤。”“勤”是付出,“酬”是回报,有付出必有回报——这是“天道”,即“天经地义”。“勤”和“爱”融合在一起,更有着深刻的内涵。“爱能生才、勤能补拙”,只要有爱的奉献,就能培养出更多的优秀人才;加上善于付出,勤奋苦干,一切不足都可以弥补,一切困难都可以克服,就一定会有光明的前景。

特点三:时代性强。作为一种“精神”,要有“时代性”才能体现“先进性”,只有“先进性”才具有“代表性”,只有这样才能激励人们不断前进。“民师精神”具有较强的“时代性”、“先进性”和“代表性”。一是体现了人文精神,即以人为本,以爱为重,这是处理现代人与人之间的关系以及发展教育、培养人才的现代理念和基本原则。二是体现了敬业精神。一个人不敬业就不会有提高,不会有发展,不会获得成功,就会在竞争日趋激烈的现代社会中被淘汰。三是体现了创业精神,在科技信息时代,在市场经济社会中,要勇于破除传统观念,敢于创新,勤于奋斗,才能成就事业,在平凡的岗位上作出不平凡的贡献。

特点四:影响深远。“民师精神”由“民师人”创造,影响和鼓舞着一代又一代的“民师人”在不同的岗位上奋发有为,催人奋进。“民师精神”不仅影响着成千上万的“民师人”,而且已经在社会上产生了良好的效应。在一定程度上起到了示范、榜样等“旗帜”的作用。我们深信,随着民师的不断繁荣、发展和壮大,“民师精神”也将不断地丰富和发展,并产生越来越深远的影响。

民师精神永放光芒

文山州政协　文官红

时值母校创建三十二年之际，学校广泛深入地开展民师精神的研究，这是一件十分值得庆幸的喜事。它对于总结过去、开创未来具有重要的现实意义和长远的历史意义。因此，我愿写一短文献给母校和校友，以表敬意。

我于1978年10月考入文山州民族师范学校读书，编入18班，在校学习了两年。鉴于当时的三年学制所限，应广大师生的迫切要求，经上级批准，我们这届学生于1980年8月就离开民师，分配到各县、各学校任实习教师，一年以后才办理发放了毕业证书，准予毕业。庆幸的是，因工作需要，我又从实习的文山县攀枝花公社红旗小学回到民师，留校任学校团委副书记兼保卫干事。从1981年7月工作到1983年5月，后被调到文山州教育局工作。回忆起将近五年在民师学习和工作的那些日子，许多事情仍历历在目、令人难忘。

在民师学习和工作期间，我先当学生，后为教师，都积极参加了学校团委和其他行政事务的工作，主要是协助校领导和教师做好团员的组织教育管理和校内的安全保卫工作。当时，学校占地面积小，校舍紧张，四周无围墙，办学条件差，加之学生人数多，而教职工特别是管理人员少，管理的任务很重。但是，在学校坚持面向基层（农村）、面向少数民族地区、面向小学和“严格管理、严格要求、提高质量”的办学思想指导下，广大教职工忠诚于人民的教育事业，团结一致、爱岗敬业、艰苦奋斗，克服了许多办学中的困难，亲自动手建设校园，不断改善办学条件，不断改进教育教学方法，促进学生的全面发展，培养了一批又一批合格的小学教师，初步树立起民师人在全州各族人民心中的良好形象，为民师后来的发展奠定了基础。

离开民师后的二十多年，我的工作虽然几经调动，岗位几经变换，但从民师广大师生身上学到的好思想、好作风、好精神，始终激励着我、鞭策着我。不论在任何单位，都能以爱岗敬业为上，以艰苦奋斗为荣，兢兢业业、扎扎实实地干好本职工作，从而逐步走上领导岗位。通过总结别人的经验和自己的经历，我认为一个人的成长进步，主要靠三条：一靠组织的教育培养；二靠自身的努力奋斗；三靠同事的支持帮助。这也可以说是民师精神的一种折射，不知其他校友以为然否？

寥寥数语，难表一名校友对母校的情怀。我想，只有永远记住恩师的教诲，永远保持和发扬母校的优良传统和作风，并为母校的发展壮大做些力所能及的工

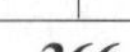

作，才不愧为“民师人”的称号，使自己不断有所作为。

愿母校事业如日中天，愿民师精神永放光芒！

一生的感动

中共文山州委宣传部　普光明

生活，总是会有感动的，无论是平凡或高贵。带着一颗感动的心，我常常忆念它的源头。

漫漫人生路，回首曾经，是谁让我从无知走向文化的殿堂？是谁让我从无知走向真善美的港湾？在我逐步走向成熟、走向成功的求知路上，是你们——文山民师的张黎、杨瑞芬等各位恩师，给了我一生取之不尽、用之不竭的前进动力，使我不断摆脱了幼稚，摆脱了无知，摆脱了浮华。

曾记得1984年9月，一心想圆大学梦的我，因家庭贫穷，不得不忍痛割爱，就读了文山州民族师范学校。当我的双脚极不情愿地跨进文山民师大门之时，一位年轻美丽并且相当随和的女教师亲自接过我的行李，并嗔怪地说道：“哎呀，我的小班长，你终于来报到啦，快去注册。”她就是我在民师学习生活三年间的第一位班主任——杨瑞芬老师。在入学之后的很长一段时间里，是杨老师大姐般无微不至的关怀，融化了我难圆大学梦的抵触情绪，把我拉回了自信的旅途。

人生不如意事十之八九。民师二年级时，因我父亲患病并长期卧床不起，家里丧失了唯一的男劳力，整个家庭陷入了极度贫困的状态，除了国家补助师范生的生活费之外，我几乎没有半分零用钱。为了减轻母亲支撑整个家庭的巨大压力，我产生了弃学回家劳动的念头。此时，是我终生难忘的民师第二位班主任——张黎老师及时发现并帮助我解决了思想上和生活上的一系列困难，使我得以顺利地完成了民师三年的学业。

尊敬的各位恩师，可以说，我是在您们一次次地鼓励提醒，一次次地期待教育中脱胎换骨的。多少个像我一样碰到困难、缺乏自信、缺乏自控力的学生是在您们一路的精心呵护，一路的悉心关照，一路的鼓励提醒下一步步前进的。可以说，我们今天的成长，完全是因为有了您们昨日的抚育。

人们把您们比喻为园丁，因为您们桃李满天下；人们把您们比喻为蜡烛，因为您们燃烧了自己，照亮了千万学生的心，指引他们前进，让他们不会在黑夜里迷失方向。也许，多少的赞美都无法表达我对您们的感谢与热爱，因为我知道，您们要的不是这些，您们要的是愿天下学生“青出于蓝而胜于蓝”。是的，学生的成功是给予您们最真诚的报答和安慰。

我未来的路还很长很长，在长途跋涉中，不管我的未来是否依然得到您们的呵护，各位恩师，我永远不会忘记您们，因为是您们给予了我一生取之不尽、用之不竭的前进动力。您们永远是我心弦上不逝的风景。

火红的80年代

原文山州民族师范学校校长、文山州教育委员会主任　张呈纬

翻开文山州民族师范学校的历史，20世纪80年代无疑是她发展史上光辉灿烂的一页。这个年代为民师后来的发展起了奠基的作用。这个年代给民师造就了一个良好的人文环境，孕育了良好的校风、学风，根植下了“民师人”的“民师精神”，出现了一个人心上进、事业兴旺、朝气勃发的大好局面。教师队伍日愈壮大，年轻教师迅速成长，教学质量逐年提高，毕业生深受八县的欢迎。民师办学的经验，闻名遐迩，办学的各项指标均名列前茅，国家级、省部级、州县级奖励的喜报纷至沓来，赢得了全州各级领导的肯定和全州各族人民群众的赞誉，在文山州教育史上起到了她应有的作用，得到了她应有的历史地位。

20世纪80年代正是我国改革开放的初期，百端待改，百事未定，各行各业都在解放思想的声浪中摸索前进，没有现成的模式，也没有成功的经验。学校教育无不是如此，完全靠我们自己去创造。

在这样的大背景下，民师确确实实幸逢发展的机遇期。但是，这时的民师正处在一个对内对外都是“极贫极弱”的地位上。一是经费不足，除了保证“吃饭财政”以外，几乎没有发展经费；二是校舍面积严重不足，教学设备、生活设施极差，招生任务重，学生拥挤，难以管理；三是教师队伍极不相称，青年教师居多，教师学历合格率低下，具有本科学历的仅20%；四是学校没有知名度，学生生源差，教学起点低。面对这样的现实，民师人怎么办？是妄自菲薄，还是奋发图强；是自暴自弃，还是自强不息；是甘愿落后，还是立起直追？民师人选择了后者，打掉妄自菲薄，立志奋发图强；绝不自暴自弃，誓死自强不息；以甘愿落后为耻，以立起直追为荣。经费不足，我们自己动手，艰苦奋斗，师生劳动建校，不计报酬。开源节流，把钢用在刀刃上，把节约下来的极为宝贵的钱用在最能发挥作用的地方，使学校的物质建设不断向前迈进。教师学历不达标，我们就出台政策，鼓励大家自学成才，组织教师在职进修，边工作边进修，通过国家考试获得合格文凭，有的就放出去离职进修，学业修满，达到合格学历又返校任教。经过三五年的努力奋斗，教师队伍发生了根本的变化，加上历年从大学毕业生中分来的教师，我们教师队伍的学历合格率达到了95%。这些教师长期坚持在教学第一线，"摸爬滚打"，一边教学一边进修，双倍地付出，双倍地努力，不仅学科理论知识有了扎扎实实的提高，而且教学经验也有了相当丰富的积累。更可贵的是，他们在既坚持教学又完成进修学习这种艰苦环境中锤炼了自己的意志品质，打拼出了一种不屈不挠、不达目的不罢休的顽强性格和精神。同时，也为民师造就了一支敢于拼搏、善于拼搏的教师队伍。这支由原来的和20世纪80年代分来的大学生一同组成的教师队伍，不可同日而语，他们成了后来民师教师队伍的中坚力量。这些人，有踏踏实实的干劲，有奉献精神，责任心强，敬业爱生，既有文凭又有水平，教学效果好，深受学生欢迎。他们是打拼民师精神的一代可爱的人，所以，当时我们都亲切地称他们为"年轻的老教师"。

20世纪80年代是民师火红的年代。在这个年代里，几乎每天都有动人的故事发生，每个教师身上都有一段感人肺腑的故事。民师是一条河，它波涛滚滚，浪花飞溅，呼啸前进。我愿借此机会，撷取几朵浪花，以透视民师的历史，剖析民师精神的成因。

1987年，一个天晴高远，白云舒卷的早晨，第二节下课钟刚刚响过，彭群力老师匆匆走进我的办公室，对我说："张校长，你用人到极限了！"我不解地问："你说的是什么？"彭老师答道："你用韦继安，用到极限了。他一个星期上24节语文课，还当一个班主任，现在苦(累)病了，正在发高烧呢！"我暗暗惊了一下，嘴上却缓缓地说："真有此事，他病了，他现在在哪里？"我腾地一下站了起来，"走，我们去看他"。两个人急匆匆地往教学楼下层走。刚到教学楼大门，就见韦继安腋下夹着书，手上捧着粉笔盒，正从花园里走来。我们急忙迎上去问："继安，你不是病了吗？怎么还来上课？"韦老师轻轻地说："没关系。"我说："不行！有病得治，不能硬撑着。""小毛病，我支持得了。"我靠近他摸了一下他的额头，"呀，真烫啊！快！

去医务室”。我们硬把他送到了医务室交给了医生。我们忙着上课去了。第三节下课，当我走在走廊上的时候，听到了韦老师讲课的声音。哦！他为了补上去医务室耽误的时间，还抓紧时间给学生补课呢。他的声音还像往常一样，他的语气还是那样专注。我驻足倾听的瞬间，双眼湿润了，此时，我的心里骄傲和痛苦交

织在一起，除了感佩之外，便是自责。学校在发展，教师奇缺，请兄弟学校支援的教师尚未到位，为了不让学生耽误一节课，韦继安老师欣然“领命”担此重任。我做了一件明知是错却又不得不做的“错事”。自责的是我，赞美的是我们这些无私奉献的老师。历史就是在正确与错误中写成，在奉献与痛苦中前进。

这一年冬季运动会被改成体育艺术节，所需要的宣传画比往年成倍地增加。美术组的老师们身上的任务显然加重了，他们除每天坚持正常上课外，还要为即将开始的体育艺术节赶制大型宣传画。蒋超老师因从外地出差刚赶回来，但任务未减，时间紧急，就夜以继日地赶画，几个昼夜下来，胖乎乎的身体，瘦了一大圈。为了完成任务，按时拿出宣传画来赶开幕式，他一天 24 小时扑在画画上，画累了就躺在画桌上用画布盖在身上，枕臂而眠，醒来又画。在美术组的老师们苦战的日日夜夜里，他们未曾想到过报酬，学校也未给过他们加班费。当他们的大幅精湛的彩画挂在运动场和学校显要位置的时候，他们得到的是师生员工的掌声和赞扬声、来宾的好评、领导的鼓励和表扬，以及所有人投向他们的信任的目光。民师的一代青年教师就是在这样的人文环境中，这样的政治气氛中成长起来的。他们胸中燃烧着一把火，心里怀着一个信念，脑子里牢记着人生的真谛。正如蒋超老师说的那样，“为学校做点儿事是我们的责任；为学校做事做好了，就是我们的最大快乐”。

在一次全省中师校长会议上，各校的校长们几乎同时向我“发难”，都指责我“做得太过分，太不尽情理了”。我顿时感到愕然，不知何故。接着校长们才说：“你们文山州民族师范学校在大理的全省中师男排大赛中一举夺得了全省第一名，得了冠军，你为什么不准你们的队员畅游洱海，在其他各校排球队畅游洱海的时候，你们却悄悄收点行李打道回府！唉，太不应该了。你应该好好犒劳一下那些夺冠的功臣才是啊！”这时，我明白了。但是，我如芒刺在背，真像是做了缺德的事一

样，无言以对，默默地似乎是接受着校长们的批评。其实他们哪知道，并不是我不准，而是我们的队员们不愿意游，主动向领队提出来“打道回府”的。“饱汉不知饿汉饥。”谁会知道我们这支全省夺冠的男排是怎样在极端困难的情况下组织起来的呢？在比赛前一个月，集中训练的时候，因为经费紧，没有发衣服和鞋子，队员们都穿着自己的服装训练，伙食补贴从平日里节余下来的伙食费中开支。参赛的衣服鞋子是教职工工会福利费中挤出来买的。临出发前向州教育局借了一辆中巴车，学校出点儿汽油钱，为了节约开支，尽量压缩同去的人员，只派了一个教练和一个领队兼生活管理。学校领导一个也没有去，领导由体育教研组组长担任。“精兵简政”做得很彻底。在临行的动员会上我提了一些要求，也表示了一些道歉，最后说：“希望大家艰苦奋斗，吃苦耐劳，胜利凯旋，为学校争光！对不起，由于经费紧张，不能让大家游山玩水了，诚望大家速去速回。”可能就是“速去速回”四个字“害”了他们，他们在夺冠的第二天就“打道回府”了。我真后悔，真是对不起他们。但是，我也很高兴，为夺冠高兴那是自然的事，然而令我更高兴的事是我们拥有这样一支在艰苦面前无怨言，招之即来，来之能战，战之能胜的队伍，以及在他们身上体现出来的“说干就干，干就干好”的民师人的精神品格和斗志。他们委屈而不怨，居功而不傲。“理解万岁”，他们理解时代，理解学校，理解领导，更理解自己，让人生的青春在理解中闪光，让人生的价值在理解中释放。

一切事业都是靠人去开创、继承和发展的。民师的事业也是如此。先人开创了民师，一代又一代的民师人继承和发展了民师，把民师推向了一个又一个新的历程。在民师人描绘的民师壮丽历史画卷中，20 世纪 80 年代无疑是绘下了浓墨重彩的一笔。

发扬民师精神　走出办学低谷

韦继安

常言道：创业难，守业更难。文山州民师从 1973 年建校起，就树立了“爱岗敬业，艰苦奋斗，勤俭办校，勇于创新”的良好风尚，从建校到现在，在历史的长河中仅不过 35 个春秋，但我们在这短暂的历史上却经历了筹备创建、治理整顿、改革创新、全面发展四个阶段。一代又一代民师人在“文山亮坟”这块贫瘠的土地上打造了全州乃至全省一块靓丽的“文山民师”的牌子，靠的是什么？靠的就是“艰苦奋斗，积极奉献，克勤克俭”的创业精神。回顾我自己刚进民师的历史，那是一部“团结奋进、艰苦创业、积极奉献、少说索取”的创业史。历经35年的沧海桑田，文山民师在文山的民族教育历史上，写下了不朽的篇章，建立了不可磨灭的功绩。陈列在学校展览室的各种国家级、省级、州级的奖状和荣誉证可以佐证，为国家培养了近万人的毕业生是最好的说明。

清楚地记得：1980年元旦与其他7个同事分配到民师时，一幢办公室、一幢教室、一幢学生宿舍及教师宿舍，加上一个食堂和一块球场就构成了文山州民族师范。从外观上看，说是工厂又没有烟囱，说是学校又没有教学大楼。尽管仅是这样一个办学条件，那也是学校的第一任校长黄家佑同志，带领第一批老前辈张李富、覃海跃、方红、杨显林等人从1973年起在原来文山县农机场侧边的坡地（人称“陆军坟地”）上开垦出来的。我们新分来的4男4女共8个青年教师，4个男青年教师就住在10多平方米的一个小平房宿舍里，好在我们都没有财产，各自一个木箱就塞在床底下，有两张备课桌轮流用，其余两人只能躺在床上看书，一学期两个教师合用蓝、红墨水各一瓶，多领是不允许的，就连粉笔的领用也是控制着的，一切都必须从节俭出发。我们8个新教师都当上了班主任，哪怕是副的，除上课之外，课余我们和学生一起扫地、抹窗子，还到西山背后砍来迎春柳种在校园里，徒步到离文山城七八公里地的农场挖地、整田、种包谷、栽秧……劳动强度最大的是垒石墙，如今男生楼后已拆的高2米长200米的石墙就是民师16班至22班的同学和老师一起垒起来的。砌上去的石头中，小的有50多斤，大的有200多斤，当时是五六个同学和老师一起用铁链拴着抬上去的。23班至29班的师生负责整理出如今的中心花园，当时是乱石杂草，我们还从地下挖到不少棺木和人骨头。25

班的同学在班主任吴建波老师的带领下建造了今天中心花园的一座假山。教工团支部的教师们扛水泥、抬石头、拌泥浆，建出了几道水泥梯和铺出了中心花园至学校侧门的水泥路。张国政老校长又带领师生种树栽花，如今校内较大的桉树就是 1981 年我们师生种下的小树苗长成的。

说到当时的伙食也很简单，食堂就一个，师生共用，每餐一个菜，碰到白菜是一人一勺，遇到萝卜也是一人一勺。星期三的晚餐是全校师生最高兴的时候，因为学校规定星期三晚上吃肉，那晚的菜饭票是万万不可丢失和轻易送人的。食堂水池里没水了，老师和学生就用水桶或脸盆到如今的教学楼前的稻田里提或抬来倒进水池，以保证全校师生员工的饮用水。至于同学们临睡前，多数也是到田边洗脸和脚才回宿舍休息。熄灯后半小时。班主任还要到宿舍看看学生，班主任杨品晶老师经常提着马灯进宿舍，老师们戏称杨老师是“老房东查铺”。

至于上课，更是不能马虎。对于新老师来说，教务处要求写详案，而且要严格检查。周课时量不小，就我而言，每周 21 节课，而且是 3 个头，跨年级、跨专业，还当个班主任，备课改作业到深夜 1 点多钟是常事。饿了，煮碗面吃，第二天早上还得和学生一块晨跑。加班加点是分内的事，无超课时的说法，每月工资就是 38 元左右，对此，没有哪个老师提出补助的问题。在那个创业的年代，劳动确实光荣，奉献心甘情愿，大家都觉得为学校多做事是理所当然的，都有一种奋发、努力、艰苦创业的劲头，不知道什么叫苦。老师们都说，比起知青生活的艰苦，这算得了什么呢？到了星期天，时不时教工团支部组织大家骑单车郊游，至于地点，有白沙坡、马塘、独店。有的单车后面还载着一个同事，也不知道什么叫累，歇下来，生火、做饭、野炊、游戏。除了青年教师，50 多岁的老教师也被吸引到这个行列中来。那种和谐、有趣、无忧的民师团队的精神生活，至今难以忘记。

如今，经过民师人一代一代的艰苦努力，一所崭新的具有标准化办学条件的学校已展现在世人面前。这所起初不引人注目的

学校,已经建设成为一所办学独具特色、校园优美、教学质量过硬,在省、州内享有较高名望的学校。我们的毕业生遍布文山 8 个县及全省各地,有的还输送到广东等地工作,有部分走上了领导岗位,大部分兢兢业业地在教育战线上从事教书育人的工作。我们可以自豪地说:文山州民师是文山民族教育的摇篮,我们为文山的建设与发展作出了积极的贡献,民师人没有给文山人民丢脸。

目前,全省的中师随着形势的变化,已由 29 所锐减为 3 所。中师办学的态势走向低谷,民师人怎样在这种困境中生存下去,是全校教职工极为关注的敏感问题。学校班子不等不闲不消极,一边积极为上级主管部门当好参谋,制订多种民师走向方案,一边在加强学校硬件建设和教师队伍建设以及在发挥自身优势办学上做文章。学校开展了继续"发扬民师精神,投身二次创业"的教育活动,并倡导全校教职工把此项活动深入持久地开展下去,继续发扬勤俭办校的传统。大家已经认识到,民师今天的发展,离不开昨天的勤俭;民师明天的发展,需要我们今天更加勤俭。

学校告诫全校师生员工:要永远保持艰苦奋斗、勤俭办校的作风;永远保持谦虚朴实、纪严风正的品质;永远保持团结拼搏、努力向上的精神状态,以饱满的工作热情去迎接文山民师明天新的曙光。

青春的回忆

——难忘的民师共青情

唐升忠

共青团与我,那是一段激情燃烧的往事,过去那一幕幕感人的情节,个中情怀是其他团干部难以体会的。

虽然我现在仍然担任共青团文山州直机关团工委书记,但离开学校共青团岗位已经有好几年了,然而每每看到学校团的活动和闲下来的时候有意或无意地都会想起这段曾经令我难忘、令我痴醉的民师共青团岁月和情怀。它在我心灵深处留下了无法磨灭的印记。

人生没有几个十年，而我却把自己的青春、生命的全部热情和精力——12年相伴于民师共青团。12年中，留下过我辛勤的汗水，也洒过辛酸的泪滴，因而眷恋之情也就更加深沉。

在青春的跨越中，我为自己能有过12年的共青团工作经历感到欣慰、自豪、幸福和痛苦愧疚。在那终身难忘的岁月，我曾下定决心，真抓实干闯新路，立志青春献共青。我和我的同事们用共青团的旗帜感召、教育、培养了民师十二届毕业生，累计培养团干部超千人，他们后来有很多相继成为颇有作为的骨干教师、学校领导、团县委领导、乡(镇)领导等。

曾经的岁月，我们在民师精神的感召下，有使不完的劲、用不完的力。我们敢想、敢干，勇于创新、大胆探索，我们做别人不愿做、不喜欢做之事，我们做其他基层团组织不能做、也做不了之事，我们在开创共青团的新领域、新事业。我们曾经从3个老师、4个学生的团委发展到1个书记、3个副书记，下设12个工作部，团干部278人的基层团委。每当中午、晚饭后、晚自习后的休息时间及双休日和寒暑假，别的教职工在休息或娱乐时，我们几位团委的老师却在找学生谈话、指导学生工作、开会，带领学生搞讲座、组织社团活动等。记得在1992年的9、10月，因当时学校困难，团委没有活动经费，团委的几位老师就出主意、想办法，用学校的130车到州民族织染厂、州塑料厂拉来他们滞销、卖不出去的背心、挎包、布鞋等产品回学校组织学生销售，卖出一件背心有8角钱的利润。其中学生有5角，团委有3角。每逢星期六、星期天就全校出动，团委的几位老师不光是亲自参加，还要分片区负责和指导好工作。虽然利润很低，但却使团委获得了自创的第一笔经费——1 175元，参与活动的学生不仅有了勤工俭学的收入，解决了学习、生活上的困难，而且得到了锻炼和培养。有了自创的“第一桶金”，团委的活动也就多了。1993年1月放寒假时，其他教职工早已休息，团委的几位老师却带着留下的学生干部冒着寒冷的冬风拌砂浆、建鸡房、造兔舍，不但没有一分加班费和补助，而且还把留下的学生团干部带到家里去吃饭。当时的政教处主任(原民师团委书记)杜一帆老师看到这种情境后，深受感动地说：“只有你几个才有这种精神和干劲，其他团组织的干部是不可能做到的，你们真是团员青年的标兵。”1994年1月放寒假时，团委的几位老师身先士卒，踩进寒冷刺骨的水塘里，带领全校团员青年挖鱼塘，有的老师手划破了，有的同学脚被玻璃划伤了，但包扎好后又继续劳动，做自己力所能及之事。1997年创办科技园时，为了节省开支，团委的几位老师放弃长假的休息时间，黄胜老师甚至放弃了陪伴身患癌症的父亲，带领20多名学生团干部顶着烈日酷暑，铺路、炸石、砍树、建造共青科技园，衣服被汗水

浸湿了又晾干、干了又湿，晚上收工时，衣服已有一层厚厚的盐霜。我们用民师精神、用激情和意志战胜了恶劣的天气——盛夏和没有资金的重重困难，终于建造了民师共青科技园的雏形。那是火红的青春，火红的事业，一幅幅火红的画面永生难忘。那是“爱岗敬业、艰苦奋斗”的民师精神谱写的篇章，那是“八九点钟的太阳”的真实写照。民师团委以自己艰苦奋斗的精神，永争第一的豪情壮志，创造奇迹的英雄气概，用激情描绘着共青团改革的别样风景。

苦心人天不负，我们终于探索出了团教农科经济一体化改革的路子。一是为配合学校做好中师生的素质教育、活动育人，组建了22个社团组织，成立了校园精神文明监督岗、鼓号队，建立了文山州少先队辅导员培训中心。分层管理，在班级团支部里设置团支部角和团小组行动角，既把竞争机制引进团支部的管理，又丰富了教室文化建设。对团务工作进行分块管理，制度规范化，编制出版了《共青团云南省文山州民族师范学校委员会制度管理手册》，量化评估团干、团员，每月开展一个主题活动，常抓不懈，常抓常新。二是根据文山实际，社会的需要培养人才，即文山州农村经济发展与广大农村大量农技员的不足，培养实用技术人才。我们提出了“培养会教书、懂经济、有技术的复合型青年人才”的口号，创办了青年科技社团、《民师共青科技园》期刊，鼓励学生参加州农函大的学习。我们还到州情报研究所租科技录像带放映给学生观看。校团委成立了经济发展部，各团支部设置经济委员，团委和团支部都组织开展经济创收活动，使培养出来的学生，既能为农村经济发展服务，又能为他们的家庭脱贫致富和改善农村小学办学条件出谋划策。当时，每到周末(双休日)，校园里就像过节一样热闹——有各种讲座培训，有看科技录像的，有合唱团、舞蹈队、篮球队、排球队、足球队、武术队的训练。这些活动既培养锻炼了学生，又活跃了校园气氛。同时，校团委先后创办了养兔场、养鸡场、鱼塘、牛蛙养殖场、共青团综合门市、共青团野生动物驯养场、青青美食园、忘不了饭庄、青松面条厂、共青科技园等团办实体，把学校共青团工作开展得红红火火。在不断谱写共青团工作传奇，演绎素质，拓展夺杯赛雄风的基础上，校团委强力推进团教农科经济一体化改革，积极为每一位学生创造最佳发展空间。我们所做的一切，所开展的一切活动，都是围绕学校以素质教育为舞台，以培养社会需要的全方位人才为已任而做的，培养和造就了一批又一批一专多能的复合型青年人才，探索和形成了观念创新、思路创新、载体创新、制度创新、活动创新、方法创新、机制创新的共青团工作体系。在传承中勇于创新，在精细中彰显大气，我校团委取得的成绩硕果累累，异彩纷呈，成为当时文山州共青团、云南省共青团、全国共青团工作的一面旗帜。曾被上级团组织公认为创下了文山州共青团工作的22个第一，云南省共青团工作的10个第一，全国共青团工作的5个第一。作为团委书记的我，曾代表文山州到云南省作团工作经验交流，代表云南省到团中央作团工作经验交流。校团委为文山州共青团和学校争得了“云南省首批五四红旗团委”的称号、为云南省首次夺得“跨世纪大中专学生素质拓展夺杯赛”的所有项奖杯，因成绩突出被授予大赛“优秀组织奖”的荣誉称号(并奖得价值5 600元的日本进口大彩电一台)，并获“全国五四红旗团委”的殊荣。《中国青年报》、《中国共青团》、《中国青年》、《团情快报》、《师范教育》、《云南日报》、《云南中师》、云南电视台和广播电台，团中央编写的《中国当代杰出青年大典》、《团十四大光辉的献礼》、《实践与创新》及《云南省五四红旗团委创建之路》等新闻媒体(报刊)、书籍报道登载过民师团委和本人的事迹。原州委张田欣书记、王永奎州长亲自为民师团委题词鼓励。由于民师共青团工作的成绩突出，我本人也被评为“文山州第二届十大杰出青年”、“云南省首届五四青年奖章获得者”、“云南省优秀青少年科技辅导员”、文山州级优秀教师，连续十五年被共青团文山州委评为优秀团干部等。

校团委取得的这些骄人的成绩是民师精神鼓舞和感召的结果，是民师历届领导关心、重视、支持的结果，是全校教职员工理解、支持的结果，是民师全体团干部和团员努力奋斗的结果!

回想过去12年的民师共青岁月，在赢得鲜花和掌声的同时，也给我带来了精神的痛苦和心灵的愧疚与折磨，给学校添了麻烦和造成了损失，给团委的同事们带来了麻烦。特别是创办共青科技园，这是我人生的败笔。原本想通过股份制办成云南省最大的团办实体，为学校争光、为共青团添彩，不想因操之过急，资金尚未到位和关系未理顺，就急着上马，加之经验不足，固定资产投资过大和后续资金跟不上等诸多原因，致使科技园从一开始就一直负债经营，只有投入、没有收成。它超出了作为一个基层团委所能承受的能力。再加上,永不服输的个性和自尊心过强的我,一直想扭转败局,最终出现了越急越做、越做越亏的局面。那真是我们自己用辛勤的汗水和心血给自己铸造了人生的枷锁,不知内情的人,还以为我们占了多少便宜和好处。这些对我来讲,真是个毁灭性的打击,永久的痛苦、愧疚和心灵的折磨。不知有过多少次要债人找到办公室,找到家里,每每遇到要债人我真想找个地缝钻进去。虽然此事是经当时党委会讨论、团委会讨论同意后去开展的工作,而且我现在已不在团委了,但每次想到过去的事情,我都没有推卸责任。因我是当时的书记,应该负主要责任,是我的好高骛远给大家带来的苦难和损失。不知有过多少夜晚看到妻儿睡得很香,而自己是在无眠中度过;也数不清有多少个白昼,我是在晚上睡不着觉的情况下,走上讲台给学生讲课;也不记得有过多少次,我曾经想找个知己诉说心中的痛苦和衷肠,但我却没有。我,默默地、默默地把泪水咽到肚子里,化成人生的意志。那真是沙漠荒芜,渴望春生绿洲;人心平常,期盼真情关爱。从 1997 年创办科技园失败开始,我便带着巨大的压力和无法解脱的痛苦踏上了人生旅程。曾经有一段时间,我整天处于昏昏然状态。我多么想力挽狂澜,重振雄风,但一个又一个的希望又都变成了失望,使我对什么都失去了兴趣,没有了往日的激情与热心,一心只想东山再起扭转败局,还清所有债务,平平淡淡地生活。当时我最担心的是自己精神顶不住而崩溃或因思想压力过大而造成身体有病。那真是精彩瞬间铸就民师共青团的永恒,也差点铸成了人间悲剧。

我虽是个充满激情和富有想象力的人,但却又是个对理想的热情超过对现实关照的人,是一个被民师精神鼓舞和改革开放大潮狂飙裹挟进去的书生。我的错误和功绩都带着青年时代的英勇、狂烈、冲动,从某种意义上看又显得幼稚和混乱。但我和团委的同事们所代表的把民师共青团打造成全国共青团工作高端品牌的理想和真抓实干、开拓创新的历史精神,也许对后人会有些激励和启迪。

非常感谢学校领导的关心和爱护!非常感谢团委同事和广大教职员工的理解、支持!只要我不倒下,相信会有那一天的到来,我会重新为民师增光添彩,重振“十杰青年”的雄风。从今天起,我将用微笑迎接每个早晨的到来,重新唤起我满腔的热血和激情,把我校的教育科研工作推向另一个新的高度。

民师共青团,想起你,就像打翻人生的五味瓶,酸、甜、苦、辣、咸一起涌向心头,其中的真情故事和深刻感悟,是我用心和血铸就而成的。感谢您——民师共青团,是您让我经历了天堂与地狱的磨炼,是您给了我冷静的智慧和钢铁般的意志。

民师纪事

王 彪

一、报 到

1985 年 8 月，我被分配到文山州民族师范学校工作。说实在话，我虽然是文山人，但当时我并不知道文山有一所民族师范学校，更不知道它的位置。所幸，我父亲担任校长的小学校里有位教师，她的弟弟就在民师读书。在这位民师学生的陪同下，我来到民师报到。那天，接待我的是学校党支部易家清书记。我清楚地记得，中等身材，体型略胖，留着平头的党支部书记，身着中山装，紧扣风纪扣，一丝不苟，严肃中透着和蔼，干练中透着英气。特别是他那双温暖而有力的大手，厚厚的手掌，传递着一种踏实和自信。交谈不多。记得当时我问了这样一个问题：“书记，我知道了男生宿舍、女生宿舍和教学楼的位置，那么，教职工宿舍楼在哪呢？”书记抬起手臂，在空中平画了个圆，说：“学校的房子都在这里啦，教职工住在小三楼、小平房和女生宿舍楼一楼和三楼。”当时，民师给我留下的印象是，校园很小。不过，那天给我印象最深的是：虽然是假期，但学校并没有显出荒凉与凄清，而是很洁，很静。

二、新教师座谈会

1985 年 9 月新学期开学，学校为我和戴明、邓海春、张红英、乔汝玲、宋华芸等新教师召开了一个座谈会，对我们进入民师工作表示欢迎。那天，学校让我作为新教师代表发言。我是带着印度伟大诗人罗宾德洛纳特·泰戈尔的《园丁集》进入礼堂的。在这个简简单单、朴朴素素的座谈会上，我用《园丁集》中的一段诗表达了新教师的心声：

> 无量的财富不是你的，我的耐心的微黑的尘土母亲。
> 你操劳着来填满你孩子们的嘴，但是粮食是很少的。
> 你给我们的欢乐礼物，永远不是完全的。
> 你给你孩子们做的玩具，是不牢的。
> 你不能满足我们的一切渴望，但是我能为此就背弃你么？
> 你的含着痛苦阴影的微笑，对我的眼睛是甜柔的。

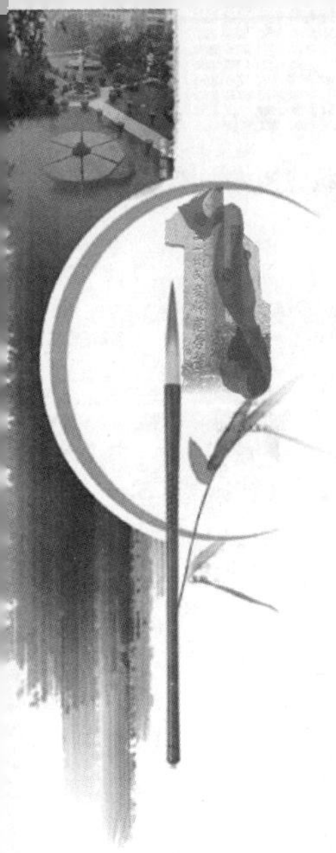

你的永不满足的爱，对我的心是亲切的。

从你的胸乳里，你是以生命而不是以不朽来哺育我们，因此你的眼睛永远是警醒的。

你累年积代地用颜色和诗歌来工作，但是你的天堂还没有盖起，仅有天堂的愁苦的意味。

你的美的创造上蒙着泪雾。

我将把我的诗歌倾注入你无言的心里，把我的爱倾注入你的爱中。

我将用劳动来礼拜你。

我看见过你的温慈的面庞，我爱你的悲哀的尘土，大地母亲。

其实，我当时想表明的就是一种忠诚和奉献。我最后说了一句话："儿不嫌母丑，狗不嫌家贫，来到民师，我们就要努力教好书，带好学生，努力完成学校交给的任务，报答学校的关怀与厚爱。"

三、1989年春夏之交

办什么样的学？怎样办学？培养什么样的学生？怎样培养学生？是学校必须回答的问题。文山民师一直将面向小学、面向农村、面向少数民族地区与邓小平同志面向现代化、面向世界、面向未来的要求密切联系起来，忠诚党和人民的教育事业，踏踏实实做好教育工作，培养合格的人民教师，为边疆民族教育事业作出贡献。有人说，民师纪律管理很严。这是实事求是的。但是，这种严，并不意味着机械、古板。它实际上反映的是学校对学生思想、品质、行为的高要求。许多家长愿意将孩子送入民师，基本的一点，就是放心。

在关键时刻，头脑清晰、立场鲜明、信念坚定，证明了民师的思想政治工作是扎实有效的。

四、劳动轶事

劳动，对于现在的学生来说，似乎是一件很难的体力活。有的人情愿花钱请工，也不愿去动一动他们"高贵"的肢体，仿佛劳动就低人一等。这实在是对人类自身的一大讽刺。

恩格斯在《劳动在从猿到人的转变过程中的作用》中指出，人类为了维持生存，必须不断地进行劳动，以便从自然界取得各种物质资料。也只有通过劳动解决了衣、食、住、行的问题，人类才有可能从事其他别的活动，如文学、艺术、科学和政治活动等等。因此，劳动是人类社会存在和发展的第一个基本条件。不仅如此，溯本求源，劳动还达到这样的程度，以致我们在某种意义上不得不说：劳动创造了人本身。

作为民族师资的摇篮，学校是高度重视劳动观念的培养和劳动实践的。作为老师，我们更不以劳动为耻。

1990 年 9 月，我第二次当班主任，接任已经是三年级的普师 72 班班主任。这是全校大名鼎鼎的问题班。前任的女班主任被学生气哭过不止一次。

我担任班主任后的第一次劳动是周末常规的卫生大扫除，地点是中心花园。学生是很给我面子的：值日小组的学生全部到位，也带上了劳动工具。就一样，扫地的只有我。我知道，他们在考验我。我很镇静地说："我有一个要求，活儿可以由我一个人干，但全组同学谁也不许跑，要陪着我聊天儿。"在接下来的时间里，我一边儿扫地，一边儿东一搭西一搭地与他们聊开了。5 分钟，10 分钟，15 分钟，女生站不住了，开始加入打扫卫生的行列。又过了几分钟，那几个以口才见长的男生脸上也挂不住了，主动拿起了卫生工具。

在以后的大扫除中，我每次都到场参加。有一天，卫生委员找到我说："老师，今后你不要来扫地了。"我问为什么，他说："你要再来，别的班要看不起我们班了，说我们班连卫生都搞不好，老要班主任来参加。"我笑了，告诉他说："其实，我把打扫卫生看成像钓鱼一样，关键是一种心情，一种享受，并不在乎别人说什么的。今后，你们还来通知我。每一个人都应该经得起别人的议论，不管议论是好还是坏。"从那以后，学生每逢有学校组织的劳动，都来通知我，而我也总是站到了最脏、最累的地方。

我从劳动中获得了回报：这个被认为最差、最乱的班级，学习成绩上去了，体育比赛拿团体奖了，文艺比赛获奖了……

我一直认为，教师最大的幸福，莫过于看到自己学生的进步。我为他们感到骄傲与自豪。

五、记住你的学生的名字

1991 年 9 月，我担任普师新生班 84 班的班主任。

在 8 月底，学校将新生编班后的学生档案交到了我们手里。通过看试卷，看档案，看简历，看鉴定，看照片，我熟悉了几乎每一个学生。

我为他们分好了床位，谁住上床谁住下床；在教室的课桌上贴好了标签，谁的个头儿小,靠前;谁的视力差,靠前;个头儿高视力又不好的,往边上坐。我指定了临时班委会成员和临时支部成员。

接下来就是迎接新生了。在新生报到处，我一口一个叫出这些新同学的名字,并指导早到的同学帮助晚来的同学拎行李,培养他们的互助意识、交往意识。

在日后的生活、学习中,学生们问我:“老师,我是第一次来到民师,你怎么一见到我们,就能够叫出我们的名字？”我告诉他们两个字:用心。

三年中,用心,使我发动全班同学你五毛我一元,建立起班级救济金制度,哪怕是最困难的学生，也能在他们稍有节余时为当月更需要帮助的同学伸出援助之手;用心,使我知道如何去保护贫困生最敏感的神经;用心,使每个学生知道自己在老师的心中都有一个座位。

可以说,记住学生的名字,使我在学生的心目中留下了良好的第一印象。在以后的工作中,我把第一次当班主任的热情和第二次当班主任的智慧,注入生活的每一天,使得这个班成为民师历史上学生违纪率最低的班级。

六、党代表

1993 年 3 月,为加强党的战斗堡垒作用,文山民师制订了《德育工作实施方案》,成立学校、年级、班级三级德育工作领导小组,教师党员分配到每一个教学班参加管理。1995 年 4 月,学校将党支部建立在年级上,组建了教师第一、第二、第三支部。这使我们想起了“三湾改编”,将支部建在连队上。这些被派到班上的党员,正式名称叫做“德育辅导员”。由于这些党员的扎实工作,倾情帮扶,许多贫困生、问题学生的生活得到救助,思想得到稳定,感受到了党的温暖和学校的关怀。“我们的党代表”,就是学生对这些共产党员的最高褒奖。

我做过班主任,感受过党员同志对我和我的班级的关怀。1996 年,我成为党组织中的一员,也成为“党代表”中的一员。在多年的德育工作中,我始终以优秀共产党员的榜样力量鼓舞自己,在思想上、纪律上、学习上、生活上、活动上贴近学生,关心爱护学生。我认识到,身正、心正、理正,是做好德育辅导员工作的基础。身正就是要仪表端庄、行为规范、语言得体、举止从容;心正就是要公平、博爱,不玩权弄术、不阿谀逢迎;理正就是要把握主流文化,弘扬传统美德,坚持用科学的理论武装人,用正确的舆论引导人,用高尚的精神塑造人,用优秀的作品鼓舞人。

在党的教育帮助下,我成长起来了。今天,我也在帮助我的学生长大成人。

在全面贯彻党的十六大精神，全面建设小康社会的伟大征程中,“中国共产党始终代表中国先进社会生产力的发展要求，始终代表中国先进文化的前进方向，始终代表中国最广大人民的根本利益”的重要思想，越来越获得民心，成为我们党的立党之本、执政之基、力量之源。

在新时期的学校德育工作中，德育辅导员制度是一种创新，它实际上是文山民师学校精神的一种体现，是学校党建工作中浓墨重彩的一笔。

七、一瓶“白兰地”的故事

担任普师84班班主任期间，几乎每个晚自习，我都背上书包，到教室与学生一道上自习，并利用最后5到10分钟的时间，总结班级当日的情况。

有一天下自习后，我像往常一样来到了男生宿舍例行检查，意外地碰到了两名匆匆进入宿舍的同学从口袋里掏出了一瓶“白兰地”。面对陆续回到宿舍的同学，我如何处理好这件事，对班级的发展至关重要：处理吧，他们还没有打开酒瓶盖儿；不处理吧，众目睽睽之下，动机是明显的。尤其是处理的方式，必须让两位同学口服心服，同时也让其他同学口服心服。

灵机一动，我将两位惴惴不安、耷拉着脑袋的同学带离了宿舍，来到中心花园。学生承认错误，表示对不起老师的教育，这些细节肯定有了。但我将问题的核心集中在如何处理这瓶酒上。他们两位肯定是与这酒“无缘”的了，就说：“老师，这瓶酒您带回去吧！”他们知道，我还是能喝几口的。我否定了这个办法。他们又说：“那我们干脆把它摔了吧！”我说：“第一，这是浪费；第二，这可能影响环境；第三，说不定还会给别人造成伤害。”怎么办？两位学生没辙了。

我将他们带到宿舍管理员的房间里。管理员是从外面请来的一个姓张的老人，年近70，精神矍铄，他没事也喜欢喝两口酒。看着脸红红的两位学生，我偷偷地乐着，对老人说：“张大爷，我的两位学生，觉得您这么大的年纪，还整天陪着他们，管理宿舍，很辛苦。买了一瓶酒，说要孝敬孝敬您，但又不好意思，这不，就拉着我带他们来了。”老人很高兴，连声说谢谢，并夸我们班的同学懂事，有孝心，关心老人，老师真是教育有方。并表示也要经常进宿舍，关心我们班的学生。

时间差不多了，我们向老人告别，我也离开了男生宿舍。

第二天，几乎所有的男生都知道了这段故事。我从他们的目光中读出了敬佩。

在今后的日子里，我一直研究：如何既不伤害学生，又能教育好学生。

违纪率最低的班级，应该就是同学们对我这种“用心”的最好回报！

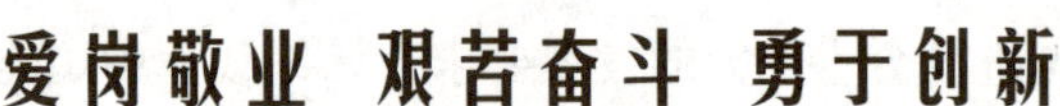

爱岗敬业　艰苦奋斗　勇于创新

——不朽的德育工作精神

张贞富

著名教育家陶行知先生有一句至理名言:“千教万教教人学真，千学万学学做真人。”学校的职能就是育人,就是全面提高学生的素质,其中最核心、最基础的就是提高学生的思想道德素质。“百行德为先”,要让学生学会做事,首先要让他们学会做人。但是,青少年的思想道德教育既是一门深奥的科学,又是一门高深的艺术,还是一项长期而艰辛的工作。这项工作,仅仅靠学校德育工作部门单枪匹马去管理,不能面对教育的方方面面;仅仅依靠班主任队伍去完成,力量有限;仅仅依靠政治课教师在课堂上的理论灌输,难以实现理论与实践的融合;仅仅针对具体问题搞“一刀切”吹“一阵风”,不能满足学生群体浩瀚而且复杂的思想实际和道德发展的需要。学校思想道德建设的科学性、艺术性、全面性、长期性,决定了必须打造一支强有力的工作队伍,而支撑这支队伍开展艰苦卓绝工作的绝不仅仅是报酬,而是一种高尚的精神。

文山民族师范学校办学三十余年来，历届毕业生以良好的思想道德素质在工作岗位上卓越耕耘,深深扎了根。学校的社会影响力也不断扩大,成为省一级中等师范学校,获得了省级文明单位等称号。这些,都与学校长期艰苦而卓越的思想道德建设密切相关,而激励教职员工创造一个又一个辉煌成绩的正是“艰苦奋斗、爱岗敬业、无私奉献、勇于创新”的学校精神和“一切为了学生,为了学生的一切,为了一切学生”的育人理念。

一、爱岗敬业、艰苦奋斗,一切为了学生的健康成长

贫困地区学校的办学条件是艰苦的，学校思想道德建设同样面临着资金短缺,投入不足的实际问题,仅凭“等、靠、要”,工作必将很难开展。历代民师人就是发扬“艰苦奋斗,爱岗敬业”的精神,切实实现了“管理育人、教书育人、服务育人、活动育人、环境育人”的职能,促进了一批批学生的健康成长。

坚持“管理育人”,突出管理和育人的效益。一是根据师范教育的特点建立健全各级学校德育工作的管理职能部门和机构,学校党委书记、校长陆永金同志亲自挂帅，领导学校各部门协调配合，教职员工立足岗位开展工作，形成了学校齐抓共管的德育工作管理网络：(1)校长—政教处—年级组长—班主任；(2)校长—教务处、教研组—教师；(3)党委—党支部—党员(德育辅导员)；(4)党委—团委(工会、妇委会、学生会)—团总支—团支部。二是建立和完善各种规章制度，以规范师生的教育和学习行为，两代师表一起抓，为良好校风、学风、教风的形成提供良好的制度保障。三是抓实“一日常规”各环节的管理质量，重过程管理，突出管理的效益。在具体操作中实行“六级值班制”，即每天都有校级领导、科室领导、辅导老师、班主任(年级组长)、保卫门卫(水电医务人员)和学生干部同时值班，从而有效地维护学校正常的教学秩序、工作秩序和生活秩序。四是重视德育工作的考核评价这一环节，将考核结果与教师的履职晋级和评优挂钩，作为学生综合素质考核的一项重要指标，以此促进师德建设，带动青少年的思想道德建设。五是学校一贯坚持把思想素质好、业务水平高、奉献精神强的优秀教师吸引到德育工作队伍中来，通过培训和实践锻炼提高班主任的综合素质和实践能力，成为一支能吃苦、能战斗的德育工作队伍，为管理育人打下坚实的基础。

以教学为中心，实现“教书育人”。学校重视确立科任教师的育人意识，把课程教学作为育人的主渠道，通过提高教学质量实现课程教学的育人功能。一是注重营造尊师爱生、民主平等的教学氛围，为学生创设和谐、宽松的学习环境。二是精心打造教师队伍，提升教师职业专业化水平，满足学生发展的需要。三是注重教师的人格教育，从抓师德建设入手提升教师的人格魅力，以产生“亲其师，信其道”的良好效应。近年来，学校又紧紧抓住“深入贯彻新课程改革理念，全面实现课程目标，突出教学的育人功能”这一德育改革与实施的主要途径，积极组织新课程改革理论培训，组织在新课程理念指导下的课堂教学竞赛、说课竞赛、公开课、示范课、研讨会，促使课程实现“知识与技能、过程与方法、情感态度与价值观”“三位一体”的课程目标，全面实现课程功能，培养人格健全的师范生。比如陆永金老师在“科学发展观”的课题教学中，结合基本理论的教学，组织学生到所在社区开展综合实践活动，了解社区基本情况、发展规划、农业生产的科学种植和科学管理情况等等，并在此基础上写出研究论文，交流研究成果。通过这种活动，学生们深深感受到只有注重联系实际，依靠科学，才能促进经济社会的协调发展。有不少学生深有感触地说：“看看人家建立在科学技术基础上的生产和经营，联想到家乡陈旧的传统耕作、封闭保守、不信科学、迷信盛行的现实，我们感到了羞愧和责任，我们更加理解党中央倡导‘科学发展观’的重大意义。”可见，全面推进课程改革，是新时期推动“教书育人”的最基本途径。

爱岗敬业，以人为本，实现服务育人。“校兴我荣，校衰我耻”早已成为民师人的共识。岗位创新，勤政廉洁，服务师生，是历届领导干部的工作指针；热爱教育事业，热爱学生，服务学生，是教师们自觉遵守的基本道德要求。尤其在现阶段，学校要求广大教职员工认真实践“三个代表”重要思想，树立全心全意为人民服务的信念，一切为了学生的健康成长。提高服务质量，全面服务于学生，服务于社会，实现“服务育人”的职能。

创设有利于青少年成长的环境文化，发挥“环境育人”的功能。学校历来十分注重优化物质环境和精神环境，突出文明、高雅、健康向上的氛围，使之具有导向性、制约性、激励性。一是树立“热爱教育、谦虚朴实、纪严风正、勤学苦练、全面发展”的良好校风和“严、勤、苦、专”的严谨学风。二是积极开展以校园文化建设为核心的精神文明建设。学生宿舍突出“十个一条线”，强调学生自主创造宿舍文化，既整洁舒适，又具有浓郁的宿舍文化氛围；班级上自主创新教室文化、加强班风学风建设，激励和引导学生努力学习，积极向上；校园里充分利用广播、板报、宣传栏、文明岗等阵地，创设高雅的环境文化，通过耳濡目染，陶冶学生心灵。三是充分利用有限的资金，加大校园绿化美化步伐，用优美的环境陶冶人。走进民师，整个校园大树参天、繁花似锦、绿草如茵，一派园林式的校园景致便映入眼帘。学校的最终目的是使每位学生在任何时候、任何地点都能受到健康文化的熏陶。

致力于开展丰富多彩的活动以提高学生的认识，陶冶学生的情操，磨炼学生的意志，养成良好的道德行为习惯，实现“活动育人”的职能。除了常规的形势教育活动、团支部活动、每星期例行一次的主题班会活动外，学校还结合当前的教育形式和学生实际开展专项教育活动。比如：根据当前较多的垃圾文化充斥着社会，我们在学生中广泛开展“五个十”系列教育活动，组织学生“读十部优秀中外名著、唱十首好歌曲、背十首好诗词、学十篇优秀教育论文、练十项专业技能”。并建立完善的考核制度，与学生的学业成绩挂钩。我们这样做的目的就是要用优秀的文化引领学生的成长，提高学生的人文素养，促进学校青少年思想道德建设。根据学生纪律和行为养成的问题，学校组织开展了“九要求”、“十不准”的教育活动，强化纪律训练，规范学生言行，并形成了长期的一项制度，严格检查，督促学生积极实践，养成学生良好的行为习惯。根据学生行为习惯养成的实际，成立了“校园文明监督岗”，通过监督促使学生养成良好的文明行为习惯。

二、无私奉献，勇于创新，为了学生的一切和为了一切学生

学校青少年思想道德建设是一个长期的、反复的过程，每送出一批毕业生，又意味着即将迎来一批新生，周而复始却又不是简单的重复，因为随着时代的发展，学生的思想总会不断出现新的特点。所以，教育者需要进行辛勤耕耘、无私奉献，还要与时俱进、勇于创新。文山民师具有优良的思想道德教育传统，一代代民师人不断总结和积累教育经验，不断研究和探索出许多新的教育途径和方法。不但形成了一支特别能吃苦、特别能奉献的德育工作队伍，而且在学校党委的领导下，建立了党、政、共青团、学生会等各套组织齐抓共管，密切配合，立体多元的思想道德教育体系，为了一切学生和为了学生的一切，全方位开展艰苦卓绝的工作。

（一）我校党组织高度重视青少年的思想道德建设问题，组织全校共产党员积极投身到学生的思想道德教育中去，成了青少年思想道德建设伟大工程中的一面旗帜

校党委长期坚持"党员联系班级"制度。党员直接分派到班级担任德育辅导员。一是协助班主任抓班级管理，重点是做好学生的思想教育工作。二是协助党组织做好入党积极分子的教育考察、指导团支部工作、培养学生干部。三是对贫困生、学困生、后进生进行帮助、指导和转化等。德育辅导员的工作贴近学生，感染力强，成效显著，被学生亲切地称为"党代表"。校党委还建立了共产党员、领导干部对口帮扶贫困生的制度。每一位党员、领导干部对口帮扶一至两名贫困生，从各方面给予帮助、指导，力争不让一个贫困学生因贫困而退学。仅在这个学年得到帮扶的贫困生就有112名。此外学校党委号召全体师生员工捐资救助贫困生。今年10月，学校专门组织了一次捐赠仪式，共收到校内外资金34 005.40元，全部用于特困生的帮扶。党组织的实际行动让全校师生受到了很大的教育，让贫困学生感受到了党的关怀和集体的温暖。总之，我校党组织充分发挥了在青少年思想道德建设中的政治核心作用、战斗堡垒作用和党员的先锋模范作用。这一举措得到了州委宣传部、州委精神文明建设办公室、州教育局党委的高度评价和充分肯定，并作为典型经验在全州推广。

民师党委还把开办业余党校、培养入党积极分子和发展学生党员作为推动学校青年学生思想道德建设的一项长期、重要的工作来抓，在开展这项工作的十多年里，共有四千多名学生写了入党申请书并参加业余党校培训，八十多名学生加入了党组织。这些学生党员走上工作岗位后，以优良的综合素质受到社会的好

评,成为业务骨干,大多数已经走上领导岗位。

(二)在学校党委领导下,各部门、团体和组织都把青少年思想道德建设放在工作首位

多年来,我校一直保持共青团员人数多、团青比例高、团干部和学生会干部人数众多的特点,团员、团干部和学生会干部的思想道德建设在学校青少年思想道德建设中起着至关重要的作用。校团委和学生会通过协助党组织开办业余党校、推荐优秀团员加入党组织、开办业余团校、组织丰富多彩的社团活动、创建校园文明监督岗、开展社会实践活动等途径,使共青团和学生会成了我校青少年思想道德建设的一支重要力量。

(三)学校非常重视用科学教育理论引领和深化德育工作,在德育工作领域中提出"以德育科研促进德育工作"的战略思路

2000 年以来,我校教师和其他教育工作者在各级刊物上发表论文 300 余篇,其中有 56%是关于青少年思想道德教育研究的成果。2002 年,结题的省级规划课题成果《学校、家庭、社会道德教育实施》一书通过华龄出版社正式出版。多年的努力使文山民师的德育科研硕果累累,德育工作有了科学基础,获得了长足发展。

(四)学校发挥教育心理学教师的专业优势,对全校学生开展多样化的心理健康教育与咨询服务活动

学校采用集体讲座和个别辅导相结合,倾听学生的心声,了解学生的困惑,帮助学生合理释放内心焦虑或清除心理障碍,引导学生走出不良心态的困扰。学校先后投入了近十万元的资金购买心理健康教育的硬件和软件设施,建成了心理实验室和心理辅导室,为有效开展心理健康教育提供了良好的条件。

(五)我们多年来致力于构建学校、家庭、社会三位一体的思想道德教育网络

学校定期或不定期召开家长座谈会,请家长参观学校,指导工作。建立学生家庭档案,与家长签订教育协议和保持联系,每个学期向家长寄送学生的评语、学习成绩和有关要求,做到与家长信息互通,共同教育。同时注重加强与学校所在社区的联系,充分利用社区教育资源教育在校学生,我们还聘请州司法局局长蒋祝成同志担任学校的法制副校长,并通过组织学生的研究性学习活动、假期社会实践活动、青年志愿者服务活动等引导学生服务社会、奉献社会,教育自己。学校每学年都定期聘请有关专家到学校举行法律知识讲座、政治思想教育讲座、科技讲座、健康与卫生知识讲座等等。

学校充分利用寒(暑)假,组织学生面向社会开展综合实践活动。在每一个假期,文山民师都要组织全校青年学生参加社会实践活动,包括从事社会调查、生产劳动、教育实践活动等等。每逢开学的时候,我们总会收到不少优秀的实践活动报告。有的调查家乡的人口与生态问题;有的谈家乡民族婚俗习惯与普及义务教育的问题;有的谈自己在家乡开办假期小学生辅导班的体会;有的谈自己从事农业生产的体会等等。我们组织社会实践活动的目的,就是要学生获得各种体验,升华自己的情感,改造自己的人生观、价值观。

我校的青年志愿者服务活动涉及的学生人数多,全校2/3的学生主动参加了活动;服务活动丰富多彩,有深入社区帮贫扶困的,有参加社区组织的文体活动的,有为上级有关单位组织的大型活动提供志愿服务的,也有主动参加社区劳动的。这些活动成了我校学生面向社会、服务社会的一条重要渠道。学校因此而多次受到州委、州政府、团州委等上级部门的表彰奖励。

(六)成立爱心艺术团,奉献社会,教育自己

为了继承和发扬我国传统优秀文化艺术和现代优秀文化艺术,繁荣校园文化,全面提高师生认识素养和学生的就业能力,我校组建了爱心艺术团。该艺术团以"爱心无限,教育永恒"为主体,发扬奉献精神,不计个人得失,利用业余时间编排了歌舞、快板和小品等内容丰富的文艺节目,顶烈日,冒风雨,不畏严寒酷暑,坚持送戏下乡。

文山州民族师范学校在青少年思想道德建设中的成功举措,有力地促进了学校教育质量的大面积提高。三十多年来,一代代民师学生投身于文山州的壮乡苗岭,为基础教育辛勤耕耘。用人单位的评价是"作风过硬,能吃苦,能力强,好用"。在中等专业学校学生就业很困难的2004年,我校毕业生参加国家公务员和教师岗位的应聘,正式就业率达75%,加上通过其他方式就业的,就业率达98%。

我们相信,有上级和学校党委的正确决策,有社会各界的支持,有一大批爱岗敬业、无私奉献、开拓创新的教育工作者的辛勤耕耘,文山州民族师范学校青少年思想道德建设将会更加富有朝气,学校的明天将会更加美好。我们希望,全社会都树立关注下一代的责任意识,以科学理论为指导,家庭、社会、学校协调统一,形成教育合力,共同创造青少年思想道德建设美好的未来。

男儿当自强

中国共产主义青年团文山州委员会　蒋天云

王彪老师第一次跟我说，让我把我的成长历程写出来时，我心里想：我这点经历算得了什么？怎么好意思端出来让人见笑？所以便以工作忙为由而推脱了。当王老师第二次跟我提起此事时已是半年以后的事了，这次王老师向我详细介绍了编写《民师精神》的意义，我想这次如果我再推托的话，怕是无颜面对母校的老师了。于是便奉命把自己简短的经历写下来，算不上是什么心路历程，希望能与母校的师弟、师妹们共同探讨我们成长的话题。如果说，透过我的经历能够给大家带来一点启发和感悟，那么对于我来说，这也算是我个人价值的一种延伸吧。

一、足迹扫描，穷人家的孩子早当家

1977年，我出生在砚山县蚌峨乡板榔村民委老寨自然村。听爷爷说，当年他是骑着一头水牛从西畴逃难到这个地方的。我曾经在心里抱怨过他们，真是的，要逃干吗不逃到一个条件好点、交通方便点的地方呢？害得子孙们赶个街(集)、上个学都得走三四个小时的山路。可后来我想通了，我的老祖宗可真聪明，你想啊，他们是因为逃避土匪才躲进深山老林的，所以越是偏僻的地方就越安全。

从小学到中学再到中专我一直是父母眼中的好儿子，老师眼中的好学生。我对小时候的经历，记忆并不深刻，都是后来听父母和家里的七大姑八大姨们讲的。据说，小时候我是个多灾多难的“小苦瓜”，跌过水塘，掉进过猪圈、粪塘，都没能把我淹死，最严重的一次是4岁时候的一场大病差点要了我的小命，打那次以后我变“憨”了，没以前那么聪明了。所以，上学后每天放学就老老实实回家，放牛、找猪草、煮饭，但最主要的“业务”还是负责照顾弟弟和妹妹。当时家里很穷，我们那地方去过的人都知道，山高路远，赶街(集)都是走山路，30多里路，走得快也得3个多小时，地地道道的高寒山区，父老乡亲们只会守着那一亩三分地种包谷和水稻，唯一的经济来源就是盗伐木材，在蚌峨地方有个说法叫做“南屏的米、板榔的树”。人们说靠山吃山，靠水吃水，在我们家乡还有一个说法就是靠树吃树。我们那里山上没有什么宝藏，水资源更是缺乏，就是树特别多。因为当时管理很松散，所以群众就靠卖木材换取衣服布料和柴米油盐。由于人们大肆地乱砍滥伐，特别是1991年和1992年时，蚌峨街上的老乡们疯狂地砍伐，使原本抬头

不见天的森林变成了如今光秃秃的山梁。幸好如今各级党委政府加大了环保的力度，蚌峨党委提出了“生态兴乡”的战略，老乡们也逐渐觉醒了，相信在几十年后家乡的大山会重新披上绿装。

虽然当时家里很穷，但我父母还算很有远见，他们一直支持我读书。那时学校让交钱，就是几角钱，可当时家里刚分家，那年家里正好收成不好，连吃的粮食都成问题。我记忆最深的是当时我家有只大公鸡，因为没有粮食喂，饿得大红鸡冠倒下了，堂堂大公鸡却学起了鸭子走路。就是在这样的情况下，我跟父亲要钱，父亲流泪了，因为几角钱一个大老爷们当着自己的孩子流下了泪。当时他说了一句很平凡也很朴实的话，尽管这句话没有一点文学色彩，甚至是土得掉渣儿，也许是在当时特定的情景下说出来的，至今我依然没有忘记，这辈子都不会忘，就是父亲这句话成了我学习的最大动力——“你好好读书，只要你读得进去，我挑柴卖都供你读。”从那以后，我记得我做作业从来不用父母催促和监督，一直到中专毕业，父母都没有在我学习的问题上操太多心，他们要做的就是按时给我生活费。要说关心学习，那也就是问问考了多少分，在班上第几名。

14岁那年我考取了文山州民族师范学校。体检时我的身高1.45米，体重35公斤。当时担心被刷下来，曾经有个医生问我考上了哪个学校。我告诉他说民师。他说你那么个“小不点”，还没学生高将来怎么教书。我跟他说我会长的。实际情况是我到了中专二年级时还不见长高，我还以为自己是个侏儒，心里有个一直没说出口的懊恼，真希望可以留级，在学校多呆两年，长高些再毕业。到了中二的下学期，我从自己身体特征的变化知道了自己已经开始发育了。我很高兴，但也吓了一跳，因为开始变声，我发现自己说话的声音很难听。更要命的是我唱歌到了高音部分怎么也上不去，特别扭。我从小就喜欢唱歌，小学二年级时就参加过乡里的比赛，第一次站在舞台上唱的那首歌叫《熊猫咪咪》。虽然没获奖，可怎么也算从村里唱到了乡里了。这下歌唱不了了，心里确实很委屈。到了中师三年级时，我才发现我又可以唱歌了，只是歌声从刚进校的中秋晚会上时唱《真好玩》的童声变成了更有磁性的男中音。毕业联欢晚会上我唱了张学友的《祝福》，后来从毕业留言册上我才发现原来我在同学们眼中还有点魅力。

在入学军训时，因为我个头矮小，站队时按照高矮秩序排列，我总是站最后一个，比我们班最矮的女生还矮一个头。大家都经历过军训，应该都能体会到军人严明的纪律，太阳底下说让你站半个小时是绝对不会在29分钟时就放过你的。有一天太阳特别火辣，教官抓住这个机会把我们拉到操场上“抗日”，因为我个头特小，教官可能是“良心”发现，赦免了我，还给了我个昵称——“小兄弟”。这一名儿一下子传开了，从此，我们班乃至全校大大小小、老老少少，认识我的不认识我的都知道87班有一个“小兄弟”了。我并不觉得大家这样叫我是小看我，相反，我感觉到了老师和同学们对我的关心和爱护，我喜欢大家这样亲切地叫我。直到今天，我们班同学还这样叫我，包括我们师爷——我班主任金涛老师的父亲。虽然我个小可其他方面并不比别人差，从学习到参加课外兴趣小组活动，从文学社到校园广播站，包括挑战我身体极限的体育。别看我个头小，什么跳山羊、横马、纵马，百米跑我统统顺利拿下。当年我还参加过10公里比赛，虽然没拿到名次，可我还是坚持跑完了全程。当时骨子里总有一股不服输的劲儿，一种集体荣誉感，总想着要为咱们班争面子。因为我们班主任金老师是体育老师，如果我体育过不了关的话，且不是给其他班留下笑柄。当时，唯一过不了的是跳高，1.2米的高度我总是跳不过去。

人们常说，穷人家的孩子早当家。我从小就很会贴贴父母，从不乱花钱，也从不随便向他们开口。我读初中时除了学习用品外，每星期的零花钱就是两三元，中专时我曾经一个学期只用50元零花钱。因为学习成绩还可以，所以有点微薄的奖学金。当时情况跟现在也有些区别，因为我们是公费生，国家有部分补助，就这样我挺过了中专三年。在民师的三年里，我学到了知识、学会了做人、学会了处事，更重要的是老师、同学对我的关怀和帮助使我真切地感受了同学情义的深厚、集体的温暖，使我学会了怎样与同学相处，学到了最基本的做人道理，这为我参加工作以后的为人处世打下了坚实的基础。

二、少年不识愁滋味

1994年7月，17岁的我怀揣着文山民族师范学校首届“十佳”毕业生、优秀通讯员、优秀团员、三好干部、三好学生等经过三年拼搏而获得的荣誉，踌躇满志地回到了阔别三年的母校——蚌峨中学。几年前，这里曾以优异的教学成绩吸引了来自四面八方的莘莘学子，在砚山的教育史上写下辉煌的一笔。可是后来由于学校的管理、师资、生源等诸多原因，教学成绩一落千丈，滑落到了最低谷。那个地方被其他老师看成了“发配充军”的不毛之地，没有谁愿意到那里去。我本来还有其他更好的选择和去处，在我还没毕业的时候阿猛中学就已经到学校“订货”了。很明显，阿猛中学各方面的条件都比蚌峨要好得多，在面临着何去何从的时候，我还是选择了条件并不好的蚌峨中学。那里毕竟是生我养我的故乡呀，我不回去还有谁愿意去呢?到了学校我主动担任了一个班的班主任，让我始料不及的是领导竟然安排我担任初一年级英语课的教学。众所周知，文山民师并不开设英语课,面对严峻的现实,许多同事都为我捏了一把汗。我想:也许是校领导故意考验我吧。为了上好课,我自己购买了大量的书籍,虚心向其他英语教师求教,边学边教。为转变学生的学习风气,激发他们的学习兴趣和求知欲望,营造良好的学习氛围,我利用团队活动和第二课堂加强德育工作,发挥自己的特长,通过形式多样的教育活动,融洽师生感情,培养学生的学习积极性。通过一段时间的努力,学生逐渐适应了我的教学方法,并喜欢上了我的课。一年下来,收到了明显的效果,我们班在纪律、成绩、学风等方面都得到了全校师生的认可和赞赏。

第二年学校领导让我教音乐和美术,有了教英语的经验,音乐和美术对我来说那可是小菜一碟——咱民师学生可是"万金油",没什么能难得倒的。

1996 年我被调到了小学,担任全乡总辅导员。这期间,我充分施展了在民师学到的"本事",从最基础的制度建设、阵地建设和活动抓起,立足实际,创造性地开展了许多有意义、有影响的活动,使蚌峨乡的少先队工作焕发了生机,逐步走上了规范化,极大地推动了学校的德育工作。记忆最深刻的一项活动是 1996 年教师节组织的"感恩行动"——我要求每个中队为老师做一件好事。当时我召集了几个中队长,引导他们,在教师节这天,在黑板上写上一句话:敬爱的老师,今天是您的节日,您辛苦了,祝您节日快乐!然后在讲座上摆上一盆水让老师洗手,再为老师泡一杯热茶。结果教师节那天,全校师生都收到了一份很特别的礼物,同学们除了按我要求的做外,许多同学还在休息时主动到老师家里帮助打扫卫生、擦玻璃,许多同学还把老师的窗帘拆下来洗了。这一天,全校的老师都感动了,一位老教师说,从教几十年来从没感觉到这些学生像今天这么可爱。因成绩突出,当年我被团县委和教育局评为全县"优秀少先队辅导员"。这次活动也让我感受到了作为一名老师的幸福,让我体会到,不管怎么调皮的学生,都有他可爱的一面,只要引导得好、方法得当,再"乱"的学生也是可以转变的。

三、牛刀小试显锋芒

我从小就爱好广泛,尤其喜欢唱歌,曾梦想着自己能成为一名出色的节目主持人或歌唱家。1997 年香港回归之际,砚山举办了一次全县性的大型卡拉 OK 唱歌比赛,参赛人数达 300 人。在朋友和同事的"怂恿"下,我报着"玩一回"的态度参加了此次比赛。没想到这次比赛让我与艺术结下了不解之缘,一首歌改变了我的命运,让我的人生旅途发生了重大的转折——我调到了砚山县民族歌舞团。在改行的时候很多朋友都奉劝我,我也曾经犹豫过,但是后来我还是决定闯一闯,心里想:反正还年轻,再说我对自己充满了信心,也想检验一下自己的实力,所以我毅然放弃了“铁饭碗”，走上了我期盼但从未涉足过的艺术道路。尽管自己从小喜欢艺术，可读的却是普师，从未经过专业训练。新的工作岗位对我来说是一个新的起点，一切都得从头开始。我学唱歌、学跳舞、学填词、学主持、学作曲、学写戏。由于自己刻苦钻研，虚心学习，很快进入角色，并在实践中逐步掌握了节目主持的基本常识，形成了自己的风格。1998 年参加文山州“一庆双节”迎宾晚会比赛，荣获节目主持二等奖；由本人撰写的《浅谈茶艺迎宾会》在论文征集活动中入选；《金凤，从这里起飞》等通讯新闻稿件等多次被省州报刊、电台采用；我被文山州戏剧家协会吸收为会员。此外，协助单位创作并圆满完成了十五大宣传、庆祝十一届三中全会 20 周年、建国 50 周年、迎澳门回归、砚山“双节”、建党 80 周年等大型文艺演出。在我的舞台生涯中，还为香港演员万梓良、军旅歌手小曾主持过专场演唱会，与中央电视台主持人宋英杰，云南电视台主持人张齐、刘伟等同台主持过节目，还有文山州第一、第二届青年广场文化节，三七花开映佳丽——七花丽人大赛，文山“希望行动计划”大型直播晚会以及民师 30 周年校庆晚会等等。

在舞台上，我个人的素质和能力得到了充分的展示。领导认识了我、观众认识了我并认可了我，在主持的舞台上练就了我过硬的心理素质和应变能力。

四、成长感悟，阳光总在风雨后

感悟之一：我的未来不是梦。

有梦就有未来——心有多高，舞台就有多大。

“小的时候父母总会问，孩子，长大后你想干什么”这样的问题。科学家、飞行员、将军、董事长、老师、医生等等，我相信每一个人心中都曾经有一个梦，随着年龄的增长，我们心中的梦会不断发生变化，也许会变得更为现实、具体，也许会产生许多新的梦想。如果你坚定了梦想，并且为之锲而不舍地拼搏、努力的话，那么说明你的梦想已经转化成理想的部分，或者说，已经踏上理想的阶梯。也许我的这个说法过于片面，可也并非无稽之谈。现在的科学技术已经把许多不可能的事情变成了现实——飞天、入海，千里眼、顺风耳、日行千里等等这些在我们的祖先看来完全是不可能的事情，却在我们这一辈统统实现了。说得近一点，20 世纪 80 年代现代化的标准：楼上楼下电灯电话，人们就满足了。可现在呢，不都实现了吗。爱迪生就是一个伟大的梦想家，早在童年时代，他就想知道大自然的奥秘。他经常说，大自然充满了奥秘，他想了解它。爱迪生是世界上最伟大的发明家之一，一生的发明获得专利的有 1 300 多项。如此惊人的成就，实属世界罕见。人们称爱迪生是“发明大王”、“打开电气时代的领袖”，是“现代研究所的先驱”、“科学界的拿破仑”、“世界上最有用的人物”。

但是，要把梦想变为现实，需要不懈的努力和奋斗，甚至是一生的心血。在确定了理想目标之后，关键是要设计好人生。我的方法是从工作时起，就把奋斗目标分段规划实施。“一五”(1994 年至 1999 年)，目标：完成大专学业，力争跳出蚌峨。“二五”(1999 年至 2004 年)，完成本科学业，工作上晋升到副科，把弟弟妹妹供毕业。“三五”，结婚、生子，工作上实现正科，至少学会一门新技能(如：驾驶或一门外语)。实际上我每一步都提前实现了，因为我有了奋斗目标，所以我设计每一项活动、每做一件事情，哪怕是很小的一件事，每一个细节我都会特别用心，力求创新突破，做到完美。如今“细节决定成败”已经提炼成为一种成功之道，这也是我工作的态度和方法。在工作生活之中除了个人努力之外，还得学会合作。如今无论是党政部门还是企业公司，在选人用人的时候都会特别考察个人的团队意识和合作能力。因为任何人都不可能穷尽真理，所以我们要学会“利用外脑”，就是要善于多听取别人的意见，利用别人的智慧，取长补短，完善自我。

感悟之二：阳光总在风雨后。

前面我说到有梦就有未来，心有多高舞台就有多大，这是要告诉大家只要努力，人人都能成功。于我而言，不能说今天我已经获得了成功，但至少我在自己的人生道路上已经迈出了坚实的一步，打下了一定的基础。我 23 岁当上了团县委副书记，5 年后，28 岁的我成为团州委副书记。我虽然年轻，但并不幼稚，我有自己的思想和主见。有人说我“爬得快”，可我不喜欢这个词，我是“走”过来的不是“爬”过来的，我总觉得“爬”这个词有一种低三下四、阿谀奉承的感觉。要攀要爬总得有个依靠啊，我去攀谁，往哪爬呀。前面已经介绍过我的家庭背景，我是八辈贫农啊，是我改写了我们家族的家族史。我相信，往前推三代，许多人家都是农民，说得狭隘一点，我们每个人都应该以振兴家族为己任。可这并不是靠嘴说出来的。我今天能取得这么一点点进步并不是等来的，也不是要来的，是不断地学习积累，靠拼搏实践而取得的。有人说我机遇好，这并不错，但是机遇并不是等来的，要靠自己去创造。有一位励志大师说过，幸运之神会光顾世界上每一个人。如果他发现这个人没有准备好要迎接他时，他就会从大门里走进来，从窗户里飞出去。所以请大家记住：弱者等待机会，强者创造机会。

在别人看来我的成长一帆风顺，实则同样充满了曲折坎坷。首先是在初为人师时教授的课程与自己所学不一致。自己的特长得不到发挥，反而还总是捅在自己的软肋上，要说什么语文、数学、物理、化学，可以说样样都是我的强项。可我教了三年书，教的都是什么？英语、音乐、美术(没有正式教材)和体育。另外，我是家里的老大，还有一个妹妹和一个弟弟。自从我参加工作以后，他们的学费、生活费全部由我一人包了，所以当时生活很拮据，恋爱都不敢谈。因为我是家里的老大，就得负起当老大的责任，不能只顾自己一人。这些都算不了什么。对我打击最大的是教了两年的中学后，不知什么原因，我被“下放”到了小学。尽管都是教书育人，可别人眼里却不是这样想的。我也在反思，难道我教得真那么糟糕吗？难道学生都讨厌我？我真的不配当中学老师？可是我带的班无论成绩、纪律、学风都比其他班好啊。当时我真是百思不得其解。就这样我告别了中学老师生涯，在我走出中学校门的时候，我留下了一句话：没关系！过一两个学期再调回来。

在我人生最低谷的时候，在我最沮丧的时候，我差点放弃。当时，我的一位铁哥们安慰我说：塞翁失马，焉知非福。我嘴上默许可心里在想：换你试试！我的老师说，是金子到哪都能发光。我反驳道：金子也得摆在大家看得到的地方才能发光，你把它埋在地下，它怎么发光？那个时候可能就是因为看不惯一些不良的世俗风气，总觉得自己超凡脱俗，所以有些叛逆，如今想来那时候确实很幼稚。但是最后我还是坚持了下来，挺过来了！感谢我身边的同事、我民师的班主任金涛老师和我中专同学给我的鼓励。我能熬过来还得感谢一个人——“阿Q”，阿Q的精神胜利法帮助了我。在我身处困境的时候我在安慰自己：也许是上天在考验我吧，我们先辈不是讲过吗，“天将降大任于斯人也，必先苦其心智，劳其筋骨，饿其体肤，空乏其身，行弗乱其所为”；我还想到了三毛的一句话：一件事想通了固然好，想不通就别去想；我还在心里想：我毕竟才19岁，有很多我这个年龄的也许还在埋头苦读呢，年轻就是我最大的资本和优势——即便犯了点儿错也有时间改正啊。这样一想，心理平衡了，又全身心投入了工作。

现实生活中不如人愿之事十之八九，任何人的前面都不可能尽是鲜花和掌声，在鲜花和掌声的背后都有辛勤的付出。江河因为受阻才形成了美丽的浪花，人生因为有了曲折坎坷才会绚丽多彩。

感悟之三：天生我材必有用。

我的成长经历让我逐渐悟出一个道理——无论你处在哪一种艰难的情况下都要相信自己，对自己说：我一定行。随时保持一种积极乐观的心态，这种积极的心态将使你成为强者、勇敢者、胜利者、成功者。因为一个人最大的敌人就是自己，只有对自己的内心有完全支配能力的人，才会获得对其他的任何东西的支配能力。这种自信源于自己的实力，自身的素质，而实力和素质是别人给不了你的，必须靠自己。我很喜欢一句话，端自己的碗，吃自己的饭，自己的事情自己干。靠天靠地靠父母算不得好汉！我最敬重的就是自强自立的人。

如何增强实力？只有学习，没有捷径。学校里的学习是最基础的，毕业不等于学习结束，只能说学习暂告一个段落，进入社会还有更多的东西需要我们去学。学习不是一劳永逸的，现在我国社会已经进入了学习型社会，科技日新月异，不爱学习、不懂学习、不会学习的人将被社会淘汰。现在在校的同学们有各种各样的条件，在校生最大的任务就是努力学习，打好基础，储蓄营养、厚积薄发。如果你希望自己有所作为，就应该从现在做起。现实生活中，许多同学都有着强烈的成才需求和成长欲望，普遍存在着强烈的学习欲望和满腔的学习热情，但往往缺乏坚持学习的恒心和毅力，感觉无从学起，不知道学什么？怎么学？其实，我们有必要反省一下自己，是否每天都在用心学习、用心做事，是否让时光一晃而过，无所事事，虚度光阴。我们应该知道没有行动的信誓旦旦只是一种自我陶醉。心动不如行动，一寸光阴一寸金，寸金难买寸光阴，别再犹豫，即刻做起，这就是最好的学习方法。

关于怎样学习我专门写过一篇文章，标题叫《青年干部要学会学习》。在这篇文章里我谈了怎样学习的三点看法：一是勤于学习，心动不如行动；二是善于思考，突破思维定式；三是勇于实践，甘冒最大风险。可能有同学会说：我基础比不上别人，考试永远考不过人家，这也许是事实。但考试只是检验一个人学习能力的一种手段而已，也许你有比别人出色的地方，你却没有发现，为什么不发掘自己的长处呢？干吗老往死胡同里钻呢？过去我们讲的人才是德智体美劳全面发展，那才叫人才，可现在这种人才观已经过时了，现在提倡的是科学的人才观，现在党委组织部门就专门设有人才科。我觉得，天生我材必有用，人人都是才，人人都可以成才。无论是从政还是经商，抑或是从事某项专业技术研究，我相信任何一个人都希望能在自己的领域内有所作为，职务的升迁、财富的积累以及专业技术的晋升，这些是一个正常人正常的需求，也是一个人实现自身价值的符号。

社会越进步，分工就越明确，对人才的需求就更为广泛。就我们民师而言，学校也在适应社会大市场的变化不断地进行改革，从当年“小学教师的摇篮”到“两条腿”走路，再到如今的职业技术教育，如果说把学校比做一个工厂的话，各类人才就是学校的产品。学校始终在根据市场的需求生产适应市场需求的产品，当年在教师紧缺的情况下，民师把办学宗旨定位为教师的摇篮，为全州输送了大批合格的、优秀的中小学教师。如今随着社会的进步，它要在市场竞争中求得发展就必须另辟蹊径，选择职业技术教育作为学校的发展方向，那就是因为社会这个大市场需要大量的方方面面的专业技术人才。我们国家并不缺乏高端的管理人才，

缺乏的是千千万万各行各业普通的劳动者和奉献者，身处不同的岗位承担着不同的责任，同样是在为国家作贡献。全面发展的人才当然不可少，但专业型的人才也不可少啊。成不了大树，可以选择做一棵行道树；成不了行道树，还可以成为一棵小草，那绿茵茵的草坪不正是一棵棵小草汇聚而成的吗？大千世界，万事万物各有各的作用，都在为装点、创造人们美满幸福的生活而奉献着自己的光和热。

最后留下一句话与大家共勉：不患无位，患所以立，不患莫已知，求为可知也！

让民师精神在新时期闪耀光芒

周玉新

精神，就是脊梁。民族精神就是民族脊梁。人类进入 21 世纪，各种精神如同万紫千红般的鲜花竞相开放。“爱岗敬业、艰苦奋斗、勇于创新”的“民师精神”，在新世纪春风的吹拂下，更加辉煌灿烂夺目。30 多年来，正是在“民师精神”的鼓舞下，一代又一代的民师人艰苦创业、锲而不舍、孜孜以求，才取得了现今辉煌的业绩。因此说，“民师精神”经受了时代的历练，它是几代民师人不懈奋斗的结晶。

今天，随着市场经济的不断发展，新时代赋予了“民师精神”以新的内涵，外延也有了新扩展，“民师精神” 已成为民师人开创民族教育事业新局面的精神动力。因此，如何适应新时期民族教育发展要求，让“民师精神”继续发扬光大，是我们当前面临的重要课题。

一

新时期赋予“民师精神”新的内涵和新的意义。

第一，是顽强的创业精神。在新形势下，在实现民族教育发展目标的过程中，要把“民师精神”放在理想与现实、目标与手段、物质与精神、言行与实践等各类环节之中，使每个师生保持革命的信念不变，不断改善师生的学习和生活环境，努力学习，爱岗敬业，既实现社会价值，又实现个人价值，并把顽强拼搏的创业精神和敬业、奉献精神发扬光大。

第二，是高效率的革新精神。当今世界是科学信息时代，也是知识更新时代。发扬“民师精神”就是要刻苦学习，更新知识，掌握现代科学技术和信息，重视学校改革和发展战略，走速度快、效率高、整体素质佳的发展之路。

第三，是为师生服务的务实精神。邓小平曾经说过：领导就是服务。倡导和发扬“民师精神”，各级领导要身先士卒，做出表率，要到师生中去，走实践之路，兴调查研究之风，密切师生关系，切实解决师生的困难，这是立党为公、执政为民之根本。

第四，是刻苦的自我改造精神。实现和发扬“民师精神”的过程，也是加强党性锻炼，不断加强自我改造，严于自律，提高党性修养的过程。每位师生要言行一致，表里如一，树立敬业精神，处处以学校的事业为重，成为开拓创新、建功立业的先锋。

二

在现阶段，大力提倡和发扬“民师精神”的重要意义。

一是从政治上看，全面建设小康社会的伟大实践要求必须继续发扬“民师精神”。目前我国正处在全面建设小康社会的伟大时期，为了实现这个伟大目标，我们要大力发展生产力，而教育却是生产力的基础。文山地处边疆民族地区，发展民族教育更是重中之重。全面建设小康社会离不开教育，边疆民族地区发展离不开民族教育，这是各级领导达成的共识。

二是从经济发展的需要看，艰苦创业要求必须继续发扬“民师精神”。艰苦奋斗、勇于创新是“民师精神”的主要内涵。我国是一个发展中国家，要缩小与世界发达国家的差距，必须继续发扬艰苦奋斗精神。同样，一个学校尤其是一个边疆民族地区的民族教育学校，要赶超先进地区也必须继续发扬艰苦奋斗精神。卧薪尝胆，励精图治，常怀紧迫感，才能增强使命感，才能使我们的事业有所作为。

三是从改革开放的要求看，加快内部改革，加快各项制度的建设要求必须继续发扬“民师精神”。如同一个国家一样，不改革学校没有生命，改革不彻底学校同样没有生命。民师要获得发展，文山的民族教育要实现飞跃，必须进行深入的改革，建立、完善与社会主义市场经济相适应的学校体制，通过竞争，有效地调动教职工的积极性。必须使师生明白,“民师精神”是民师的立足点,也是民师的发展点,没有“民师精神”就没有民师的明天。

四是从精神文明建设看,造就一代又一代奋发向上的民师人要求必须继续发扬“民师精神”。艰苦奋斗既是民师精神也是精神文明建设的重要内容。早在我党为追求中华民族的独立与解放的艰苦奋斗中,就曾用马克思主义的世界观、人生观和价值观培养和造就了千百万无产阶级革命战士。今天,我们把它作为民师精神的重要内容加以发扬光大,就是要培养和造就一大批具有公而忘私的共产主义精神的民师人,并以这种精神为动力,促进民师的快速发展。

三

在新的历史条件下,如何让“民师精神”发扬光大?

首先,要统一思想,提高认识,更新观念。发扬“民师精神”,目的就是为了保证边疆地区民族教育各项建设目标的实现。我们要从保证民族教育事业的可持续发展、实现跨世纪宏伟目标、为子孙万代奠基立业的高度,充分认识“民师精神”的重要性。通过各种形式的宣传和加强“民师精神”的教育,使每位师生在思想上牢固树立起艰苦奋斗、勤俭办校的意识,正确处理眼前利益与长远利益、个人利益与学校利益的关系,广泛树立起节约光荣、浪费可耻的良好社会风气。

其次,要加强法制建设。结合普法宣传,使全校增强艰苦奋斗、勤俭办一切事情的职业道德观念和遵纪守法观念,同时,坚决制止各种铺张浪费。

再次,要深化学校体制改革,建立健全各项管理制度。发扬艰苦奋斗精神,必须在健全有关管理制度上下工夫,在严格管理措施上花大力气。这方面工作做好了,不仅学校的困难可以得到缓解,而且能够保证学校的正常运行和健康发展。

最后,努力提高学校师生员工的思想政治素质,使“民师精神”成为每个人的自觉行动。要使每个员工明白,继承和发扬“民师精神”,是每一个民师人都应当承担的责任和义务。我们每个人都要服从大局,艰苦奋斗,全心全意为人民服务,努力做艰苦奋斗的模范,自觉把“民师精神”落实到自己的行动中,从自身做起,把各项工作做好,从而推动边疆民族教育事业发展。

我骄傲，我是民师人

代蓉

三十年前，老一代的民师人在文山北郊的一片荒坡上，挖掘出了文山民师的第一寸土地。三十年来，民师经历了风风雨雨、坎坎坷坷，从一所不为人知的学校成长为一所校园环境优美、教学质量高、社会影响广泛的一级中等师范学校。三十年来，民师为社会培养了大量人才，是名副其实的小学、幼儿园教师的摇篮。壮乡苗岭、彝家山寨，只要有五星红旗飘扬的学校，便有民师人的身影。三十年，几代民师人艰苦创业，奋发向上，使文山民师从无到有、从小到大、从弱到强，成就了文山民师三十年来的办学辉煌。作为一名"民师人"，我感到无比的骄傲！

随着社会的发展和教育体制改革的不断深化，中等师范教育已完成其历史使命。现在民师面临着调整改革与过渡升格，这是第二次创业。面对历史的严峻考验，全体民师人将交上一份怎样的答卷？

纵观历史上的成功者，他们的经历决非一帆风顺。古代伟大的思想家、教育家孔子曾周游列国，欲施展抱负，却四处碰壁；写出"史家之绝唱，无韵之《离骚》"的司马迁曾蒙冤入狱，遭受酷刑，落得终身残废；美国历史上最伟大的总统之一的林肯，任职前曾八次竞选，八次落败，还经历了一次彻底的精神崩溃。是什么让他们在一次次坎坷和失败、一次次的失意和失落面前，永不退缩，勇往直前，直至成功呢？是什么使他们成为后人效仿的楷模呢？答案是确定的：是他们坚定的奋斗目标、人生理想和为理想而奋斗的强大精神支撑，是他们强大的精神力量超越了平凡且虚弱的肉体而形成的巨大的人格魅力！这是精神的力量！

达·芬奇说过："顽强的奋斗可以克服任何困难、障碍。"是的，做任何事，都离不开艰苦奋斗，离不开精神支撑。我们民师人的精神支撑在哪儿？那就是"爱岗敬业、艰苦奋斗"的民师精神！

作为民师的教职工，我们应团结一致、同舟共济、共渡难关。学校的命运决定着我们的命运，我们作为其中一员，责无旁贷地担负着与它同呼吸、共命运的责任。唉声叹气、妄自菲薄不是办法，自强自立、勇于实践才是出路。因此，要做到把"民师精神"放在心上，挂在嘴上，落实在行动上，表现在举止上。教师必须严谨治学、勤练基本功，既要精通学科知识，又要博采相关知识。为师者只有达到厚积薄发、游刃有余的境界，才能处变不惊，胜任教师这一职业。

作为学生呢？在这场创业中，你们又将交上一份怎样的答卷呢？面对激烈的市场竞争，面对中专生求职的困难，有的同学自卑了，有的同学自弃了，有的同学甚至后悔成为一名“民师人”。同学们，面对逆境，老一辈的民师人选择的是艰苦奋斗、自强不息，而你们是否是在为你们的怯懦找借口，是否愧为民师人？成功者改变环境，失败者则被环境改变。我们生活在竞争的时代，正如逆水行舟，不进则退！强者去创造机会，而弱者只是在等待机会，而竞争永远不会怜悯弱者。国际歌中唱到“从来都没有什么救世主”，命运掌握在自己手中。对那些拥有知识及充满自信的人来说，新时代意味着一个充满机遇的世界，而面对那些没有知识而又自卑的人来说，新时代则意味着面临贫穷、绝望的前景，甚至还未就业便已先失业。一分耕耘，一分收获，只有努力学习，练就扎实的基本功，培养、发展自己的特长，才能成功就业。你们的成材、就业，将是给创业中的母校最好的答卷！

民师的辉煌，曾让我们无比自豪；民师的危难，应由我们一同承担；民师的明天，将由我们共同去创造。我相信，只要我们民师人团结一致、齐心协力，继续发扬民师精神，民师将再创辉煌！

让教育科研工作成为学校的习惯文化

韦继安　唐升忠　张　瑜　张桂芳

习惯成自然，习惯变“要我做为我要做”。在市场经济大潮的今天，一个没有文化底蕴的学校将是脆弱的，是不可能在激烈竞争的大潮中稳立潮头的。同样，一个不重视教育科研的学校也将是一所落后的学校。做科研也是做文化，有文化才能强校，有科研才能兴校。要让教育科研工作成为教职员工的自觉行为和习惯文化。

一、零的突破与发展

我校教研室成立于 1994 年 8 月，学校教育科研工作虽然起步晚，但发展快，从成立之日起，学校党政领导就制定了奖励措施和机制。进入 21 世纪我校教育科研工作发展迅速，开始组织课题研究，成立学术委员会，制定了《学术委员会章程》,规范教育科研表彰办法,即《文山州民族师范学校科研成果评审认定和奖励办法》,组织出版了《文山教育》、《云南中师》各一期副刊登载文山民师教职员工的文章;全校教职员工积极参加各类论文竞赛。2004—2006年。教职工在国家级刊物发表论文21篇,省级117篇,州级50篇;论文获国家级奖23篇,省级奖112篇,州级奖27篇。在积极推进教研室“五大中心”(即教育科学研究管理中心、教育教学改革实施与推广中心、先进教育理论和科研信息的收集储存与传播中心、教育科研档案管理中心、学校管理与决策参谋中心)建设中做了大量工作,为学校的教育科研指明了发展方向。

二、存在的问题和不足

一是教研室的业务拓展不够,创新教研思路、谋划教研载体不足,工作仍停留在每年的教育科研表彰、统计,组织教职工参加论文竞赛,完成学校交给的撰写材料等模式上;二是服务社会、服务学校、满足市场需求的课题研究太少;三是存在注重“经院研究型”,而不注重教育实践的不良学术气氛;四是上联下挂,横向联系不多;五是教研室人员少、课多,外出调研机会少,使教研员常常感到力不从心,许多教研工作只能浮在表面上;六是教育科研经费不足,组织不到位。

三、新的设想与构思

我校正处在从师范教育转向、转型为理工类为主的职业技术学校的改革发展新时期,教科研工作显得十分重要。要大力实施“科研兴校”战略,确立教育科研在职业教育发展中的先导地位,大兴科研之风,以课题、项目为载体,走出教科研一体化改革发展的成功之路。

(一)转变观念,确立教育科研的先导地位

(1)认识到位,形成良好的教育科研文化氛围。变要我做为我要做,形成自觉的教育科研行为和良好的学术环境氛围，使教职工充分认识到教育科研的必要性和重要性，树立“教育要创新，科研要先行；学校要发展，科研得先行；打造品牌学校，科研少不了”的教育观念。

(2)组织到位，保证教育科研工作正常开展。教育科研是一项长期的系统工程，必须有计划地进行系统配套改革，努力形成一套完整高效的教育科研运行机制。教研室制定的教育科研实施方案，必须得到各科室、各教研组的积极配合和支持，才能保证教育科研正常、有序地运作。

(3)经费到位，促进教育科研长足发展。教育科研经费除每年的成果表彰经费外，还应有专项的课题调研经费、举办教科研活动经费等，保证教科研活动长期、正常开展。

(4)教育科研队伍到位，推动教育科研健康、快速发展。教科研队伍建设是教科研发展之基、竞争之本、提高之源。因此，我校应通过聘请编外调研员等形式，充实教育科研队伍，通过理论学习、培训、专题讨论、听课评课、课题调研、教科研汇报课进行案例分析等途径，并采取“走出去、请进来”等形式，组织全体教职工学习教育科研理论和实践经验。提出行动目标，鼓励探索科研活动，深化反思内容，促进大家更新观念、理解科研、参与科研、研究科研，把科研意识和实践能力的培养渗透到学校的改革发展、教育教学之中，让教科研进头脑、进教室、进课堂、进管理、进活动。激励全体民职人破除科研神秘感，树立自信心，提高理论水平，增强科研意识。把学习与创造，模仿与创新，理性与幻想结合起来，成为一名科研型的民职人。

(二)理顺管理体制，充实教育科研力量

一是充实教育科研队伍力量，从各科室和各教研组抽编合适人员作为联络教研员或编外调研员；二是增加校报的出刊期数，把校报办成宣传学校的阵地、教科研的习作园地、讨论争鸣的论坛；三是雏燕文学社教师划为教研室管，其指导教师属教研室编制教研员；四是重新调整、修改完善教育科研管理制度。

(三)谋划教研载体，以活动带教研、促科研

教研室是业务部门，要想真正发挥作用，就得创新教研思路，谋划教研载体，以活动带教研、以活动促科研，打破过去教研组传统的教研套路，改变原来的教研模式。在今天这种知识爆炸的课改大潮中，孤军奋战显然是行不通的，而创建互补性的教科研工作团队不失为一举多得的好办法。因此，教研室、教务处等各处室应积极配合。可由教务处牵头，教研室协助开展大量的教育教学研究工作，借以提升教育教学质量。以教研组的活动为载体，深化教学创新活动，在活动教学中强化课堂教学常规，规范课堂教学管理，加速提高教师课堂教学基本素质，掀起大练教学基本功，大兴教研科研之风的热潮。狠抓课题研究，提升教师教育科研水平，把教育教学中存在的“真”问题，当做课题来研究，坚持课题研究与课改实验的有机结合，课题研究与备课有机整合，坚持以课题拉动试验，以课题提升实验，以实验推动我校教育科研的发展。

（四）走产学研之路，打造学校高端品牌

学校的核心阵地在于课堂教学，课堂教学的核心问题在于课程改革。因为，教育教学常规的研究和改革是基础，但产学研结合才是打造学校声誉和高端品牌的出路。作为职业技术学校，无论是产学结合，还是校企合作都需要科研的参与，如果缺少了科研的参与、产学结合就不能深入，就失去了发展动力。所以，科研活动在校企合作、产学结合模式中起着不可忽视的融合、推进作用，它是加速促进校企双方结合的动力。职业技术学校必须充分利用学校内外教育资源构建起教学—生产—科研相结合的办学体系。通过实施产学研的结合，拓展学校的职能，使学校由封闭走向开放，走向经济建设的前沿。

（五）服务地方经济，从生产第一线进行

学校的转型、转向是很有战略眼光的，是根据区域性经济的产业结构、产业发展趋势、人力资源状况来确定自己培养人才的目标市场的。为此，教育科研工作就显得十分重要，专业设置、人才就业走向要服务于地方经济。

作为理工类的职业技术学校，教育科研工作应面向生产第一线，从生产一线的实际中找项目，找课题，为企业生产第一线和教学第一线提供科技服务，注重解决生产和教学实际中的具体问题；注重在社会和企事业单位需要的技术、工艺问题上找课题，注重与企业联合开展横向课题研究，以充分体现职教为生产服务的特点。同时，将从生产一线得来的最先进、最前沿、最实际的科研成果整合进教材及课程内容中，可为校本教材的研究、教学改革的深入开展注入新的活力与动力。

冰冻三尺，非一日之寒。开展教育科研活动要真抓实干，要有耐心、要有恒心，要树立不达目的不罢休的决心。“风是看不见的，气也是看不见的，而风气却是看得见的。”只要着意耕耘，必有收获。只要我们都充分认识和感受到科研兴校、科研兴教、科研兴师的价值，重视教育科研在学校改革发展中的作用，我们将会用高度的事业心和责任感，用满腔的热情和创新的智慧，进一步加强学校的学术环境和氛围建设，在继承“民师精神”和创新民职校的碰撞中超越自我，与时俱进。为开辟出一个更加美丽的“民职校教育科研伊甸园”而努力奋斗！

从“民师精神”谈中等职业技术学校的校园文化建设

陈典裕

校园文化是学校赖以生存和发展的重要根基和不竭动力，是学校的精神和灵魂。高品位的校园文化能提升学校的品位与声誉，并能提高学生的综合素质和能力。一所优秀的学校要打造自己的品牌，彰显自己的办学特色，必须要有深厚的文化底蕴，从而形成自己独特的品牌文化，在品牌文化中打造核心竞争力。多年来，我校一直秉承“爱岗敬业、艰苦奋斗”的民师精神，并把它作为我校校园文化的精髓，培养出了一批又一批优秀的人才，打造出了“民师”这一优秀品牌。

2006年1月，我校正式更名为文山州民族职业技术学校，学校的更名转向，意味着学校的办学方向发生了改变，在新的时期，“爱岗敬业、艰苦奋斗”的民师精神更应绽放出它新的风采，引领新的职业学校校园文化走向新的时期。

一、校园文化的内涵及其育人功能

校园文化是时代精神在学校的反映，是社会主义办学方向和指导思想在长期发展过程中形成的一种群体意识的体现。它主要指校园的人文氛围和整体精神风貌。具体体现在学校的教育思想、办学理念、管理制度、历史积淀等方面。根据职业学校办学的特殊定位，职业学校的校园文化是以就业为导向，以校园精神为底蕴，以更多职业特征、职业技能、职业道德、职业人文素质的文化为校园文化。校园文化的多姿多彩，对学生的思想观念、价值取向和行为方式有着潜移默化的影响，具有重要的育人功能，能满足学生的身心发展需要。一般来讲，校园文化包括物质文化、制度文化、精神文化等诸方面。物质文化是指学校具有明显文化意味的硬件设施，主要指自然景观、建筑风格、校容校貌、基础设施、活动中心等。它是学校“形文化”的一部分。制度文化是指职业学校在其发展过程中形成的特有的管理思想和观念，以及在这种观念下制定的具体的管理体制、管理模式及规章制度的综合体。它是一种“法文化”。精神文化是校园群体共有的价值认同、价值取向和行为方式，是深层次的群体意识，又是群体的向心力和凝聚力，体现了班风、学风、教风、校风的学校精神，正如我校多年形成的“爱岗敬业”的民师精神，是我校校园文化的灵魂和核心。

二、我校的校园文化

校园文化作为社会亚文化系统，它是体现一所学校的办学理念、学校精神、校园风气及传统的行为文化、精神文化、物质文化等共同构成的一种文化。不论百年老校，还是只有几年历史的新校都有其校园文化："自强不息，厚德载物"使清华百年不败；"爱国、进步、民主、科学"的传统在北大生生不息，代代相传。而我校还处于职业学校发展的初期，历史短暂，文化底蕴薄弱，生源与其他学校比较，文化基础差。这使加强校园文化建设显得更加迫切。然而，新的职校却往往存在一种偏见，即重规模发展，追求办学效益；重硬件设施建设，追求办学条件的完善。对短时间内不易见效又没有经验可借鉴的校园文化建设往往就在紧张和忙碌中被忽略了。因此，我校要树立全新的理念，提高认识，高度重视校园文化建设。忽视或淡漠校园文化建设对职业人才的培养势必将大打折扣。

（一）高品位校园文化对中等职业学校培养特色人才的特殊意义

社会对技能型、创新型人才的渴求，决定了职业教育要在培养有较高思想政治素质、道德品质、知识能力、身心素质人才的基础上，在学校的文化氛围中培养一专多能的适应岗位需求的实践性新型人才。职业教育以职业能力为培养目标，但除职业能力外，人文修养也应提到一个极高的地位。没有人文修养，具有再好的技术能力也会因为个人修养的不足而使技术能力失去价值。而校园文化作为一种特殊的环境，育人氛围，它对学生职业能力的培养起着陶冶情操、砥砺德行、磨炼意志的作用。高品位的校园文化以其较强的渗透力、影响力和教育效力帮助学生提升"人"的修养和品行。竭力打造校园文化，增强育人功能，就是要使职业学校培养出来的学生成为既具有职业能力，又具备与所学的技能相对应的人文修养的"全面"的人。

（二）加强我校校园文化建设的策略

第一，将物质文化、制度文化、精神文化作为校园文化建设之根本。

按照"职"的要求加强物质层次的校园文化建设。物质文化作为学校的硬件设施、人文景观，因其蕴涵丰富的人文精神和自然美感而成为影响学生思想感情、道德行为、全面素质发展的重要外部力量。要有意识地对校园环境进行布置和设计，要让人们在美景交融中体会和感悟一种理念，一种特色，一种人文精神，使人的个性充分得到张扬。职业学校的物质文化建设必须在物质层次上处处突出"职"的特点。中等职业学校学生的核心竞争力不是体现在理论水平上，而是体现在实践水平和动手能力上，因此实践性教学环节的设施建设显得尤为重要。教学环境的布置，除有名人画像、格言警句等，还必须有市场人才需求信息、行业与

专业的发展趋势、业内成功人士的资料等与职业相关的因素，让学生从行业日新月异的变化中体味职业和专业思想，提高学习动力。

按照高职教育的特点和规律进行校园制度文化的创新。制度文化作为高职学校的一种“法文化”，它是通过一定的制度规定来诠释文化的内涵。它包括各种规章制度、道德规范、行为规范、工作守则等。制度文化是校园文化的重要组成部分，它对规范校园内的各项活动、师生的言行起到必要的导向和约束作用，维持学校正常教学、生活、工作秩序。我校要重新建立起适应职业学校情况的管理制度，提高管理制度的文化内涵，创新管理的模式，在制度建设中坚持以人为本，讲求制度的科学性、可操作性，既以法束人，同时又要给予师生个性发展的空间，让其在制度规范与约束下自觉地提高自身素质，以更好地融入学校的文化。

按照鲜明的办学理念和理想追求进行精神文明建设。精神文化是校园文化的灵魂和核心，是深层次的群体意识，也是群体的向心力和凝聚力。精神文化在三种文化中属较高层次，学校要以完美的物质设施和严格的科学制度来保证浓郁的校园文化精神的形成。要竭力打造体现自身形象、品牌和核心竞争力的学校精神，要加强爱岗敬业、无私奉献的职业道德培养，注重相互配合、相互协作的团队精神的养成，促进精益求精、严密细致、科学求真的态度的形成等，从而体现一所职业学校的办学理念和精神追求。同时要以优良的校风、严谨的教风、浓厚的学风、文明的班风来诠释校园精神文明建设的内涵，体现学校的一种精神。

第二，以“两个课堂”为校园文化建设的阵地。

校园文化建设的渠道比较多，首先，应将课堂教学作为校园文化建设的主渠道，在讲授知识的同时渗透与知识相关的文化内容，打破单纯传授形成技术能力知识的课堂教学模式。克服知识传授中的狭隘性，拓展知识的广度，显示知识与知识之间的联系，形成学生对于知识在文化视野的吸收和重组。其次，要深化知识的学理内涵，将知识层面提升到文化层面，使知识在技术能力形成过程中，不仅是一种经验的引导，而且是一种文化的实现。除了发挥课堂教学的主渠道功能外，还必须通过丰富多彩的课余生活，多层次、多角度地开展校园文化活动。把富有情趣、适合学生爱好的文化内容引进校园文化中来。这种情趣性的文化活动诸如邀请当地著名企业家、商界精英及成功人士开办讲座，举办知识竞赛、演讲赛、辩论赛、动画美术作品大赛和计算机编程成果展等，从而形成丰富多彩、形式多样、品位高雅的校园文化。把校园文化建设与学生的人文素质，实践与动手能力的提高结合起来，使学生的知识得到补给，情趣得到提高，视野得到开阔，最终达到能力得以提高和人格得以升华的目的。

第三,以网络文化为载体,不断充实校园文化的内容。

当前,信息技术的迅猛发展带来的网络文化对校园文化产生了深远的影响。随着计算机网络技术的广泛应用,学生通过它可以更容易、更快捷地接触到各类信息,当然也包括一些不良信息。同时,信息化的过程也影响着校园人内部的心灵、价值观以及外部的行为,不仅将改变校园的教育模式、管理模式、学习模式,也将使校园人的生活、工作、娱乐等行为方式发生转变。所以,正确认识信息化对校园文化的影响,以积极和包容的心态赋予信息化技术更为积极的文化含义,有意识地吸收有意义的网络文化,充实校园文化的内容,使它和校园文化和谐地共生发展,从而正确把握和引导校园文化的方向。

第四,以创新文化活动为手段,不断提升校园文化的品位。

职业学校离不开校园文化,校园文化建设直接影响到高职人才培养质量,因此校园文化建设要与时俱进,要不断提升校园文化的品位。本着以学生的内在成才为动力,坚持社会主义性质的主流文化,坚持以科学的理论武装人,以正确的舆论引导人,以高尚的精神塑造人,以优秀的作品鼓舞人,激发他们自觉地为祖国的富强、人民的幸福、人类的进步而积极开拓,奋发努力。为此要不断创新文化活动。一是思路上,要在变中求新意,求精品;二是内容上,要给学生的不仅是知识的补给,情趣的添加和视野的开阔,更是人格的升华和创新能力的提高;三是方式上,要把校园文化建设的触角延伸至校外,与企业、社区、部队、媒体联“姻”,建立社会实践基地,形成校园、社会互动网络。

学校的发展离不开校园文化。我校虽然已经转向,但是在今后职业学校的发展中,应继承和发扬民师已形成的校园文化并不断充实发展职业学校的校园文化。

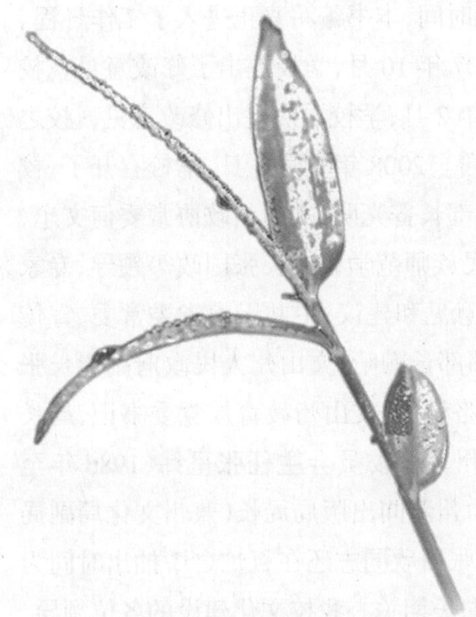

后 记

20世纪90年代末，文山州民族师范学校办学的社会效应受到了广泛关注，在与上级部门、友邻单位的交流过程中，“民师现象”越来越多地被提及，重点集中在四个方面：民师毕业生受提拔重用多，受表彰奖励多，参赛获奖多，公众人物多。“民师现象”的提法引起了学校领导层的关注与思考——是什么因素促成了这个现象的产生？

2003年学校30周年校庆以后，作为对“民师现象”关注与思考的结果，以“爱岗敬业、艰苦奋斗”为核心的“民师精神”首次被提了出来，之后，更大规模的“民师精神”研究就展开了。随着工作的深入，大家感觉到，研究的目的应该是在师生中广泛宣传学校精神，弘扬学校文化传统，为推进学校全面、快速发展提供强大的精神动力。为此，学校决定由教育科研室负责，系统研究学校文化，拿出研究成果。这就是本书编写的缘由。

2006 年 9 月，为了加快学校文化研究的进度，我着手编写提纲，安排人员，协调工作，并在全体教职员工中就《校之魂》的编写作了动员讲话。之后，教育科研室根据参编人员的工作任务设定了交稿时间，本书编写真正进入了工作日程。2007 年 8 月底，《校之魂》第一稿完成。2007 年 10 月，学校提出了修改意见，《校之魂》随即完成了修改后的第二稿。2008 年 2 月，学校再次提出修改意见，《校之魂》相关内容得到了调整和进一步充实完善。2008 年 8 月 7 日，学校召开了《校之魂》专家评审会，中共文山州委组织部副部长普光明，文山州政协常委何文忠，原文山州文化局副局长梁宇明，原文山州民族师范学校校长张国政等领导、专家亲临会场，就本书编写提供了许多宝贵的意见和建议；中共云南省委常委、宣传部部长张田欣，中共文山州委常委、组织部部长陶晴，文山州人民政府副州长张秀兰，云南省新闻出版局人事教育处处长骆科才，文山州教育局党委书记、局长刘锦超，文山州文联主席周祖平，原文山州教育委员会主任张呈纬（1986 年至 1990 年任文山州民族师范学校校长），文山州新闻出版局局长（兼州文化局副局长）陆仕兴等领导对本书给予了高度关注，张田欣同志还在百忙之中抽出时间为本书作序。在此，我谨代表全体编撰人员，向长期关心我校文化建设的各位领导、专家致以最诚挚的敬意和最衷心的感谢！

2008 年 8 月底，根据专家评审会的意见和建议，《校之魂》再次进行了调整、补充。

由于本书的参编人员并非专业人士，也由于许多精彩的往事并没有完整的历史记录，更由于编撰者没有机会全方位地征求意见，书中的遗漏、缺欠和错误在所难免。恳请熟知情况的当事人不吝赐教，为本书今后的进一步修改完善提供支持。

本书付梓在即，而“民师精神”的感召力依然不断激励着我们：为前辈的业绩喝彩，为美好的未来祝福！

陆永金

2008 年 8 月 28 日